Kärntner, Graben, Herren, Kohlmarkt, Opern, Goethe, Babenberger, Nibelungen, Bellarias, Dr.Karl-Renner-Ring, Stadion, Elisabeth, Mariahilfer, Museum, Spiegel, Singer,Nagler, Johannes,Fichte, Burg, Neustift, Siebenstern, Kirchberg, Museumsplatz,Bogner, Esterházy, Himmelpfort, Hoher Markt, Salzgries, Johann-Strauss, Leopold, Hörl, Dr.-Karl-Leuger, Váci, Belgrád, Deák Ferenc,Apáczai Csere János, Bécsi,Károly, Múzeum, Petöfi,József Attila, Kossuth Lajos, Szabad sajtó, Dorottya, Sándor, Szt. Gellért, Pesti Barnabás, Kigyó, Türr István, Király, Margit,Teréz, Attila, Régi posta, Erzsébet, Bajcsy-Zsilinszky,Andrássy, Fehér Hajó,Szt.István, Szabadság híd, Erzsébet híd, Széchenyí, Október 6, Lehel, Liszt Ferenc, Bartók Béla, János, Karlova, Pařížská, Kaprova, Křižovnická, Kozí, Zitná, Resslova, Rumunská, Anglická, Legerova, Sokolská, Wilsonova, Bělehradská, Úvoz, Národní, Klárov, Vodičkova, Mostecká, Na příkopě, Letenská, Nerudova, Chotkova, Na Opyši, Václavské nám., Celetná, Železná

ブルーガイド
わがまま歩き ……26

ウィーン
オーストリア
ブダペスト プラハ

似た顔と違う顔が
隣り合わせの三つの国
共通するのは厳かさ

JN198030

ブルーガイド わがまま歩き 26

ウィーン オーストリア
ブダペスト プラハ

Wien Austria
Budapest Praha

CONTENTS

MAPオーストリア・
　ハンガリー・チェコ……………6

■特集 ………………………… 8
ハプスブルク家ゆかりの三古都へ…8
珠玉のオペラハウスへ ………… 10
世界遺産の町並みをたずねて …… 12
三都市で開花したアールヌーヴォー… 16
おいしいケーキと美しいカフェを求めて… 18
ワインとビール飲み歩き ……… 20

■オーストリア …… 21
オーストリア旅行基本情報 ……… 22

■ウィーン ………… 25
ウィーンのエリアと目的別プランニ
　ング ……………………………… 26
MAPウィーン ………………… 28
ウィーン到着 …………………… 36
ウィーンの市内交通 …………… 40
●エリア別見どころ
シュテファン広場と周辺 ……… 48
ホーフブルク（王宮）………… 53
アム・ホーフ周辺 ……………… 61
リングに沿って ………………… 62
リングの外側 …………………… 72
音楽の散歩道 …………………… 80
ウィーンの森 …………………… 82
●ショッピング ………………… 87
　ウィーンのおみやげ ………… 88
●カフェ ………………………… 99

コーヒーとケーキ ……………… 100
●エンターテインメント ……… 108
　ウィーン国立歌劇場でオペラを観る… 110
●レストラン …………………… 113
　ウィーン料理を食べ比べて歩く… 114
●ナイトスポット ……………… 122
　今宵はウィーンの森の
　ホイリゲで …………………… 124
●ホテル ………………………… 128

ウィーンからの旅
- ヴァッハウ渓谷 ……………… 134
- アイゼンシュタット …………… 136
- グラーツ ………………………… 138
- リンツ …………………………… 142

ザルツブルク＆インスブルック … 143
- **ザルツブルク** ……………… 144
  - アクセスと市内交通 ………… 144
  - MAPザルツブルク …………… 146
  - 見どころ ……………………… 148
  - ザルツカマーグート ………… 154
  - ショッピング ………………… 157
  - レストラン＆カフェ ………… 158
  - ホテル ………………………… 160
  - エンターテインメント ……… 161
- **インスブルック** …………… 162
  - アクセスと市内交通 ………… 162
  - MAPインスブルック ………… 163
  - 見どころ ……………………… 164
  - ショッピング＆レストラン ＆カフェ …………………… 167
  - ホテル ………………………… 168

ブダペスト … 169
- ハンガリー旅行基本情報 ……… 170
- ブダペスト到着 ………………… 173
- ブダペストのエリアと特徴 …… 175
- MAPブダペスト ………………… 178
- ブダペストの市内交通 ………… 184
- ●エリア別見どころ
  - 王宮の丘 ……………………… 188
  - ゲッレールトの丘と周辺 …… 192
  - バラの丘・オーブダ・マルギット島 … 194
  - ドナウ川沿い ………………… 196
  - 自由橋から国立博物館 ……… 198
  - ハンガリーの音楽家たち …… 200
  - デアーク広場から英雄広場 … 201
  - ゲデレー城 …………………… 204
  - ブダペストで温泉を楽しもう … 206
- ●ショッピング ………………… 208
  - ブダペストのおみやげ ……… 209
  - ヘレンドに魅せられて ……… 210
- ●エンターテインメント ……… 214
- ●ナイトスポット ……………… 216
- ●レストラン …………………… 217
  - ハンガリー料理を味わい尽くす… 218
- ●カフェ ………………………… 226
- ●ホテル ………………………… 228

ブダペストからのエクスカーション
- ドナウベンド …………………… 233
  - センテンドレ ………………… 233
  - ヴィシェグラード …………… 234
  - エステルゴム ………………… 235
- エゲル …………………………… 236
- ホッローケー／トカイ ………… 237
- ペーチ …………………………… 238

プラハ … 239
- チェコ旅行基本情報 …………… 240
- プラハ到着 ……………………… 243
- プラハのエリアと特徴 ………… 245
- MAPプラハ ……………………… 248
- プラハの市内交通 ……………… 256

●エリア別見どころ
旧市街	260
ユダヤ人地区	264
新市街	266
"プラハの春"とチェコの音楽家たち	268
カレル橋と周辺	270
プラハ城とフラチャニ	272
マラー・ストラナ	278
●ショッピング	282
プラハのおみやげ	283
●エンターテインメント	288
教会で気軽に室内楽を楽しもう	290
●レストラン	292
チェコ料理を味わい尽くす	293
ビアホールで乾杯！	300
●カフェ	303
●ナイトスポット	304
●ホテル	305

プラハからのエクスカーション
古城めぐり	308
ボヘミアの温泉三角地帯	310
カルロヴィ・ヴァリ	310
マリアーンスケー・ラーズニェ／フランチシュコヴィ・ラーズニェ	311
クトナー・ホラ	312
リトミシュル	313
レドニツェとヴァルティツェ	314
クロムニェジーシュ	315
チェスキー・クルムロフ	316

トラベルインフォメーション 日本編
出発日検討カレンダー	320
自分だけの旅をつくる	322
旅の情報収集	323
旅の必需品の入手法	324
通貨と両替	325
空港に行く	326
ブルーガイド トラベルコンシェルジュ	332

トラベルインフォメーション 現地編 … 333
オーストリア実用ガイド	334
ハンガリー実用ガイド	340
チェコ実用ガイド	344
帰国ガイド	348
旅の安全と健康	350
トラブル例と対策	352
三国を知るために	354
ハプスブルク家系図	356
オーストリアの歴史	358
ハンガリーの歴史	360
チェコの歴史	362
さくいん	364

グラフィック・マップ
ウィーンが香るカフェ・マップ	102
ブダペストわがまま歩き＆モデルコース	176
プラハわがまま歩き＆モデルコース	246

コラム
フランツ・ヨーゼフとエリザベート	57
ゼツェスィオーンとは	65
華やかなクリスマス市	70
ウィーンの近代建築史	71
19世紀末の画家たち	77
ナッシュマルクト	96
エステルハーズィ侯爵	137
映画「サウンド・オブ・ミュージック」の撮影地	156
ブダペストの夜景	195
ブダペストの世紀末建築	199
ハンガリー・ワイン	232
旧市街庁舎の仕掛け時計	261
ボヘミアングラス工場見学	284

とっておき情報

ツーリスト・インフォメーションを活用しよう … 39
インフォメーションサービス
　「Quando（クァンド）」 ……… 40
やっと生まれた環状大通り ……… 63
美術史博物館のカフェで一休み … 66
ウィーンの名所が登場する映画『第三の男』… 78
ウィーンの森って森？ ………………… 85
華麗なる舞踏会へ ………………… 86
アウガルテン工房を訪ねて ……… 91
"黄金地区"と呼ばれるショッピングエリア … 93
意外と良い品がそろっている博物館のショップ…95
ショッピングもできる美しいパサージュ…97
いつまでも彷徨っていたい旧市街の一区画 … 139
バルカン生まれのホットドッグボスナBosna … 151
郊外のハイキング＆展望スポット … 166
水陸両用の観光バス「River Ride」… 187
ドナウ川クルーズ ……………… 191
子供たちが車掌を務める鉄道 … 195

シュカンゼン野外博物館 ……… 234
バラトン湖とハンガリー大平原 … 235
静かな路地に響く衛兵たちの靴音 … 277
市民の台所兼みやげショップのハヴ
　ェル市場 ……………………… 233

本音でガイド

ウィーンプロダクツの製品 ……… 37
スーパーを活用しよう ……………… 94
レストランでなくても楽しめるウィーンの味 … 123
ブダペストの検札は非常に厳しい … 135
地下鉄ではスリに注意 ………… 257
ホールや教会の名称には要注意 … 291

街角ウォッチング／裏道小路散策

ユーデンガッセ周辺を散策 …… 149
シュタイン小路を歩く ………… 153
王宮の丘 ………………………… 188
本当のプラハのよさを感じる小道 … 263
プラハの有名建築をめぐる …… 231

この本の使い方

●通貨記号

€＝ユーロ（1€＝122円）、Ft＝ハンガリー・フォリント（10Ft＝4円）、Kč＝チェニ・コルナ（1Kč＝5円）　2019年7月現在

●地図記号

- ⊞…空港
- Ⓗ…ホテル
- ➕…病院
- Ⓡ…レストラン
- ❶…観光案内所
- Ⓢ…ショップ
- ✖…警察
- Ⓝ…ナイトスポット
- Ⓟ…駐車場
- ◗…カフェー
- ……… 地下鉄
- Ⓣ…劇場
- ── トラム
- ✎…郵便局
- ── バス
- ⛪…キリスト教会
- ── 鉄道
- ✡…ユダヤ教会
- ////// 歩行者専用道路

●この色の建物はホテル
●この色の建物はショッピングセンター
●この色の建物は主な見どころ

★レストラン・ガイドページでの各種記号は以下のような意味です。
日：日本語メニューがある店　英：英語メニューがある店
Ⓥ：男性はジャケット着用などドレスコードのある店
★ホテル・ガイドページのホテル料金は、スタンダードクラス一室あたりの正規客室料金（税別）を掲載しています。Sはシングル、Tはツイン、Dはダブルを示しています。
★本文中の 🍫 チョコっとトーク（オーストリア）、🌶 パプリカスパイス（ブダペスト）、🍺 グイッとひとこと（プラハ）は、それぞれ甘口、辛口のちょっとしたコラムです。
★この本の各種データは2019年7月現在のものです。取材後の変更も予想されますので、あらかじめご了承ください。

ハプスブルク家ゆかりの三古都へ

ウィーンとオーストリア

ハプスブルク家の歴史を最もよく伝えるのはウィーンのホーフブルク（王宮）。ホーフブルク内の王宮宝物館には神聖ローマ帝国の王冠やオーストリア皇帝の王冠をはじめ、帝国時代を偲ばせる数々の品が展示されている。皇帝の住居とシシィ博物館を訪れると、主に近世のハプスブルク家の生活様式がわかる。ウィーン市の西にあるシェーンブルン宮殿もマリア・テレジア時代からのハプスブルクの歴史を知る上で見逃せない。また、カプツィーナー教会の地下納骨堂にはハプスブルク家の140人が眠っている。(p.48、53、72参照)

インスブルックは1493年に即位したマクシミリアン一世が好んで滞在した町。彼は即位してまもなくこの町で挙式した。マクシミリアン一世の時代にインスブルックは発展。有名な「黄金の小屋根」も彼によって改築された。(p.164参照)

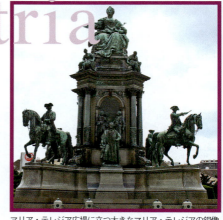

マリア・テレジア広場に立つ大きなマリア・テレジアの銅像

神聖ローマ帝国とハプスブルク家の紋章である双頭の鷲

歴代のオーストリア大公たちが住んだホーフブルクのミヒャエル門。ハプスブルク家の栄華を物語る豪華さだ

中央ヨーロッパの歴史を語るとき、ハプスブルク家を抜きにして語ることはできない。1273年にルドルフ一世が神聖ローマ帝国皇帝に就いて以来、約650年にわたってヨーロッパのほぼ全域に影響を与え続けてきた。その勢力は、最盛期には西の大西洋岸から東のバルカン半島に及ぶものとなり、「日沈なき世界帝国」とまでいわれた。

ハプスブルク家の栄華の跡や遺産をたずね歩くことは、中欧の旅をより興味深いものにしてくれることだろう。

ブダペストとハンガリー

ハンガリーは、19世紀後半から第一次世界大戦末までハプスブルク家オーストリアと二重帝国を成していた国であるため、いうまでもなくハプスブルク家との絆は深い。この時代に建設された国会議事堂ホールの柱や自由橋のたもとには、フランツ・ヨーゼフの名前が記されている。

ハンガリーの人々から愛されたエリザベート皇妃シシィゆかりの場所はブダペストのそこかしこに残る。とくに郊外のゲデレー城には、ウィーンでも見られない肖像画や絵画が多く飾られており、エリザベートファンには必見の城である。(p.204〜205参照)

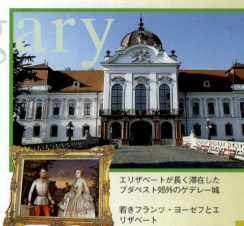

エリザベートが長く滞在したブダペスト郊外のゲデレー城

若きフランツ・ヨーゼフとエリザベート

ハンガリーでは広場や橋の名前にもなったエリザベート

ゲデレー城公園に立つエリザベート像

プラハとチェコ

プラハとハプスブルク家の結びつきもまた深い。15世紀半ばに、カール四世の血を引くルクセンブルク家の男系が絶えたため、婚姻関係からハプスブルク家のアルブレヒト五世がボヘミア王を兼ね、ボヘミアは実質的にハプスブルク家の所領になった。ドイツ語が公用語となっていた時代も長く、文化的にもドイツ、オーストリアに近い。オーストリア大公であり、ボヘミア王とハンガリー王も兼ねたルドルフ二世はプラハに住んだ。1576年から1612年まで神聖ローマ帝国の皇帝でもあったルドルフ二世は、ハプスブルクの歴史に残る奇人といわれた人物。オカルト好きで魔術や錬金術に夢中になり、魔術師や錬金術師を城に招いては住まわせていた。彼らが住んでいたのがプラハ城内に今日も残る「黄金の小路」とされている。プラハ城に隣接する王宮庭園は、ルドルフ二世が植物栽培に熱中した庭園で、王はこの庭園で過ごすことが多かったといわれている。(p.272〜275参照)

ハプスブルク家ルドルフ二世ゆかりの黄金の小路（プラハ城）

ハプスブルク家ゆかりの三古都へ

珠玉のオペラ

音楽がつなぐ三都市の旅

テーマのある旅

ウィーン国立歌劇場
Wiener Staatsoper

Austria

　1869年、モーツァルトの「ドン・ジョヴァンニ」でこけら落としをした名高い歌劇場で、ネオ・ルネサンス様式の華麗な建物はリング通りに華を添えている。音楽監督にはグスタフ・マーラー、リヒャルト・シュトラウス、カール・ベーム、ヘルベルト・フォン・カラヤン、ロリン・マゼール、クラウディオ・アバドといった、そうそうたるメンバーが就き、2002〜09年シーズンは小澤征爾が務めた。

　ウィーンにはこのほか、ウィーン・フィルの本拠地である楽友協会ホールなど、多くのコンサートホールがあり、シーズン中は毎日オペラやコンサートが楽しめる。またウィーン・レジデンツオーケストラやウィーン・モーツァルトオーケストラなど、観光客向けのコンサートも多い。

リング通りを華やかに飾るウィーン国立歌劇場

プラハ国立歌劇場
Státní opera Praha

Czech

　プラハ国立歌劇場は、プラハ中央駅近くに建つオペラ専門の劇場である。19世紀末にドイツ系貴族によって建設されたため、最初はドイツ劇場と呼ばれていた。歴代指揮者の中にはグスタフ・マーラー、ジョージ・セル、ブルーノ・ワルターなどがいる。

　プラハはクラシック音楽専門の劇場やホールの多い町である。プラハ市民会館内にスメタナ・ホールと呼ばれる大ホールがあり、〝プラハの春〟国際音楽祭のメイン会場になっている。ヴルタヴァ河畔のドヴォルザーク・ホールはチェコ・フィルの本拠地。ほかにヴルタヴァ河畔に、美しい屋根に覆われた国民劇場が、中心部にはモーツァルトゆかりのスタヴォフスケー劇場がある。またシーズン中は毎日のように教会コンサートが開かれている。

ハウスへ

ウィーン、ブダペスト、プラハ。この三都市をめぐる共通のテーマはクラシック音楽。三都市とも世界的に有名な質の高いオーケストラを有し、名オペラ座やコンサートホールがある。ウィーンは古くから「音楽の都」と謳われてきたが、ブダペストもプラハもウィーンと並ぶ音楽の都である。

外国オペラが専門のプラハ国立歌劇場。質素な外観からは想像できないほど、内部は華麗な装飾が施されている（写真中央）

テーマのある旅 11 珠玉のオペラハウスへ

オペラハウスでは、劇場の美しさにも注目したい。絢爛豪華なプラハ国立歌劇場内部

ハンガリー国立歌劇場
Magyar Állami Operaház

ハンガリー国立歌劇場は、ブダペストの中心アンドラーシ通りに面している。規模はウィーンのものより小さいが、数あるヨーロッパの歌劇場のなかで最も美しいのではないかと思われる絢爛豪華さを誇っている。ここではオペラはもちろんのこと、バレエの公演も楽しめる。

初代芸術監督はエルケル・フェレンツで、そのほかにグスタフ・マーラーが就いている。

その他にリスト音楽院大ホールや文化宮殿、エルケル劇場などのコンサートホールがあり、豊富なプログラムをそろえている。ハンガリーはまた民族舞踊のショーが盛んな国でもある。クラシックの合間にブダイヴィガドーなどで踊りや歌を鑑賞するのもまた楽しい。

※ハンガリー国立歌劇場は2020年まで修復工事中。

ヨーロッパで最も美しいと讃えられるハンガリー国立歌劇場。上はフランツ・ヨーゼフ皇帝夫妻専用の階段

エリザベートがお忍びで来るときは舞台左上のこの席に座った

世界遺産の町並みをたずねて

モラヴィア南部にあるヴァルティツェ城

モラヴィア南部
テルチの町並み

ボヘミア南部の
美しいホラショ
ヴィツェ地区

チェコ / Czech

① プラハ歴史地区
② クトナー・ホラ:聖バルバラ教会とセドレツの聖母マリア大聖堂のある歴史地区
③ チェスキー・クルムロフ歴史地区
④ テルチ歴史地区
⑤ ホラショヴィツェの歴史的集落保存地区
⑥ ゼレナー・ホラの聖ヤン・ネポムツキー巡礼教会
⑦ レドニツェとヴァルティツェの文化的景観
⑧ オロモウツの聖三位一体柱
⑨ リトミシュル城
⑩ クロムニェジーシュの庭園群と城
⑪ ブルノのトゥーゲンハット邸
⑫ トシェビーチのユダヤ人街と聖プロコピウス聖堂

① プラハ歴史地区　p.260〜参照
② クトナー・ホラ：聖バルバラ教会とセドレツの聖母マリア大聖堂のある歴史都市　p.312参照
③ チェスキー・クルムロフ歴史地区　p.316参照
④ テルチ歴史地区
　細長いマルクト広場の両側に、カラフルでかわいらしい家がずらりと並ぶ。すべての家が一階前面にアーケードを造って市民に道を提供している。
　アクセス　プラハからバスで約4時間
⑤ ホラショヴィツェの歴史的集落保存地区
　人里離れた林の奥に、美しい民家が並ぶ。16世紀に作られた大農場のひとつで、現在の民家は19世紀末に建て替えられたもの。
　アクセス　プラハからチェスキー・ブジェヨヴィツェČeské Budejoviceへ列車約1時間30分、さらに車で西へ約10km

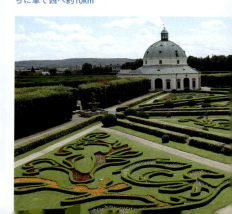

オーストリア、ハンガリー、チェコの中欧三国には、西ヨーロッパ諸国とはひと味違った世界遺産の町や村が点在している。ハプスブルク帝国が築き上げた文化、マジャル民族が残した歴史、ボヘミア、モラヴィアが守った景観など、感動する場所がいっぱい。大切な世界遺産をたずねて、これらの国々をまわってみよう。

⑥ゼレナー・ホラの聖ヤン・ネポムツキー巡礼教会

古いシトー派修道院の裏山にあるネポムツキーを奉る礼拝堂で、彼のシンボル5つの星にちなんで5角形をしている。

アクセス ブルノからバスでヴィシュコフVyskov乗り換え約1時間10分

ブルノのトゥーゲンハット邸

⑦レドニツェとヴァルティツェの文化的景観

リヒテンシュタイン公爵家の2つの城は、8kmの直線道路で結ばれ、その間に庭園がある。p.314参照。

⑧リトミシュル城

スメタナの生まれたリトミシュルの町にあり、外壁はスグラフィット装飾で覆われている。p.313参照。

⑨オロモウツの聖三位一体柱

18世紀初めに建立された高さ約35m、世界一大きいか、と思われる三位一体記念柱。芸術的な構成と美しい装飾から、柱というより小さな礼拝堂のようである。

モラヴィアの中部オロモウツの聖三位一体柱

アクセス プラハから特急列車で約2時間30分

⑩クロムニェジーシュの庭園群と城

旧市街には17世紀に建てられた大司教の城があり、旧市街の外に美しいバロック庭園がある。p.315参照。

⑪ブルノのトゥーゲンハット邸

モダン建築の祖であるドイツのミース・ファン・デ・ローエが1930年に建てた邸宅。コンクリートとガラスを使い、間仕切りのないワンルームという画期的な発想で建築界に衝撃を与えた。

アクセス ブルノ市内からトラム3、5、11番でジェツカー・ネモツニツェDětská nemocnice下車、徒歩約5分

⑫トシェビーチのユダヤ人街と聖プロコピウス聖堂

トシェビーチはモラヴィアのユダヤ文化の中心地であり、ユネスコに登録されているユダヤ人居住地区はイスラエルを除いてここだけ、という貴重な場所。聖プロコピウス聖堂はロマネスクからゴシックへの移行が見られるたいへん珍しい建築である。

アクセス プラハからトシェビーツTřebíc直通のバスで約2時間30分

クロムニェジーシュ大司教の城「議会の間」

クロムニェジーシュのフラワー庭園

トシェビーチのユダヤ人墓地

聖プロコピウス聖堂

古い修道院で有名なヴァッハウ渓谷にあるメルク

シェーンブルン宮殿の美しい庭園。奥の丘の上にはグロリエッテがある

オーストリア

- ⑥ ヴァッハウ渓谷の文化的景観
- ① シェーンブルン宮殿と庭園群
- ⑦ ウィーン歴史地区
- ② ザルツブルク市街の歴史地区
- ③ ハルシュタットとダッハシュタイン・ザルツカマーグートの文化的景観
- ⑧ ノイジードラー湖／フェルテー湖の文化的景観
- ④ ゼンメリング鉄道
- ⑤ グラーツ市街-歴史地区とエッゲンベルク城

① **シェーンブルン宮殿と庭園群（ウィーン）** p.72参照

② **ザルツブルク市街の歴史地区（ザルツブルク旧市街）** p.148参照

③ **ハルシュタットとダッハシュタイン・ザルツカマーグートの文化的景観**
ハルシュタットはザルツカマーグート地方の小さな湖の村。2000m級の山並みを映し出した湖と、湖畔のたたずまいが美しい。p.156参照

④ **ゼンメリング鉄道**
1854年に建設され、アルプスの峠を越えた最初の鉄道。ゼンメリング峠から眺めるアルプスの景観は雄大だ。

湖畔の町並みが美しいハルシュタット。岩塩がとれることでも有名

アクセス ウィーンからゼンメリングSemmeringまで列車で約1時間40分

⑤ **グラーツ市街-歴史地区とエッゲンベルク城** p.138〜141参照

⑥ **ヴァッハウ渓谷の文化的景観** p.134参照

⑦ **ウィーン歴史地区** p.48〜参照

⑧ **ノイジードラー湖／フェルテー湖の文化的景観（ハンガリーと共有）**
ハンガリーとの国境であるノイジードラー湖（ハンガリーではフェルテー湖）は湖畔が葦で覆われ、野鳥の生息地になっている。

アクセス ウィーンから入り口となるルストRustまでバスで1時間45分

司教の町として栄えたザルツブルク。丘の上に建つ城を中心に旧市街が広がる

ペーチにある初期キリスト教墓地遺跡

ハンガリー最古の修道院パンノンハルマ

Hungary
ハンガリー

① ドナウ河岸、ブダ城地区およびアンドラーシ通りを含むブダペスト
② ホッロークーの古村落とその周辺地区
③ アグテレック・カルストとスロヴァキア・カルストの洞窟群
④ パンノンハルマのベネディクト会修道院とその自然環境
⑤ ホルトバージ国立公園・プッツァ
⑥ フェルテー湖の文化的景観
⑦ トカイワイン産地の歴史的文化的景観
⑧ ペーチ（ソピアネ）にある初期キリスト教墓地遺跡

① ドナウ河岸、ブダ城地区およびアンドラーシ通りを含むブダペスト p.188〜参照
② ホッロークーの古村落とその周辺地区 p.237参照。

古い民家が集まるホッロークー村

③ アグテレック・カルストとスロヴァキア・カルストの洞窟群
　スロヴァキアとの国境の山脈には多くの鍾乳洞があり、なかでも25kmのバルドゥラードミツァ洞窟はヨーロッパ最大で最も美しいとされる。
アクセス ブダペストからバスで約4時間

④ パンノンハルマのベネディクト会修道院とその自然環境
　ハンガリー西北部、緑豊かな森林地帯の丘の上に、10世紀に創建されたハンガリー最古のベネディクト派修道院がある。
アクセス ブダペストからジェールGyőr乗り換えでバス約2時間30分

⑤ ホルトバージ国立公園・プッツァ
　ハンガリー大平原のなかで最も有名で、珍しいつるべ井戸があちこちに見られる。大平原の入り口には「9つのアーチの橋」と呼ばれる古い石橋が架けられている。
アクセス ブダペストからフュゼシャボニFüzesabony乗り換えで列車約3時間

⑥ フェルテー湖の文化的景観
　（オーストリアと共有）
　オーストリアではノイジードラー湖と呼ばれている。湖は深い葦でおおわれ、独特の景観を生み出している。付近はワインの生産地で、湖に面した斜面にブドウ畑が広がる。
アクセス ブダペストからショプロンSopronまで列車で約2時間20分、さらにフェルテーラコシFertőrákosまでバスで25分

⑦ トカイワイン産地の歴史的文化的景観 p.237参照。

⑧ ペーチ（ソピアネ）にある初期キリスト教墓地遺跡 p.238参照

ホルトバージ国立公園にある9つのアーチの橋。大平原では馬のショーも見られる

三都市で開花したアールヌーヴォー

テーマのある旅

女性の官能美を描いたムハ(ミュシャ)の作品

チェコ Czech

　チェコのアールヌーヴォーはセツェセと呼ばれる。チェコはアールヌーヴォー画家の代表者アルフォンス・ムハ(ミュシャ)を生んだ国である。1894年にパリでデビューしたムハは、1910年以来プラハに戻って祖国のために優れた作品を残している。建築分野ではウィーンよりもパリの影響を受けたが、世界に名を馳せる建築家は育たなかった。しかし20世紀初頭に始まった都市の拡大と近代化はプラハの町並みを変え、華やかな装飾や大胆な彫刻で飾られたアールヌーヴォーの建物が次々に建設されていった。それらは今日、市内のそこかしこに見られる。

ユダヤ人街シロカー通りの館の入り口

パリの地下鉄入り口を思わせるホテル・パジーシュの入り口

マサリコヴォ通りに見られるフラホル合唱団の扉

上:ムハが手掛けた市民会館の「市長の間」
左:アールヌーヴォー建築を代表する市民会館

一般にフランス語のアールヌーヴォーで知られる様式は、1890年から1910年の間にヨーロッパで開花した新しい芸術で、英語ではモダン・スタイル、ドイツ語ではユーゲントシュティールと呼ばれている。花やツタの葉などをモチーフに曲線的装飾が施され、主に建築や美術工芸、絵画などの分野で流行した。

ハンガリー Hungary

ブダペストのアールヌーヴォーはセツェッシオーと呼ばれ、建築と工芸に顕著に表れた。レヒネル・エデンの建てた工芸美術館、旧郵便貯金局、地質学博物館（p.199参照）は、屋根や壁にジョルナイ工房のタイルを使ってマジャル要素を強く打ち出した。ジョルナイは建材以外にも食器や工芸品でセツェッシオーを取り入れている。また、20世紀初頭に建てられたグレシャム宮殿（現フォーシーズンズ・ホテル・グレシャムパレス）は、ジグモント・クイットゥナーの手がけた美しい建物で、ロビーの壁と床にジョルナイのタイルが使われている。

フォーシーズンズ・ホテルの階段の鉄柵

工芸美術館のジョルナイ製タイル

ジョルナイ工房制作の器

フォーシーズンズ・ホテル・グレシャムパレス玄関の鉄柵。孔雀は自由の象徴としてハンガリーで好まれた

オットー・ヴァーグナーが手がけたウィーンのメダイヨンハウス

カールスプラッツ駅舎はオットー・ヴァーグナーの代表作

オーストリア Austria

ウィーンでは、1890年代にオットー・ヴァーグナーに任せられた市街鉄道の駅舎からユーゲントシュティールが始まった。今日地下鉄カールスプラッツ駅に見られるひまわり模様の駅舎は、その最高傑作といえよう。1897年、画家クリムトを中心にヴァーグナーの弟子であるホフマンとオルブリヒらがゼツェスィオーン（分離派）を結成し、活動拠点としてゼツェスィオーン館（p.64参照）が誕生する。

おいしいケーキと美しいカフェを求めて

テーマのある旅

ウィーンの老舗カフェ「ツェントラル」

プラハのカフェ「カヴァールナ・オベツニー・ドゥーム」の入り口

カフェでの朝食もおすすめ

ウェイターは中の客を守る門番の役目も果たす

女性の給仕も多い

ウィーンにカフェが現れたのは1685年のことで、パリよりも早かった。コーヒーはオスマン・トルコからウィーンにもたらされたが、ホットコーヒーを取手の付いたグラスで飲むなど、さまざまな飲み方が生まれた。諸外国でウィンナーコーヒーと呼ばれているメランジュは、泡立てたミルクを加えたコーヒーのことで、ウィーンが発祥の地である。

ウィーンでは独自のカフェ文化が開花した。1杯のコーヒーで何時間でも居座り、新聞や雑誌を読んでゆったり過ごす。小説を書く者もいれば、文学論を交わす文士たちもいた。こうしたカフェ文化はブダペストやプラハにも伝わった。ブダペストでは19世紀末、ニューヨーク保険会社建物1階に「カフェ・ニューヨーク」という美しいカフェが誕生し、主にジャーナリストたちが集まった。

プラハのカフェ文化は比較的早く、18世紀初頭に、アルメニア人と思われる人物の開いた「3羽の駝鳥（ウ・トゥジ・プシュトゥロスー）」（p.296参照）というカフェが最初である。進歩的な詩人たちが集ったプラハのカフェは、20世紀になると政治討論が激しく交わされる場所となった。

ケーキ

カフェに欠かせないのがケーキである。三都市には、コーヒーが専門の店とケーキが自慢の店の2種類ある。ケーキは概して大きく、どっしりと食べ応えがあり、甘い。名物ケーキではウィーンのザッハートルテやカイザーシュマーレン、アプフェルシュトゥーデル、ブダペストのドヴォシトルタ、エステルハーズィトルタなどがある。ケーキ店を兼ねたカフェはコンディトライと呼ばれている。

また、カフェでは朝食も売り物でそれぞれに特徴がある。ホテルは朝食なしで予約し、好きなカフェで朝食をとるのもよい。

19世紀末、ブダペストにオープンした「カフェ・ニューヨーク」。その美しさは世界中の雑誌に取り上げられ、紹介された。2006年にオリジナル通りにリニューアルオープンした。

プラハの老舗「カフェ・ルーブル」のメランジェとルーブルトルテ

チェリーブランデーが入ったコーヒー、フィアカー

ハンガリーを代表するケーキ、エステルハーズィトルタ

ワインとビール飲み歩き

中欧においては、お酒といえばワインとビール。オーストリアとハンガリーはワインがメイン、チェコはビールがメインの国である。

ワイン Wine

ウィーンで食事時にワインを楽しむなら、レストランよりもむしろ居酒屋へ行こう。バイスルと呼ばれる家庭料理を食べさせる庶民的な店や、新酒を飲ませるホイリゲなどに出かけ、気軽に、そして存分にワインを味わいたい。ウィーンの旧市街にはワインケラーという地下のワイン酒場やワインバーがたくさんある。食事を済ませてからワインケラーやワインバーでワインを味わう楽しみ方もある。

ハンガリーはワイン王国。世界的に名高いトカイワインは、貴腐ワインをかのルイ十四世が「王のワイン、ワインの王者」と褒め称えたことで一躍有名になった。ブダペストでおいしいワインを味わうなら高級レストランへ行こう。上等なワインが高級レストランにある。また琥珀色のトカイワインは、おみやげにしても喜ばれる。

ハンガリーのトカイワイン

ハンガリーではワインにポガーチャが合う

ベテランのソムリエが選ぶワインは最高の味

ビール Beer

騒いでいるのは外国人、地元民は静かにビールを味わう

アメリカに渡ってバドワイザーとなったブジェヨヴィツェ

プラハでは絶対にビール！チェコのビールは品質が高いことで世界に知られている。醸造の歴史は古いがチェコ・ビールがヨーロッパに知れ渡ったのは19世紀のこと。ドイツ人技師が水質のよいプルゼニュ（ピルゼン）で琥珀色のビール造りに成功した。このピルスナーは今や世界中で造られているが、チェコが発祥地である。プラハには自家製ビールを飲ませる店も多く、どこも例外なく美味しい。

さまざまな銘柄の中でもプルゼニュ（ピルスナー）が人気ナンバーワン

プラハではアルコール度が高い黒ビールが名物

新王宮の上部に翼を広げる双頭の鷲

オーストリア
AUSTRIA

これほど多彩な国があるだろうか。
町を歩いても、自然に遊んでも、芸術や音楽に触れても、
この国の分厚さには脱帽するしかない。
来れば来るほど文化を知る。知れば知るほど興味がわく。
この国は何度訪れても飽きることがない、汲めども尽きない魅力にあふれている。

まずは知りたい
オーストリア旅行基本情報

国名
オーストリア共和国　Republik Österreich

首都
ウィーン　Wien

国旗・国章

国旗　　　　　　国章

　オーストリア国旗と国章の赤、白、赤の帯については、確かな歴史的根拠はないが、第3回の十字軍に参加した大公レオポルト五世の白い鎧が、1191年のアッコンの戦いで鮮血に染まった際に、剣帯の下だけ白く筋を残していたという伝説がある。ドイツ皇帝ハインリヒ六世が、その赤、白、赤を紋章として、彼に与えたといわれている。図案化されたものは、フリードリヒ二世によって、1230年11月30日以降に使われた封印上に現れたのが始まり。

国境
　東西に細長くのびるオーストリアは、ドイツ、チェコ、スロヴァキア、ハンガリー、スロヴェニア、イタリア、スイス、リヒテンシュタインの8ヵ国と国境を接している。

面積
　約8万3,870平方km。北海道よりやや広く、東西に約540kmと細長い。

人口
総人口　約880万人
ウィーン　約190万人

民族
　約90%がゲルマン系、ほかに東欧系、ユダヤ系民族で構成されている。

言語
　公用語はドイツ語。第一次世界大戦後、大多数の国民がドイツ語を母国語とするようになった。一部の少数民族間ではそれぞれの言語による教育も行われている。

宗教
　オーストリア全体の63%がカトリック、プロテスタントは4%。その他イスラム教、ギリシャ正教、ユダヤ教など。

地理
　国土は東西に細長い。国の南に連なる東部アルプスの山々が国土の3分の2を占め、起伏の多い渓谷と、渓流と氷河によって形成された山岳地帯特有の複雑な地形が、美しく魅力ある景観を造りだしている。ドイツから流れ出るドナウ川にはオーストリアのほとんどの川がそそぎ込み、美しいヴァッハウ渓谷を通り抜け、東のハンガリーへと流れ込む。

気候
　サハリンとほぼ同じ緯度にあり、平野部と山岳地帯とでは気候も大きく異なる。平均気温は北海道に匹敵し、一般的に夏でも涼しく乾燥している。冬は平野部のウィーンでさえ積雪をともなう厳しい寒さに見舞われ、山間部では積雪量も多くスキー客でにぎわう。

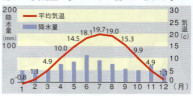

ウィーンの平均気温と降水量

政治体制
　第二次世界大戦後の連合軍による占領ののち、1955年に永世中立国として独立した。9つの州からなる連邦共和制で、それぞれの州が州議会によって各州を独自に管轄している。しかし連邦国家ではあるが実際は中央集権の

色が濃く、政治的決定は中央の連邦政府議会に委ねられている。連邦政府議会は国民議会と連邦参議院からなる二院制。国家元首は直接国民投票で選ばれる連邦大統領。現大統領はアレクサンダー・ファン・デア・ベレン。

行政区分

オーストリアは9つの自治州からなる連邦国家。それぞれの州は憲法に基づく州議会によって州内の管轄を行っている。

日本からのフライト時間

■成田からウィーンまで11～12時間

時差

日本より8時間遅れ。ただし、サマータイムの間は7時間遅れになる。

祝祭日

1月1日　元日 Neujahrstag
1月6日　三聖王の日 Heilige Drei Könige
3月末～4月＊　復活祭 Ostern
3月末～4月＊　復活祭の月曜日 Ostermontag
5月1日　メーデー Staatsfeiertag
5月～6月＊　キリスト昇天祭 Christi Himmelfahrt
5月～6月＊　聖霊降臨祭 Pfingsten
5月～6月＊　聖霊降臨祭の月曜日 Pfingstmontag
5月～6月＊　聖体節 Fronleichnam
8月15日　聖母被昇天祭 Mariä Himmelfahrt
10月26日　建国記念日 Nationalfeiertag
11月1日　万聖節 Allerheiligen
12月8日　聖母受胎の日 Mariä Empfängnis
12月25日　クリスマス Christtag
12月26日　聖シュテファンの日 Stephanitag
＊は移動祝祭日

ビジネスアワー

■銀行：8:00～12:30、13:30～15:00（木曜～17:30）、土・日曜、祝日休み。
■郵便局：都市によって異なるが、おおむね8:00～12:00、14:00～18:00、土・日曜休み（大都市の中央郵便局は無休。主要駅構内の郵便局は早朝、夜間も営業）。
■ショップ：9:00～18:00、日曜、祝日休み。
■レストラン：11:00～22:00、中休みがある店もある。

電圧とプラグ

電圧は220Vで周波数は50Hz。デジカメの充電池など複電圧対応のもの以外の日本の電化製品を使用する場合には、変圧器が必要。プラグは丸型ピン2本のCタイプが一般的、一部SEタイプもある。

飲料水

オーストリアの水道水は飲用できるが、石灰質が強いので、ミネラルウォーターを購入した方が無難。ガス（炭酸）入りのものが多く、ガスなしのものは Mineralwasser ohne Gas と指定すればよい。

喫煙

オーストリアでは交通機関や公共施設での禁煙は常識。50m²以上の広さのレストランでは4割までの禁煙席を設けることが義務。

トイレ

駅や観光地に公衆トイレがある。公衆トイレやカフェのトイレでは多くが有料で、入り口が自動になっていても€0.5徴収されるか、係員にチップ（€0.3～0.5）を手渡す。

通貨　ユーロ　€

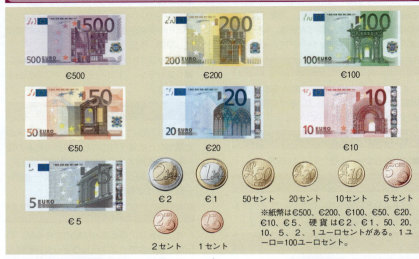

ユーロ換算レート

€1 ≒ 122円		1万円 ≒ €82	
€2	244円	€20	2,440円
€3	366円	€30	3,660円
€5	610円	€50	6,100円
€10	1,220円	€70	8,540円
€100	12,200円		

※2019年7月現在

チップ

オーストリアにはチップの習慣がある。レストランでは料金の5～10%、タクシーは料金の5%ほど。ホテルではルームサービスやベルボーイに€1、ピローマネーは€1ほど。

物価比べ

飲用水　500ml 約110円（日本120円ほど）
地下鉄1区間　約292円（日本170円）
タクシー初乗り　約463円（東京410円）

電話のかけ方

■オーストリアから日本へ
日本の03-1234-5678へかける場合（ダイヤル直通電話、ホテルなどからの場合は外線番号をプッシュしてから）

00	-	81	-	3	-	1234	-	5678
国際電話識別番号		日本の国番号		0をとった市外局番				相手の電話番号

■日本語音声による直通電話
KDDIスーパージャパンダイレクト
☎0800-200-216
NTTコミュニケーションズワールドプリペイドカード通話
☎0800-20-0512
☎0800-29-1752

■オペレーター通話
KDDIジャパンダイレクト
☎0800-250-216

■携帯電話の利用
　日本で使用している携帯電話の機種やプランによって、事前に設定しておけば、オーストリアでそのまま使うことができる。また、SIMフリーの携帯電話ならオーストリアでは使いやすい。
　SIMカードの種類は1種類なので、プリペイドSIMカードを購入すれば利用できる。番号は変わるが、レンタル携帯電話も利用できる。

Wien | ウィーン

「黄金のホール」とも呼ばれる楽友協会ホール

ウィーンのエリアと目的別プランニング

ウィーンの街区は23区に分かれている。リングと呼ばれる環状道路に囲まれた内側が1区で、以下時計回りにほぼ順に番号がふられている。主な観光スポットはこの1区に集中している。

5つのエリアの特徴

本書では、見どころを大きく5つのエリアに分けて紹介している。

●シュテファン広場と周辺
　リングの内側で、かつて市壁に囲まれていた旧市街。その中央東寄りにシュテファン大聖堂がある。シュテファン広場を中心にショッピングストリートが延び、観光客も多い。大聖堂の北側には古い町並みが残り、ドナウ運河もある。

●ホーフブルク（王宮）
　歴代ハプスブルク家の居城だが、建物の複合体なので一つの地域となっている。皇帝の住居・シシィ博物館や王宮宝物館が中核となっているが、王家のものだったスペイン馬術学校や国立図書館なども建物でつながっている。新王宮は5つの博物館からなる。

●アム・ホーフ周辺
　リングの内側、中央西寄りにウィーン発祥の地となった広場がある。西側には大きな館が並び、東側には風情ある路地が続く。

●リングに沿って
　ドナウ運河から幅の広い環状道路が旧市街をぐるりと一周している。リングの左右には観光名所が並んでいるので、地下鉄とトラムを利用して見学することができる。

●リングの外側
　観光名所が離れているので、地下鉄やトラムでひとつ一つまわることになる。ベルヴェデーレ宮殿は旧市街から比較的近い。

ウィーン・エリア図

目的別プランニング

ウィーン観光のハイライト　プラン1

ケルントナー通り ▶ シュテファン大聖堂 ▶ グラーベン ▶ ホーフブルク（王宮） ▶ シェーンブルン宮殿

ウィーンのホーフブルク

時間がないという人はリングの内側だけをまわろう。ウィーン随一の繁華街ケルントナー通りからシュテファン大聖堂、グラーベンを通って王宮へ。王宮では皇帝の住居・シシィ博物館だけでも見学しよう。時間があれば、リング外のシェーンブルン宮殿へも行きたい。

美術・絵画を鑑賞したい　プラン2

美術史博物館 ▶ ムゼウムス・クヴァルティア（MQ）▶ ベルヴェデーレ宮殿 ▶ MAK応用美術館

ベルヴェデーレ宮殿ホールの人像柱

中世から近世ヨーロッパ絵画は美術史博物館へ。ベルヴェデーレ宮殿ホールの人像柱、シーレのコレクションがあるMQのレオポルト美術館をまわり、クリムトなど世紀末絵画が充実しているベルヴェデーレ宮殿上宮へ。デザイン関係が多い応用美術館も見逃せない。

ウィーン建築を見たい　プラン3

カールスプラッツ駅舎 ▶ ゼツェスィオーン ▶ マヨーリカハウスメダイヨン・ハウス ▶ クンストハウス・ウィーン ▶ フンデルトヴァッサーハウス

クンストハウス・ウィーン

世紀末建築はカールスプラッツ駅とその近くのゼツェスィオーン、マヨーリカハウスなど。フンデルトヴァッサーの作品にはドナウ運河近くの美術館クンストハウス・ウィーンやフンデルトヴァッサーハウスなどがある。

ショッピング＆カフェ　プラン4

ケルントナー通り ▶ グラーベン ▶ コールマルクト

ゲルストナーのフルーツケーキ

オーストリア雑貨やチョコレート菓子などはケルントナー通りで、アウガルテンはグラーベン近くに、ブランドショップはコールマルクトに多い。この間にはザッハーやゲルストナー、デメールなどのカフェがある。

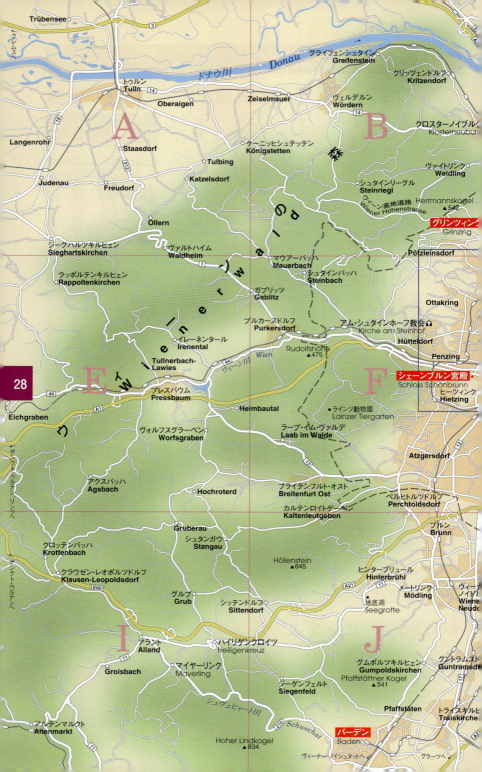

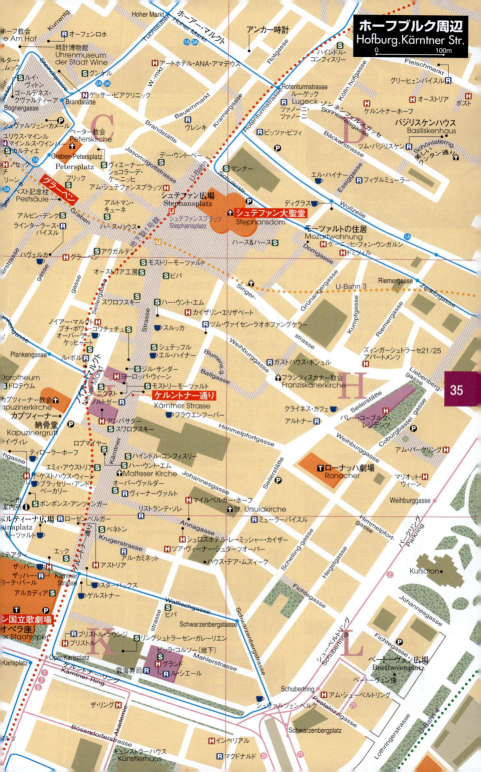

ウィーン到着

ウィーン国際空港に到着

日本からウィーンへは、空路を利用することになる。東京からは直行便もあり、便利。ヨーロッパ内からは、鉄道や長距離バスを利用することも可能だ。

空路で

日本からウィーンへは、羽田（東京）から全日空、成田（東京）からオーストリア航空の直行便がある。毎日運行され、所要時間は11〜12時間。

東京以外の地域からは、ヨーロッパ内で乗り換えてウィーンに向かうことになる。航空会社によって経由地が異なり、経由時間などもさまざまで、直行便より2〜6時間よけいにかかる。最も便利なのは、隣国ドイツのフランクフルトやミュンヘンを経由するもので、距離も短いうえ、便数も多い。

◆ウィーン国際空港 MAP●p.29-G
Flughafen Wien-Schwechat

航空機はすべてウィーン国際空港・シュヴェヒャートに到着する。到着フロアは1階（Level 0）で、出発フロアは2階（Level 1）。ショッピングセンターやレストランなどの施設も充実している。

「出口EXIT」や「手荷物受取所Clame bagage」の案内にしたがって、到着フロアへ。到着ロビーには両替所、レンタカー会社、カフェ、ツーリスト・インフォメーションなどが並んでいる。荷物受取所にも両替所やツーリスト・インフォメーションがあるので、荷物が出てくるのを待っている間に両替を済ませたり、市内地図などを入手しておくとよい。

到着ロビーへ出た左右に、シティ・エアポート・トレイン（CAT）の乗り場と国鉄Sバーン乗り場（地下）への通路がある。リムジンバスのエアポートラインの窓口はロビー内にある。

ツーリスト・インフォメーション

ウィーン国際空港到着ロビーのツーリスト・インフォメーションは、手荷物受取所から左に曲がるとすぐのところにある。ウィーン観光のプラン作りの手伝いもしてくれ、無料でシティマップやパンフレットを入手できる。ヴィエナ・シティ・カードなどのカードも入手可能。
開7:00〜22:00
URL www.wien.info

到着ロビーへはこの方向へ

両替所。夜遅く到着して閉まっている場合はこの先、税関を出たところに自動両替機がある

エアポート・インフォメーションのカウンター

到着ロビーにはタクシーやリムジンタクシーの申し込み窓口が並ぶ。8人乗りのミニバンも扱っている

ウィーン市観光局の案内カウンター。ここで地図や路線図、各種パンフレットを手に入れておこう。ホテルの予約も斡旋してくれる

到着ロビーを出て右手にはシティ・エアポート・トレイン（CAT）の乗り場がある

空港から市内へ

ウィーン国際空港は市の南東約19kmにあり、比較的近い。市内へはタクシーやリムジンバス、シティ・エアポート・トレイン、国鉄のSバーン（近郊電車Schnellbahn）などを利用する。

◆リムジンバス

ウィーン・エアポートラインViena Airport Line 3路線とブラグス・エアライナーBlaguss Air-Linerがウィーン国際空港とウィーン市中心部を結んでいる。

ウィーン・エアポートライン
VAL 1：ウィーン国際空港発、ウィーン中央駅南口Hauptbahnhof経由、ウィーン西駅Westbahnhof行き、所要時間約40分。
VAL 2：ウィーン国際空港発、旧市街Morzinplatz/Schwedenplatz行き、所要時間約25分。
VAL 3：ウィーン国際空港発、ドナウツェントルムDonauzentrum行き、所要時間40分。
料金は片道€8、往復€13。

ブラグス・エアライナー
ウィーン国際空港とウィーン中央駅間をノンストップ運行（エルドベルグ・バスターミナル経由）している。片道€5、往復€9。

◆シティ・エアポート・トレイン（CAT）

空港とウィーン・ミッテ駅を結んでシティ・エアポート・トレインCity Airport Train（CAT：通称キャット）が運行されている。所要時間約16分で、20～30分に1本の間隔で運行。ミッテ駅にはオーストリア航空のチェックインカウンターがある。片道€12、往復€21。5歳までは無料（大人1人につき15歳未満の子供1人は無料）。乗車券は専用の自動券売機で乗車前に購入する。車内で買うと€2加算される。

◆タクシー

空港から市内の中心部までは所要約30分で€40前後。シティ・エアポート・トレインが着くウィーン・ミッテ駅から中心部のホテルまではだいたい€20程度。

◆近郊電車Sバーン

身軽で旅慣れた人ならSバーンを利用し、途中でUバーン（地下鉄）に乗り換えて中心部に行くのが最も安い。S7番の乗り場は空港の地下にある。ウィーン市中心部に位置するウィーン・ミッテ駅までと、その一つ先の北駅までは約25分。30分に1本の間隔で運行している。料金は€4.4。いずれの駅でも地下鉄に乗り換えられる。

ウィーン国際空港

西駅のリムジンバス乗り場。チケットは車内でも買える

バスやSバーンを降りてからのアクセス
ウィーン・ミッテ駅　地下鉄の3、4号線ラントシュトラーセ／ウィーン・ミッテ駅Landstrasse/Wien Mitteが利用できる。
MAP●p.33-H
ウィーン西駅　地下鉄3、6号線、トラム5、6、18番など。
MAP●p.30-F

シティ・エアポート・トレイン（CAT）

CATの運行案内とチケット券売機

国際列車はウィーン中央駅に停まる。

ハブステーションになっているウィーン中央駅

ブダペストへ向かう国際列車の案内

ウィーン西駅と駅前広場

快適なレイルジェット

オーストリア国鉄が運営するレイルジェット（Railjet）は、オーストリアを中心に、ドイツ、ハンガリー、スイス間を運行する高速鉄道。最新の設備と乗り心地、サービスのよさを誇り、モダンなデザインが特徴の列車だ。プレミアムクラス以外は座席予約の必要はとくにない。レイルジェット利用の場合、従来のIC急行よりザルツブルクから30分、インスブルックから40分早くウィーンに到着する。

オーストリア国内のみならず、ミュンヘンやブダペストの直通列車も運行

鉄道で

オーストリアと国境を接しているドイツ、スイス、イタリアなどからは国際列車を利用して入国できる。

◆ウィーン中央駅 MAP●p.31-K
Wien Hauptbahnhof

かつてのウィーン南駅が建て替えられて中央駅となり、2015年よりオーストリア鉄道網のハブステーションになっている。すべての長距離列車はウィーン中央駅に停まる。地下鉄1号線U1のズードティローラー・プラッツSüdtiroler Platzと中央駅が地下でつながっている。ウィーン中央駅とウィーン国際空港間には1時間に1〜2本の割合でレイルジェットの便があり、所要時間は15〜17分ほど。

アクセス トラムD、18番、バス13A番

◆ウィーン西駅 MAP●p.30-F
Wien Westbahnhof

ドイツ、スイス方面からの国際列車およびザルツブルク、インスブルックなど国内の西部からやって来る列車が停まる。

ターミナルビルのバーンホフ・シティには、ショップやレストラン、郵便局が入り、最上階にはフードコートもある。

ウィーン西駅の構内

アクセス U3、6号線、Sバーン、トラム5、6、18番

◆フランツ・ヨーゼフ駅 MAP●p.31-C
Franz-Josefs-Bahnhof

チェコ方面からの列車の一部がここから出発する。トゥルン、クレムス方面への国内列車も発着する。ドナウ運河に近い近代的外観の駅だ。

アクセス トラムD番

国内列車の発着駅

このほかに国内長距離列車が発着するのは、リングの東側にあるウィーン・ミッテ駅Wien Mitte（MAP●p.33-H）、ドナウ川に近いウィーン・プラターシュテルン駅（旧ウィーン北駅）Wien Praterstern（MAP●p.31-H）、ウィーンの北西方面への列車が発着するフランツ・ヨーゼフ駅（MAP●p.31-C）となっている。

ウィーン・ミッテ駅構内

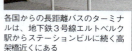

長距離バスで

ヨーロッパ各地からの長距離バスの便は、エルトベルク・バス・ターミナルを中心に発着している。

◆エルトベルク・バス・ターミナル
Erdberg Bus Bahnhof　MAP●p.31-L

ユーラインをはじめとする長距離バスが、周辺の国々から集まってくるバス・ターミナル（VIB Erdberg：Vienna International Busterminal）。地下鉄3号線エルトベルク駅Erdbergにあり、駅からステーションビルに続く高架橋下がバスターミナルになっている。

各国からの長距離バスのターミナルは、地下鉄3号線エルトベルク駅からステーションビルに続く高架橋近くにある

●ユーラインは、スロヴァキアのブラチスラヴァ空港からウィーン国際空港を経由して、エルドベルクまで運行

ドナウ川クルーズ船で

ブダペスト〜ウィーン間のドナウの船旅は、時間がかかるうえに景色がよいのはハンガリー領内だけなので、あまりおすすめではない。

◆ライヒスブリュッケ国際乗船場
Reichsbrücke　MAP●p.31-D

ウィーンの船の玄関口。ドナウ川クルーズの国際線はこの港に到着し、空港と同様の出入国手続きが行われる。ハンガリーのブダペストからは所要時間約6時間30分。ブダペストやオーストリア国内からの観光船もここに到着する。12月中旬〜3月は運休するので確認を。

なお、スロヴァキアのブラチスラヴァを往復する水中翼船は、シュヴェーデン広場のドナウ運河から発着。

●ライヒスブリュッケ国際乗船場へのアクセス
U1号線フォアガルテン・シュトラーセVorgartenstrasse下車徒歩8分

●シュヴェーデン広場の水中翼船乗船場へのアクセス
U1号線シュヴェーデンプラッツSchwerdenplatz下車徒歩3分
MAP●p.33-D

シュヴェーデン広場の水中翼船乗船場

ライヒスブリュッケ国際乗船場

●ウィーン観光局ホームページ
URL www.wien.info/ja

とっておき情報

ツーリスト・インフォメーションを活用しよう

空港や主要駅にあるほか、ウィーン国立歌劇場の裏、アルベルティーナ広場に面してウィーン市観光局のシティ・オフィスがある。市内観光地図、ホテル・レストランガイド、ショッピングガイド、博物館ガイドや各種イベントガイド、日帰りツアー情報などが無料で手に入る（市街地図と博物館ガイドもある）。両替、観光バスの予約発券、ヴィエナ・シティ・カードなどの販売、有料だがホテルの手配もしてくれる。ウィーンのアメニティグッズも販売している。

シティ・オフィス：Albertinaplatz　(01)24555
9:00〜19:00　なし　MAP●p.35-G

オペラ座の裏手にある

ウィーンの市内交通

乗車券が買えるところ

●車内
　トラム、バスの車内には自動券売機が設置されている（運転手の後ろ）。買えるのは1回券のみで、おつりは出ない。料金は手数料が入って€2.4。地下鉄やSバーンの中では買えない。

●タバコ屋　Tabak-Trafik
　タバコや雑誌を扱っているこの看板の店で、1回券、回数券、フリーパスなどが購入できる。

●トラムの主要駅
　地下鉄に乗り換えできるようなトラムの主要駅では、停留所にキオスクと並んで販売所や券売機がある。

●駅の窓口、自動券売機
　窓口ではもちろんだが、ほとんどの券売機ですべての種類の切符が購入できる。

●交通局のインフォメーション
　主要地下鉄駅のコンコースには交通局のインフォメーションがあり、各種パスが買える。市内交通に関するパンフレットもいろいろ置いてある。

路線図を手に入れよう

　ツーリスト・インフォメーションに置いてある無料の「市街地&博物館ガイド・ウィーン」には地下鉄、トラム、バスの路線が明記してある。交通網がひと目でわかる路線図も載っているので、入手しておこう。観光スポットのインフォメーションも載っているので便利だ。

　ウィーンの公共交通機関にはウーバーンU-Bahnと呼ばれる地下鉄、トラム（路面電車）Strassenbahn、バスAutobus、エス（S）バーンと呼ばれる近郊電車Schnellbahnがあり、観光客も利用しやすい、便利で合理的な交通システムのもとに運行されている。観光客が最もよく利用するのが地下鉄とトラムで、簡単な路線図はツーリスト・インフォメーションやホテルなどで無料で手に入る「市街地図&博物館ガイド・ウィーン」（日本語版もある）に載っている。

市庁舎前を行くトラムと観光馬車のフィアカー

◆乗車券

　地下鉄、トラム、バス、Sバーン（ウィーン市内のみ）に共通で、目的地までは1枚の乗車券で相互の乗り換えが何度でも自由。ただし食事や買物など移動を中断する下車をした場合、逆戻りをした場合には、前途無効となる。料金はゾーン制で1から8ゾーンまであるが、ウィーン市内は1ゾーン。

◆**1回券**　Einzelfahrschein
　乗車前に自動券売機などで購入する。料金は€2.4。

◆**回数券**　Streifenkarten
　4枚綴り€8.8。ウィーン市内の移動なら1回1枚、ウィーン国際空港やバーデンへは2枚必要となる。使うときは下から順に使い、矢印部分を折り曲げて使用時に日時を刻印する。切り離してはいけない。

とっておき情報

インフォメーションサービス「Quando（クァンド）」
　ウィーン市公共交通機関の運行時刻やルート情報、ウィーンの名所に関するインフォメーションをモバイルで無料利用できるサービス。ウィーン市内を走る公共交通機関の運行時刻表検索やトラム、バスの運行状況、公共交通機関のチケット、ウィーンの観光名所、レストランなどの案内などの最新情報が入手できる。ダウンロード：Quando、モバイル用：m.quando.at。Appダウンロードは無料だが、通信料はかかる。

乗車券の種類と買い方
目的地までは何回でも乗り換え自由、
入り口で日時の刻印を忘れずに！！

バス（右）とトラムの停留所

◆便利なフリーパス　　Netzkarte

旅行者に便利で経済的なのが各種フリーパス。有効期間内ならどのような使い方をしてもいいし、本人が使用していないときは他人が使ってもかまわない。

●24時間フリーパス"24Stunden Wien-Karte"と48時間フリーパス、72時間フリーパス

旅行者が最も使いやすいきっぷで、購入後、使用を開始するときに日時を刻印すれば、そこから24（48、72）時間フリーで乗り物に乗れる。日付をまたがってもかまわない。料金はそれぞれ€8、€14.1、€17.1。

72時間フリーパス

●8日間フリーパス　　8-Tage-Karte

任意に選んだ8日間が乗り放題のパス。1日券が8枚綴りになっている。料金は€38.4、1日当たりの料金は他のフリーパスよりぐっと安くなる。複数で使うときは人数分を折って日付を刻印する。切り離して使用してはいけない。4人で使用した場合には、2日間利用できる。

券売機でのきっぷの買い方

券売機はすべてタッチパネル式。画面に触れると最初の画面が出てくる。そこできっぷの種類を選ぶと、次に買う枚数と刻印の画面に変わる。気をつけなくてはならないのは「今刻印する」か「後で刻印する」かを選ぶこと。すぐに乗らない場合、たとえば1回券を何枚か買いだめする場合は「後で刻印する」を選ばないと、すべて買った時の時刻が刻印されてしまう。

長期滞在用には定期が便利

●1週間定期　Wochenkarte
月曜の朝9時から翌週の月曜9時まで有効。土曜に買うと2日間しか使えなくなり、月〜木曜に購入すると72時間フリーパスよりお得。€17.1

●1カ月定期　Monatskarte
€51
上記の定期は窓口で購入。刻印不要。定期は1枚で複数人が交替で使用可能。

ウィーン西駅前のトラム停留所。地下鉄3、6号線にも連絡できる。こうした場所には必ず自動券売機やキオスクがある

券売機はすべてタッチパネル式

ウィーン交通局のホームページ

日本で情報を得たい人には交通局（VOR）のホームページがおすすめ。路線別の運転状況までわかる。
Wiener Linien
URL www.wienerlinien.at

ヴィエナ・シティ・カード
Vienna City Card

短期滞在だけどあちこち見てまわりたいという人におすすめなのがこのカード。ウィーン市内の地下鉄、バス、トラムに24時間、48時間、または72時間乗り放題のフリーパスで、ファミリーの場合、15歳未満の同伴の子ども一人は交通機関乗車無料になる。利用日から有効で、特典は最終日の24時まで有効。料金は24時間€17、48時間€25、72時間€29。

シェーンブルン宮殿、美術史博物館、ホーフブルクなどの見どころはもちろん、観光バスや観光船、コンサート、ショッピング、カフェ、レストランなどの割引や特典が210点以上。ほとんどのホテルで購入できるほか、ツーリスト・インフォメーション、交通局のインフォメーション、キオスクなどで買える（自動券売機では買えない）。

市内交通（共通乗車券）

地下鉄 U-Bahn

ウィーンの地下鉄にはU1、U2、U3、U4、U6の5系統があり、それぞれわかりやすく色分けされている。運転間隔も頻繁なのであまり込まないうえ、早い。地下鉄とトラム、バスを組み合わせればどこへでも行くことができるし、わかりやすいシステムなので、どんどん利用しよう。

地下鉄に乗る前に

入り口のサインを見つけよう。ブルーに白抜きのUの字が目印。

地下鉄構内

路線は色分けされている

U1 路線の確認

●まず自分の乗る電車の路線を路線図でチェック　目的地を通る路線を調べ、最寄り駅との関係を調べる。

同じ路線の場合　進行方向の終点、つまり目的駅の先の終点の駅名を調べて覚えておく。

異なる路線の場合　どこでどの路線に乗り換えたらよいのかを調べる。乗り換えの駅がわかったら、まずその乗り換え駅へ向かう方向の終点駅名を調べて覚えておく。そして次は目的駅へ向かう路線の進行方向の終点を覚えておく（反対方向に乗らないように）。乗り換えが何度あっても方法は同じ。

U2 きっぷを買う

左ページの要領で自分の目的にあったきっぷを買おう。

U3 乗車する

現在の駅名と路線名をチェック

いくつかの路線が重なっている駅では、ホームへの入り口を間違えないように

路線の終点駅名を確認して正しいホームへ出る

「今度の電車は2分後」の表示

路線名　終点駅名　ホーム

ホーム番号

●刻印機で日付と時間を入れる　一度刻印機を通したきっぷは、何度乗り換えても途中で再び刻印機を通す必要はない。券売機で刻印済みのきっぷもそのままで。

●ホームへ出る・行き先の確認　カールスプラッツ駅のように4つもの路線が交差する駅では、路線によってホームがずいぶん離れている。路線図の色分けと同じ色の表示が出ているのでそれを目印に、まずは自分の乗る路線へ。ホームは終点駅の表示を追っていけば目的地へ行く電車の正しいホームに出られる。

●電車に乗り込む　ドアは自動開閉ではないので、乗車する際はボタンを押す（旧車両は取手を矢印方向に引く）。閉まるときは自動。

ホームには路線の停車駅や他線への乗り換えが表示されている

U4 降りる

●ドアを開ける　車内の路線図で降車駅を確認。完全に停止したら乗車時と同様にボタンを押して開ける。

ウィーンの優先席はこんなマーク

乗り換える場合は、ホームの路線の色分け表示にしたがって乗り換える電車のホームへ。乗車の際は常に自分の進行方向の終点駅名を確認してから。

地下鉄の運行時間

路線によって異なるが、中心部では始発が午前5時前後、終電が午前0時30分頃となる。なお、金・土曜、祝日前の夜は15分間隔で24時間運行している。

トラム Strassenbahn
バス Autobas

最新型のトラムが多く運行

トラム

まわりの風景を楽しみながら、のんびりした気分で乗れるのがトラム。ひと駅手前で降りても、ひと駅先までいってしまっても大差ないから、気に入ったところで降りてまた乗ればいい。途中下車しながら観光をして、気軽に利用できる。

きっぷを買う

地下鉄に乗り換えられるような停留所には自動券売機やキオスクなどがあるが、ない場合は車内で購入する。

乗る

主要なトラム停留所には券売機がある

●**自分の乗るトラムかどうかを確認** トラムは前面に行き先と数字やアルファベットの路線名が表示されている。
●**ドアを開ける** ドアの横、点灯しているボタンを押すと開く。
●**刻印機を通す** 日時が刻印されていないきっぷは、車内の刻印機で日付けと時間を刻印。きっぷを買う場合は運転手の後ろの券売機で（1回券のみで€2.6、おつりは出ない）。

ドアごとにボタンがあり、ボタンを押さないとドアは開かない

降りる

●**ボタンを押す** 停留所には駅名が書いてあり車内アナウンスもあるので、自分の降りる駅の手前の駅を出たら、ドア横の停車リクエストボタンを押す。
●**扉はボタンを押すと自動的に開く**

バス

トラムや地下鉄に比べて、旅行者がバスを利用する機会はずっと少ない。しかしひとたび郊外へ足を延ばすとなると、バスは俄然重要な交通手段となってくる。

乗る

ワンマン式で、乗り方ときっぷについてはトラムと同じ。
●**乗車したら必ず刻印** 刻印機は運転手席のすぐ後ろにあり、ダブルバスの場合は2両目の真ん中付近にも設置されている。

降りる

●**ドア上方の四角い箱の白いボタンを押す** バスの前方に次のバス停の表示が出て、アナウンスもある。ボタンを押すと「Stop」という表示が出て、停車する。ドアは自動で開く。

トラムの運行時間

路線によって異なるが、朝5時前後から23時〜午前0時頃まで。

ウィーン観光トラム Vienna-Ring-Tram

リングを一周する観光客向け「ウィーン・リングトラム Vienna Ring-Tram」は、毎日10時〜18時（7・8月は19時まで）、30分おきに運行。車内では液晶ディスプレイにリング通り沿いの名所のハイライトが紹介され、ヘッドホーンでさまざまな言語による説明を聞くことができる。チケットはシュヴェーデンスプラッツ起終点の一周乗車券（途中下車前途無効）€9。

停留所の読み方

「シュトラーセンバーン」はトラムのこと
「ハルテシュテレ」は停留所のこと

ここを通る路線名

バスの運行時間

路線によって異なるが、始発は午前5時前後、終発は23時30分から午前0時前後。

バスの停留所

「アウトブス」とはバスのこと

「ハルテシュテレ」は停留所のこと

路線名

---

43 市内交通（地下鉄／トラム／バス） ウィーン

タクシー　Taxi
フィアカー　Fiaker

タクシーはほとんどがベンツ！

タクシーの料金
　基本料金は859.2mまで、€3.8（平日の20時～翌6時、日曜・祝日は1km、€4.3）。4kmまでは140.7m毎、4kmからは184.6m毎（平日の夜間、日曜・祝日は4kmまでは123.2m毎、4kmからは156.8m毎）に€0.2ずつ加算。電話でタクシーを呼んだ場合は€2.8、4人以上の場合は€2の追加となる。

主な無線タクシー
☎31300、40100、60160、81400

タクシー
　空港からホテルへ、夜遅くなってホテルへ戻るとき、ドレスアップして出かけるときなど、時と場合に応じて便利に上手に使いたい。幸いウィーンのタクシーは安全なので、安心して利用できる。

タクシー利用法
●**タクシーを捕まえる**　基本的に流しのタクシーはないので、町角にあるタクシー乗り場や主要駅前のタクシー乗り場まで行かなければならない。最も簡単なのは、ホテルやレストランで呼んでもらう方法。
●**タクシーに乗る**　自動ドアではないので自分でドアを開けて乗り込む。1人で乗るときは前の助手席に座るのが地元流だが、後ろの席に座って構わない。行き先の発音が難しければ、紙に書いて運転手に見せると確実だ。
●**料金を払う**　目的地に着いたらメーターの数字と運転手の請求額が同じかどうかを一応確かめたほうがよい。チップの額は料金の3～5％程度だが、端数を切り上げる程度でもよい。降りたらドアを閉めるのを忘れずに。

フィアカー
　ウィーンの観光名物の一つとなっているこの観光馬車は、シュテファン大聖堂前の広場やホーフブルクのヘルデン広場、ミヒャエル広場、国立歌劇場裏のアルベルティーナ広場などに乗り場がある。

フィアカーに乗る
　料金は馬車1台20分で€55、40分€80、1時間€100が目安。御者は英語で観光ガイドをしてくれる。馬車は基本的には4人乗りだが、5人乗せてくれることもある。料金は乗る前に必ず確認しておきたい。

御者は観光ガイドもしてくれる

 チョコっとトーク

不正乗車は重罪！
　地下鉄やトラムには改札や集札がいっさいない。乗るときに刻印機で日時を刻印しなくてはならない。地元の人はほとんどが定期を持っているので刻印する人は少ないが、くれぐれも刻印を忘れないように。ときおり検札官が乗り込んできて乗車券を確認する。切符の買い忘れや持っていても刻印がない場合は、理由の如何を問わず無賃乗車とみなされて、高額の罰金が科せられる（€100、日本円で12,200円ほど）。悪意の有る無しはいっさい関係ないので、充分注意しよう。

地下鉄に乗る犬
　地下鉄に限らずトラムにもバスにも犬は乗ってくる。車内には、口輪をはめてリードをつけましょうという意味のピクトが描かれているのだ。犬の料金は子供料金と同じ。

定期観光バス
Touristenbus

国立歌劇場前はいつも観光バスでいっぱいだ

初めてで不安な人、郊外や近郊まで足を延ばしたいけれど個人では自信のない人、そんな人におすすめなのが定期観光バス。

●ウィーン市内と周辺観光
ウィーン市内や郊外のウィーンの森なら半日で効率よく観光できるし、ドナウ川クルーズを含めたヴァッハウ渓谷観光も1日のコースがある。市内観光は夏季なら毎日、冬季でも週4日は運行されている。

●ウィーンからの観光バス
ザルツブルクやザルツカマーグート、プラハ、ブダペストへの日帰り観光バスも運行されている。鉄道を利用するタイプのものもあるので、何社かのパンフレットを比べてみよう。

●乗り降り自由の観光バス「ホップオン・ホップオフ」
"HOP-ON HOP-OFF"のバスがウィーンでも運行されている。市内観光はレッド、ブルー、イエロー、グリーンの4ルートがあり、有効時間によってルートが限られる。有効時間によってナイトツアーやリングトラム、ボートツアーも利用可。10時から18時の間毎時（土・日曜は30分毎。季節により変わる）オペラ座前から出発。チケットは24時間用€29、48時間用€35、72時間用€49がある。車内では日本語でのガイドがある。

ヴィエナ・サイトシーイング・ツアーズ
住 Opernpassage, Top 3
☎ (01) 712-4683
URL www.viennasightseeing.at（英）
ホップオン・ホップオフのバスの連絡先も同じ。

【みゅう】ウィーン
ミキ・トラベルが催行している日本語バスツアーもある。コース料金はヴィエナ・サイトシーイング・ツアーズとほぼ同じ。
住 Währingerstr. 12
☎ (01) 310-218818
URL www.myushop.net
営 9:30～17:00
休 土・日曜、祝日

ウィーン市内観光に便利なホップオン・ホップオフ

ヴィエナ・サイトシーイング・ツアーズのコース

ツアー名と内容	所要時間	料金	出発時刻と運行日 ( ) 内は10～4月、注記
ウィーン市内観光　シェーンブルン宮殿と市立公園では下車、他は車窓からの観光	3時間	€54	毎日（月・水・金・日曜）9:00
ウィーンの森　ウィーンの森の南側、ハイリゲンクロイツやマイヤーリンクを訪ねる	4時間	€57	火・木・土曜の9:00
ドナウの宝石　ヴァッハウ渓谷1日観光　メルク修道院見学後デュルンシュタインまでドナウ川クルーズ	8時間	€79	火・木・日曜9:30 （5～10月初旬まで）
ウィーン・ナイトツアー	1.5時間	€15	水・金曜19:15（5～10月中旬のみ）
シェーンブルン宮殿グランドツアー＆コンサート	3.5時間	€65	毎日（月・水・金曜）9:00
シェーンブルン・エクスプレス	2.5時間	€39	火～土曜9:45
シェーンブルン宮殿コンサート	2時間	€45	毎日14:00
ザルツブルク日帰り観光	終日	€119	毎日7:30
ブダペスト日帰り観光	終日	€119	月・火・木・土・日曜7:15（火・木・土曜7:15）
プラハ日帰り観光	終日	€119	水・金曜7:15（4～10月のみ）
モーツァルトのコンサートまたはシュトラウスコンサート	3時間	€49	4月毎日、5～10月は火・木曜18:30
ドナウ運河とドナウ川のナイトクルーズ（夕食付）	3.5時間	€45	4月上旬～10月上旬19:45（10月中旬～下旬19:00）冬季運休
ザルツカマーグート（ハルシュタット）日帰り観光	終日	€119	金曜9:00（5～10月のみ）

※バスツアーは国立歌劇場（オペラ座）前集合。ボートツアーはシュベーデンプラッツ集合

ウィーン　市内交通（タクシー／フィアカー／定期観光バス）　45

シュテファン広場と周辺

エリアのしくみ

リングに囲まれた旧市街のほぼ中心部に位置し、地下鉄1号線と3号線が交差するシュテファンスプラッツ駅の真上にある。シュテファン大聖堂がそびえる広場周辺と、そこから縦横に延びる各通りに観光名所が集中している。大聖堂の北側には古い家並みが残り、夕方の散歩に最適。ケルントナー通りからグラーベン、コールマルクトに続く通りがリング内の中心なので、ウィーンの観光はここからはじめよう。

ケルントナー通りはウィーンを代表するショッピング通り

歩き方のヒント

楽しみ
観光 ★★★★★
ショッピング ★★★★★
食べ歩き ★★★★★

交通手段の便利さ
トラム ★★★
Uバーン ★★★★
バス ★★★
タクシー ★

エリアの広さ
リングの中心部をカバーしているエリア。中に入ってしまったら歩いてまわる方が楽しいし便利だ。シュテファン広場からグラーベン、コールマルクトとつなげて歩くと15分はかかる。

見どころ

ケルントナー通り
Käntner Strasse
MAP●p.35-G

ウィーンでいちばん華やかな通り

シュテファン広場から真っすぐ南へ続く歩行者専用道路で、グラーベンと並ぶ最もにぎやかなショッピング通り。みやげ物店やブティック、アクセサリーの店、レストラン、カフェが軒を連ねている。リング通りと交差する右手角にはウィーン国立歌劇場がある。

🚇U1、3号線シュテファンスプラッツStephans-platz、U1、2、4号線カールスプラッツKarlsplatz／トラム1、2、D番のオーパー／カールスプラッツOper/Karlsplatz

ノイアー・マルクト
Neuer Markt
MAP●p.35-G

噴水の音に安らぎを感じる広場

広場中央には、18世紀に創られた彫刻家ラファエル・ドナー作の「ドナーの泉」がある。広場2番の建物には、建て替えられる以前の家に1795年から2年間ハイドンが住み、現在ドイツ国歌となっている「皇帝讃歌」を作曲した。

🚇U1、3号線シュテファンスプラッツStephans-platz徒歩5分 ※地下駐車場建設のため、工事中

カプツィーナー納骨堂
Kapuzinergruft
MAP●p.35-G

マリア・テレジアやシシィが眠る

地下納骨所カイザーグルフトKaisergruftには皇帝10人、皇妃15人をはじめ、ハプスブルク家ゆかりの人々の棺が安置されている。フランツ・ヨーゼフとエリザベート皇妃は一番の人気で、棺の周りに花があふれている。マリア・テレジアの棺は先に亡くなった夫のロートリンゲン公との合同棺で立派なダブルサイズ。愛夫家で有名なマリア・テレジアの生前の希望で一つの棺に納められている。

🚋トラム1、2、D番のオーパー／カールスプラッツOper/Karlsplatz／U1、3号線シュテファンスプラッツStephansplatz徒歩5分 🏠Tegetthoffstrasse 2 🕐10:00～18:00（土曜9:00～）休なし 料€7.5

カプツィーナー納骨堂に納められたフランツ・ヨーゼフ皇帝夫妻の棺。手前がエリザベート皇妃の棺

長い大聖堂の身廊を支える柱は、天井で美しい弧を描く

シュテファン大聖堂
Stephansdom
MAP●p.35-D

モザイク屋根はウィーンのシンボル

800年以上の歴史を誇る、まさにウィーンの顔。12世紀半ばにロマネスク様式の小さな教会が建設されたのがはじまりで、14世紀にハプスブルク家のルドルフ四世によってゴシック様式の大教会に建て替えられた。身廊の長さは107m、高さ39m。

身廊左側には説教壇があり、彫刻家ピルグラムによる16世紀の傑作。階段下の窓から半身を乗り出しているのは作者自身で、その先左側壁のオルガン台下にも、コンパスと定規を手にした自身の像がある。

北塔の下に「歯痛のキリスト」と呼ばれる15世紀の彫刻がある。名前の由来に関しては、キリストの表情が歯痛で苦しんでいるように見えるからとも、このキリストは悪人を歯痛で苦しめるから、ともいわれている。

北塔 トルコ軍が置いていった180門の大砲を溶かして造った大鐘があり（オリジナルは1711年、現在のものは1957年製でヨーロッパ最大）、大晦日など、特別な時に鳴らされる。

カタコンベ 地下にはハプスブルク家歴代皇帝の内臓を納めた納骨堂（カタコンベ）がある。ハプスブルク家代々の死者の葬り方として、公の儀式が済んでから心臓はアウグスティーナー教会、心臓以外の内臓はシュテファン大聖堂、遺骨はカプツィーナー教会地下の納骨堂に葬ると定められていた。

南塔 高さ137mのゴシック様式の塔に登ればウィーン市全体が一望できる。西側正面入り口の２本の尖塔と扉は、古いロマネスク様式教会の残存部分。

外に出て主祭壇の北側へ行くと、モーツァルトの葬儀が行われた場所（下図★）があり、壁にその旨が記されている。1791年に35歳で亡くなったモーツァルトはここへ運ばれ、簡単な葬儀のあと市外の共同墓地に埋葬された。

交U1、3号線シュテファンスプラッツStephansplatz 住Stephansplatz 開6:00～22:00（日曜・祝日7:00～）
ガイドツアー
聖堂：9:00～11:30、13:00～16:30（日曜・祝日13:00～14:30）カタコンベ：10:00～11:30、13:30～16:30（日曜・祝日13:30～16:30）料€6
北塔（エレベーター）：9:00～17:30（7、8月～18:00）休祝日 料€6
南塔（階段）：9:00～17:30 休祝日 料€5
オールインクルーシブチケット：9:00～17:30（南塔、カタコンベ、カテドラル）料€14.9

祭壇に向かって左側にある「歯痛のキリスト」像

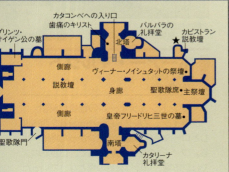

モザイク屋根が特徴のシュテファン大聖堂

49 ウィーン 見どころ

グラーベン
Graben
MAP●p.35-C

朝日の中が最も美しい三位一体像

　幅30m以上もある細長い広場のような道で、13世紀頃までここは堀Grabenだったためこの名称がある。シュテファン大聖堂の斜め向いに建つハース・ハウスHaas Hausは、ウィーンを代表するポスト・モダン建築家ハンス・ホラインが手掛けた1990年の作品。当初非難を浴び、飛び込み台を頭に乗せた、とからかわれたビルも今では広場の名物になっている。グラーベンの中央にあるペスト記念柱Pestsäuleは、約10万人の命を奪ったペストの終焉に感謝して1693年、レオポルト一世が建てた三位一体像。オーストリア最大のバロック建築家フィッシャー・フォン・エアラッハの若き日の作品である（ほか2人）。グラーベン10番のアンカーハウスAnkerhausは、オットー・ヴァーグナーが1894年に建てたもの。グラーベンの中程にあるペーター教会Peterskircheはウィーン最古の教会で、18世紀にヒルデブラントらの手によってバロック様式に建て替えられている。

交 U1、3号線シュテファンスプラッツStephans-platz徒歩1分／U3号線ヘレンガッセHerrengasse徒歩2分

グラーベンの真ん中に立つ三位一体像。黄金色に輝きよく目立つ

シュテファン広場からカーブを描く通りグラーベンは、ショッピングやカフェなどでくつろぐ人が絶えない

モーツァルトの住居
Mozartwohnung
MAP●p.35-D

モーツァルトが3年住んだ家

　1784年から87年までモーツァルト一家はここの2階に住んだ。ウィーンに残る唯一のモーツァルトの家で、「フィガロの結婚」はここで作曲されている。建物は屋根裏部屋付きの5階建てで、1階から4階がモーツァルトの記念室になっている。見学は4階からはじまり、来館者は各自オーディオ解説（日本語あり）によって各階をまわる。4階はウィーンでの生活が紹介され、3階にはモーツァルトのオペラに関する展示がある。2階がモーツァルト一家の住居だったところ。モーツァルトにちなんださまざまな製品を扱うミュージアムショップやセルフサービスのカフェもある。モーツァルトはこの家に住んでいたおよそ3年間が生涯のうち最も安定した時期で、幸せな日々を家族と過ごしていた。

交 U1、3号線シュテファンスプラッツStephans-platz徒歩1分
住 Domgasse 5
時 10:00～19:00
休 なし 料 €11

入り口は路地にある

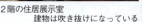
2階の住居展示室　建物は吹き抜けになっている

ホーアー・マルクト
Hoher Markt
MAP●p.35-C

ユーゲントシュティールの仕掛け時計

　フライシュマルクトFleischmarktを西へ進むとローマ時代の遺跡が見つかった場所へ出る。ウィーンで最も古い広場で、13世紀頃までは魚市場、以後は交易の場となっていった

時計の模様にユーゲントシュティールがうかがえる

が、ハプスブルク時代は公開処刑場でもあった。広場には1732年にフィッシャー・フォン・エアラッハがたてた「聖処女の結婚の泉」とよばれる噴水がある。

広場の東端には2軒のアンカー保険会社をつなぐ10mの長い廊下がある。そこに20世紀初頭に造られた**アンカー時計Ankeruhr**があり、ウィーンの歴史上重要な12組の人物が時報と共に1組ずつ現れる。正午にはウィーンの街を建設したマルクスアウレリウスをはじめ、12組全員が登場するが、その中にはカール大帝やルドルフ1世、マリア・テレジア、作曲家のハイドンなどの顔ぶれがある。

🚇U1、3号線シュテファンスプラッツStephansplatz徒歩4分

シュテファン広場の北側
Stephansplatz Nold
MAP●p.35-D

古き時代の面影残す通り

観光客でにぎわう南側に比べて人影の少ない場所で、細い石畳の路地や古い館が多く、趣がある。

ゾンネンフェルスガッセSonnenfelsgasseからカーブした細い路地は「**美しいランタン通りSchönlaterngasse**」と呼ばれている。名の由来となった古いランタン（ランプ）が、通りの6番館の2階の壁に今も掛かっている。

7番は**バジリスケンハウスBasiliskenhaus**と呼ばれ、上部に醜い怪獣の石像と壁画がある。昔この館の井戸に住むバジリスクという怪獣が、井戸に毒を入れるなど悪さをしたと

いう。あるとき若者が怪獣に鏡を見せると、己のあまりの醜さにショック死したと伝えられている。3番はバジリスケンという名のレストランで、7番の左隣の家は、1838年にシューマンが住んでいた家。

さらに北へ行くとフライシュマルクトFleischmarktがある。ここは13世紀に開設された肉市場で、ギリシャ商人居住地だった。11番はグリーヒェンバイスルGriechenbeislという有名なレストラン。ギリシャの大衆レストラン、という意味だがれっきとしたウィーン料理の店。看板の男は17世紀の大道歌手アウグスティンで、この店でよく歌っていた。右隣に新ビザンチン様式のギリシャ正教会もあり、ゴールドに塗られたアーチの柱と天井がたいへん美しい。

🚇U1、3号線シュテファンスプラッツStephansplatz徒歩5分

ギリシャ商人居住地だったグリーヒェンガッセ

ドナウ運河
Donaukanal
MAP●p.33-C

夏場はビーチに早変わり

リング通りはショッテンリングからユリウス・ラープ広場までドナウ運河に添って走る。その運河沿いのアスペルン橋からアウガルテン橋までの河岸には、夏になるとビーチカフェが現れる。河岸の土を砂浜に見立ててビーチチェアーが並び、地元の人たちは日光浴やスポーツを楽しんでいる。夜には河岸のビーチバーが店を開け、ミュージッククラブでは毎晩生演奏で若者を惹きつけている。

🚇U1、4号線シュヴェーデンプラッツSchwedenplatzすぐ

夏場の運河沿いにはビーチカフェが点在

ランタン通りの古いランプ

ニワトリとカエルを合わせたような怪獣バジリスク。上は鏡を持つ若者

ウィーン　見どころ　51

コールマルクト

Kohlmarkt
MAP●p.34-B

ヨーロッパブランドが軒を並べる通り

マルクトとは市場の意味で、この通りに木炭（コーレ）を売る市場があったことから、以前はコーレンマルクトと呼ばれていた。現在は高級ショップが並ぶ歩行者専用道路。

にぎやかなグラーベンの角を曲がると、コールマルクトの突き当たりに瀟洒なミヒャエル門の姿が見えて、急に雰囲気が変わる。

かつては王室御用達の店や王侯貴族ひいきの店があって華やかな場所だった。今日ではカルティエ、グッチなど、ヨーロッパの高級ブランド店が並んでいる。ルイ・ヴィトンなど一部のブランド店は、コールマルクトの北側のゴールデネス・クヴァルティーアにある。ウィーンの伝統菓子店デーメルのショーウィンドウは、菓子の芸術作品を披露して人目を惹いている。

🚇U3号線ヘレンガッセHerrengasse徒歩4分／バス2A、3AミヒャエラープラッツMichaelerplatz

ミヒャエル広場

Michaelerplatz
MAP●p.34-B

馬車がよく似合う王宮の門

王宮の正面入り口だったミヒャエル門がある。観光馬車の乗り場となっているため、つ

コールマルクトの奥にミヒャエル門が見える

ねに馬車がいる。広場中央に、地下から発掘されたローマ時代の遺跡が保存されている。

広場から北へ斜めに延びるヘレンガッセを行くと、ウィーンで最も美しいといわれる伝統カフェのツェントラルCafé Centralがある。

ミヒャエル広場の角にある近代的な建物は1911年完成の**ロースハウス**Looshaus。アドルフ・ロースは不要な装飾を一切つけず、量体の構成のみで処理することを主張し、簡素で機能的な近代建築の先駆者となった。それでもロースはこの建物をミヒャエル門に合わせ、緑の大理石列柱を装飾的に配置したが上部には装飾がなく、フランツ・ヨーゼフ皇帝の不評を買った。醜い建物は王宮の門前に相応しくない、と皇帝はミヒャエル門を利用しなくなったとか。

聖ミヒャエル教会は、かつて王室の人々がミサに参列していた教会。13世紀に建てられた古い教会で、祭壇背後の壁に彫られた堕落天使の群像が迫力ある。

ミヒャエル広場から南側に王宮が広がり、複雑につながった建物と庭園によって構成されている王宮ホーフブルクHofburgの姿が見られる。

🚇U3号線ヘレンガッセHerrengasse徒歩3分／バス2A、3Aミヒャエラープラッツ Michaelerplatz

ミヒャエル門の右手が皇帝の居室、左手にはスペイン馬術学校がある

ホーフブルク（王宮）

エリアのしくみ

1220年頃に建てられた最初の館を中核に、歴代の君主たちが次々と建て増ししていった。そのため、様式の異なる各時代の建物の集合体になっている。ミヒャエル広場に面した向かって右側の部分には皇帝の住居や宮廷銀器コレクションの建物があり、向かって左側のアウグスティーナー通り側にはスペイン馬術学校、王宮礼拝堂、国立図書館、アルベルティーナがある。リングに面した南側には芝生のヘルデン（英雄）広場があり、東側に新王宮がそびえる。

歩き方のヒント

楽しみ
観光 ★★★★★
ショッピング ★★★
食べ歩き ★★

交通手段の便利さ
トラム ★★★
Uバーン ★★★
バス ★★★
タクシー ★★

エリアの広さ
正面入り口はミヒャエル門、リングに面した入り口を入るとヘルデン広場に出る。王宮はかなり広い範囲にわたっているので、観光目的を決めてからルートを考えよう。

ホーフブルクへの交通

Uバーン：3号線ヘレンガッセHerrengasse徒歩5分／トラム：1、2、D番ブルクリングBurgring／バス：2A、3AミヒャエラープラッツMichaelerplatz

旧王宮の中庭に立つオーストリア皇帝フランツ一世像

見どころ

ホーフブルク（王宮）Hofburgで最も人気があるのは帝国宰相官房翼Reichskanzleitrakt。一階に宮廷銀器コレクションHofburg Silberkammerがあり、2階に皇帝の住居カイザーアパートメンツKaiserappartementsがある。まず銀器コレクションの見学を終えて、2階へ上がっていくと「シシィ博物館」が現れ、次にフランツ・ヨーゼフ皇帝が使用していた部屋が、そしてエリザベート皇妃が使っていた部屋などへと続く。最後の「食事の間」も興味深い。

ハプスブルク家の財宝を集めた「王宮宝物館Kaiserliche Schatzkammer」もぜひ訪れたい。スペイン馬術学校は、朝の調教だけでもいいが、集団演技のチケットが入手できればなお楽しい。優雅で一糸乱れぬ馬の動きは、古き良きハプスブルク帝国時代を想像させる。ヨーロッパ一美しいともいわれる国立図書館も見ておきたい。

ミヒャエル門
Michaelertor
MAP●p.34-F

門上の鉄細工がひときわ美しい

王宮の正門として18世紀に建てられたもので、門の両脇には4体のヘラクレス像が置かれ、海と陸の力を表した大きな噴水がある。門を入るとフランツ二世（オーストリア皇帝フランツ一世）の像が立つ中庭in der Burgに出る。中庭を抜けるとヘルデン（英雄）広場Heldenplatzが広がり、2つの騎馬像がある。新王宮前に立つのは、対トルコ戦で活躍したプリンツ・オイゲン侯、反対側は皇帝レオポルト二世の三男で、ナポレオンのウィーン侵攻をくい止めたカール大公。二人はウィーンの英雄である。

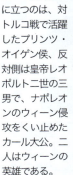

ミヒャエル門内の円蓋ホール

旧王宮
Alte Burg
MAP●p.34-F

ルドルフ一世の時代からの館
　帝国宰相官房翼、アマリエ翼、レオポルト翼、スイス宮が旧王宮にあたる。13世紀に城塞として建てられ、その後増改築を繰り返して16世紀にフェルディナント一世によってルネサンス様式になった。以後18世紀前半のカール六世の時代まで歴代皇帝の居城だった。19世紀に賓客用に改装され、フランツ・ヨーゼフの賓客としてラディツキー将軍が滞在したことでも知られる。
　旧王宮内で最も古い館スイス宮Schweizerhofには、王宮宝物館と王宮礼拝堂がある。王宮中庭とを結ぶスイス門Schweizertorは16世紀のルネサンス様式の色鮮やかな門で、マリア・テレジアにより警備を任されたスイスの近衛兵にちなんでスイス門と名付けられた。

王宮の警備を命ぜられたスイス近衛兵がいたスイス門

皇帝の住居・シシィ博物館
Kaiserappartements & Sisi Museum
MAP●p.54

フランツ・ヨーゼフ皇帝夫妻の住居
　バロック様式の帝国宰相官房翼Reichskanzleitraktの2階と、隣接するアマリエ翼の2階22室がシシィ博物館と皇帝の住居（カイザーアパートメンツ）、アレクサンドル皇帝の住居として公開されている。入り口はミヒャエル門を入った円形ホールの右側。

シシィ博物館　Sisi Museum

1 死　Der Tod
　1898年にこの世を去ったエリザベートのデスマスクを展示。エリザベート皇妃の棺を前に嘆き悲しむフランツ・ヨーゼフ皇帝を描いた画や皇妃埋葬の様子の写真などがある。

2 シシィ神話　Mythos Sisi
　エリザベートは旅に出ることや、保養地、生まれ故郷のバイエルン、気に入ったハンガリーなどで過ごすことが多く、ウィーンに留まることが少なかった。ウィーン市民はこの"風変わりな皇妃"にほとんど関心を示さなかった。皇妃が悲劇的な死を遂げたことで、急にエリザベートに対する関心が高まった。

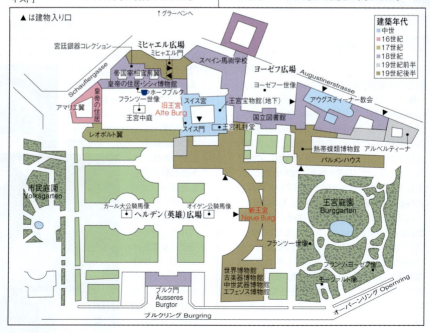

皇帝の住居・シシィ博物館

シシィ博物館の展示

9番目の部屋「謁見の間」

3 少女時代　Das Mädchen
ドイツのバイエルン公爵家に生まれたエリザベートは娘時代を天真爛漫に過ごした。おてんばだった少女を象徴するように、ここでは天井から吊り下がったブランコにエリザベートが立ち乗りしている。ザルツカマーグートのバート・イシュルでフランツ・ヨーゼフに見初められ、彼女の運命は変わった。

4 宮廷生活　Am Hof
大きな部屋で、ここには2つのドレス（双方ともレプリカ）が飾られている。手前のものはオーストリアへ嫁ぐ前日にバイエルンの宮廷で披露した白いドレス。グリーンの刺繍はよく見るとアラビア文字という珍しいデザイン。オリジナルはウィーンの美術史博物館に保管されているが非公開。もう一つはハンガリー王妃としての戴冠式に臨んだときのドレス。このデザインはハンガリー王妃の正式なドレスで、パリの有名なオートクチュールで作られたもの。オリジナルは存在しない。

5 逃避　Die Flucht
堅苦しい宮廷生活を嫌ったエリザベートは頻繁に旅へ出るようになる。一人息子のルドルフが自殺してから彼女は喪服しか身につけなかった。旅で使われたエリザベートのワゴン車（レプリカ）、黒いヴェール、日傘、扇子、黒いビーズのネックレスなどの遺愛品などが展示されている。

6 暗殺　Das Attentat
1889年9月10日、エリザベートは旅先のスイス、レマン湖畔で船に乗る時イタリアのアナーキストによって暗殺された。この瞬間からこれまでの皇妃の奇妙な行動はすべて美化され、"シシィ神話"がはじまった。

シシィ博物館はここで終わり、次の間からはフランツ・ヨーゼフ皇帝の住居に変わる。

皇帝の住居　Kaiserappartements
フランツ・ヨーゼフの住居　Appartement Kaiser Franz Joseph

7 護衛の部屋　Trabantenstube
皇帝の護衛官たちが待機していた部屋で、大きなハプスブルク家の家系図がある。

8 謁見の控室　Audienzwartesaal
皇帝に謁見できたのはあらゆる身分の人だった。当時の人たちはどんな服装をしていたのか、19世紀後半のウィーンの人々の服装がマネキン人形によって再現されている。

9 謁見の間　Audienzzimmer
皇帝は週2回、午前中に人々と謁見した。その数はおよそ100人ほどで、ひとり2〜3分というのが原則だった。皇帝は立ったまま謁見に臨んだので、高い書見台が使われた。

10 会議室　Konferenzzimmer
ここで皇帝は議長を務めた。左右の壁の絵は2つとも1849年の市民戦争を描いたもの。右手にラディツキー将軍の石像がある。この部屋の奥に皇帝の更衣室がある。皇帝は軍服ばかり着ていたが、狩りのときは着替えた。

11 執務室　Arbeitszimmer
皇帝の机の上にはヴィンターハルターが描いたエリザベートの肖像画が飾られている。壁にもヴィンターハルター作、長い髪をしたエリザベートの肖像画が掛けられている。皇帝はこの机で執務中に一人息子ルドルフの悲報を伝えられた。

10番目の部屋「会議室」

11番目の部屋「執務室」

16番目の部屋「化粧室」と17番目の「大サロン」

12 寝室　Schlafzimmer
皇帝は茶色に塗られた簡素な鉄製のベッドを使っていた。折りたたみ式洗面台が置かれている。皇帝は毎朝、早く起床して執務に取りかかった。

13 大サロン　Grosser Salon
家族が集まる部屋だったが、エリザベートの死去以来、この部屋は使われなくなった。

14 小サロン　Kleiner Salon
紳士の喫煙室だったが、現在はフランツ・ヨーゼフの弟でメキシコ皇帝になったマクシミリアンの記念室になっている。マクシミリアンはメキシコで銃殺刑に処せられた。

ここで皇帝の住居は終わり、次の部屋からエリザベート皇妃の住居となる。

エリザベート皇妃の住居
Appartement Kaiserin Elisabeth

15 居間と寝室　Wohn- und Schlafzimmer
ここは最初夫婦の寝室だったが、1870年よりエリザベートだけの寝室となった。皇帝と同じように簡素な鉄製のベッドがあり、昼間もほとんどここで過ごしたので寝室兼居間だった。ソファーセットや詩を書いた机も置かれている。

16a 化粧室とトレーニングルーム
Toilette- und Turnenzimmer
エリザベートの長い髪をとかしたブラシが化粧台の鏡の前に置かれている。次の間への入り口上に吊り輪が下がり、壁際にはロクボクと鉄棒がある。

16b バスルームとトイレ
Badezimmer und Toilett
右手の通路を行くと当時としてはモダンな水洗トイレが右側に、最新式銅製のバスタブが左側にある。

16c ベルグルの間　Berglzimmer
通路の突き当たりには小部屋が3つあり、画家ヨハン・ベルグルが描いたエキゾチックな壁画があることから「ベルグルの間」と呼ばれている。エリザベートの更衣室として使われていた。

17 皇妃の大サロン
Grosser Salon der Kaiserin
エリザベートが使っていたサロンで、皇帝夫妻は時おりここで朝食を共にしていた。その際は専用のテーブルが運ばれた。

18 エリザベートの小サロン
Kleiner Salon Elisabeths
当時は子供たちの肖像画が飾られていたが、現在はルドルフの肖像画のみがある。

19 大きな控えの間　Grosses Vorzimmer
角部屋で奥に階段があり、エリザベートは外出時にこの階段を使っていた。城で舞踏会が開かれた時はここが控えの間になった。

次から北側の翼になる。

アレクサンドル皇帝の住居
Alexanderappartments

20 入り口の間　Eingangszimmer
19世紀初頭のウィーン会議開催中にロシアのアレクサンドル皇帝がここに滞在していた。ハプスブルク家最後の皇帝カール一世は1916年から2年間ここを執務室にしていた。

21 赤いサロン　Roter Salon
白とゴールドの壁に、ルイ16世からヨーゼフ二世に贈られた赤いゴブラン織りタペストリーが飾られた、華やかな部屋。カール一世

22番目の部屋「ディナールーム」

がレセプションルームとして使っていた。

22 食事の間　Speisesaal

　フランツ・ヨーゼフ時代のディナールームで、皇帝が中央に、主賓がその向かい側に座った。中央から端へと身分の高い順に男女が交互に座った。皇帝がナイフとフォークを置くと、皆の皿も片づけられた。当時のハプスブルク家のマナーによりナイフとフォークが

すべて右側に置かれている。
　博物館はここで終わる。次の部屋にシシィグッズなどを扱うミュージアム・ショップがある。

開9:00〜17:30（7・8月は〜18:00）、入場は閉館の1時間前まで 休なし 料€15（宮廷銀器コレクションとの共通券）、シシィ・チケット€34（王宮、シェーンブルン宮殿グランドツアー、王宮家具保管館との共通券）

フランツ・ヨーゼフとエリザベート

事実上最後の皇帝 フランツ・ヨーゼフ

　1848年、ウィーンで起こった革命の直後にオーストリア皇帝に即位したフランツ・ヨーゼフは18歳の青年であった。以後68年の長きにわたって、ひたすらオーストリアのために生涯を捧げた。彼は毎日早起きをして何枚もの書類に目を通し、多くの訪問者と謁見した。常に軍服を身につけて執務にあたったので、肖像画は軍服姿のものが多い。1916年、第一次世界大戦の最中に86歳で世を去った。その2年後に帝国は崩壊する。

次々と起こった悲劇の中で

　ハプスブルクの凋落を暗示するかのような出来事が次々と皇帝の周りで起こる。1867年、弟でメキシコ皇帝のマクシミリアン一世が反乱軍に捕らえられて処刑される。1889年には王位継承者である皇帝の唯一の息子ルドルフ皇太子が、ウィーン南郊外のマイヤーリンクで愛人と情交を遂げる。最愛の妻エリザベートは1898年にジュネーヴで無政府主義者に暗殺された。そしてルドルフ亡き後、王位継承者に指名した甥のフェルディナント大公も、1914年にサライェヴォで暗殺されてしまった。愛する者たちを相次いで亡くし、どうにもならない運命の力に無力に立ち向かったフランツ・ヨーゼフであった。

*

花嫁候補の妹が見初められて

　エリザベートはドイツ＝バイエルンのヴィッテルスバッハ公爵家の次女として生まれ、幼い頃からシシィの愛称で呼ばれて自由奔放に育った。15歳のとき、オーストリア皇妃候補だった姉のヘレーナの見合いに同行したエリザベートに、フランツ・ヨーゼフは一目惚れする。若きオーストリア皇帝はヘレーナではなく、エリザベートを皇妃に選んだ。16歳でウィーンの宮廷に輿入れしたエリザベートは、窮屈で慎ましいウィーンの宮廷生活を受け入れることができず、

精神をわずらって転地療養生活を送るようになる。長い旅に出かけること、しばしばだった。

ハンガリー王妃となって

　1867年、オーストリア＝ハンガリー二重帝国が発足する。ハンガリー王ならびに王妃としての戴冠式はブダペストのマーチャーシュ教会で行われた。フランツ・ヨーゼフはハンガリーの軍服を、エリザベートはハンガリーの礼服を身につけていた。ウィーンのホーフブルクにこのときの肖像画が飾られている。ハンガリー戴冠式礼装姿のエリザベートは、数ある肖像画の中で最も美しく、ゲオルク・ラープの傑作といわれている。また、ブダペストのゲデレー城には戴冠式の様子を伝える大きな絵が飾られている。

ハンガリーびいきだったエリザベート

　エリザベートはハンガリーを気に入り、ウィーンの宮廷よりもブダペスト郊外のゲデレー城に滞在することの方が多かった。女官たちをすべてハンガリー女性に変え、ウィーンにも連れていった。ハンガリーびいきのエリザベートはハンガリー国民から圧倒的に支持され、フランツ・ヨーゼフに代わり、ハンガリーの外交は専らエリザベートが担ったともいわれる。エリザベートはハンガリーの政治家や文化人たちの訪問を快く受け入れた。ハンガリーの首相兼国防相で、後に二重帝国の外務大臣にもなったアンドラーシ・ジュラ伯爵が、エリザベートの恋人だったという噂も流れるほど友好的だった。

エリザベートの黒い服

　ハプスブルク家の跡継ぎだった一人息子のルドルフが自殺して以来、エリザベートは喪服を脱ぐことがなかった。そのため彼女の肖像画には黒い喪服姿のものがいくつかある。スイス、レマン湖のほとりで暗殺されたときも黒い服を着ていた。エリザベートが最後に身に着けていた黒いドレスは、現在ブダペストのハンガリー国立博物館に展示されている。

宮廷銀器コレクション
Hofburg Silberkammer
MAP●p.54

ため息が出る豪華な食器の数々

ハプスブルク家歴代の銀器と陶磁器コレクションで、陶磁器はヨーロッパの名窯で作られたものばかり。日本の伊万里コレクションもある。銀器では最高技術のもとに製造されたものがそろい、なかでも19世紀前半にミラノで作られた33mにおよぶ金メッキのテーブル飾りは目を見張る豪華さ。マリー・アントワネットが母のマリア・テレジアに贈ったセーヴル焼きの食器セット、英国ヴィクトリア女王からフランツ・ヨーゼフ皇帝夫妻に贈られたミントンの磁器などもある。

開9:00〜17:30(7・8月は〜18:00) 休なし 料€15(シシィ博物館・皇帝の住居と共通チケット)

フラワープレートの展示室

銀食器の展示室

王宮宝物館
Kaiserlich Schatzkammer wien
MAP●p.54

神聖ローマ帝国の帝冠が見られる

16世紀以来集められ、場所を変えながら王宮内に保管されてきたハプスブルク家の財宝が展示されている。フェルディナント一世以降のハプスブルク家コレクションが主だが、神聖ローマ帝国の皇帝が途中からハプスブルク家の世襲になったため、神聖ローマ帝国歴代の皇帝が受け継いできたたいへん貴重な財宝がある。

館内は16の小部屋に分かれ、それぞれに番号が付いている。入り口近くの2番の部屋では帝国のシンボルである、1602年にプラハで

オーストリア皇帝の冠、笏杖、宝珠

神聖ローマ帝国皇帝の冠

皇帝のマント

作られたルドルフ二世の王冠が見られる。神聖ローマ帝国崩壊後はこの王冠が戴冠式に使われた。笏杖、宝珠も必見。赤いベルベットに黄金の刺繍が施された皇帝のマントも見事。

5番の部屋は皇帝フランツ一世の娘で政略結婚でナポレオンの妻となったマリー・ルイーズの記念室。ナポレオンとの間に生まれた子供の揺りかごなどが置かれている。

7番の部屋にはハプスブルク家の財宝が展示されている。「ラ・ベッラ」と呼ばれる双頭の鷲の間に416カラットのルビーをはめ込んだ飾りや、17世紀前半にプラハで作られた2680カラットのエメラルドを細工した軟膏壺などがガラスケースの中で輝いている。

11番の神聖ローマ帝国財宝展示室には歴代神聖ローマ帝国皇帝に受け継がれてきた冠がある。オットー大帝が即位した10世紀後半のものと思われる非常に重要な冠である。9世紀の聖なる槍、帝国の剣なども必見。

15番の大きな部屋は、ブルゴーニュのフィリップ公が15世紀に創設した金羊毛騎士団ゴールデンフリースに関する展示室。52枚の黄金のワッペンからなる金の羊が下がった首飾りはたいへん美しい。

開9:00〜17:30 休火曜 料€12、€22(美術史博物館とのコンビチケット)、€24(スペイン馬術学校の調教見学とのコンビチケット)

新王宮
Neue Burg
MAP●p.34-F

一度も使われなかった新王宮
ハプスブルク家の権威を象徴して建設がはじまった新王宮だが、途中で第一次世界大戦が勃発し、戦争が終わらないうちにフランツ・ヨーゼフ皇帝が亡くなった。敗戦とともに帝国が解体して工事は中断。未完部分を残しながらも、なんとか完成したのは1923年のこと。双頭の鷲を中央に飾った威風堂々たるネオ・バロック様式の新王宮は、ハプスブルク家の誰にも使われないまま、現在は複数の博物館になっている。

世界博物館
Weltmuseum
MAP●p.54

全世界から持ち帰った15万点の収集品
メキシコをはじめ、アジア、アフリカ、南アメリカ、オーストラリア、ポリネシアなどのものが中心。フランツ・ヨーゼフの弟でメキシコ皇帝マクシミリアン一世の遺品が受け継がれていることから、メキシコ部門は充実している。

開10:00〜18:00 休火曜 料€12

古楽器博物館
Sammlung Historischer Musikinstrumente
MAP●p.54

楽器好きなら必見のコレクション
ベートーヴェン、モーツァルト、シューベルト、ブラームス、シューマン、リスト、マーラーらが使用していた楽器の数々がある。マリア・テレジアの鼈甲製のヴァイオリン、古い鍵盤楽器や弦楽器などの珍しい楽器も展示されている。

中世武器博物館
Hofjagd und Rüstkammer
MAP●p.54

武器も貴族の装飾品
ハプスブルク家歴代皇帝の武器コレクションはヨーロッパでも有名。最古のものはゲルマンの大移動時代にまで遡る。馬上試合用の武具、ルネサンス期に作られた華やかな甲冑、象眼細工の美しい剣や刀類、装飾が施された鎧兜など、多くのものがゆったりと展示されている。

エフェソス博物館
Ephesosmuseum
MAP●p.54

エフェソスからの出土品を展示
古代ローマの属州都市だったトルコのエフェソスで発掘された出土品が展示されている。傑作とされる彫刻エフェソスの競技者、古代アルテミス神殿の一部、40mにおよぶパルティア戦争勝利記念フリーズなど、迫力のある展示内容だ。

以上、古楽器、中世武器、エフェソスの3つの博物館は共通 開10:00〜18:00 休月・火曜 料€15

スペイン馬術学校
Spanische Reitschule
MAP●p.54

古典馬術がユネスコ無形文化遺産に登録
1572年に設立された伝統的馬術学校。近世ヨーロッパでは、知能に優れたスペイン産のアンダルシア馬が軍馬に最適とされていた。1580年に現スロヴェニアのリピッツァーに養馬場を開設してスペイン馬を繁殖させる。今日の選び抜かれた美しい白馬は、現在グラーツ近郊で繁殖飼育されているリピッツァー種で、3歳馬から調教され、高度なテクニックをこなしている。建物は18世紀前半のマリア・

新宮殿内は近代的な博物館が並ぶ

「スペイン馬術学校」はヨーゼフ広場に面してある

テレジアの父カール六世時代にフィッシャー・フォン・エアラッハによって建てられたもので、ホール式のエレガントな館内には観客席用に2層のバルコニーが設けられている。ウィーン会議の最中はここが舞踏会場となり「会議は踊る」といわれた。

馬の集団演技と朝の調教の様子が一般に公開されている。集団演技では、ワルツやメヌエットに合わせてステップを踏む白馬たちの華麗で高度な技術が披露される。伝統を受け継いだ、ウィーンらしいプログラムだ。年間プログラムが公式HPに出ている。

公演チケットは直接窓口や現地の旅行会社などで買えるが、日本から申し込むこともできる（🌐www.srs.at）。調教見学チケットは当日入り口で販売（火～金曜10:00～12:00の調教見学のみは€15、午後のガイドツアー付き€31、馬術公演は席により€27～140）。

王宮礼拝堂
Burgkapelle
MAP●p.54

天使のコーラスが聞こえる

15世紀に旧王宮の中に造られた小さな礼拝堂で、ウィーン少年合唱団で有名。彼らの歌声は夏休みを除く日曜ミサで聴くことができる。ミサが終わると子供たちが中庭に出てくるが、一緒に記念写真を撮ろうとする観光客に、あっという間に囲まれてしまう。

開10:00～14:00、金曜11:00～13:00 休水・木・土曜、祝日 料内部見学無料
合唱団は9月中旬～6月末の日曜日と宗教祭日の9:15より＊ミサの座席予約はFax、E-mail、公式サイトから直接申し込む。料€11～。チケット受取りと支払い（現金のみ）は、金曜の11:00～13:00および15:00～17:00、日曜は8:15～8:45の間に礼拝堂のチケット売場で。当日は9:00までに着席する。
☎(01)533-9927-75 🌐www.hofmusikkapelle.gv.at E-mail: office@hofburgkapelle.at

国立図書館（プルンクザール）
Österreichische Nationalbibliothek (Prunksaal)
MAP●p.54

まるで宮殿のように華麗な図書館

18世紀前半にカール六世が宮廷内の蔵書用

書庫を建設。フィッシャー・フォン・エアラッハが手がけた世界一美しいといわれる王宮図書館は、帝国解体後に国立図書館となった。プルンクザール（豪華大広間）と呼ばれるバロック様式のホールが一般に公開されている。天井画がみごと。

国立図書館の天井フレスコ画

古めかしくも格式の高い国立図書館

開10:00～18:00（木曜～21:00） 休10～5月の月曜
料€8

アウグスティーナー教会
Augustinerkirche
MAP●p.54

簡素な皇帝一族の教会

ハプスブルク家の結婚式や葬儀が執り行われてきた教会。ここにはハプスブルク家心臓安置所があり、17世紀初頭のマティアス二世にはじまる歴代皇帝の心臓が、銀の壺に納められて安置されている。ハプスブルク家の習わしにより心臓はここに、内臓はシュテファン大聖堂に、残りはカプツィーナー教会納骨堂に、と分けて安置されている。

開8:00～18:00（日曜13:00～） 休なし 料€2.5

アルベルティーナ
Albertina
MAP●p.54

画学生必見の美術館

マリア・テレジアの娘で溺愛されたクリスティーナの婿、アルベルト公ゆかりの絵画館。素描、版画、グラフィックなど100万点以上を所蔵。有名なデューラーの「兎」もある。

開10:00～18:00（水・金曜～21:00）休なし 料€16

アム・ホーフ周辺

エリアのしくみ

シュテファン広場に次ぐ大きな広場だが、観光客が少ないのでよけい広く感じる。広場の西側はかつて貴族の館だった大きな建物が多い。東側には迷路のように細い路地がめぐり、古い家並みが残っている。

歩き方のヒント

楽しみ
観光 ★★★
ショッピング ★★
食べ歩き ★★★★

交通手段の便利さ
トラム ★★★
Uバーン ★★
バス ★★
タクシー ★★

エリアの広さ
グラーベンからアム・ホーフへは徒歩10分、ショッテントーアへはさらに7分ほど。

見どころ

アム・ホーフ
Am Hof
MAP●p.34-B

歴史の変化を見つめてきた広場

広場の名は1156年、辺境伯だったハインリヒが皇帝よりオーストリア公に格上げされ、ここに宮殿を建てたことに由来している。現在広場は14世紀後半のアム・ホーフ教会や銀行など、白っぽい立派な建物で取り囲まれている。広場中央のマリア柱は、1667年に建てられたもので、柱頭にマリア像がある。

交 U3号線ヘレンガッセHerrengasse徒歩5分

にぎやかなリングの中で、突然人けのない大きな広場が現れる

パスクヴァラティハウス
Pasqualatihaus
MAP●p.32-B

ベートーヴェンが8年間住んだ館

ベートーヴェンが1804年から8年までと1810年から14年まで住んだ館。交響曲第4番、第5番、第7番、第8番、ピアノソナタ「告別」、弦楽四重奏曲、ピアノ三重奏曲など、この館で数々の名曲が生まれた。記念室では、楽譜やベートーヴェンゆかりの人々の肖像画のほか、ベートーヴェン愛用の品々などが、そして1812年に彼を説得して制作されたライフマスクが展示されている。

交 トラム1、D番、U2号線ショッテントーアSchottentor徒歩4分 住Mölker Bastei 8 開10:00～13:00、14:00～18:00 休月曜、1/1、5/1、12/25 料€5

ぐるぐると階段を登って5階のベートーヴェン記念室へ

ボーグナーガッセ
Bognergasse
MAP●p.34-B

薬局の壁画に注目

アム・ホーフ広場南のボーグナーガッセはしゃれた店が並ぶ通り。9番のエンゲル薬局Engel-apothekeはウィーン最古の薬局といわれている。店の看板となっている壁画が見もので、一見クリムトの作品と見間違うようなユーゲントシュティールのフレスコ画が描かれている。今世紀初頭の改装に伴い現在の看板に変わった。ポスターなどでもよく見かける。

交 U3号線ヘレンガッセHerrengasse徒歩5分

淡い壁画が美しいボーグナーガッセのエンゲル薬局

リングに沿って

エリアのしくみ

　19世紀後半に、旧市街の市壁を撤去して造られた環状の大通りはリング（環状）と呼ばれている。幅57m、全長5.3kmの、ドナウ運河に向かって馬蹄型を描くような大通りが1865年に完成。リングの建設は道路のみならず、そこに面した公共施設の建設も含まれていた。そのためリング沿いには公園、国立歌劇場や美術館、国会議事堂、市庁舎、ブルク劇場など、公共の建物が次々と建てられていった。古典からバロックに至るあらゆる建築様式を取り入れた「折衷主義」あるいは「歴史主義」と呼ばれる19世紀後半の建物をひと通り見ることができる。

市立公園のヨハン・シュトラウス像

歩き方のヒント

楽しみ
観光　　　　★★★★
ショッピング　★★★
食べ歩き　　　★★★

交通手段の便利さ
トラム　★★★★
Uバーン　★★★★
バス　　★★★
タクシー　★★★

エリアの広さ
リングに沿って並ぶ観光ポイントをめぐるには、トラムの利用がもっとも便利。歩いてまわるとなると1日ではムリ。リングの西側か東側かによってトラムの1番、2番、D番を上手に使って効率よくまわろう。

見どころ

郵便貯金局
Postsparkasse
MAP●p.33-H

110年を超す建物とは思えない斬新さ
　1906年、外装から華やかな装飾を取り除いた平坦な建物が出現した。天井をガラスで覆って内部に自然の光を採り入れ、初めてアルミニウムが用いられたのも画期的だった。外壁は無数の大理石の板をボルトで固定し、無駄を省いた機能的な造り。オットー・ヴァーグナー建築の集大成である。現在も郵便貯金局として機能し、内部の大ホールは奥の小ホールとともに、月曜から金曜の10時から17時まで無料で見学できる。

U1、4号線、トラム2番シュヴェーデンプラッツSchwedenplatz徒歩3分　Georg-Coch-Platz 2

応用美術館MAK
Österreichisches Museum für angewandte Kunst
MAP●p.33-H

デザインに興味のある人は必見
　通称MAK、1870年代に建設されたルネサンス様式の建物で、内部はハプスブルク家コレクションに加えて家具、ガラス工芸、東洋美術品などが芸術的に展示されている。クリムトがベルギーのストックレ邸壁画のために制作した9枚のフリーズの下絵がある。

トラム2番、U3号線シュトゥーベントーアStubentor徒歩 1 分　Stubenring 5　10:00～18:00（火曜～22:00）　月曜　€12（火曜の18:00～は€5）

市立公園
Stadtpark
MAP●p.33-H

金色のヨハン・シュトラウス像
　1862年にリングに沿って細長く造園されたイギリス式庭園。有名なヴァイオリンを弾くヨハン・シュトラウス像の前は、いつも記念写真を撮る人でいっぱい。シューベルトの記念像もある。
　公園の南端を出るとコンツェルトハウスKonzerthausがある。今世紀初頭に建設された比較的新しいコンサートホールで、3つのホールからなる。外壁にはバーンスタインの記念プレートがある。

トラム2番ヴァイブルクガッセWeihburg-gasse、またはU4号線シュタットパークStadtpark

郵便貯金局

応用美術館内の美しい吹き抜け部分

ウィーン・フィルの本拠地である楽友協会ホール

楽友協会ホール
Musikverein
MAP●p.33-K

ニューイヤー・コンサートの会場
ケルントナー・リングKärntner RingからドゥムバDumba通りを入ったところにある。ウィーン・フィルの本拠地で、元旦のニューイヤー・コンサートが衛星中継されるため日本でもよく知られている。憧れのホールだが、定期演奏会のチケットは会員のみに販売されるので、その残りやキャンセルを手に入れるのは至難の業。建物は1869年の建築で、座席数は2,000、音響の素晴らしいホールとして知られている。

交U1、2、4号線カールスプラッツKarlsplatz徒歩3分 住Dumbastr. 1
開「黄金の間」や各ホールの見学は、月〜土曜の13:00〜英語、13:45〜ドイツ語で開催 料€8.5

ウィーン国立歌劇場(オペラ座)
Wiener Staatsoper
MAP●p.35-K

世界三大歌劇場の一つともいわれる
パリ・オペラ座、ミラノ・スカラ座と並ぶ名オペラ座。1869年に完成し、モーツァルトの「ドン・ジョヴァンニ」で幕を開けた。1897年から10年間、グスタフ・マーラーが総監督を務めた時代にヨーロッパ一流の歌劇場になった。その後もリヒャルト・シュトラウス、カラヤン、カール・ベームなど超一流の指揮者が総監督を務め、世界最高のレベルを保っている。客席数1,709、正面から2階に続く大階段やシャンデリアの輝くロビー、真紅の客席、ゴールドで縁取りされた白いバルコニーなどがひときわ豪華だ。ファサードは装飾的なネオ・ルネサンス様式で、公演のある晩はシャンデリアが灯り、その姿はこの上なく美しい。

交トラム1、2、71、D番オーパー/カールスプラッツOper/Karlsplatz、またはU1、2、4号線カールスプラッツKarlsplatz徒歩5分 住Opernring 2
開不定期(演目によりツアー時間は異なる)だが内部見学ツアーがある。料€9(所要約40分)

カールスプラッツ駅舎
Karlsplatz Stadtbahn-Pavillon
MAP●p.33-K

シンプルで洗練されたデザイン
オペラ座からケルントナー通りを南に下ると、金色でヒマワリ模様を施した地下鉄の駅舎がある。1899年に完成した世紀末様式の建物で、19世紀末にウィーンの都市交通計画の顧問となったオットー・ヴァーグナーの代表作。同じ建物が向かい合っており、東側がカフェで西側がミニ・ギャラリー。

交U1、2、4号線カールスプラッツKarlsplatz

とっておき情報

やっと生まれた環状大通り(リング)

旧市街を取り巻いていた巨大な市壁の取り壊し計画は、ヨーゼフ二世の時代から持ち上がっていたが、強力な官僚の反対にあってなかなか実現できず、市壁の上を緑地化するのがせいぜいだった。1857年、フランツ・ヨーゼフはしぶる官僚を説き伏せて強引に市壁撤去を命じたが、トルコ軍の大砲にはもろかった市壁も、いざ取り壊すとなるとこれがたいへんな作業。なんと8年もの歳月を費やしてしまった。こうして完成したリングは周囲の建物とともに新しい景観を創り出し、今日見られる美しいウィーンが誕生したというわけ。

ウィーン 見どころ

63

ウィーン国立歌劇場（オペラ座）

カールスプラッツ駅舎

■カール教会
Karlskirche
MAP●p.33-K

天に続くかのような螺旋レリーフ
　18世紀前半、バロック最大の建築家フィッシャー・フォン・エアラッハが手がけたウィーンで最も美しいバロック教会。一対の大円柱には螺旋状のレリーフが刻まれ、正面入り口の上にはペストに冒された市民の惨状が描かれている。内部は赤茶大理石と古びたゴールドで装飾され、楕円形のドームに描かれたフレスコ画や主祭壇の十字架に架かるキリスト彫像などが見どころ。

🚇U1、2、4号線カールスプラッツKarlsplatz徒歩4分

■ウィーン博物館カールスプラッツ
Wien Museum Karlsplatz
MAP●p.33-K

ウィーンの歴史をまず知ろう
　カール教会に向かって左手にある3階建ての建物。先史時代から20世紀までのウィーンの歴史に関した展示がある。シュテファン大聖堂の14世紀のステンドグラス、ウィーン市の模型をはじめ、クリムトの「エミーリエ・フレーゲ」、エゴン・シーレの「ヒマワリ」など、世紀末芸術の傑作がある。

🚇U1、2、4号線カールスプラッツKarlsplatz徒歩3分 住Karlsplatz※2019年7月現在リニューアル工事のため閉館中。市庁舎脇のFelderstrasse 6-8（MAP●p.32-A）で仮展示

クリムトの「エミーリエ・フレーゲ」

エゴン・シーレの「ヒマワリ」

■ゼツェスィオーン
Secession
MAP●p.32-J

世紀末芸術ユーゲントシュティールの代表
　立方体と直方体の上に球をのせた外観は、正面から見るとアラブ風でもある。土地っ子から黄金キャベツと呼ばれる4分の3を透かしたドームは、オリーブの葉がモチーフ。玄関の上には「時代には時代の芸術を、芸術には芸術の自由を」と金文字で記されている。
　ゼツェスィオーン館の地下にベートーヴェン・フリーズと呼ばれるクリムトの壁画がある。1902年に開催された第14回分離派展のテーマは「社会の無理解と孤独に戦ったベートーヴェン」で、クリムトは地下1室の壁3面にベートーヴェンの第九交響曲終章「歓喜の歌」を表したフレスコ画を描いた。第1場面は「幸福への憧れ」、第2場面は「敵対する力」、第3場面は「幸福への憧れは詩の中に和らぎを見いだす」というテーマで、全長約34mの大フレスコ画が完成した。序幕式にはこの部屋で、マーラー率いるウィーン・フィルの金管奏者たちが「第九」の終章を演奏した。

🚇U1、2、4号線カールスプラッツKarlsplatz徒歩1分 住Friedrichstrasse 12開10:00～18:00休月曜料€9.5

クリムトの壁画「ベートーヴェン・フリーズ」

カール教会

造形美術アカデミーの建物

造形美術アカデミー絵画室
Akademie der bildenden Künste, Gemäldegalerie
MAP●p.34-J

建物は伝統ある造形美術学校

ギャラリーは校舎西端3階の奥にある。最大の見ものはヒエロニムス・ボスの「最後の審判」を描いた祭壇画。奇妙な怪物と地獄に落とされた人々の残酷な処罰が生々しく描かれている。クラナッハの「ルクレティア」、ホルバインの「聖母マリアの永眠」、他にルーベンス、ヴァン・ダイク、レンブラントの作品があり、歴史書でよく見るマリア・テレジアの自信にあふれた肖像画もある。

交U1、2、4号線カールスプラッツKarlsplatz徒歩3分 住Schillerplatz 3
※2019年7月現在、工事中のため閉室

王宮庭園
Burggarten
MAP●p.34-F

モーツァルト像が人気の公園

新王宮の裏手、リング通りからも見える。ト音記号模様の花壇の奥にはモーツァルトの銅像がある。庭園の片隅に立つもう一人の銅像はフランツ・ヨーゼフ皇帝。68年という最長の統治期間にウィーンは最も繁栄し、実質的に最後の皇帝であるのに目立たない。

交トラム1、2、71、D番ブルクリングBurgring徒歩2分

ゼツェスィオーン

ゼツェスィオーンとは

オットー・ヴァーグナーの影響を受けた建築家ヨーゼフ・マリア・オルブリヒや画家クリムトは、1897年に古い芸術や因襲に拠る芸術家たちに反旗を翻し、新たな芸術の創造を目指してゼツェスィオーンと呼ばれる分離派を結成した。これは19世紀後半に流行した歴史主義から「分離」するものだった。この運動には作曲家マーラーなども加わり、独自の分離派運動を繰り広げていく。オルブリヒは活動拠点として1898年にゼツェスィオーン館を建てた。

新王宮の背後に広がる王宮庭園

王宮庭園にあるモーツァルト像

ウィーン　65　見どころ

美術史博物館
Kunsthistorisches Museum Wien
MAP●p.34-I

Wien

ヨーロッパでも指折りの美術館

　1881年に完成した新古典主義的建物。リングに沿って二つの建物を向かい合わせる構想は、新王宮も手がけたカール・ハーゼナウアー、ドイツの名建築家ゼンパーも参加している。玄関ホールの天井画はハンガリーの名画家ムンカーチの作品。中央階段の華麗さは、パリのルーヴルやマドリッドのプラドと並ぶ風格を示している。

　館内にはハプスブルク家の膨大なコレクションを所蔵。最も有名なのはブリューゲルのコレクションだ。ヴェラスケスによる公女マルガリータ・テレサの一連の絵やフェルメールの「画家とモデル」なども名高い。その他にデューラー、ルーベンス、ラファエッロ、クラナッハなど、巨匠の名画は2階に展示。

　1階には2013年春にオープンした**クンストカンマーKunstkamer**（美術工芸収集室）がある。有名な黄金のテーブル飾りである「サリエラ」をはじめ、瑠璃色のラピスラズリで造られた器など、見事な美術品を鑑賞することができる。

1階のクンストカンマー
正面大階段の天井近くにはクリムトの絵がある

🚋トラム1、2、71、D番ブルクリング Burgring 徒歩2分、またはU2号線ムゼウムス・クヴァルティーア Museums Quartier 徒歩2分 🏠 Maria-Theresien-Platz 🕐10:00〜18:00（木曜21:00）休9〜10月中旬、1月中旬〜5月の月曜 料€16（王家宝物館との共通券€22、レオポルト博物館との共通券€24）

真ん中が吹き抜けになっている美しいカフェ

とっておき情報

美術史博物館のカフェで一休み

　玄関ロビーの真上にあり、2階は部屋の真ん中が吹き抜けになっている。床のモザイク模様、黒大理石の柱、3階のバルコニー、その上の円蓋、柱や壁に施された彫刻、どこを見上げても美しく素晴らしい。あふれる名画の数々を鑑賞して受けた刺激を、ここでゆっくり解き放そう。食事はヴィーナーシュニッツェルなどがある。

　毎週21時まで開いている木曜日には、グルメ・アーベント Gourmet-Abend が開かれる。食事の前に博物館を鑑賞できる入館料込の夕食会で、フルコースの素晴らしいディナーを楽しむことができる。18時30分から22時で、料金は€55。

■カフェ＆レストラン
Café KHM
☎50876-1001　🕐10:00〜17:30（木曜〜21:00）休月曜

ブリューゲル(父)のコレクション

バベルの塔

雪中の狩人

農民の結婚式

謝肉祭と四旬節の喧嘩

美術史博物館2階

第X室ブリューゲル(父)の作品

白いドレスの王女マルガリータ・テレサ(ヴェラスケス)

ホロフェルネスの首を持つユディット(クラナッハ)

草原の聖母(ラファエッロ)

ウィーン 67 見どころ

マリア・テレジア広場

10以上の美術館や博物館が集った複合美術館のムゼウムス・クヴァルティーア（MQ）

ギリシャ風建築の国会議事堂

自然史博物館
Naturhistorisches Museum
MAP●p.34-E

「ヴィレンドルフのヴィーナス」を展示

マリア・テレジア広場をはさみ、美術史博物館と向き合って同じ外観の建物が建っている。マリア・テレジアの夫フランツ一世のコレクションを基に拡充されていったもので、自然科学全般にわたる展示が見られる。

交 トラム1、2、71、D番Dr.カール・レンナー・リングDr. Karl-Renner-Ring徒歩2分、またはU2、3号線フォルクステアターVolkstheater徒歩2分 開9:00〜18:30（水曜21:00）休火曜 料€10

ムゼウムス・クヴァルティーア
Museums Quartier（MQ）
MAP●p.34-I

レオポルト美術館は必見

かつて王宮の厩だった跡地に建設された総合博物館。ピカソ、クレーなど20世紀の芸術家の作品が展示された近代美術館や、ウィーン建築を中心とした建築センターなど、美術館、博物館が広い敷地内に集まっている。なかでも圧巻は、エゴン・シーレのコレクションが充実しているレオポルト美術館。ウィーン大学で美術史を学んだレオポルト博士の個人コレクションが中心で、シーレのほかにクリムト、ココシュカ、ゲルストルなど、ウィーンの19世紀末から20世紀前半に描かれた絵画を鑑賞できる。

交 U2、3号線フォルクステアターVolkstheaterまたはU2号線ムゼウムス・クヴァルティーアMuseums Quartier徒歩1分　レオポルト美術館：開10:00〜18:00（木曜21:00）休9〜5月の火曜 料€13　近代美術館：開10:00〜19:00（月曜14:00〜、木曜21:00）休なし 料€12　MQコンビチケット€32

国会議事堂
Parlament
MAP●p.34-A

ギリシャ風の壮大な建物に注目

建物をも含めたリングの建設は1860年代から70年代へと進むにつれ、ますます装飾的になってくる。19世紀後半折衷主義の代表者であるアテネ育ちのテオフィル・フォン・ハンセンは、1883年レンナー・リングに威風堂々たる国会議事堂を建設した。

神殿を思わせる建物で、8本の大列柱が並ぶ入り口の上にはギリシャ・ローマの学者と政治家たちの彫像が、屋根の上にはギリシャの戦車が飾られている。正面には英知の女神であるアテナの噴水がある。

交 トラム1、2、17、D番パーラメントParlament、またはU2、3号線フォルクステアターVolkstheater
※議会開催中を除いてガイドツアーがあるが、2020年まで改修工事のため見学不可

市民庭園
Volksgarten
MAP●p.34-E

公園の隅に座るエリザベート皇妃

木立に囲まれ、花壇のあちこちにベンチがある。夏場は特にバラが美しい。ブルク劇場側に1898年に暗殺されたエリザベート皇妃の記念噴水があり、真っ白なエリザベートの座像がある。

交 トラム1、2、17、D番パーラメントParlament

市民公園にはエリザベート皇妃像がある

通りに向かって張り出しているようなブルク劇場

ゴシック様式の美しい市庁舎

ブルク劇場
Burgtheater
MAP●p.34-A

チケット売場ならいつでも入れる
　ドイツ語圏の演劇界で最高権威を誇る劇場。1888年にハーゼナウアーがゼンパーと共に建てたネオ・バロック様式の装飾的な建物。正面が弧を描いてリングへ迫り出し、左右に広がる翼は大階段となって2階ロビーへ通じている。向かって左の階段天井にはクリムトの1888年作フレスコ画がある。弧を描く長いロビーには、19世紀の名優たちの肖像画が飾られている。今日ここでは古典劇と並んで現代劇も上演されている。この辺りはリングの荘厳華麗さを最も感じるところ。

🚋 トラム1、17、D番ラートハウスプラッツ／ブルクテアターRathausplatz/Burgtheater🌐英語、ドイツ語のガイドツアーは9〜6月の15:00〜約1時間 💰€7

市庁舎
Neues Rathaus
MAP●p.32-E

98mの塔がそびえる市庁舎
　旧市街ホーアー・マルクト近くの旧市庁舎に代わるものとして1883年に完成した。ネオ・ゴシック建築の名手フリードリヒ・フォン・シュミットの傑作で、その後ドイツの市庁舎建築に多くの影響を与えた。夏は中庭でコンサートが開かれ、冬季11月中旬からクリスマス市が立つ。イルミネーションに輝くクリスマス市は冬の美しいウィーンを演出する。

🚋 トラム1、2、17、D番ラートハウスプラッツRathausplatz、またはU2号線ラートハウスRathaus徒歩3分 🕐月〜金曜の10:00〜18:00に門が開いている

黒ずんだ建物とは対照的な白い屋根のヴォティーフ教会

ヴォティーフ教会
Votivkirche
MAP●p.32-B

白いモザイク屋根が印象的
　1853年2月18日、この場所でフランツ・ヨーゼフ皇帝の暗殺未遂事件が起こった。皇帝の上着の金属ボタンが凶器を防ぎ、弟のマクシミリアン大公が無事を感謝してその場所に教会を献納した。1879年に完成したが、メキシコ皇帝となったマクシミリアンは既に革命で処刑されていた。レースのように細かいモザイク模様の屋根が美しい。礼拝堂の石棺は1529年にスレイマン率いるトルコ軍からウィーンを守ったザルム伯爵のもの。

🚋 トラム1、17、D番、U2号線ショッテントーアSchottentor徒歩2分 BRooseveltplatz 8 🕐10:00〜18:00（日曜8:00〜12:00）休月曜 💰なし

フロイト記念館
Sigmund Freud Museum
MAP●p.32-B

精神分析学者の診察室
　フロイトが1891年からナチスに追われてロンドンに亡命する1938年まで住んだ家。1階には当時の診療室が再現され、2階の記念室では写真でフロイトの生涯が説明されている。

フロイトの家

🚋 トラムD番シュリックガッセSchlickgasse徒歩2分 🏠Berggasse 19※2020年5月まで工事のため閉館。この間はBerggasse 13 und Liechtensteinstrasse 19にフロイト博物館が移設。🕐10:00〜18:00 💰€9

ウィーンの冬の風物詩
華やかなクリスマス市

市庁舎前広場の華やかなクリスマスマーケット

スワロフスキーでは季節限定品も登場

マーケットにある蜜蝋の蝋燭

　クリスマスの前の日曜日から遡って、4週間前の日曜日からクリスマスまでの期間はアドヴェントと呼ばれる。クリスマスを迎える準備期間にあたり、ドイツ語圏の各都市ではその期間から町の中心広場に市が立つ。
　ウィーンでは市庁舎前で開かれる市最大のクリスマス市などが6週間前からはじまっており、11月半ばから町中がクリスマスを迎える雰囲気に包まれてくる。主な通りは細かな無数のライトで装飾され、各所に置かれた大きな樅の木にも明かりが灯り、夕方からの美しさは例えようがない。
　通りや広場には小さな小屋がいくつも並び、それぞれに美しく飾り立てた品物が並んでいる。寒いので人々は、グリューワイン（香辛料の入った温かいワイン）やプンシュ（リキュールをお湯で割った飲み物）を飲みながら屋台を一軒ずつまわっていく。焼き栗やジャガイモの丸焼きもある。このアドヴェント期間にウィーンを訪れるなら、きっと格別な思い出になるだろう。

主なクリスマス市の開催地
■市庁舎前広場 Rathausplatz
MAP●p.34-A
ウィーン最大のクリスマス市。
■シェーンブルン宮殿
Schloss Schönbrunn
MAP●p.30-I
宮殿正面入り口広場の周り。
■アム・ホーフ Am Hof
MAP●p.34-B
聖歌隊もときどきやってくる。
■フライング Freyung
MAP●p.32-B
アム・ホーフとショッテントーアの間の三角広場。
■マリア・テレジア広場
Maria-Theresien Platz
MAP●p.34-E
美術史博物館前の広場。
■レッセルパーク Resselpark
MAP●p.33-K
カールスプラッツ駅からカール教会の間。手工芸品が中心。
■シュピッテルベルク地区
Spittelbergviertel
MAP●p.32-I
フォルクステアター下車、シュピッテルベルクガッセを中心に小屋が立つ。

アム・ホーフ広場のクリスマス市

小屋にはクリスマスグッズが並ぶ

ウィーンの近代建築史
ユーゲントシュティールからポスト・モダンまで

19世紀後半のウィーンでは、過去の時代の建築技法に対する憧れから折衷主義とも歴史主義ともいわれる荘厳華麗な建物を次々と建設していった。それは1857年からはじまったリングの建設に伴い、環状道路の両側を飾るにふさわしい公共の建物やホテル、集合住宅などだった。
ところが19世紀末になると、過去の様式の折衷を重ねた歴史主義から抜け出す動きが起こってくる。それを最初に表明したのがオットー・ヴァーグナーである。

オットー・ヴァーグナーの門下生、ヨーゼフ・マリア・オルブリヒが設計したゼツェスィオーン（p.64参照）

オットー・ヴァーグナー
Otto Wagner（1841〜1918）

ウィーンの造形美術アカデミーで学んだ彼は、1894年から始まった市街鉄道の駅舎や鉄橋などの設計を任せられた。今日では地下鉄4、6号線の各駅にヴァーグナーの作品を見ることができる。なかでも代表作、カールスプラッツの駅舎はウィーンの世紀末様式ユーゲントシュティール（アールヌーヴォー）をも代表する優れた作品である。ヴァーグナーは集合住宅も手がけ、秀でたものではマヨーリカハウスやメダイヨン・ハウスなどがある。1899年に分離派（p.65参照）のメンバーに加わった。
20世紀になるとヴァーグナーの作品に変化が現れる。1906年の郵便貯金局は世紀末様式の曲線美から脱却した作品で、これが近代建築の幕開けとなった。彼は「現代建築術」という本を書いて鉄骨とガラスという建築素材を賛美し、また無益な装飾を排除した「ヌッツシュティル（必要様式）」を唱えて機能主義の先駆者となった。

マジョリカ焼きのタイルでバラが描かれているマヨーリカハウス（左）とメダイヨン・ハウスのエレベーター（MAP● p.32-J）

アドルフ・ロース
Adolf Loos（1870〜1933）

アメリカで建築を学んだ若きロースは、装飾華美なリングの建造物を見て"装飾は罪である"と言った。彼は1899年に装飾のないカフェ、ムゼウム・ウィーン（p.105参照）を設計。そして1910年、王宮の入り口前にロースハウス（p.52参照）が出現したとき、ウィーン市は工事差し止めを命じた。結局、窓にフラワーボックスを付けることで和解したが、装飾のない外壁は物議を醸した。こうして不要な装飾を排除した近代建築は、20世紀前半にヨーロッパで主流となっていった。

ハンス・ホライン
Hans Hollein（1934〜2014）

無味乾燥なモダン建築に対する反発は、80年代に入って各地で顕わになった。モダン建築が平坦な壁に四角い窓を画一的に配置していたのに対し、カーヴを描く壁や自由な採光ガラス、強調した柱や奇抜な色使いのポスト・モダン建築が全世界で流行りだした。ウィーンでは1990年、ハンス・ホラインがシュテファン大聖堂の真向かいにポスト・モダンの建物、コンクリートとガラスのビルを建てて話題となる。散々非難を浴びたこのハース・ハウスも、今では広場に溶け込んでガラスの壁面に大聖堂の姿を映し出している。

ウィーンのど真ん中、シュテファン広場に建つハース・ハウス

フリーデンスライヒ・フンデルトヴァッサー
Freidensreich Hundertwasser（1928〜2000）

コンクリートとガラスによるモダン建築は、機能性を重視してコストの掛かる装飾は一切排除された。一律に並ぶ四角い窓、平面と直線で構成された建物。この無味乾燥な建築に満足できなかったのが画家でもある建築家のフンデルトヴァッサーだった。彼は60年代から「都心に木を植えよう！」のスローガンを掲げ、自らその夢を実現させた。1986年に完成した市営住宅フンデルトヴァッサーハウス（p.78参照）は、建物のあちこちから木が生え、最上階の部屋は屋上の庭付きで、ビルの上とは思えぬ緑に囲まれている。近くには彼の美術館クンストハウス・ウィーン（p.78参照）もある。
市内にはフンデルトヴァッサー設計のカラフルで楽しげなゴミ焼却場（MAP● p.31-C）もある

リングの外側

エリアのしくみ

　市壁で囲まれていた旧市街の外側に王家の離宮や貴族の館が建てられた。人気の高いシェーンブルン宮殿は市の南西に、ベルヴェデーレ宮殿はリングとウィーン中央駅との間にある。音楽ファンは見逃せない、大作曲家たちが眠る中央墓地は市の南東に、フンデルトヴァッサーの美術館や集合住宅はリング東のドナウ運河近くにある。

歩き方のヒント

楽しみ
観光　　　　★★★★
ショッピング　★★★
食べ歩き　　★★★
交通手段の便利さ
トラム　　　★★★★
Uバーン　　★★★★
バス　　　　★★★
タクシー　　★★★
エリアの広さ
リングとその周辺以外の市内の主な見どころがほとんど含まれているので、中心部からは乗り物を使っての移動となる。また相互間の移動には時間がかかるので、1ヵ所につき半日をみておきたい。

見どころ

シェーンブルン宮殿
Schloss Schönbrunn
MAP●p.30-I、p.73

ハプスブルク家の夏の離宮

　広大な敷地内には宮殿のほかに馬車博物館、宮殿劇場、戦没者慰霊パビリオンのグロリエッテ、植物園、温室、20世紀初頭に造られた日本庭園などがある。1752年にマリア・テレジアの夫フランツ一世によって開設された動物園は、現存する動物園のなかで世界最古のもの。カフェがあるグロリエッテまで登れば、庭園を手前に宮殿全体が眺められる。

　シェーンブルンとは「美しい泉」という意味で、17世紀初頭、マティアス皇帝が当時この地にあった狩の城の森で美しい泉を発見したことに由来している。その城はトルコ軍に破壊されたため、レオポルト一世の時代の1696年に、フランスのヴェルサイユ宮殿をしのぐものを、と新しい城の建設工事がはじまった。設計はオーストリア・バロック最大の建築家フィッシャー・フォン・エアラッハ。工事はエアラッハ亡き後も続き、18世紀半ばマリア・テレジアの時代にまでおよぶ。完成したときは1,441室の大宮殿になっていた。

　正面入り口左にはマリア・テレジアが建てたハプスブルク家専用の宮殿劇場があり、夏場はここでコンサートが開かれている。中心から左右に翼を広げた宮殿は180m、外壁の色はマリア・テレジアの黄色とよばれる高貴な色に塗られている。

正門中庭からのシェーンブルン宮殿

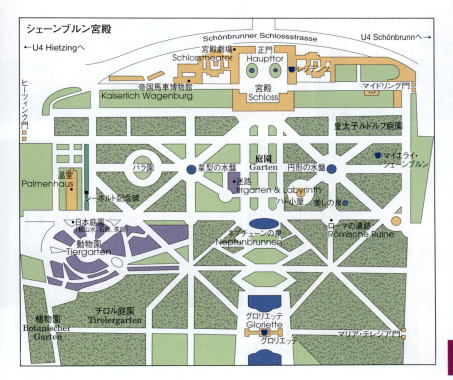

宮殿内部

　公開されているのは2階部分。中心部に祝賀用の大広間や接待室があり、西翼にフランツ・ヨーゼフとエリザベートのサロンが、東翼にマリア・テレジアとフランツ・カール大公のサロンがある。

1）近衛兵の部屋Gardezimmer：西翼の階段を上がるとすぐ。

2）ビリヤード室Billardzimmer：謁見控えの間でビリヤード台が置かれている。

3）クルミの間Nussholzzimmer：高価なクルミ木材を使用した板張りの部屋で、フランツ・ヨーゼフはここで人々と会見した。

4）フランツ・ヨーゼフの書斎Schreibzimmer von Franz Joseph Ⅰ：皇帝の執務室でエリザベート皇妃をはじめ、プライベートな写真や絵が数多く展示されている。

5）フランツ・ヨーゼフの寝室Schlafzimmer Franz Joseph Ⅰ：フランツ・ヨーゼフが息を引き取った部屋で質素な寝室。

6）テラスの小部屋Terassenkabinett West：エリザベートが使用していた一室。

7）階段の小部屋Stiegenkabinett：エリザベート皇妃の書斎で、赤い壁布が美しい。

8）化粧室Toilettezimmer：ハプスブルク家の女性たちが夜会服を着るときの支度部屋で、エリザベート皇妃ゆかりの品が展示されている。

9）共同寝室Gemeinsames Schlafzimmer：フランツ・ヨーゼフ皇帝夫妻の寝室。木製のツインベッドと祈祷台が置かれている。使用されたのはほんの数年間だった。

10）皇妃のサロンSalon der Kaiserin：もともとはマリア・テレジアの居室で、彼女の子供たちの画が飾られている。

11）マリー・アントワネットの部屋Marie-Antoinette Zimmer：マリア・テレジアの娘でフランスのルイ十六世に嫁ぎ、革命によって処刑されたマリーの部屋だが、後に皇帝のダイニングルームとして使用された。

12）子供の部屋Kinderzimmer：マリア・テレジアの娘たちの肖像画がある。クリスティ

8）化粧室

11）マリー・アントワネットの部屋

14）黄色の間

21）大ギャラリーは歴史的な会議の舞台だった

16）鏡の間

24）中国の楕円小部屋

ーナはマリア・テレジアお気に入りの娘で、唯一政略結婚を免れた。

12a）エリザベートの浴室Badezimmer der Kaiserin Elisabeth：白い大理石のバスタブが置かれ、当時としては画期的なシャワーまである。この時代は洗面器を使用していたので、浴槽は話題となった。壁に取り付けられた輪はヘアーハンガーで、エリザベートの長い髪が濡れるのを防ぐためのもの。

13）朝食の間Frühstückszimmer：壁の花模様はマリア・テレジアと娘たちがデザインし

たもの。

14）黄色の間Gelber Salon：椅子やカウチに張られた絹は美しい黄色。

15）バルコニーの間Balkonzimmer：マリア・テレジアの子供たちの肖像画がある。

16）鏡の間Spiegelsaal：幼いモーツァルトがマリア・テレジアの前でピアノを弾いた部屋。演奏会は大成功でモーツァルトは気に入られ、デビューとなった。

17）大ローザの間Grosses Rosa-Zimmer・
18）19）小ローザの間Kleines Rosa-Zimmer：3つのローザの間は画家ヨーゼフ・ローザに因んで付けられた名前で、これらの部屋にはローザの描いた風景画が飾られている。

20）ランタンの間Laternenzimmer：大広間

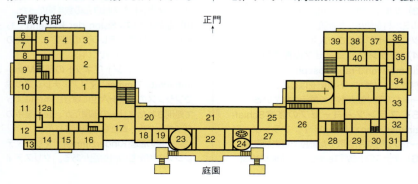

へ続く控えの間だった。

21）大ギャラリーGrosse Galerie：幅10m、長さ40mの大ホールで、マリア・テレジア時代に祝典行事用広間になった。壁には多くの燭台がある。天井の大フレスコ画の中央にはマリア・テレジアと夫のフランツ一世が描かれ、数多くの会議がここで開かれた。

22）小ギャラリーKleine Galerie：小さな宴会が催された部屋だが、豪華さでは一流。

23）中国の丸い小部屋Chinesisches Rundkabinett：ヨーゼフ一世の個室だったが、マリア・テレジアもプライベートに使っていた。燭台用の青い陶器が美しい。

24）中国の楕円小部屋Ovales Chinesisches Kabinett：中国の丸い小部屋と同じ内装。

25）カルッセルの間Karussellzimmer：スペイン馬術学校を描いた同名の絵に由来。

26）祝賀の間Zeremoniensaal：ハプスブルク家の結婚式などが行われた部屋で、マリア・テレジアの大きな肖像画がある。

27）馬の間Rösselzimmer：馬のポートレートと大きな狩猟風景画が掛かっている。19世紀、ここは宮廷将軍たちの食堂だった。

28）青の中国サロンBlauer Chinesischer Salon：中国趣味の部屋で青の色彩が美しい。

29）漆の間Vieux-Laque Zimmer：未亡人となったマリア・テレジアがおもに住んだ部屋。寄木張りの床と漆の板張り壁が豪華で、マリア・テレジアの東洋趣味がうかがえる。

30）ナポレオンの部屋Napoleonzimmer：ナポレオンがウィーンを征服したときに使っていた部屋。時の皇帝フランツ一世は、娘のマリー・ルイーズをナポレオンと結婚させた。その息子ライヒシュタット公爵はナポレオン失脚後、幽閉されるようにこの部屋で暮らし、21歳で病死した。

宮殿から歩いて15分のグロリエッテにはカフェがあり、軽食も食べられる

31）磁器の間Porzellanzimmer：マリア・テレジアの書斎で、絵はよく見ると中国風。

32）百万の間Millionenzimmer：ローズウッドの壁で重厚な雰囲気が漂う。無数のインド細密画が壁にはめ込まれ、総工費が当時の通貨で100万グルデンかかったという。

33）ゴブランのサロンGobelinsalon：ゴブラン織り大タペストリーや、ゴブラン織り張りの椅子が置かれている。

34）ゾフィー大公妃の書斎Schreibzimmer der Erzherzogin Sophie：フランツ・ヨーゼフ皇帝の母ゾフィーの使っていた部屋。

35）赤のサロンRoter Salon：読書室だった部屋で、赤い壁布が張られ、ハプスブルク歴代皇帝の肖像画が飾られている。

36）テラスの小部屋東Terassenkabinett Ost：バラ模様の小部屋で、天井のフレスコ画が美しい。

37）寝室Schlafzimmer：この部屋で1830年にフランツ・ヨーゼフが生まれた。マリア・テレジアも使用した天蓋付きベッドがある。

38）39）フランツ・カールの書斎Schreibzimmer von Erzherzog Franz Karl：フランツ・ヨーゼフの父カールの書斎で、マリア・テレジア夫妻の子供たちの肖像画がある。

40）狩猟の間Jagdzimmer：宮殿2階の最後の部屋で、狩り好きだったカール六世やフランツ・シュテファン（マリア・テレジアの夫・少年時代）の肖像画がある。

アーチ風のフォルムが美しい絵ガラスの温室は1883年の完成

🚇U4号線シェーンブルンSchönbrunn徒歩5分／トラム10、58番シェーンブルン／バス10Aシュロス・シェーンブルンSchloss Schönbrunn
🏠13, Schönbrunner Schloss-Strasse
宮殿内部：🕐8:00～17:30（7～8月～18:30、11～3月～17:00）休なし 料オーディオガイド付き：インペリアルツアー（途中の27番までで戻る）€16、グランドツアー（全室）€20、シシィ・チケット（インペリアルツアー＋シシィ博物館・カイザーアパートメント＋王宮家具保管館）€34
＊宮殿内はひんぱんに展示替えが行われる。
グロリエッテ展望台：🕐9:00～18:00（7・8月～19:00、10月～16:00）休11中旬～3月中旬 料€4.5
※シェーンブルン庭園は毎日6:30～、冬季は17:30まで、春と秋は19:00まで、夏季は20:00まで門が開いており、自由に散策できる。

クリムト・ヴィラ
Klimt Villa Wien
MAP●p.30-I

クリムトのアトリエが再現される

　クリムトが1912年から亡くなる1918年まで借りていたアトリエ。当時の写真をもとに部屋の様子や家具などが忠実に再現されている。オリジナルは暖房設備のみで、クリムトが調節していたものである。南側の部屋にあるコロマン・モーゼの家具やバックハウゼンの絨毯は同じものが再現されている。クリムトは日の当たらない北側をアトリエに使っていた。当時は平屋で周囲は牧草地だった。

🚇U4号線ウンター・ザンクト・ヴァイトUnter St. Veit徒歩4分 住Feldmühlgasse 11
☎(1)236-3667 開10:00～18:00（土・日曜、祝日14:00～ガイドツアーあり）
休月曜 料€10 www.klimtvilla.at

かつてのアトリエを再現

王宮家具保管館
Hofmobiliendepot
MAP●p.30-J

エリザベート皇妃の家具も多くみられる

　歴代ハプスブルク家を中心に、ウィーンの貴族たちが使っていた家具が展示されている。ロミー・シュナイダー主演の『プリンセス・シシィ』では多くのオリジナル家具が使われ、それらは映像とともに示されている。19世紀の一般市民の家具も展示され、古き良き時代のウィーンを想像させてくれる。

🚇U3号線ツィーグラーガッセZieglergasse下車、Andreasgasse出口より徒歩2分 住Andreasgasse 7 ☎(1)524-33-57-0 開10:00～18:00 休月曜 料€10.5、案内付きは€12.5、シシィ・チケット€34（王宮、シェーンブルン宮殿、王宮家具保管館との共通券）

ベルヴェデーレ宮殿
Schloss Belvedere
MAP●p.31-K

オイゲン公の夏の離宮

　オーストリア・バロック建築の巨匠ヒルデブラントが建てた美しい宮殿。当時ウィーンで多大な権勢を誇っていたプリンツ・オイゲン・フォン・サヴォイ公は、まず住居として1716年に下宮を建て、1723年には宴会用の上宮を建設した。その間にはなだらかな丘を巧みに利用したフランス式庭園が広がっている。

　オイゲン公亡き後はハプスブルク家が館を買い取り、19世紀末からは王位継承者のフランツ・フェルディナントが、サライェヴォで暗殺される1914年までこの城に住んでいた。

　上宮（オーストリア絵画館）にはグスタフ・クリムトの「接吻」、エゴン・シーレの「死と乙女」をはじめとする彼らの代表作が展示されている。オスカー・ココシュカの作品、彼と同時代の画家リヒャルト・ゲルストゥルの傑作「笑う自画像」などもある。玄関ホールは宮殿らしい豪華な装飾で埋まり、天井を支える四人の男像柱の構成は見事である。

　住居として使われていた下宮は当時のまま保存され、美しい部屋を見学できる。彫刻やマリア・テレジアの肖像画などがゆとりをもって展示されている。

🚊トラムD線シュロス・ベルヴェデーレSchloss Belvedere徒歩1分／下宮はトラム4番ウンテレス・ベルヴェデーレUnteres Belvedere 開9:00～18:00（金曜～21:00）休なし 料€22（上下宮共通、どちらかのみ€16）

上宮の絵画館にあるクリムトの「ユディットⅠ」

ベルヴェデーレ宮殿のカフェ

19世紀末の画家たち
クリムト、シーレ、ココシュカ

シーレ作「死と乙女」(ベルヴェデーレ宮殿オーストリア絵画館)

グスタフ・クリムト
Gustav Klimt（1862〜1918年）
ユーゲントシュティールを代表する画家

　金細工師の息子として生まれたクリムトはウィーンの美術工芸学校を卒業後、ブルク劇場の「階段の間」の天井画（p.69参照）を描くなど、画工として活躍していた。彼は1897年、芸術家協会を脱会して建築家ヨーゼフ・オルブリヒらと共に「ウィーン分離派（ゼツェスィオーン）」を結成（p.65参照）。

　1905年には分離派と別れ、オーストリア芸術同盟を設立し、シーレやココシュカを指導する。クリムトの作品には金箔が使われているが、これは日本の影響とされている。女性を描いた多くの作品に金箔がふんだんに使われた。また、平面的にものを描き、細かな装飾を緻密に重ねる浮世絵画法はクリムト芸術の要素となった。

エゴン・シーレ
Egon Schiele（1890〜1918年）
繊細で感受性の強い画家

　ウィーンの造形美術アカデミーに学んだ後、クリムトと出会う。クリムトに学ぶが、描く絵は対照的に暗く重苦しい。性をありのままに描いたため、不道徳画家と非難される。性のテーマは社会に対するシーレの反発であった。作品には「裸体の自画像」や「死と乙女」「家族」など、ショッキングな絵が多い。描かれた女たちの鋭いまなざしが何かを訴えている。シーレはわずか28歳で病死する。

ココシュカ作「試練」(ベルヴェデーレ宮殿オーストリア絵画館)

クリムトの代表作「接吻」

クリムト作「アダムとイブ」

オスカー・ココシュカ
Oskar Kokoschka（1886〜1980年）
表現主義の代表者

　ウィーン美術工芸学校でクリムトに学び、ヨーゼフ・ホフマンとコロ・モーザが開いた「ウィーン工房」にも参加する。グスタフ・マーラーの未亡人アルマをモデルに描いた「風の花嫁」は代表作の一つ。ナチスによって退廃芸術家のレッテルを貼られるが、人間の本質を的確に捉えた画家であった。背景をなくし、表現したいものに重点を置いて描いた。

フンデルトヴァッサー作の市営住宅

プラター
Prater
MAP●p.31-H

大観覧車が名物の公園

かつてハプスブルク家の狩り場だった緑地が1766年、ヨーゼフ二世によって市民に開放された。大人も子供も楽しめる公園になっている。夜ともなれば直径61mの大観覧車リーゼンラートRiesenradにイルミネーションが灯る。映画『第三の男』の演出にも使われたものだ。マダムタッソー蝋人形館もある。

クンストハウス・ウィーン
Kunsthaus Wien
MAP●p.31-H

直線という線は存在しない館

建築家であり画家でもあるフンデルトヴァッサー（p.71参照）が建てた美術館。彼はクリムトやシーレ、クレーなどの影響を受けながらも、奇抜な色彩と曲線を駆使した独自の作風で話題を呼ぶ。「自然界に直線は存在しない」として多くの作品を渦巻き模様や曲線で描いている。建物の壁も波打ち、床も盛り上がっている。建物内には彼の作品が常設展示され、カフェ・レストランとショップもある。

美術館の近くには彼の建てた市営住宅のフンデルトヴァッサーハウスHundertwasser-hausがあり、その向い側には小さなショップが集まったカルケ・ヴィレッジKalke Villageがある。

プラターの大観覧車がゆっくり回る

交トラム1、0番ラディツキープラッツRadetzkyplatz 徒歩4分■Untere Weissgerberstrasse 13
開10:00～18:00 ガイドツアーは日曜・祝日12:00～
休なし 料€12

交U1号線、トラム21番プラターシュテルン・ウィーン・ノルトPraterstern-wien Nord 開大観覧車9:00～24:00（3・4・10月～22:00、11～2月～20:00）
料大観覧車€12（ドナウタワーとの共通券€21.2）、マダムタッソー蝋人形館€18.5（大観覧車との共通券€28.8）

とっておき情報

ウィーンの名所が登場する映画『第三の男』

映画に何度も出てくるパッラヴィチーニ邸

サスペンス映画『第三の男』は、映画を見たことはなくても題名と曲だけは誰でも知っているのでは。舞台は第二次世界大戦直後のウィーン。友人ハリーを訪ねてアメリカからやって来たマーチンス（ジョセフ・コットン）は、つい先ほどハリーが交通事故で死んだことを知らされる。事故現場にいあわせたというハリーの知人二人から話を聞くうち、現場にはもう一人男がいたはずだ、と確信する。この"第三の男"をめぐって物語は進展。映画で有名になった大観覧車は1897年に建設されている（戦後再建）。今では珍しくないが当時はロンドンやシカゴなどにしかない、世界でもまれに見る大観覧車だった。マーチンスは死んだはずのハリー（オーソン・ウェルズ）とプラターで会う。緊張した会話が観覧車の中で交わされる。ハリーの恋人だったアンナに惹かれはじめたマーチンスだが、アンナの心は動かなかった。中央墓地でのラストシーンが印象的だ。

街にはまだ瓦礫の山が残っているが、ホテル・ザッハーやカフェ・モーツァルトなどなじみの場所も出てくる。ウィーンから帰ってきたら、ぜひビデオで見たい映画である。チターが奏でる同名の主題曲と共に、『第三の男』は不滅だ。

国連都市
UNO-City
MAP●p.31-D

近代建築はドナウの向こうへ
　ドナウ川はウィーン市内では風情がなく、また21kmにおよぶ細長い中洲によって川が2分されているため、大河ドナウの雰囲気もない。川向こうの国連都市では、ウィーンで初めて近代高層ビルが建てられ、会議開催中は各国の代表でにぎわっている。会議中以外は1日に2回ガイドツアーによる見学が行われている。地下鉄駅を出たところに入り口があり、案内所では資料も入手できる。

交U1号線カイザーミューレン・ヴィエンナ・インターナショナルセンターKaisermühlen-Vienna Int. Center下車 見ガイドツアーによる見学が可能。月～金曜11:00、14:00、15:30 料€6

中央墓地
Zentralfriedhof
MAP●p.29-G、p.79

大作曲家たちが寄り添って眠る墓地
　ウィーンで活躍した世界的に名声のある音楽家たちが埋葬されている。面積240haという広大な墓地は宗教別に区画分けされている。最も有名なのは第2門入り口に比較的近い32Aという区画で、ドーム型の屋根の教会に向かう並木道を200mほど行った左側にある。ベートーヴェン、シューベルト、ブラームス、ヨハン・シュトラウス父と息子らが眠っている。中央に大きなモーツァルトの記念碑が建っているが、モーツァルトの遺体は旧市街と中央墓地との中間にあるマルクス墓地に埋められている。

　中央墓地の地図はウィーン市が出している日本語のパンフレットにあり、観光案内所で入手できる。

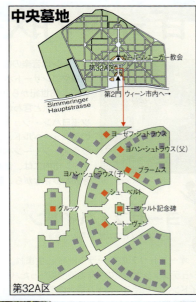

中央墓地

中央墓地に立つヨハン・シュトラウス（息子）の墓碑

映画『第三の男』のラストシーンに登場した並木道

交トラム71、72番ツェントラルフリートホーフZentralfriedhof 開7:00～20:00（4・9月～19:00、10・3月～18:00）

マルクス墓地
Sankt Marxer Friedhof
MAP●p.31-L

場所もわからぬモーツァルトの墓
　モーツァルトは1791年に亡くなったとき、ここの共同墓穴へ埋葬された。墓穴の正確な位置はわからないが、推定される場所に今世紀になって記念碑が立てられた。泣いているような天使の石像が立っている。

交トラム71、72番リットファスシュトラーセLitfassstrasse徒歩5分 開6:30～20:00（10～3月～18:30）

音楽の散歩道

ブラームスの像（カールスプラッツ）

ウィーンは音楽の都。街角のあちこちから美しい調べが聞こえてくる。劇場やコンサートホールも多く、一年中音楽が楽しめる。そんなウィーンに、18世紀から20世紀にかけて大作曲家たちが集まってきた。ウィーン古典派と言われるハイドン、モーツァルト、ベートーヴェン、ワルツ王ヨハン・シュトラウス（父・息子）、交響曲のブルックナー、歌曲の王シューベルト、ブラームス、そしてマーラー、リヒャルト・シュトラウス、シェーンベルクなど、多くの音楽家がウィーンで活躍した。ウィーン市内には、音楽家ゆかりの場所が数多く残っている。彼らの住居を訪ね歩きながら、音楽散歩をしてみよう。

ヨーゼフ・ハイドン
Joseph Haydn（1732～1809年）

ハイドンの家

アントン・ブルックナー（ホテル・ドゥ・フランス）

ハイドン像（マリアヒルファー通り）

モーツァルト像（王宮庭園）

オーストリアのローラウRohrau生まれ。シュテファン大聖堂の少年合唱団員だったハイドンは、当時ヨーロッパ最大の領地と財産を持っていたといわれるエステルハーズィ侯爵の庇護を受け、30年間侯爵家に暮らした。

職を退いてからはウィーンに住み、「天地創造」と「四季」を書き上げる。1797年から亡くなる1809年まで住んでいた家は博物館となり、遺愛品や楽譜が展示されている。近くにあったブラームス記念室が火災に遭い、家具の一部がここに運ばれたため、2階の一室はブラームス記念室になっている。

旧市街中心部のノイアー・マルクトにハイドンが住んでいた場所がある（p.48参照）。

ハイドンの家
Haydn-haus　Map●p.30-J　交U3号線ツィーグラーガッセZieglergasse徒歩6分　住Haydn-gasse 19　開10:00～13:00、14:00～18:00　休月曜　料€5

ヴォルフガング・アマデウス・モーツァルト
Wolfgang Amadeus Mozart（1756～1791年）

ザルツブルクに生まれたモーツァルトは3歳のとき姉のピアノを聞いて、即座にまねをしたと伝えられている。神童モーツァルトの噂はオーストリアやドイツに広まり、父親はヨーロッパ各地を連れ回して息子の天才ぶりを披露した。成人したモーツァルトは音楽ジャンルをすべて大成させる。不滅の傑作をいくつも生みだしたが生活は絶えず苦しかった。1784年から88年まで住んだウィーンの家では「フィガロの結婚」を書いている。このモーツァルトの住居Mozartwohnungは記念館となって手紙や楽譜が展示されている（p.50参照）。

ヨハン・シュトラウス
記念像（市立公園）

ヨハン・シュトラウス
Johann Strauss (1825～1899年)

ワルツの父ヨハン・シュトラウスの息子で、ワルツ王といわれた同名の作曲家。生粋のウィーンっ子で、ウィーン独特の「ウィンナー・ワルツ」は彼によって作り出された。「ジプシー男爵」や「こうもり」などの喜歌劇は、ウィーンの劇場で常に人気がある。1867年に「美しく青きドナウ」を作曲した家が市内にあり、彼の使っていた家庭用オルガンや家具、楽譜などを展示する記念館となっている。

ヨハン・シュトラウスの住居
Johann-Strauss-wohnung　Map●p.33-D　交U1号線ネストロイプラッツNestroyplatz　住Praterstrasse 54　開10:00～13:00、14:00～18:00　休月曜　料€5

シューベルト記念館に飾られたシューベルトの肖像画

パスクヴァラティハウスのベートーヴェン

ティーファー通りにベートーヴェンが住んだことを示す壁画

フランツ・シューベルト
Franz Schubert (1797～1828年)

わずか31年の短い生涯のうち彼が作った歌曲はなんと600以上。ウィーン郊外のリヒテンタールに生まれ、貧しさのため独学で音楽を学んだが、18歳のとき「魔王」を作曲する。ベートーヴェンは死の直前にシューベルトに出会い、何故もっと早く知らなかったのかと嘆いたほど天才だった。交響曲や管弦楽、ピアノソナタなど多くの名曲も残したが、なんといっても「歌曲王」のシューベルトである。市内に残る生家が記念館となり、お馴染みのニッケル製の眼鏡やギターなどの遺愛品、肖像画、楽譜などが置かれている。生家には、19世紀を代表するオーストリアの作家アーダルベルト・シュティフター記念室が併設されている。

また、兄の住まいでありシューベルトが1828年11月19日に死んだ最期の家Schubert Sterbewohnungが、ナッシュマルクト近くに残っている（MAP●p.31-G）。

ルートヴィヒ・ファン・ベートーヴェン
Ludwig van Beethoven (1770～1827年)

ドイツのボンに生まれ、モーツァルト同様子供の頃から天才ぶりを発揮した。17歳のときウィーンに出て学ぶ。ウィーンの社交界に迎えられて一躍有名になり、ピアノソナタや交響曲など多くの名曲を創るが一方で難聴に悩まされ、次第に悪化してハイリゲンシュタット（p.82参照）で遺書を書くに至る。しかし不安と苦悩を乗り越えて意欲的に作曲を続けた。療養のためバーデン（p.84参照）などウィーン郊外の温泉地に滞在することも多かったが、旧市街にも住んだ。何度も住まいを変えるがそのひとつ、旧市街を取り巻いていた要塞の上にあったパスクヴァラティハウスは記念館になっている（p.61参照）。

シューベルトの生家
Schubert-Geburtshaus　Map●p.31-C　交トラム37、38番カニジウスガッセCanisiusgasse　住Nussdorfer Strasse 54　開10:00～13:00、14:00～18:00　休月曜　料€5（第1日曜無料）

ウィーンの森 *Wienerwald*

歩き方のヒント

楽しみ
観光 ★★★
ショッピング ★★
食べ歩き ★★★★

交通手段の便利さ
トラム ★★★
Uバーン ★★★
バス ★★★
タクシー ★★★★
Sバーン ★★★

エリアの広さ
ウィーンの森の小さな町や村へは、ウィーンから電車やバスで日帰り観光できる。見どころが離れているので効率よくまわりたいなら、ウィーンからの観光バス(p.45参照)を利用。

エリアのしくみ

ウィーンの森とは、市の北西部にある丘のこと、と思われがちだが、実はウィーン市の西側半分をぐるりと取り囲むように、北はレオポルツベルクから南はバーデンまで広がる非常に広範囲な丘陵地帯のことである。

ウィーンの森にはいくつかのハイキングコースがある。ハイリゲンシュタットからクロイツ・アイヒェ、カーレンベルク、レオポルツベルクへ登り、カーレンベルガードルフへ下る3〜5時間コースがおすすめ。行きはバスで、帰りは歩いて下る方法もある。また、ウィーンからはウィーンの森の散策や、散策後にホイリゲでワイン、シュランメル音楽を楽しむツアーも出ている。

ハイリゲンシュタット
Heiligenstadt
MAP●p.83-A

ウィーンの森北部

ベートーヴェンゆかりの場所ハイリゲンシュタットとホイリゲが立ち並ぶグリンツィングGrinzing (p.124、126参照)、そしてブドウ畑や森が広がるカーレンベルクの丘へは、手軽に訪れることができる。ブドウ畑の中に点在するホイリゲで一休みすると、大都会ウィーンにいることが信じられない。

ベートーヴェンの足跡を訪ねて

ベートーヴェンは生涯に80回以上も住居を変えたといわれ、ハイリゲンシュタットには彼が住んだ家が3軒残されている。19世紀前半までハイリゲンシュタットには温泉療養所があり、ベートーヴェンは療養と保養のため、ここに住んだ。

▶U4号線ハイリゲンシュタットHeiligenstadt下車、さらにトラムD番でベートーヴェンガングBeethovengang(終点)、またはバス38A番アルムブルスターガッセArmbrustergasse

●ベートーヴェン博物館
Beethoven Museum

難聴の悪化に悩み苦しむベートーヴェンは、友人にすすめられて温泉療養のためハイリゲンシュタットにやってきた。しかし症状は改善されず、将来を案じて弟たちに遺書を書く。それは1802年10月にこの家で書かれたもので、結局発送はされなかった。ベートーヴェンは1819年にはまったく耳が聞こえなくなってしまう。この小さな記念室にはピアノや楽譜が展示されている。

住Probusgasse 6 開10:00〜13:00、14:00〜18:00 休月曜 料€7

ベートーヴェンが苦悩のうちに遺書を書いた家

●ベートーヴェンの並木道
Beethovengang

「遺書の家」の近く、プファム広場Pfamplatz２番にはベートーヴェンが1817年に２カ月ほど滞在した家があり、そこは現在マイヤー・アム・プファールプラッツというホイリゲになっている（p.126参照）。また、グリンツィングへ向かうグリンツィガー通りGrinziger Strasse 64番にはベートーヴェンが1808年の夏を過ごした夏の家がある。

トラムＤ番の終点から西へ延びる小道は、ベートーヴェンがよく散歩をした道で「ベートーヴェンの並木道Beethovengang」と呼ばれている。彼は小川に沿った木立の小道を散歩しながら交響曲第６番の構想を練った。この並木道の途中にベートーヴェンの胸像が置かれている（MAP●p.124）。

「ベートーヴェンの並木道」への標識が立つ

カーレンベルク
Kahlenberg
MAP●p.83-A

ウィーンの町を眺めよう

標高484mの小高いなだらかな山で、中腹にはブドウ畑が広がっている。路線バス38Aが山頂近くまで行くので簡単に登れる。展望台からはドナウ川やウィーン市内まで見渡せる。帰りは徒歩で下ることをおすすめする。山の途中にはホイリゲもあり、休息に最適。

🚇U4号線ハイリゲンシュタットHeiligenstadt下車、さらにバス38A番カーレンベルクKahlenberg（終点）

カーレンベルクから見渡すウィーンの街とドナウ川。左側の国連都市と中州のドナウインゼルの眺めが印象的

ウィーンの森南部

山がちな北部に比べ、ウィーンの森も南へ下がると谷間に開けた町が多くなる。そのなかでバーデンのような温泉の出る保養地は、19世紀になると王侯貴族や芸術家、著名人が好んで滞在し、知られるようになった。ウィーンからＳバーンやローカルバーン、バーデン線で日帰り観光ができるので人気がある。

バーデン
Baden
MAP●p.83-C

丘陵公園のランナーとシュトラウス（右側）の銅像

著名人が愛した温泉保養地

ウィーンの森南端にあるバーデンは、その名が示すように温泉が湧き、保養地となっている。バーデンとはドイツ語で入浴を意味する。ここにはローマ時代から温泉が湧き、ローマ皇帝マルクス・アウレリウスは硫黄泉のことを記録に残している。モーツァルトやシューベルト、ヨハン・シュトラウスなどが好んでこの地を訪れ、とくにベートーヴェンは頻繁にやってきて長く滞在した。町の中にはかつて温泉だった、クラシック様式の美しい建物もいくつか保存されている。

バーデンが温泉保養地として有名になった19世紀前半、多くの温泉施設が建てられた。今日残っているものではクアミッテルハウスKurmittelhausとストランドバートStrandbad。前者は町の中心部にある歴史的温泉、後者はシュヴェヒャート川沿いに建つ人工の砂浜付き野外温泉プール。

町の北端をふさぐようにウィーンの森が横たわり、その手前にはクアパークKurparkが広がる。クリーム色の建物はカジノや宴会場のあるクアハウスKurhaus。丘陵公園でまず

目に付くのがヨハン・シュトラウス（父）とヨーゼフ・ランナー（同時代のワルツ作曲家）の仲良さそうな銅像。二人は犬猿の仲だったともいわれている。丘を上がっていくと途中にベートーヴェン・パヴィリオンと呼ばれる見晴台があり、中にベートーヴェンのデスマスクが掲げられている。

交 オペラ座前よりWLBウィーン・ローカルバーンで約1時間、またはウィーンマイドリング駅よりR2243で約15分

ハイリゲンクロイツ修道院の中庭

ハイリゲンクロイツ
Heiligenkreuz
MAP●p.83-C

オーストリアの起源を知る
　1133年にバーベンベルク辺境伯レオポルト三世によって創建されたシトー派の修道院。付属の教会では、12世紀に建てられたロマネスク様式の身廊と13世紀のゴシック様式の内陣が残されている。ステンドグラスの模様も美しい。広い中庭にはルネサンス様式の美しい回廊が巡らされ、中央にペスト記念柱が立つ。

交 バーデンからバス約20分

マイヤーリンク
Mayerling
MAP●p.83-C

皇太子ルドルフゆかりの地
　ハイリゲンクロイツから西へ約4Kmの村である。ここにはかつてハプスブルク家の「狩りの館」があった。1889年1月30日、この館でオーストリア皇位継承者、ルドルフ皇太子が愛人とされるマリー・ヴェッツェラとピストル自殺を遂げた。皇帝はこの事件の後、館を取り壊して修道院を建設した。
　フランツ・ヨーゼフ皇帝の一人息子ルドルフは政治に関心があり、保守的な父とは反対にリベラルで洞察力に優れていた。そのため父帝とはしばしば衝突し、孤立していた。彼の自殺は身分違いの恋による情死というよりも、世の中と自らの未来に希望が持てなかった結果とする説が有力である。
　修道院ではルドルフ皇太子に捧げた礼拝堂が公開されている。礼拝堂の右手には館の部屋を再現した記念室が設けられ、ルドルフの肖像画などが飾られている。

交 バーデンからバス約40分 開9:00〜17:30（11〜3月〜17:00）休1月 料€5.7

バーデンのハウプト広場

●ベートーヴェンハウス・バーデン
Beethovenhaus Baden

　1821〜23年の夏にベートーヴェンはこの家に滞在し、「荘厳ミサ曲Missa Solemnis」と交響曲第9番を作曲した。2階部分が記念室となり、ゆかりの品々が展示されている。

ベートーヴェンの住んだ家

住 Rathausgasse 10　開10:00〜18:00、土・日曜・祝日9:00〜11:00、16:00〜18:00 休月曜 €6

とっておき情報

ウィーンの森って森？
　ニース近くのコート・ダジュールから盛り上がったアルプスはしだいに高度を上げながら北上し、最高峰モン・ブラン（4,807m）のピークへと達する。そこから東へ向きを変え、スイスをつらぬいてオーストリアのチロルへと向かう。数々の氷河と鋭い岩峰が雪氷の山々を切りとりながらさらに東へ進み、オーストリア東部でなだらかな丘陵地帯へと姿を変える。そしてやがてドナウに吸いこまれるように姿を消してしまう。この最後の丘陵地帯がウィーンの森というわけ。

ルドルフ皇太子

とっておき情報

華麗なる舞踏会へ

　ウィーンの冬は舞踏会に彩られる。ニューイヤー・コンサートでおなじみの楽友協会「黄金のホール」で開催されるウィーン・フィルの舞踏会には、日本人でもデビューすることができる。ウィーンでは社会人にとってダンスを踊ることは一つのマナー。伝統と格式ある舞踏会への参加は名誉でもある。

★ウィーン・フィルの舞踏会

　ウィーンでは、ハプスブルク帝国の宮廷舞踏会の伝統を引き継ぎ、華麗な舞踏会が年に200回以上も開かれる。1〜3月に集中していて、冬は舞踏会シーズンだ。そのなかでも国立歌劇場で開かれるオペラ座舞踏会(=オーパンバル)と並び、最も伝統と格式あるのが楽友協会ウィーン・フィルの舞踏会だ。

デビュタント、デビュタンティンによるワルツ

ウィーン・フィルの演奏で舞踏会の幕が開く

デビューのワルツを終えた瞬間、安堵の微笑みが

★夜10時、祝典ファンファーレとともに舞踏会がはじまる

　各界名士や貴賓客たち、晴れの舞踏会にデビューするデビュタント（男性）とデビュタンティン（女性）がペアで入場。ウィーン・フィルの演奏がはじまり、デビューのワルツがはじまる。優雅に流れるように円舞が続く。デビューのセレモニーが終わったその瞬間「アッレス・ヴァルツァー（皆様ワルツをどうぞ）」というかけ声がかかる。この時を待ち構えていた人々が一斉に会場になだれ込み、ワルツを踊り出して大舞踏会に。延々朝の5時までワルツを踊り、ワルツに酔いしれる。

デビュー後は、一般の人々が朝までワルツを楽しむ

★ダンスは社会人のマナー

　市内には名門エルマイヤー・ダンススクールのほか、多数のダンススクールがある。ウィーン・フィルの舞踏会にデビューするには、ダンススクールの認定証による書類選考とオーディションによって選ばれる。ダンススクールのなかには、旅行者のための舞踏会用コースが設けられ、オーディション後に数回のリハーサルを受ければ認定証がもらえるところもある。国籍は不問で、認定証があって、独身者なら、ウィーン・フィルの舞踏会に申し込み可能。ダンスのパートナーがいなければ主催者側で見つけてくれる。そのほか、ウィーン舞踏会を紹介するサイトもある。URL www.kleine-krone.com（日本・オーストリア文化交流会クライネ・クローネ）

日本人講師がいる名門エルマイヤー・ダンススクール。
☎ (01) 512-7197
URL elmayer.at/jp
前日は夕方から夜遅くまで、何度もリハーサルが繰り返されていた

Shopping ショッピング

オーストリアならではのみやげというと、アクセサリーなどの工芸品やプチ・ポワンに代表される刺繍製品、チョコレートやザッハー・トルテなどの菓子がある。それぞれ専門店があるので、購入は個々の店で。総合的にみやげ物を置いているところは少ない。

ショッピング・エリア

ショッピング・ゾーンは旧市街の中心部とマリアフィルファー通りに集中している。

ケルントナー通り オペラ座脇からはじまり、シュテファン広場へと続いている。ウィーンきっての繁華街であり、各種ショップが並んでいる。カジュアルなブティックなども多い。

グラーベン 幅の広い通りで高級店が多い。

ドロテーアガッセ グラーベンから王宮方面に延びるシュピーゲルガッセとドロテーアガッセには骨董品店が多い。

コールマルクト カルティエ、グッチ、ブルガリ、ティファニー、フェラガモなど、ヨーロッパのブランド店が並ぶ。

ゴールデネス・クヴァルティーア コールマルクトとボーグナーガッセの北側一角に再開発された高級ショッピングエリア。

マリアヒルファー通り ウィーン西駅から王宮庭園に向かって延びる長いショッピング通り。途中に市民が愛用するデパートGerngrossゲルングロースがある。

ケルントナー通り

何を買うか

刺繍製品 伝統的ウィーンの小物をみやげにしたいなら、プチ・ポワン刺繍が喜ばれる。目が細かくなるほど高価で、品格がある。オーソドックスな色と柄ではあるが、ミニバッグやブローチなどは手頃な値段で種類も豊富。

宝飾・アクセサリー 洗練されたスワロフスキーのクリスタル製品は、置物やアクセサリーとなってウィーンの専門店で売られている。ウィーンならではのアクセサリーは、フライ・ヴィレ。七宝焼きをゴールドやプラチナで加工した世紀末風の洗練されたデザインが人目を引く。アンティークショップでは帝国時代の宝飾品に出合うことがあり、ハプスブルク王朝に思いをはせることができる。

陶磁器 ヨーロッパの名窯アウガルテンはオーストリアを代表する磁器。みやげ物としてはシリーズの絵柄をペンダントやブローチにしたアクセサリー類に人気が集まっている。

菓子 モーツァルト・クーゲルが最も人気がある。マジパンをチョコレートでくるんだ小さなボールで、モーツァルトの肖像画の銀紙で包まれている。この他、ウィーン名物のチョコレートケーキであるザッハー・トルテも人気。チョコレートは専門店やスーパーなどで手に入る。

付加価値のある買い物 ウィーンの人たちが通う店もおすすめ。体の状態に合わせて調合してくれるハーブティーの店や素材にこだわり、世界中にファンを得たジャムとピクルスの専門店など。こだわり派には何世代後までも使える銀製品を。カトラリーや卓上装飾品など、ウィーンらしい良いものがある。オークションハウスで有名なドロテウムでは館内に常設店舗があり、陶磁器、銀製品、アクセサリーなどを扱っている。

営業時間と休み

一般的な店は、月〜土曜の9時または10時〜18時(木・金曜は19時または20時まで営業している店もある)までの営業。観光客相手の店以外は日曜、祝日はたいていの店が休みとなる。

支払いと免税

支払いはキャッシャーで行う。応対してくれる店員は通常、商品のみを扱い、お金の受け渡しは行わない。露店や個人商店以外はクレジットカードの支払いが可能。

「TAX FREE」の表示のある店で、レシート1枚あたりの商品の合計が€75.01を越えれば、免税措置が受けられる。購入店で手続きに必要な書類と領収書をもらえば、出国時に空港のTax Refundで、税金を現金で戻してもらえる。(p.348参照)。

このマークが目印 WIEN PRODUCTS

本音でガイド

ウィーンプロダクツの製品

ウィーン商工会議所は、人々に愛され、ハイクォリティの製品のみを取り扱う企業(店)を選定し、サポートしている。認定された企業にはウィーンプロダクツというトレードマークが与えられるので、第一級のウィーン特産品の名称として、みやげ選びの基準にもなる。商品はアクセサリーから陶磁器、高級菓子など、幅広い品ぞろえだ。URL www.wienproducts.at(英)

ウィーンのおみやげ
ベストセレクション

チョコレートやウィーン菓子、クリスタル、刺繍製品、ウィーン風デザインのアクセサリーなどがおみやげに喜ばれている。一生大切に使えるものを選びたい場合は、少々値が張るが陶磁器や品質のよい銀製品がおすすめ。

菓子&食品

モーツァルト・クーゲル
ウィーンみやげの定番、チョコレート菓子。モーツァルトのほかにシシィ（あんずチョコ）やヨハン・シュトラウス（ソフトガナッシュ）の肖像がついたものもある。スーパーなどでは袋入りのお買得品もある。

ジャム
有機栽培で育った果実から作るジャム。音楽家などウィーンの有名人が蓋になっている瓶もある。スーパーで買える。

ウェハース／マカロン
創業1890年のマンナー社が誇るウエハースは絶品。コンディトライではマカロンも人気。

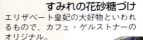

チョコレート
コンディトライや専門店にあり、トリュフや生チョコなど種類も豊富。左のおいしい板チョコ、ツォッターはスーパーなどで買える。

すみれの花砂糖づけ
エリザベート皇妃の大好物といわれるもので、カフェ・ゲルストナーのオリジナル。

コーヒーと紅茶
コーヒー豆や紅茶の茶葉を計り売りしている専門店やスーパー、カフェに置いてある。ブレンドの種類や茶葉の種類は豊富。おみやげに便利なコーヒー豆は真空パックもある。

薬草茶
味や香りを楽しむのではなく、本格的に体質改善を図るためのハーブティー。紫色の花Cyaniは目の痛みに効果があるという。

トルテ
ウィーン菓子の代表的なチョコレートケーキ。ホテル・ザッハーとデーメルのザッハー・トルテとゲルストナーが有名。四角いプチケーキ（ヴュルフェル）はおみやげに最適。コーティングされたリキュール入りケーキ（プンシュ）は日持ちがよい。

陶器&工芸品&民芸品

アウガルテン
ウィーンのバラのセット(写真)をはじめ、マリア・テレジアなど、さまざまなシリーズがある。コーヒーカップ&ソーサー€193〜。

スワロフスキー
100年以上の歴史を誇る、クリスタル製品の専門店。かわいい動物たちやペンダントヘッドなどが人気。

プチ・ポワン
バッグ類のほか、ペンダントトップやブローチ、めがねケース、財布などがある。刺繍の目が細かなものは高価。

「シシィ」グッズ
エリザベート皇妃をモチーフにしたグッズはおみやげに人気。

Riedelのグラス
酒の種類によって形が違うハンドメイドのグラス。コニャックVSOP、ビール、リースリング用、日本酒用などもある。機械で作られたものは約半額。

テーブルウェア
20世紀初頭にウィーンで流行ったデザインは今も受け継がれ、機能美を発揮している。

アクセサリー
クリムトのデザインをモチーフにしたフライ・ヴィレのアクセサリー。イヤリングやブレスレット、ペンダントなどがある。

「サリエラ」の複製
時価€5千万以上とされる美術史博物館の彫刻「サリエラ」を銀で複製。さまざまな大きさがある。

スカーフ/ネクタイ
ネクタイではオーストリア国花のエーデルワイス柄やクリムト、音楽系のネクタイが人気。

マグネット
ちょっとした小物みやげにマグネットが便利。クリムトやモーツァルトをモチーフにしたものがある。

テーブルクロス/コースター
レースを使ったミニ・テーブルクロスは€8〜10。

ウィーン ショッピング

陶磁器 アウガルテン 1区
Augarten MAP●p.35-C

鑑賞するだけでもいいからぜひ訪れたい

店内にはさまざまなシリーズが展示されている。日本人に人気の「ウィーンのバラ」は白地に一輪のバラが可憐に花開いている。小花模様のビーダーマイアー、忘れな草フェァギスマインニヒトなども根強い人気。すべて単品で購入できる。デミタスカップ一客€120〜150。日本人スタッフも常駐。

🚇U1、3号線シュテファンスプラッツStephansplatz徒歩1分 🏠Spiegelgasse 3
📞(01)512-1494 開10:00〜18:00 休日曜・祝日

陶磁器 ロプマイヤー 1区

Lobmeyr MAP●p.35-G

クリスタル製品の専門店

古典的カットグラスから現代アートのグラスまで、デザインのよいものが多い。ハプスブルク家の窯元となり、フランツ・ヨーゼフ夫妻のお気に入りだったヘレンド磁器（現ハンガリー）を大々的に扱っている。ワイングラス€45〜、ヘレンドのティーカップ€110〜。

ヘレンドの「ヴィクトリア・ブーケ」

🚇U1、3号線シュテファンスプラッツStephansplatz徒歩5分 🏠Kärntner Strasse 26 📞(01)512-050888
開10:00〜19:00（土曜〜18:00）休日曜・祝日

クリスタル スワロフスキー 1区
Swarovski MAP●p.35-G

オーストリアを代表するクリスタルの輝き

かわいいクリスタル動物の置物やアクセサリーで知られるスワロフスキー。ケルントナー通り8番の店はブティックでスタッフが直接対応してくれる。置物ではフクロウ、スワン、小グマなど。ケルントナー通り24番の店はスワロフスキー以外のクリスタル小物も扱う大型店。

人気のネックレス、ロゼットは1連が€140で2連が€190

🚇U1、3号線シュテファンスプラッツStephansplatz徒歩2分 🏠Kärntner Strasse8 📞(01)512-903233 開9:00〜20:00（土曜〜18:00）休日曜・祝日

銀製品 ヤロジンスキー＆ヴォガーン 1区

Jarosinski & Vaugoin MAP●p.30-F

家宝にしたいような銀製品

ウィーンの伝統である華やかなテーブルウェアに欠かせない銀製品。100年以上も同じ場所に工房を構え、政府関係者など著名人を顧客に持つ。受け継がれてきた型や技術を守りながら職人が手作業で仕上げていく。カトラリーは1本€130〜で、絵柄は200種類以上。ナプキンリング€70〜、美術史博物館に展示されている「サリエラ」のレプリカもある。

🚇U3号線ツィーグラーガッセZieglergasse徒歩4分 🏠Zieglergasse 24
📞(01)523-3388 開9:00〜18:00 休土・日曜・祝日

食器 アルビン・デンク 1区

Albin Denk MAP●p.35-C

ショーウインドウの美しさにつられて奥へ

ヨーロッパの名窯磁器、高級グラス、銀食器、室内装飾品など、一流の品をそろえた店。パッサージュの両側にショーウインドウが並び、店は奥の突き当たりにある。マイセンのコーヒーカップRose一客€289〜。

🚇U1、3号線シュテファンスプラッツStephansplatz徒歩2分 🏠Am Graben 13
📞(01)512-4439 開10:00〜18:30（土曜〜17:00）休日曜・祝日

とっておき情報

augarten
アウガルテン磁器工房を訪ねて　MAP●p.31-C

300年近い歴史と伝統を今に伝える磁器の名窯。デザイン、品質とも超一流の製品は、マリア・テレジアゆかりの宮殿内の工房で、ひとつ一つ手作りでていねいに作られている。

アウガルテン宮殿内にある工房

アウガルテン博物館

細部までていねいに接着される

窯焼きを終え、釉薬をかけられて二度焼きされた白磁に絵付けがされる

アウガルテンの歴史　1718年、宮廷貴族だったデュ・パキエはカール六世から磁器を製造する特権を与えられ、「ウィーン磁器工房」を創設。マイセンに次いで、ヨーロッパで2番目の磁器工房ができた。そして世界で初めて、磁器でコーヒーカップが作られたのがこの工房。1744年、マリア・テレジアによって皇室直属窯となり、ハプスブルク家の盾型紋章が全作品に付けられるようになった。1806年のナポレオンとマリー・ルイーズの婚礼、1814年のウィーン会議の食卓を飾り、ウィーン磁器工房の名はヨーロッパ中に広まっていく。その後、皇妃エリザベートが実質的なオーナーとなり、数多くの磁器を作らせたが1864年、革命や戦争など政治・経済状況が悪化し閉鎖。1924年、アウガルテン宮殿に工房を移して「ウィーン磁器工房アウガルテン」として再開した。

アウガルテン磁器工房・博物館　アウガルテン宮殿は、マリア・テレジアが狩猟の館として造らせたもの。そのためアウガルテンはヨーロッパの磁器工房としては、歴史は古いが規模は小さい。工房の各部屋は広々として、職人たちが分業で作業をしている。何人もの職人が手先に集中して絵付けをしているが、緊張の漂う部屋は物音ひとつしない。建物の右手にはアウガルテン博物館があり、デュ・パキエ時代のものからアールデコ、ヨーゼフホフマンの「メロン」シリーズなどを見ることができる。また、建物中央にあるショップでは、アウガルテンの全商品をそろえている。

レストラン　建物の左端にレストラン「アウガルテンAugarten」がある。料理はインターナショナルな料理に加え、ウィーンの定番料理もある。カフェとして利用も可。

工房見学　Manufakturführung
🚇U2号線タボールシュトラーセTaborstrasse徒歩3分　🏠Obere Augarten Str.1　☎(01) 2112-4200　📅月〜金曜10:15〜、11:30〜の約45分間　休土・日曜・祝日、7月下旬〜8月上旬　💶17（博物館含む）
アウガルテン博物館　Augarten Museum
📅10:00〜18:00　休日曜・祝日　💶7
アウガルテン　Café Restrant Augarten
☎(01) 211-24400　📅9:00〜22:00（11〜3月〜18:00）
休12月24〜26日　💶20〜

ヨーゼフ・ホフマンの「メロン」シリーズ

ホーフブルクに展示されているデュ・パキエ時代のもの

ショップには全シリーズがそろう

レストラン・アウガルテン

ウィーン　ショッピング

宝飾品 ケッヒャート 1区
Köchert MAP●p.35-G

ハプスブルク家御用達の宝石店

由緒ある宝石店とはこういうものか、とその雰囲気に圧倒される。エリザベート皇妃の白い夜会服姿の肖像画の中で、髪に付けていたダイアモンドの星飾りがケッヒャートで作ったものだった。ネックレスやペンダント、ブローチなど、特殊な器具によってさまざまに変化する。このダイヤモンド飾りは「シシィ・シリーズ」として販売（€430〜）。このほかにルビーやサファイアなどをあしらった小さめの星形アクセサリーも販売している。こちらは€250〜。

U1、3号線シュテファンスプラッツStephansplatz徒歩4分 Neuer Markt 15 (01) 512-5828 10:00〜18:00（土曜〜17:00） 日曜・祝日

シシィの髪を飾っていたダイヤモンドの星飾り

宝飾品 フライ・ヴィレ 1区
Frey Wille MAP●p.35-G

最もウィーンらしいアクセサリーを

ウィーンを代表するエナメル技術を用いたジュエリーの店。クリムトなどの有名絵画をモチーフにデザインされた、ウィーン独特のゼツェスィオーン様式が特徴。ゴールド使用のため値段は張るが、色合いがよく、デザインにも人気がある。指輪や腕輪、ブローチなどがある。

トラム1、2、D番オーバー／カールスプラッツOper/Karlsplatz徒歩4分 Lobkowitzplatz 1 (01) 513-8009 10:00〜19:00（土曜〜17:00） 日曜・祝日

宝飾品 シュリーン 1区
Schullin MAP●p.35-C

ハンス・ホライン設計のファサードで知られる宝石店

すべてシュリーンのオリジナルだが、決まったデザイナーではなく、注文によってさまざまな制作者が作っている。値段はそれ相応に高く、€800以上のものが多い。Kohlmarkt 18にはシュリーンの時計専門店がある。

U3号線ヘレンガッセHerrengasse徒歩4分 Kohlmarkt 7 (01) 533-9007 10:00〜18:00 日曜・祝日

アンティーク ドロテウム 1区
Dorotheum MAP●p.35-G

オークションハウスの中のアンティークショップ

1階は家具や置物の骨董品、3階はアクセサリー売り場。ガレ風の花瓶は€1000前後、銀製テーブル小物は€100〜、アクセサリーは€50〜。素晴らしい建物内部を鑑賞するだけでも価値がある。

U1、3号線シュテファンスプラッツStephansplatz徒歩4分 Dorotheergasse 17 (01) 515-600 10:00〜18:00（土曜9:00〜17:00） 日曜・祝日

アンティーク アンティクビテーテン・ウント・クンスト 1区
Antiquitäten & Kunst MAP●p.34-B

1880年から店を構える老舗

美しいパレー・フェルステルの中、パサージュのフライング側入り口にある。アクセサリーや時計、小さな置物など小物が多い。

U3号線ヘレンガッセHerrengasse徒歩3分 Freyung 2 (01) 533-8414 10:00〜13:00、15:00〜18:00（土曜10:00〜13:00） 日曜・祝日

マリア・シュトランスキー 1区
Maria Stransky　MAP●p.34-F

王宮へ行ったらぜひこの店で

　プチ・ポワン刺繍は宮廷で誕生し、ウィーンの伝統を守る工芸品。細かい手刺繍によってアクセサリーからバッグまで、色鮮やかな作品が並ぶ。刺繍は2.5㎠の中の針歩数が多いほど豪華。多いもので2,500の針歩数があり、手間がかかる分、料金も高くなる。ブローチは€23〜。

小銭入れやポーチ、コンパクト、ミラーなどの小物もある

交U3号線ヘレンガッセHerrengasse徒歩4分
住Hofburg-passage 2　☎(01) 533-6098
営10:00〜13:00、13:30〜18:00（土・日曜・祝日）休なし

プチ・ポワン・コワチェチュ 1区
Petit Point Kovacec　MAP●p.35-G

かわいい刺繍の小さな店

　ケルントナー通りの中ほどにあるプチ・ポワン専門の小さな店。バッグ、財布、ブローチなど、すべて手刺繍の小物がそろっている。とくに絵や小型バッグの種類が多い。ブローチ€21〜、バッグ€500〜。

交U1、3号線シュテファンスプラッツStephansplatz徒歩3分
住Kärntner Strasse 16　☎(01) 512-4886　営10:30〜18:00（土曜〜17:00）休日曜・祝日

ダス・ゴールデネ・ヴィーナー・ヘルツ 7区
Das Goldene Wiener Herz　MAP●p.32-I

ウィーンらしい、本当によい物を

　自分のためのみやげ物なら少々高くても本当によい品を買いたい。そんな希望を叶えてくれるのがこの店。オリジナルデザインの小物がそろい、買って大切に使いたいと思うものばかり。ゴールドを使ったアールヌーヴォーの小物は€20〜40。

交U2、3号線フォルクステアターVolkstheater徒歩4分　住Kirchberggasse 17
☎(01) 6803-232-666　営13:00〜19:00（土曜11:00〜17:00）休日・月曜

オーストリア工房（エースタライヒッシェ・ヴェルクシュテッテン） 1区
Österreichische Werkstätten　MAP●p.35-G

アールデコの斬新なデザインが冴える

　ヨーゼフ・ホフマンやコロ・モーザなど、アールデコ様式のデザイナーの作品を集めた店。アクセサリーやスカーフ、ネクタイ、ガラス製品、陶磁器など、19世紀末調のデザイン作品が並ぶ。ブローチ€21〜。

交U1、3号線シュテファンスプラッツStephansplatz徒歩1分
住Kärntner Strasse 6　☎(01) 512-2418　営10:00〜19:00（土曜〜18:00）
休日曜・祝日

とっておき情報

"黄金地区"と呼ばれるショッピングエリア

　ボーグナーガッセの北側、アム・ホーフAm Hof広場とトゥーフラウベンTuchlauben通りの間に2013年に再開発された高級ショッピングエリア、ゴールデネス・クヴァルティーア Goldenes Quartier（MAP●p.35-C）がある。ルイ・ヴィトンやプラダ、シャネル、ミュウミュウ、ヴァレンティノなど約20店舗が並ぶ。

ルイ・ヴィトンはコールマルクトから移転した

リングシュトラーセン・ガレーリエン
ショッピングモール　1区
Ringstrassen Galerien　MAP●p.35-K

ブランド品から食料品までそろう

　ケルントナーリングに面して建つ2つの建物で、二棟とも中央部の吹き抜けの周りにヨーロッパの有名ブランド店やレストランなど70店舗が並んでいる。グランド・ホテルがある東棟の地下にはスーパーのビッラ・コルソーBilla Corsoがあり、ちょっとした高級食料品を調達できる。

▶トラム1、2、D番オーバー／カールスプラッツOper/Karlsplatz徒歩1分　住Kärntner Ring 5-7, 9-13　営10:00〜19:00（土曜〜18:00）、ビッラ・コルソー7:40〜20:00（土曜〜18:00）　休日曜・祝日

地下のスーパー、ビッラ・コルソー

ユリウス・マインル
スーパーマーケット　1区
Julius Meinl　MAP●p.35-C

買い物のみならずデリカやカフェも利用

　1862年創立のウィーンで初めてコーヒーの焙煎豆を売った店。それ以来、コーヒー豆や紅茶、ジャムなどを自社生産してきた。ヨーロッパ各地に店を持つが、グラーベンが本店。2階にレストランが、1階隅にカフェとワインバー、デリカコーナーがある。ワインバーではビジネスランチが食べられる。

▶U3号線ヘレンガッセHerrengasse徒歩1分　住Am Graben 19　☎(01)532-3334　営8:00〜19:30（土曜9:00〜18:00、レストラン〜22:00）　休日曜・祝日

ビパ
コスメ　1区
BIPA　MAP●p.35-G・K

自然化粧品を扱うチェーン店

　鮮やかなショッキングピンクがシンボルカラーのビパはあちらこちらで目にする。グランドホテル裏のヴァルフィッシュガッセWalfischgasse 10の店は比較的空いている。ビパで買うならオリジナル商品のIQやLOOKがおすすめ。

▶U1、3号線シュテファンスプラッツStephansplatz徒歩1分　住Kärntnerstrasse 1-3　☎(01)512-2210　営8:00〜20:00（土曜〜18:00）　休日曜

ワルツ
みやげ　1区
Waltz　MAP●p.35-K

日本人スタッフが常駐している買いやすい店

　プチ・ポワンなどウィーンならではのみやげ物のほかに、セリーヌ、グッチなど外国ブランドのバッグも豊富。自然岩塩€4.6、ハチミツ酢などはよく売れている。農場契約による無農薬製品も人気。

▶U1、2、4号線カールスプラッツKarlsplatz徒歩3分　住Kärntner Strasse 46　☎(01)586-9171　営10:00〜18:30（土曜〜18:00）　休日曜・祝日

すみれの花砂糖漬けや岩塩もあるオーストリアみやげを集めた店

本音でガイド　スーパーを活用しよう

　量が必要な義理みやげは、みやげ物店より安いスーパーで探すのが良い。モーツァルトクーゲル、シュタウズのジャムなどは、メルクアMelcure、コルソーCorso、シュパールSperなどのちょっと洒落たスーパーにある。
　また、大型スーパーBILLAビッラはオーストリア各地にあり、プラターシュテルン駅構内の店は毎日6時から21時まで営業している。

フリック
Frick MAP●p.35-C　　　　　　　　　1区

グラーベンにある老舗の本屋で観光客に人気
　ウィーンの観光ガイドがそろっており、ガイドブックや地図はもちろん専門書も豊富。絵葉書のほかにかわいらしいカードもたくさんあり、思わず手に取ってみたくなる。

🚇U1、3号線シュテファンスプラッツStephansplatz徒歩2分 🏠Graben 27 ☎(01) 533-9914 🕐9:00～19:00(土曜9:30～18:00) 休日曜・祝日

 オーストリア・コーナー・アマデウス　1区
Austria Corner Amadeus MAP●p.34-F

オーストリアらしいみやげ物がそろう
　チロリアン刺繍、クリムト柄や音符のスカーフやネクタイ、ザルツカマーグートの塩は魚用と肉用、ニンニク入りなどがある。絹スカーフ€50、ネクタイ€29～、テーブルクロス€18～。

🚇U3号線Herrengasse徒歩4分 🏠Augustinerstrasse 12 ☎(01) 512-3335 🕐10:00～18:00 休なし

 ザ・ヴィエンナ・ストアー　1区
The Vienna Store MAP●p.34-B

面白い小物みやげが見つかる
　高級品ではなく、かといって俗っぽいみやげ物ではない小物が欲しいときはこの店をおすすめ。ウィーンのシンボルを商品化しており、みやげに最適。同じ店がHoher Markt 5にもある。

🚇U3号線ヘレンガッセHerrengasse徒歩2分 🏠Herrengasse 6 ☎(01) 535-0141 🕐10:00～19:00 休日曜

 ヴィエーナー・ショコラーデ・ケーニッヒ　1区
Wiener Schokolade König MAP●p.35-C

路地裏で見つけたチョコレート店
　ペーター教会の裏手にある"ウィーンのチョコレート王"という名前のチョコレート専門店。ウィーン子が買いに来る良質な店で、包装もかわいい。

🚇U1、3号線シュテファンスプラッツStephansplatz徒歩3分 🏠Freisingergasse 1 ☎(01) 533-3219 🕐10:00～19:00(土曜～18:00) 休日曜

とっておき情報
意外とよい品がそろっている博物館のショップ
　美術史博物館やベルヴェデーレ宮殿などウィーンの美術館を訪ねたなら、ムゼウム・ショップも覗いてみよう。ウィーンならではの美術・工芸品、クリムトの絵柄を取り入れたスカーフやネクタイなどがそろっている。斬新なデザインが並ぶ応用美術館MAKのショップも見逃せない。モーツァルトハウス・ウィーンでは義理みやげに最適な€5前後の小物がたくさんある。ホーフブルクの王宮宝物館ショップには立派なアクセサリーがあり、エリザベートの小物は「皇帝の住居」最後の部屋にある。ほとんどの博物館でショップにだけ入ることができる。

ホーフブルクのミュージアムショップ

星形アクセサリーもある

音楽グッズ アルカディア
Arcadia　MAP●p.35-K　1区

音楽絡みのグッズならここで
　オペラ座の一階、ケルントナー通りに面した一角にある。ウィーンゆかりの音楽家や楽器をモチーフにしたTシャツ、袋物、文具など、小さなみやげ物がそろう。楽器を模したキーホルダー€14.9〜、布バック€6.9〜、楽器型マグネット€3.9〜。

交トラム1、2、D番のオーパー/カールスプラッツ Oper/Karlsplatz徒歩1分 住Kärntner Strasse 40 ☎(01)513-9568 営9:30〜19:00(日曜・祝日10:00〜19:00) 休一部の祝日

みやげ オーバーヴァルダー
Oberwalder　MAP●p.35-G　1区

帽子の奥には小物がいっぱい
　ケルントナー通り、アンナガッセに入る角の帽子屋だが、奥に入ると手ごろなみやげ物がずらりと並ぶ。クリムトの絵柄をモチーフにした小物は喜ばれそう。クリムト絵柄の飾り皿やデミタスカップ、ミニ缶、置物人形など。

クリムトの絵柄のグッズが人気

交U1、3号線シュテファンスプラッツStephansplatz徒歩3分 住Kärntner Strasse 39 ☎(01)513-7530 営9:00〜19:00(土曜〜18:00) 休日曜・祝日

民族衣装 トストマン・トラハテン
Tostmann Trachten　MAP●p.32-B　1区

手芸の好きな人にもおすすめ
　オーストリアの民族衣装の店。女性のディルンドゥル€700〜、男性の革ズボンは大きさも種類も豊富。子供用もある。民族衣装を作るのに必要な布地1m€20〜やボタンなども扱っており、パッチワーク用の小さな端切れ€3〜も売られている。

民族衣装のディルンドゥル

交U2号線、トラム1、D番ショッテントーア/ウニヴェルズィテートSchottentor/Universitat徒歩3分 住Schottengasse 3a ☎(01)533-5331 営10:00〜18:30(土曜〜18:00) 休日曜・祝日

庶民の食欲と台所を支える市場
ナッシュマルクト

　地下鉄4号線のカールスプラッツからケッテンブリュッケンガッセ方面に延びるツァイレZeile通りは、カールスプラッツの先で右Rechteと左Linkeに分かれる。二つの通りに挟まれて延々と続く市場ナッシュマルクトNaschmarkt(MAP●p.32-J)は、市民の台所。新鮮な野菜や果物、肉屋、チーズ、パン屋などの他に衣料店も並び、サンドウィッチなどのスタンドもある。多くの移民を抱える町の市場らしく、アラブやスラブ系スパイスや食材を売る店もある。見て歩くだけでも興味深いが、食料品みやげを探すならここへ来ることをおすすめする。近年はイート・インの店も点在している。

交U4号線ケッテンブリュッケンガッセKettenbrückengasse 営早朝〜夕方、土曜は午前中、10時頃になるとにぎやか 休日曜

人気のイート・インの店もある

野菜やチーズ、ピクルスなどの食材が豊富

ワインの計り売りもある

グリューネ・エーアデ
Grüne Erde　MAP●p.34-I　1区

「緑の地球」という意味のオーガニック製品の店

自然素材を使った基礎化粧品や石鹸、オイルなど健康によい品がそろっている。基礎化粧品の種類は非常に多い。フェイスクリーム、リップクリーム、オリーブオイルの石鹸など。

🚇U3号線ノイバウガッセNeubaugasse徒歩1分 🏠Mariahilfer Str. 11
📞07615-203410 🕐9:30～19:00（木・金曜～19:30、土曜～18:00）休日曜・祝日

イクソコラ
Xocolat　MAP●p.34-B　1区

店いっぱいのオリジナルのチョコレート

フライングに入り口がある美しいパッサージュ、パレー・フュルステルの中にある自家製のチョコレート店。ウィンドーに並ぶ箱入り高級チョコレートも魅力的だが、店内には袋入りチョコもある。違う種類をいくつか選んでみたい。

🚇U3号線ヘレンガッセHerrengasse徒歩2分 🏠Freying 2
📞(01) 535-4363 🕐10:00～18:30（土曜～18:00、日曜12:00～17:00）休なし

スタウド・ウィーン
Staud's Wien　MAP●p.30-F　1区

有機農産物の果物と野菜が瓶詰に

天然の素材からうま味を最大限に引き出したジャムとピクルスの店。ジャムは各国の高級ホテルで使用されている。人気は砂糖の代わりにリンゴで甘みをつけたジャム小瓶€0.6～で、糖尿病用のダイエットジャムも好評。140種類のジャムと60種類のピクルス小瓶€2～が棚に並んでいる。店には有機栽培の野菜や果物も売られている。

種類の多様さでは選ぶのに迷いそう

🚇U6号線ヨーゼフシュタットシュトラーセJosefstädterstrasse徒歩5分 🏠Yppenmarkt 93 📞(01) 406-88050 🕐8:30～12:30、15:00～18:00（土曜8:00～13:00）休日・月曜・祝日

クロイターハウス・マギスター・コッタス
Kräuterhaus Mag. Kottas　MAP●p.32-B　1区

帝国時代からの処方でハーブティーを

1795年からの処方に最新の研究を採り入れた薬草茶の店。症状に応じて配合する。精神が落ち着くローズティーやポプラ科のケーゼパッペルは花が喉に、葉が胃腸に効くといい、おすすめ。ティーバッグ（20包）もある。

🚇U3号線ヘレンガッセHerrengasse徒歩3分 🏠Freyung 7 📞(01) 533-9532
🕐8:30～18:00（土曜9:00～12:30）休日曜・祝日

とっておき情報

ショッピングもできる美しいパサージュ

ショッテンガッセとヘレンガッセの間に美しいパサージュがある。1860年に建築家フェルステルによって建てられたパレー・フェルステルPalais Ferstelで、当時はウィーンで最もモダンな建物と評判だった。ヘレンガッセ側に有名なカフェ・ツェントラルが入り、それは今もそのまま。パサージュにはオリーブオイルの専門店やチョコレート菓子の店など、洒落た店が並んでいる。MAP●p.34-B

パレー・フェルステル

アルトマン・キューネ 〔1区〕
チョコレート
Altmann & Kühne MAP●p.35-C

1928年創業のチョコレート専門店
　グラーベンに面した店のショーウィンドウに思わず感嘆の声をあげる人が多い。かわいらしいパッキングやミニ小箱は値段が張るがプレゼントにぴったり。小箱は€13.9〜、ハート形€12.9〜、引出し式小箱は€49.7〜。

🚇U1、3号線シュテファンスプラッツStephansplatzすぐ 🏠Graben 30
☎(01) 533-0927 🕘9:00〜18:30 (土曜10:00〜17:00) 休日曜・祝日

ハース＆ハース 〔1区〕
紅茶
Haas&Haas MAP●p.35-D

真っ赤な缶でお馴染みのお茶専門店
　商品はすべて無添加、無着色で、なかでもお茶は各種紅茶のほかにフルーツティー、ハーブティー、日本茶、中国茶とそろう。好きな紙とリボンでプレゼント用に包装（有料）してくれる。ダージリン100g€5.8〜。食事メニューもあるカフェを併設している。

🚇U1、3号線シュテファンスプラッツStephansplatz徒歩2分 🏠Stephansplatz 4
☎(01) 512-9770 🕘9:00〜18:30 (土曜〜18:00) 休日曜

エック 〔1区〕
菓子
ECK MAP●p.35-K

ザッハー・トルテをおみやげに
　ホテル・ザッハー直営のケーキショップ。ケルントナー通りに面した角店にショップとカフェがある。直径19cmのザッハー・トルテ€39.9や中くらいの大きさのもの2個入り€29.9など、テイクアウト用のものがいっぱい。木箱入りのおみやげ用は通常2週間ほどもつ。

🚇トラム1、2、D番オーパー／カールスプラッツOper/Karlsplatz徒歩3分
🏠Kärntner Strasse 38 ☎(01) 514-560 🕘9:00〜23:00 休なし

ハインドル・コンフィスリー 〔1区〕
菓子
Heindl Confiserie MAP●p.35-D

ウィーンのチョコレートみやげならここへ
　クーゲル（球）ではなくターラー（銀貨）チョコの平たいシシィ・ターラーが有名。モーツァルト、シュトラウス、シシィの組み合わせチョコレートHeindl Selectionもある。季節に合わせたプレゼント用のラッピングをしてくれる。Kärntner Str.35にある支店は20時まで営業。

🚇U1、3号線シュテファンスプラッツStephansplatz徒歩3分 🏠Rotenturm Strasse16-18 ☎(01) 512-8522 🕘9:00〜19:00 (土曜〜18:00)、日曜・祝日12:00〜18:00 休なし

マンナー 〔1区〕
ウエハース
Manner MAP●p.35-D

ウエハースを考案した店
　ウィーンのチョコレート職人のヨーゼフ・マンナーが1898年にクリームを挟んだウエハースを開発。以来、ウエハース一筋で人気を博している。ウエハースといえども、非常においしい。1パック4個入りが手ごろ。

🚇U1、3号線シュテファンスプラッツStephansplatzすぐ 🏠Stephansplatz 7
☎(01) 513-7018 🕘10:00〜21:00 休なし

カフェ

300年以上の歴史を持つウィーンのカフェ文化。一歩店の中に入ると、まるで時代が遡ってしまったかのような感覚を受ける。連綿と受け継がれてきた文化の一端に触れるべく、カフェを楽しんでみよう。甘いウィーン菓子とともに味わえば、旅の思い出も増える。

カフェの歴史と文化

ウィーンのカフェには伝統がある。1685年に皇帝の許可が出て初めてカフェが誕生。1683年、ウィーンを包囲していたトルコ軍が、置き去りにしていったコーヒー豆から生まれたといわれている。実際には1670年にアルメニア商人が皇帝から許可を得てコーヒー豆を輸入しており、それ以前にも宮廷で飲まれていたという。

19世紀初頭、ウィーンのカフェは芸術家やジャーナリストたちの溜まり場となった。新聞を読んだり日常会話を交わしたり、1杯のコーヒーでたっぷり1日を過ごすことができた。文士たちが集い、議論を戦わせた場でもあった。原稿を書いた作家もいた。この伝統は今も変わっていない。人々はゆっくり雑誌や本を読み、新聞を広げる。店の人は絶対に文句を言わない。ただ黙って窓の外を見つめている人もいる。たった1杯のコーヒーで何時間でも座っていられる店、それがウィーンのカフェである。

カフェ事情

伝統的なカフェとともに、モダンな雰囲気の店も増えている。コーヒーのみならず、紅茶や中国茶、日本茶をそろえた店もあり、多様化している。まずは、格式のあるカフェに入ってみよう。ウィーンの文化が伝わってくる。

コンディトライとは

カフェでは入り口近くのガラスケースにあるケーキを注文できるが、ウィーンでケーキを食べるならコンディトライへ行こう。その場で焼きたてのケーキとコーヒーを味わうことができるのがカフェ・コンディトライ。しばしばカフェと一緒にされがちだが、正式にはコンディトライ(菓子店)と呼ぶ。デメールやハイナー、ゲルストナーなどがその代表的な店だ。庶民的なコンディトライではチェーン店のアイーダがある。こういう店では給仕人のほとんどがウェイトレス。

コンディトライにはケーキが並んでいる

営業時間

一般的に8時から23時までの営業。なかには、翌1時、2時まで開いている店もある。たいてい無休だが、日曜・祝日が休みのところもある。

朝食は11時もしくは11時30分まで、平日の11時30分から15時ぐらいまではお得なランチメニューを用意している店もある。

4段の皿で出されるザッハーの豪華な「ザッハー朝食」

シリアルがのったヨーグルトがおいしいモーツァルトの朝食「第三の男3Mann」

カフェの利用法と支払い

人気のカフェでは、時間帯によっては入れないこともある。時間を見計らって利用したい。ほとんどのカフェでは朝食メニューがあり、また軽い食事を置いている店が多い。

ヤウゼJauseと呼ばれる午後4時ごろのお茶の時間には、ウィーンの人たちはカフェでゆっくりと午後のひとときを楽しむ。たとえ男性であっても、砂糖やホイップクリームをたっぷり入れたコーヒーと甘いケーキを味わいながら、思い思いに時を過ごすのだ。

支払いはレストランと同様に各テーブルで行う。金額が少ないので通常は現金で払う。チップは0.5～1割ほど渡せばよい。こまかいお金がないときは端数を切り上げるなど、チップを含めた金額をウェイターにつげるとよい。

ブラウナー Brauner
いわゆる日本の「ホット」にあたり、温めたミルクが少し入っているか、脇に付いてくる。最もよく注文される。

メランジェ Melange
カプチーノのように、泡立てたミルクがたっぷり入っている。ホイップクリームがのっている場合もある。

KAFFEE コーヒー

フィアカー Fiaker
ラム酒またはブランデー入りコーヒーに泡立てたての生クリームがのっている。

ホットチョコレ

フェアケールト Verkehrt
"さかさまコーヒーの"という意味で、コーヒーよりミルクの方が多い。

シュヴァルツァー Schwarzer
シュヴァルツとは黒という意味で、ストレートのブラックコーヒー。モカMokkaともいわれる。

ウィーンのコーヒーの飲み方はバラエティ豊か。ストレートやミルク入り、生クリーム入りなどがある。リキュール入りのアレンジカフェもあるが、まずは伝統的なウィーンのカフェを味わってみたい。

アインシュペンナー Einspänner
"一頭立ての馬車"という意味。ブラックコーヒーにホイップクリームをのせたもので、グラスに入っている。

ザッハーのオリジナルのザッハー・トルテ

デーメルのザッハー・トルテ

ザッハー・トルテ Sacher Torte
最も有名なウィーンのケーキといえば、何といってもザッハー・トルテ。アプリコットジャム入りの甘くて堅いチョコレートケーキで、日もちがするためウィーンみやげとしても人気が高い。

裁判沙汰となったザッハー・トルテ

チョコレートケーキのザッハー・トルテは1832年、フランツ・ザッハーが考案したもので作り方は秘伝。ところが1930年代にレシピがデーメルに伝わり、ザッハー・トルテを作るようになった。漏れた経緯にはさまざまな説があり、真相は不明。長い論争を経て裁判に持ち込まれた結果、双方がザッハー・トルテを作れることになった。ただし、オリジナルの商標はザッハーが獲得した。今日、オリジナルのザッハー・トルテには丸型のチョコレート封印が、デーメルのザッハー・トルテには三角形の封印がのっている。

KUCHEN ケーキ

ザルツブルガー・ノッケル Salzburger Nockerl
卵黄とバニラシュガーを少量の小麦粉でかき混ぜ、堅く泡立てた卵白を加える。これをオーブンで焼いて粉砂糖をふりかけると、ザルツブルクから眺めるアルプス連山のようになるため、この名前がある。

ウィーンのケーキは、ドイツやハンガリー菓子の影響を受けている。しかし外国から取り入れたアイディアや材料に、オーストリアならではの食材を加え、みごとなケーキを生み出した。

トゥルキッシャー Türkischer
トルココーヒーのこと。豆をひいて煮立て、うわずみをカップにそそぐ。ミルクはなく、好みで砂糖を入れる。

カプツィーナー Kapuziner
泡立てたミルクの上にシナモンをふりかけたもの。イタリアのカプチーノと同じ。

チョコっとトーク
日本でいうウィンナーコーヒーって？
ウィンナーコーヒーというのは、「ウィーンのコーヒー」という意味で、同名の種類のコーヒーはない。見た目で似ているのはメランジュだが、中味ではアインシュペンナーが近い。

アイスカフェ Eiskaffee
日本のアイスコーヒーと異なり、冷めたコーヒーにアイスクリームとホイップクリームが入っている。

コーヒーのたのみ方

注文は？
注文はあくまでも"ウィーン風"に。「ホットひとつ」などと注文しないで、ウィーン独特の呼び方を覚えよう。"アイネ・メランジェ・ビッテ Eine Melange, bitte！（メランジェひとつ）"とか"ツヴァイ・ブラウナー・ビッテ Zwei Brauner bitte！（ブラウナーふたつ）"と言えばきっと"ヤヴォール！（承知しました）"と応えてくれる。

水は必ずついてくる
コーヒーは小さな銀の盆にのせられ、角砂糖と共に水が付いてくる。そしてスプーンは、なぜかグラスの上に伏せて置かれていることが多い。

ウィーン　101　コーヒーとケーキ

リキュールが入ったプンシュ

マカロン
プンシュトルテ

キルシュトルテ Kirschtorte
いわゆるチェリーケーキで、店によって見た目や味は異なるが、共通しているのはサワーチェリーを使っていること。

カイザーシュマーレン Kaiserschmarren
干しぶどうの入ったホットケーキをちぎって粉砂糖をふりかけたもの。アプリコットやスモモの砂糖煮が添えられる。フランツ・ヨーゼフ一世の好物だったことからカイザー（皇帝）のシュマーレン（際物）という名が付いた。

アプフェルシュトゥルーデル Apfelstrudel
リンゴのパイだが、アップルパイほどサクサクしていない。食後のデザートとして最もポピュラーなもので、ホイリゲを含むどのレストランにもある。店で注文すると、温めて出してくれる。

ウィーンが香る カフェ・マップ

市民生活の中に唯一残っている19世紀末文化、それはカフェである。18世紀、19世紀のカフェが、他のヨーロッパ諸都市では政治や革命の舞台裏となったのに対し、ウィーンではもっぱら文学や芸術を育てる場であった。19世紀末にはウィーンのカフェから多くの芸術家や文人たちが巣立っていった。その伝統が今も残り、他の都市には見られない独特のカフェ文化がウィーンにはある。天井の高い古い建物、大理石のテーブル、ふかふかの布張りソファー、あるいはトーネット社の曲げ木椅子、そして燕尾服やサスペンダー姿の給仕たち。追い立てられることのない居心地の良さも当時と同じ。ここで人々を観察しながらゆったり時間を過ごしていると、ウィーンという町がわかってくる。

- 由緒ある建物や豪華な内装など、伝統的なカフェの雰囲気を残す
- センスがよくモダンな雰囲気
- 生演奏やコンサートが聴けるコンツェルト・カフェ
- シャニガルテン（テラス席）がある店（夏季のみの店も含む）
- 食事もできるカフェ
- カフェ・コンディトライまたは名物ケーキがある店

ツェントラル
Café Central p.104
アーチ状の高い天井と豪華な内装の世紀末の文学カフェ
🕒 17:00〜22:00

ラントマン
Café Landtmann p.105
かつてはフロイトが通い、政治家、俳優たちの利用も多い
🕒 月・火・日曜20:00〜23:00（7・8月は日曜なし）

スルッカ・ラートハウスプラッツ
Sluka Rathausplatz p.107
1891年創業の伝統的なカフェ

ホーフブルク
Hofburg p.105
王宮の中にあるカフェ
🕒 日曜11:00〜13:00

ブロイナーホーフ
Bräunerhof
芸術家が集っていた芸術カフェ。ビリヤードもある
🕒 土・日曜、祝日15:00〜18:00
🚇 U1、3号線シュテファンスプラッツStephansplatz徒歩5分
🕒 8:00〜20:00（土曜〜19:00、日曜・祝日10:00〜18:00）

ヴァイディンガー
Weidinger
ビリヤードやチェス、カードゲームなどが盛んに行われている
🚇 U6号線ブルクガッセ・シュタットハレBurggasse-Stadthalle徒歩2分
🕒 8:00〜24:30

ハヴェルカ
Hawelka p.106
かつての芸術家、音楽家のたまり場で、ノスタルジックな雰囲気

オーバーラー
Oberlaa p.107
甘さをおさえたケーキが人気

スルッカ
Sluka p.107
「スルッカ・ラートハウスプラッツ」の2号店

ドームマイヤー
Dommayer p.105
ヨハン・シュトラウス（子）がデビュー・コンサートを開いたカフェーとして知られる

シュペール
Sperl
1880年創業の店で、ウィーンの文化財に指定されている。店内は重厚なインテリアで飾られ、伝統的なビリヤード台も残されている。自家製ケーキがおいしい
🕒 日曜15:30〜17:30（7・8月はなし）
🚇 U2号線ムゼウムス・クヴァルティーアMuseums Quartier徒歩5分
🕒 7:00〜22:00（日曜・祝日11:00〜20:00）
休 7・8月の日曜・祝日

ドレクスラー
Café Drechsler p.107
夜はバーになる

モーツァルト
Café Mozart p.105
映画『第三の男』にも登場した名物カフェ

ラントマン・ヤウゼン・ステイション
Landtmann's Jausen Station
マイエライ・シェーンブルンの建物は、フランツ・ヨーゼフのプレイハウスとして建てられたもの。伝統的なレシピ通りに作られるビーダーマイヤートルテが名物
🕒 10:00〜18:30（土・日曜9:00〜）

グロリエッテ
Café Gloriette p.106
グロリエッテの中にあるこぢんまりとした優雅なカフェ

ザッハー
Sacher MAP●p.35-K 1区

本場で味わう
ザッハー・トルテ

国立歌劇場の裏にある最も有名なカフェ。チョコレートのザッハー・トルテは世界的に知られる銘菓。長い間デーメルとの間でオリジナルをめぐって争いが続いていたが、判決はザッハーが勝利。裁判沙汰にまでなったケーキをぜひ味わってみたい。赤い絨毯が敷き詰められた店の雰囲気も優雅。ザッハー・トルテはホイップクリーム付き。

チョコレートケーキのザッハー・トルテ

交トラム1、2、D番オーパー/カールスプラッツOper/Karlsplatz徒歩1分
住Philharmonikerstrasse 4 ☎(01)51-456661 営8:00～24:00 休なし

ツェントラル
Central MAP●p.34-B 1区

芸術家に愛されたウィーン伝統のカフェ

作家やインテリ層がたむろしていたカフェ。今では家族連れや女性同士の客が多く、明るい雰囲気が漂っている。"ウィーン印象派"を代表するカフェ文士の一人、アルテンベルクが入り浸っていた。彼は等身大の人形となって、今も彼のテーブルだった場所に座っている。

交U3号線ヘレンガッセHerrengasse徒歩2分
住Herrngasse 14 ☎(01)533-376361 営7:30～22:00（日曜・祝日10:00～）休12月24日

リキュール入りのツェントラル・コーヒー

デーメル
Demel MAP●p.34-B 1区

一度は訪れたいウィーン菓子代表の店

ケーキの種類が豊富でおいしい。ハプスブルク時代は王宮御用達の店であり、フランツ・ヨーゼフ皇帝がひいきにしていた。創業200年の歴史があり、観光客に負けず、地元常連も多い。入ってすぐ右手にみやげ物コーナーがあり、ザッハー・トルテをはじめチョコレートなど、美しいパッケージで売られている。

ショップコーナーも充実している

交U3号線ヘレンガッセHerrengasse徒歩3分 住Kohlmarkt 14
☎(01)535-17170 営8:00～19:00 休なし

シュヴァルツェンベルク
Schwarzenberg MAP●p.35-L 1区

今もウィーンっ子たちの溜まり場に

1861年にオープンした老舗で、リング通りに現存するカフェの中では最も古い。入ると正面に細長いホールが、左手には鏡で囲まれたコーナーがある。コーヒーは€3.8～、ケーキは€4.3～。朝食は€6.8～11。

交トラム2、D番シュヴァルツェンベルクプラッツSchwarzenbergplatz前 住Kärntner Ring 17 ☎(01)512-8998
営7:30～24:00（土・日曜8:30～）休なし

ムゼウム・ウィーン
Museum Wien MAP●p.34-J　1区

クリムトやシーレも頻繁に利用した
　1899年のオープン以来ゼツェシィオーン派の溜まり場だった。アドルフ・ロースが手掛けた飾りのない店内は1931年にヨーゼフ・ツォッティによって変えられ、2003年にロースのインテリアに戻される。2010年に再びツォッティの落ち着いたインテリアに変わった。

交U1、2、4号線カールスプラッツKarksplatz徒歩2分 住Operngasse 7
☎(01) 24100-620 営8:00～24:00 休なし

ドームマイヤー
Dommayer MAP●p.30-I　13区

シュトラウスゆかりのカフェ
　ヨハン・シュトラウス二世がデビューコンサートを開いた店。現在も店内にはシュトラウスの曲が流れ、落ち着いた雰囲気となっている。新聞や雑誌を読みながらゆったりと朝食をとる、地元客の利用が多い。店内の左手にケーキ店オーバーラーが入っている。

交トラム58番ドームマイヤーガッセDommayergasse徒歩1分
住Dommayergasse 1 ☎(01) 877-54650 営7:00～22:00 休なし

モーツァルト
Mozart MAP●p.35-K　1区

『第三の男』で有名になった
　オペラ座の裏にあり、映画『第三の男』に登場している。天井の高い優雅な雰囲気のカフェで、自慢のモーツァルト・トルテ€5.5が美味しい。「第三の男 3 Mann」と命名された朝食や「ウィーン朝食」がある。

交トラム1、2、D番オーパー/カールスプラッツOper/Karlsplatz徒歩2分 住Albertinaplatz 2 ☎(01) 24100-200 営8:00～24:00 休なし

モーツァルト・トルテもおすすめ

ラントマン
Landtmann MAP●p.32-F　1区

地元のファンが集まる
　リングに面したブルク劇場の隣、19世紀末に開かれた高級ムードのカフェ。ゆったりとした店内では軽いランチもとることができる。ウィーンっ子たちは、観光化したザッハーやデメールよりラントマンを好む。家庭的な料理も食べられる。

交U2号線ショッテントーアSchottentor徒歩2分 住Universitätsring 4
☎(01) 24100-200 営7:30～24:00 休なし

ホーフブルク
Hofburg MAP●p.34-F　1区

エレガントに王宮の中でコーヒーブレイクを
　フランツ一世の銅像が立つ王宮の中庭に入り口がある。王宮内のカフェにふさわしい優雅なインテリアでケーキの種類も豊富。王宮見学に疲れたら、ぜひここで一休みを。1階のミュージアムショップからも入れる。

交トラムの1、2、D番ブルグリングBurgring徒歩3分
住Innerer Burghof 1 ☎(01) 241-00200 営10:00～18:00 休なし

ウィーン　105　カフェ

エル・ハイナー　1区
L.Heiner　MAP●p.35-D

地元の人に愛されて180年
1840年に開いた小さなパン屋が19世紀末には皇室御用達のコンディトライとなった。店の奥にカフェがあり地元の人たちが憩っている。ケルントナー通り21-23番地の支店は観光客が多く、19時30分まで営業している。

✉U1、3号線シュテファンスプラッツStephansplatz徒歩3分 住Wollzerile 9
☎(01)512-2343 開8:30～19:00(日曜・祝日10:00～) 休なし

ハヴェルカ　1区
Hawelka　MAP●p.35-C

タイムスリップしたかのような空間
今どきこんなカフェがあるのか、と驚くほど歴史を感じさせる。椅子もテーブルもたいへん古く、ストーブも時代物。焼けるたびにウェイターが店内をまわって配ってくれるブフテルンBuchtelnというプラムジャム入り菓子が有名。

✉U1、3号線シュテファンスプラッツStephansplatz徒歩4分 住Dorotheergasse 6
☎(01)512-8230 開8:00～24:00(金・土曜～翌1:00、日曜・祝日10:00～) 休なし

グロリエッテ　1区
Café Gloriette　MAP●p.30-I

マリアテ・テレジアがここで朝食を
シェーンブルン宮殿の丘の上にあるグロリエッテで、庭園をより美しく印象付けている。ここまで登ってくるのはたいへんだが、その価値十分あり。こぢんまりした優雅なカフェで、マリア・テレジアが好んだオレンジリキュール入りコーヒーを頼もう。

✉地下鉄4号線Schönbrunn徒歩30分 住Schlosspark Schönbrunn
☎(01)879-1311 開9:00～19:00(冬季は～16:00)

ディグラス　1区
Diglas　MAP●p.35-D

食事がおいしいカフェ
1875年創業のレストランが1923年にカフェとなる。ふかふかのソファーなど、古いカフェの伝統が感じられる。レストランとしてはじめただけあって軽食のメニューも豊富。スープポットに入ったターフェルシュピッツやグーラシュ、オムレツなどもある。

ターフェルシュピッツは珍しいマリネタイプで供される

✉U1、3号線シュテファンスプラッツStephansplatz徒歩3分 住Wollzeile 10
☎(01)512-5765 開8:00～23:00 休なし

クライネス・カフェ　1区
Kleines Café　MAP●p.35-H

扉一枚分しかない小さな入り口
1970年代半ばに建築家ヘルマン・チェヒが内装を手掛けてオープン。以来、その狭さが心地良くて市民に愛されてきた。ウィーン特有の新聞は置き場がなくて壁に吊るされている。コーヒーやケーキは€3.9～。

✉U1、3号線シュテファンプラッツStephansplatz徒歩3分
住Franziskanerplatz 3 ☎なし 開10:00～翌2:00(日曜13:00～) 休なし

オーバーラー
Oberlaa MAP●p.35-G 　　1区

おみやげに人気のマカロン

最新トレンドの甘さ控えめの菓子
　ノイアー・マルクトにある高級菓子店。1階と2階席がある。テイクアウトで利用する人も多く、午後にはケーキの種類が限られてしまうことも。ナッツムースとチョコレートのトルテKurbadtorteやおみやげにはカラメルクッキー、マカロンが人気。

交U1、3号線シュテファンスプラッツStephansplatz徒歩2分 住Neuer Markt 10-11 ☎(01)5132-9360 営8:00～20:00 休なし

フラウエンフーバー
Frauenhuber MAP●p.35-G 　　1区

大音楽家たちが演奏した名誉あるカフェ
　創業1824年の老舗で、モーツァルトやベートーヴェンもここでピアノを弾いたことがある。モーツァルト最後の演奏は1791年3月4日と記されている。古き良き時代の雰囲気を残し、市民の利用が多い。オールドウィーンのアプフェルシュトゥルーデルがおすすめ。

交U1、3号線シュテファンスプラッツStephansplatz徒歩4分 住Himmelfortgasse 6 ☎(01)512-8383 営8:00～24:00(日曜・祝日10:00～22:00) 休なし

ゲルストナー
Gerstner MAP●p.35-K 　　1区

2階のサロンでカフェタイムを

シシィ・トルテ

皇妃エリザベートが好んだケーキ店
　1847年設立のコンディトライで、1873年には帝室御用達の称号K.u.K.を得ている。オペラ座の脇にあり、1階にショップが、2階にサロンがある。店自慢のシシィ・トルテ€4.8は、木箱入りのホールケーキが€29。

交U1、3号線シュテファンスプラッツStephansplatz徒歩5分 住Kärntnerstrasse 51 ☎(01)526-1361 営10:00～23:00

スルッカ・ラートハウスプラッツ
Sluka Rathausplatz MAP●p.32-E 　　1区

1891年創業の老舗
　国会議事堂、市庁舎、ブルク劇場が傍にあるため、議員や俳優、女優が訪れる店としてウィーンの上流社会で有名になった。今日は地元の有閑マダムがのんびり過ごす優雅なカフェになっている。ケルントナー通りにスルッカの2号店（Kärntner Strasse13-15）がある。

交U2号線ラートハウスRathaus徒歩3分 住Rathausplatz 8 ☎(01)405-7172 営8:00～19:00(土曜～17:30、6月1日～9月1日～14:00) 休日曜・祝日

ドレクスラー
Café Drechsler MAP●p.32-J 　　1区

夜はバーになるカフェ
　外観は古いが内部は2007年に改装され、オープンキッチンのあるモダンなもの。イギリスのスター・デザイナー、テレンス・コンランが手がけた。天井に巡らされた無数のアーチが古さを残している。夜はバーとなってDJが入り、週末にはとくに盛り上がる。朝食がとれるほか、軽食もある。

夜はバーになる

交U4号線ケッテンブリュッケンガッセKettenbrückengasse徒歩4分 住Linke Wienzeile 22/Girardigasse 1 ☎(01)581-2044 営8:00～24:00(日曜9:00～) 休なし

エンターテインメント

オペラ、オペレッタ、バレエ、コンサート、ミュージカル、演劇……。ウィーンではさまざまなエンターテインメントが楽しめる。オペラがシーズンを終えてしまった夏でも、各ホールや野外ステージではクラシックをはじめとして、いろいろなジャンルのコンサートが行われている。言葉がわかる人なら演劇もおすすめ、古典劇から現代劇までたっぷり楽しめる。

オペラ

　世界的に有名なウィーン国立歌劇場（オペラ座）を擁するこの町では、オペラは人々にもっとも愛されているエンターテインメントの一つ。夕暮れ時ともなればドレスアップした紳士淑女がオペラ座へと向かい、オペラ座周辺は華やかな雰囲気に包まれる。

　オペラの魅力は、言葉がわからなくてもストーリーをよく知らなくても充分楽しめること。歌や演奏、舞台の美しさ、衣装の素晴らしさ、劇場内に漂う華やかな雰囲気が、夢の世界へと誘ってくれる。今までオペラに縁のなかった人も、出かける前にプログラムを手に入れて演目を調べ、ストーリーだけでも知っておくと、より楽しめるはず。7〜8月は休み。

オペレッタ

　形式はオペラと変わりないが、演劇の要素が多くなってくる。明るく楽しく、そして風刺を含んだストーリーが多い。オペラより気軽に楽しめるため子供の姿も多い。

　オペレッタの出演者は歌手ばかりではない。俳優やコメディアンがコントを演じたり、踊りがあったり、アクロバットが演じられたりとかなり盛りだくさんで、会場からは頻繁に笑いと拍手がおきる。ストーリーがわからないとつまらないので、出発前に調べておこう。7〜8月は休み。

クラシック・コンサート

　ウィーン・フィルなど世界的に有名なオーケストラの本拠地だけあって、コンサートの開催回数は多い。代表的なオーケストラは次の通り。

ウィーン交響楽団Wiener Symphoniker　1900年創立。コンサート回数も多く、旅行者も聴ける機会が多い。本拠地はコンツェルトハウス。
ウィーン・フィルハーモニー管弦楽団Wiener Philharmoniker　1842年創立。世界の頂点に立つオーケストラで、その人気は不動だ。本拠地は楽友協会ホール。
ウィーン放送交響楽団Radio Symphonie Orchester Wien　1969年創立の旧オーストリア放送交響楽団。現代音楽にも取り組んでいる。

　このほかにも**ウィーン室内管弦楽団、ウィーン・ヨハン・シュトラウス管弦楽団、ウィーン・トーンキュンストラー管弦楽団**などがある。また、モーツァルトの作品のみを演奏する**ウィーン・モーツァルト・コンサートWiener Mozart Konzerte**もある。

バレエ

　国立歌劇場やフォルクスオーパーには劇場所属のバレエ団がある。オペラやオペレッタで見られるだけでなく、バレエ作品単独のプログラムも多い。

ミュージカル

　ウィーン中心部にあるライムント劇場やローナッハ劇場ではミュージカルを上演。ムゼウム・クヴァルティーア（MQ）でも上演されることがある。

演劇

　古典から現代までの演劇が見られる。言葉が理解できれば問題ないが、古典劇などは原作を読んでから出かけるようにしよう。また、シェーンブルン宮殿では人形劇も行われている。

宮殿・教会コンサート

　シェーンブルン宮殿やホーフブルクなどの宮殿や市内の教会では、コンサートが頻繁に行われている。こうした場所での演奏会は気軽に参加できるので、思いついたら出かけよう。チケットは当日でも手に入る。

シェーンブルン宮殿大ギャラリーでのコンサート

チケットを手に入れる

情報を得るには

日本で

■オーストリア政府観光局
　ウィーンのコンサートの予約方法とコンサートスケジュール、国立歌劇場（オペラ座）やフォルクスオーパーの予約方法と予約、ザルツブルク音楽祭の予約方法などの情報が、インターネットで引き出せる。
URL www.austria.info/jp

■インターネットで現地情報を
ウィーン市観光局　　URL www.wien.info/ja
ウィーンフィル公式ページ　URL www.wiener-philharmoniker.at/

ウィーンで

■ツーリスト・インフォメーション
　その月の上演演目、料金、出演者、座席表など詳しい情報が載った劇場別の案内が無料で手に入る。月刊プログラムProgrammという冊子にはいろいろなコンサートの情報も載っている。

■その他
　ホテルや街中の観光案内所にもさまざまなパンフレットが無料で置いてある。手配の方法などはホテルのコンシェルジュに聞いてみよう。また、町中で配っているチラシも役に立つ。

モーツァルト・コンサートなど観光客向けもある

ウィーンで

■劇場の窓口で
　国立歌劇場、フォルクスオーパー、ブルク劇場の3つの国立劇場は、ブンデステアターBundestherterの窓口（MAP●p.35-K）で前売り、当日売りが買える。
ブンデステアターBundestheater
住Operngasse2　☎(01) 51444-7880
営8:00～18:00（土曜9:00～17:00、日曜・祝日9:00～12:00）

オペラ座の西側にあるブンデステアター

■その他
　手数料はかかるが町のプレイガイドで買うか、ホテルのコンシェルジュに手配を頼む。または、町中で18世紀のコスチューム姿の若者から買うのも面倒がない（宮殿や教会のコンサートが中心）。

チケットを買う

日本で

■チケット会社に頼む
　海外のエンターテインメント・チケットを扱っている旅行会社に頼んでしまうのが一番早い。手数料と郵送料で現地で買うより割高になってしまうが、日程に余裕のない人で、どうしてもオペラやコンサートに行きたい人にはおすすめの方法。
コムツアーズ
☎075-925-7888　URL www.komtours.com
　ホームページに取り扱っているチケットの種類が載っている。

■自分で申し込む
　スケジュールの出ている劇場では直接劇場のホームページからインターネットで予約できる。通常は公演日の2ヵ月前からチケットを販売し、申し込みは3週間前まで。
オンラインブッキング　URL www.culturall.com
ウィーン国立劇場（オペラ座）
URL www.wiener-staatsoper.at
フォルクスオーパー　URL www.volksoper.at
楽友協会ホール　URL www.musikverein.at
コンツェルトハウス　URL www.konzerthaus.at

ウィーン少年合唱団を聴くには

　7、8月を除く毎日曜の9時15分から10時15分まで、王宮礼拝堂のミサに参加すれば聴くことができる。チケット販売は金曜11:00～13:00、15:00～17:00、当日券日曜8:15～8:45。立聴席は無料。
　また、各国で年300回の公演をこなすウィーン少年合唱団だが、定期的にコンサートを「Musik & Theater MuTh」で開催。500年以上の歴史で初の専用ホールで、少年らの寄宿舎がある「アウガルテン」に造られている。最新技術を装備した415席のコンサートホールは、コンサートや子供オペラのステージとなる。ウィーン少年合唱団のコンサート予定はHPで確認できる。URL www.wienersaengerknaben.at

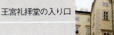
王宮礼拝堂の入り口

ウィーン国立歌劇場でオペラを観る

ウィーン旅行の楽しみの一つはオペラ鑑賞だ。オペラのシーズンは9月から翌年の6月まで。人気の演目はシーズン中に何度も上演される。モーツァルトの「魔笛」もその一つで、今回のウィーン滞在中に公演があった。日程に余裕がなかったので、チケットはあらかじめ日本で購入。料金は指揮者、出演者によってABC（G：大晦日、P：初演）の順でランク付けされている。

1 いよいよ公演の日、オペラ座のロビーは開演前からたくさんの人で埋め尽くされる。きらびやかに着飾った人はあまりいないが、それなりにおしゃれには気を配っている人が多い。

日本からもってきた予約券を窓口でチケットに交換してもらい、大階段を上がる。階段の途中でチケットを見せる。

3 荷物やコートはクロークに預けていよいよ劇場内へ入る。席がわからなければ制服姿の案内人に聞こう（チップを忘れずに）。プログラムもこの人が売っている。

4 客席は馬蹄型に並んでいるため、舞台寄りのボックス席からは舞台より客席の方がよく見える。かつてオペラは大切な社交の場、反対側の客席を見て服装をチェックしていたのだと聞くと納得できる。豪華なシャンデリアや装飾の華やかさで気持ちが次第に高まってくる。

5 幕間は劇場内を見学する絶好のチャンス。広間が休憩のためのロビーになっており、シャンパンやワイン、コーヒーが飲める。舞台に向かって左がマルモアザール（大理石の間）、右は豪華なゴブラン織りがかかったゴブランの間で、今夜の演目「魔笛」がモチーフだ。

6 公演時間は2〜3時間。オペラ座の入り口横に、その日の終演予定時刻が張り出される。アリアの一節を口ずさみながら出てくる人もいて、ロビーは上質な音楽に触れた幸せな雰囲気にあふれている。

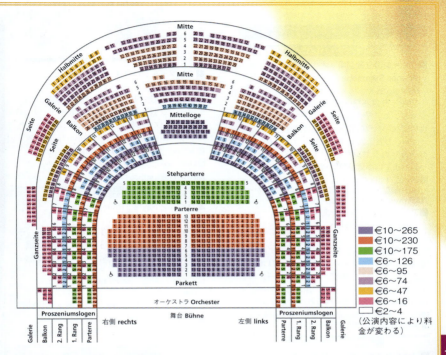

■	€10〜265
■	€10〜230
■	€10〜175
■	€6〜126
■	€6〜95
■	€6〜74
■	€6〜47
■	€6〜16
□	€2〜4

（公演内容により料金が変わる）

座席の呼び方

Parkett（パルケット）：平土間前部席
Parterre（パルテーレ）：平土間後部席
Loge（ロージェ）：ボックス席、1、2 Rang Loge（ラング・ロージェ）は2階と3階のボックス席
Mitte（ミッテ）：舞台正面の席、Mittellogeは正面のボックス席で一番よい席

Balkon（バルコン）：Rangの上の階の席
Stehplätze（シュテープレッツェ）：立ち見席
　1階正面、バルコン、ガレリーにある
Galerie（ガレリー）：天井桟敷
　実際にはParterre Logeのように組み合わせた言葉で座席の種類が表現される。

「魔笛」のあらすじ
Zauberflöte

　舞台は架空の時代のエジプト。王子タミーノは夜の女王の娘パミーナを救うため、ザラストロの城へ向かう。「ザラストロは悪者ではなく、徳の高い人物、邪悪な夜の女王からパミーナを護っている」と弁者に教えられたタミーノは、ザラストロに会う決心をする。ザラストロはタミーノとパミーナに「試練の殿堂」へ行くことを命じる。不思議な笛の力を借りながら二人はみごと試練に打ち勝ち、祝福を受ける。

　鳥刺しのパパゲーノと恋人のパパゲーナ、夜の女王と三人の侍女、パミーナを苦しめるムーア人のモノスタトス、ザラストロの部下の僧たちが主な登場人物。

Die Fledermaus
ウィーンの大晦日は「こうもり」で

　ウィーンの一年はヨハン・シュトラウスのオペレッタ「こうもり」で締めくくられる。フォルクスオーパーはもちろんのこと、ふだんオペレッタを上演しないオペラ座でさえ、大晦日は「こうもり」を上演することが多い。そのほかの劇場でもこの日ばかりは「こうもり」一色、チケットもなかなか手に入らないほどの人気だ。この国の人は本当にこのオペレッタが大好き。序曲が始まるとみんなわくわくした様子で舞台を見つめている。

主な劇場とコンサートホール

〈オペラ・バレエ〉

■ウィーン国立歌劇場（オペラ座）
Wiener Staatsoper
MAP●p.35-K

1869年5月25日、モーツァルトの「ドン・ジョバンニ」でこけら落としが行われた劇場。世界的なオペラの殿堂で、歴代の総監督にはマーラー、リヒャルト・シュトラウス、カール・ベーム、カラヤンなどがいる。2002～09年シーズンまでは小澤征爾が音楽監督に就任。

交U1、2、4号線Karlsplatz、トラム1、2、D番Oper/Karlsplatz 住Opernring 2 ☎(01)514447880 休7・8月 URLwww.wiener-staatsoper.at/

■アン・デア・ウィーン劇場
Theater an der Wien
MAP●p.32-J

1801年に開館したウィーンに現存する劇場で最も古く、ベートーベンの「フィデリオ」はここで初演された。裏側、ホテル・ベートーヴェン側には古いパパゲーノ門がある。モーツァルト生誕250年を機にオペラハウスになった。

交U1、2、4号線Karlsplatz 住Linke Wienzeile 6 ☎(01)588-30-660（チケット予約58885）

〈オペレッタ・バレエ〉

■フォルクスオーパー　Wiener Volksoper
MAP●p.31-C

1898年に皇帝ヨーゼフ一世の即位50周年を記念して建てられた劇場。オペレッタやオペラ、ドイツ語のミュージカル、バレエを上演している。

交U6号線Währinger Str./Volksoper 住Währinger Str. 78 ☎(01)514-4433-18 休7・8月 URLwww.volksoper.at/

〈コンサート〉

■楽友協会ホール（ムジークフェライン）
Musikverein/Gesellshaft der Musikfreunde in Wien　MAP●p.33-K

1870年に建てられたウィーン・フィルの本拠地。ゴールデナー・ザールGoldener Saal（大ホールGrosser Saal）はウィーン・フィルのニューイヤーコンサートの会場として、世界的に有名なホール。ブラームス・ザールは室内コンサートなどが行われる小ホール。

交U1、2、4号線Karlsplatz 住Musikvereinsplatz 1 ☎(01)505-8190 URLwww.musikverein.at/

アン・デア・ウィーン劇場のパパゲーノ門

■コンツェルトハウス　Konzerthaus
MAP●p.33-K

1913年に建てられたコンサートホールで、ウィーン交響楽団の本拠地。大ホール（1,800席）、モーツァルトザール（700席）、シューベルトザール（300席）の3つのホールを持つ。

交トラム2、D号線Schwarzenbergplatz 住Lothringerstr. 20 ☎(01)242002 URLwww.konzerthaus.at/（チケット予約可）

〈ミュージカル〉

■ライムント劇場　Raimundtheater
MAP●p.30-J

ウィーン民衆劇の重鎮フェルディナント・ライムントの名を冠したミュージカル専用劇場。

交U6号線Gumpendorfer Str.徒歩5分 住Wallgasse 18 ☎(01)58830-200（チケット予約58885）

■ローナッハ劇場　Ronacher
MAP●p.35-H

ライムント劇場と同系列のミュージカル劇場。

交U1、U3号線Stephansplatz徒歩5分 住Seilerstatte 9 ☎(01)51411（チケット予約58885）

〈演劇〉

■ブルク劇場　Burgtheater
MAP●p.34-A

ドイツ古典劇の頂点に立つ劇場。古典を中心に現代劇までを上演している。

交トラム1、17、D番Rathausplatz/Burgtheater 住Dr.Karl Lueger-Ring 2 ☎(01)51444-4140（チケット予約5131513）

■アカデミー劇場　Akademietheater
MAP●p.33-K

コンツェルトハウスと同じ建物にあり、ブルク劇場による小品が上演される。

交トラム2、D号線Schwarzenbergplatz 住Lisztstr. 1 ☎(01)51444-4740（チケット予約5131513）

■フォルクス劇場　Volkstheater
MAP●p.32-E

1889年に作られた国民劇場。古典から現代まで幅広く取り上げられている。

交U2、3号線Volkstheater 住Neustiftgasse 1 ☎(01)52111-400

■ヨーゼフシュタット劇場　Theater in der Josefstadt
MAP●p.32-E

1798年の創設。大衆劇、風刺劇が中心。

交トラム2番Ledergasse/Josefstädter Str. 住Josefstädter Str. 26 ☎(01)427-00300

オペレッタの殿堂フォルクスオーパー

レストラン

せっかくウィーンに来たのだから、本格的にウィーンの気分を味わいたい。シュランメル・ムズィークと呼ばれる音楽の生演奏があるホイリゲや、ウィーンの家庭料理を食べさせるバイスルのはしごをしてみよう。また高級カフェの軽食は評判がよく、晩に軽く食べたいときに最適。

レストラン事情とレストランの種類

ウィーンレストラン 一流ホテル内のレストランやその他の高級レストランでは、フランス料理やウィーンの伝統料理をフランス風にアレンジしたものを出す。

バイスルBeisl（Beisel） ウィーンならではのレストランはバイスルと呼ばれる家庭料理の店。もともとは居酒屋や簡単な料理を出す飲み屋という意味だったが、今ではウィーンの伝統料理店の代名詞になっている。

ホイリゲHeurige もともとは新酒を飲ませる居酒屋だが、簡単な料理のできるワインレストランのことをいう。シュランメルと呼ばれるウィーン風音楽の生演奏が聞ける。

ワインケラーWeinkeller 貯蔵庫を利用したワインケラー 本格的にワインを飲みたい人はワインケラーへ。その店が持っている畑の地酒が飲めたりする。食べ物はおつまみ程度しかないが、ワインだけを楽しむ人たちで夜更けまでにぎやかだ。バイスルを兼ねている店もある。

外国料理レストラン 日本食をはじめ、フランス、中国、トルコ、ギリシャ、ハンガリー、イタリアなど、いろいろな国の料理が楽しめるのがウィーンのよさでもある。

ファストフード マクドナルドやピザハウス、魚介類のノルトゼー、チキンのヴィーナーヴァルトなど、テイクアウトの店は多い。

営業時間

観光客の利用が多い中心部のレストランでは年中無休が多いが、日曜、祝日と8月は休むところもある。11時頃から店を開け、夜は23時、24時まで営業している。高級レストランは14時から17時頃まで休みが入る店もある。

レストランの利用法

貴族的雰囲気を味わいたいならインペリアルやコルソーなど、超高級レストランへ。安くて美味しい郷土料理を味わうには町なかのバイスルに限る。その際、夏季ならシャニガルテン（p.115参照）に座ろう。ワインを飲むのがメインなら、絶対にホイリゲ。中心部にもあるが、できればグリンツィングあたりへくり出したい。

ブドウ棚の下でワインが楽しめるホイリゲ

料理の注文の仕方

高級レストランや観光客が利用するレストランには英語のメニューがある。知らない料理でも、メニューに素材と調理法が簡単に書いてあるので、どんな料理かだいたい見当がつく。ボリュームは店によってさまざまなので、気になる場合はどのくらいの量か聞いてみるとよい。どんな料理かもたずねれば説明してくれる。

支払い方法

支払いはテーブルで、そのテーブル担当の給仕に支払う。カードはほとんどのレストランで使える。チップは端数を切り上げた形で5〜10％程度を渡せばよい。カードで支払う場合は合計額の下にチップ欄があるので記入し、その下の総計も記入すればよい。あるいはテーブルの上に€2〜3ほど置いて立ち去る。

市庁舎の地下にあるヴィーナー・ラートハウスケラー

純粋ウィーン料理は気取らない
ウィーン料理を食べ比べて歩く

ウィーン料理とは
オーストリア料理全般のことで、基本的にドイツ料理とあまり変わらない。ドイツのレストランで見かける料理も多いが、これだけはウィーン風、というのがヴィーナーシュニッツェルとターフェルシュピッツ。この2品はどこのレストランでも当たりはずれなく美味しい。

◆メイン料理

ヴィーナーシュニッツェル
Wienerschnitzel

Wiener(ウィーンの)Schnitzel(薄切りカツレツ)は、パン粉を付けた仔牛の薄切り肉をたっぷりの油でソテーしたもの。叩いて薄く伸ばしたものは大きな見た目ほどボリュームはない。肉に塩コショウ味が付いているのでソースはない。仔牛の肉以外に豚肉のシュヴァインシュニッツェルSchwainschnitzelや鶏肉のヒューナーシュニッツェルHünerschnitzelもある。店によって出し方はいろいろ。肉とレモンだけのものもあれば、野菜を付け合わせた上品なものもある。

ターフェルシュピッツ　Tafelspitz

ウィーンでなければ食べられない料理がターフェルシュピッツ。牛肉の塊を柔らかくなるまで長時間煮込んだものをスライスしてある。付け合わせは様々だが、オーソドックスなのがマッシュほうれん草、すりおろしたジャガイモをフライパンで焼いたもの（マッシュポテトの場合もある）。そして別添えのアプフェルクレムApfelkrem（リンゴソース）とメーアレッティヒMeerrettich（西洋ワサビ）を肉にかける。彩りに人参やアサツキを加える店もある。その店独自の出し方があり、どれも美味しいのでターフェルシュピッツの食べ歩きは飽きることがない。

▲肉は鍋から取り出してソース類をかけ、残りはスープとして飲む

▲オーソドックスなターフェルシュピッツ

▲彩りよく人参や豆を肉にのせている

▲煮込んだ肉汁も入ったしっとりタイプ

◀茹でた野菜の上にターフェルシュピッツをのせ、その上にパン粉を焦がしたクリスピーがのっている

▶すりおろしたジャガイモを四角く厚めに焼いて半分に切った付け合わせが特徴

◆その他の名物料理

グーラシュ　Gulasch

グーラシュはハンガリーのグヤーシュ (p.219参照) と異なり、ドイツ語圏ではビーフシチューのこと。ウィーンではフィアカー・グーラシュと呼ばれるソーセージと目玉焼きがのったグーラシュもある。

ツヴィーベルロストブラーテン　Zwiebelrostbraten

粉をふって焼いたビーフステーキの上にカリカリに焼いた玉ネギZwiebelを乗せたもので、ウィーン名物として知られている。

シュヴァイネブラーテン　Schweinebraten

豚肉をオーブンで焼いて厚めにスライスしたもの。ソースの味は店によってさまざま。ドイツ語圏でポピュラー。

魚　Fisch

海のないオーストリアでは川魚のフォレレForelle (鱒) や湖のバールシュBarsch (スズキ類) が主流。高級レストランでは凝ったソースによって淡白な魚も驚くほど美味になる。

◆オーストリアワイン

オーストリアでは、ドイツと同じように白ワインが主流。生産地域はニーダーエーステライヒ、ブルゲンラント、シュタイヤーマルクの各州が中心。中でもドナウのヴァッハウ渓谷は良質ワインの産地として名高い。とくに辛口のリースリングが知られている。西から東へと流れるドナウが、日当たりのよい南斜面をつくるからだ。ワインの集積地クレムスにはワイン博物館もある。

シャニガルテンで食事を楽しむ

ウィーン独特の呼び方で親しまれているのがシャニガルテンSchanigarten。これはレストランが路上にテーブルを置いているオープンエア席のこと。今ではウィーンだけでも約1,800軒の路上レストランがある。

ガルテンは庭、シャニはオーストリアの俗語でレストランのボーイのこと。18世紀末にあるカフェの主人がボーイに「シャニ、外に庭を作っておくれ」と庭にあったテーブルと椅子、そして蔦の絡まったプランターやパラソルを路上に運ばせたのがシャニガルテンの第1号とか。

メニューの見方

ほとんどのレストランにドイツ語と英語のメニューがある。料理名がわからなくても、どんな素材でどんな風に調理してあるか書かれているのでだいたい想像がつく。日本語でいうメニューはシュパイゼカルテSpeisekarte。ドイツ語のメニューMenuはコース料理を意味するので「メニュー・プリーズ」というとコース料理を注文したと受け取られる。ランチタイムの「本日のメニューTages Menu」は3品で€20前後、と割安でおすすめ。

手書きのメニューの場合もある

Restaurant 高級レストラン

ブリストル・ラウンジ

Bristol Lounge　MAP●p.35-K　　　1区

重厚で厳かな雰囲気を楽しむ
オペラ座の前に建つ、ホテル・ブリストル内にある。料理は新鮮で良質な食材を使用したフランス料理。木調の重厚な室内にはシャンデリアが輝く。さすがに最高級ホテルにふさわしく、給仕たちもベテランぞろい。オペラの後にやってくる上客が多く、彼らのための特別メニューもある。店は、夜ふけて一層華やかさを増す。メニューはオーストリアの伝統料理で、ランチコース€30〜、夜のコース料理€50〜。

最高級レストランにふさわしい豪華なインテリア

交 トラム1、2、D番オーパー/カールスプラッツOper/Karlsplatz徒歩1分 住Kärntnerring 1☎(01)5151-6553 営7:00〜24:00(L.O.23:00) 休なし 料€50〜　要予約　英　Ⅴ

シュタイラーエック

Steirereck　MAP●p.33-H　　　3区

美しい公園で最高のウィーン料理を
ウィーンの最高級レストランとして知られ、市民の間でも評判が高い。オーストリア料理の伝統に縛られず、新しい創造性のある料理は五感のすべてを刺激する。ヨハン・シュトラウスの像が立つ市立公園の中にあり、モダン・クラシックのインテリアが好評。昼コース4品€98〜、夜コース6品€149〜。

交U4号線シュタットパークStadtpark徒歩4分 住Am Heumarkt 2a/im Stadpark☎(01)713-3168 営11:30〜14:30、18:30〜22:00 休土・日曜・祝日 料€100〜　要予約　英

シュナットゥル

Schnattl　MAP●p.32-E　　　1区

食にこだわりを持ち続けて20年
市庁舎の裏手、古きウィーンの面影が残るヨーゼフシュタット地区にある小さな店。食材は良質な国産品のみを使い、野菜や肉類を生産者から直接買い付けている。夜の営業は金曜だけ、という貴重な店。コースは3品と5品があり、アラカルトもある。

交U2号線ラートハウスRathaus徒歩3分 住Lange Gasse 40 ☎(01)405-3400 営11:30〜17:00(金曜〜24:00) 休土・日曜 料€40〜　英

ザッハー・ローテ・バール

Sacher Rote Bar　MAP●p.35-K　　　1区

気楽に入れるザッハーのレストラン
ホテル入り口右手にあるこぢんまりしたレストラン。とくにザッハー秘伝の料理法に基づく一品はおいしい。ヴィーナーシュニッツェルも非常に洗練された味。夕方からはオペラがはじまる前、終わった後に込む。ターフェルシュピッツやヴィーナーシュニッツェルが人気。

交 トラム1、2、D番オーパー/カールスプラッツOper/Karlsplatz徒歩2分 住Philharmonikerstrasse 4☎(01)514-561053 営12:00〜24:00(L.O.23:30) 休なし 料€50〜　英

一味違うヴィーナーシュニッツェル

ツム・ヴァイセン・ラオホファングケラー 1区
Zum Weissen Rauchfangkehrer MAP●p.35-G

レストラン名は「白い煙突掃除人」の意味

1848年創業の歴史的レストラン
　入ってすぐの部屋から奥に続いており、田舎風からサロン風まで雰囲気の異なる部屋が全部で4つある。オーガニック素材にこだわった料理は洗練されている。ヴィーナーシュニッツェルは豚肉と仔牛肉がある。

🚇U1、3号線シュテファンスプラッツStephansplatz徒歩3分
🏠Wheihburggasse 4 ☎(01) 512-3471 🕐12:00～24:00
休なし €30～ 英

ル・シエール 1区
Le Ciel MAP●p.35-K

オペラ鑑賞のあとで優雅に食事を
　グランド・ホテル内の高級フランス料理店。ウィーン料理とフランス料理のコンビネーションが絶妙。シャンデリアやテーブルの蝋燭、美しいオリジナルの食器が料理を際だてる。ランチ2品～5品、ディナー€48～。22時からオペラ後の料理あり。

🚇トラム1、2、D番オーバー/カールスプラッツOper/Karlsplatz徒歩2分
🏠Kärntner Ring 9 ☎(01) 5158-0910-0 🕐12:00～15:00、19:00～24:00
休日曜 €60～ 要予約 英 Ⅴ

プラフッタ 1区
Plachutta MAP●p.33-G

おいしいスープをたっぷりと
　ターフェルシュピッツの専門店。一人前はたっぷりスープの入った鍋なので、添え物を何種類か頼んで二人で食べるのをおすすめ。定番のターフェルシュピッツのほか、スジのない肩ロースのシュルターシェルツェルは多少あっさり味。

🚇U3号線、トラム2番シュトゥーベントーアStubentor徒歩1分
🏠Wollzeille 38 ☎(01) 512-1577 🕐11:30～24:00(L.O.23:15) 休なし
€40～ 要予約 英

ヴェスティビュル 1区
Vestibül MAP●p.34-A

ブルク劇場の装飾をそのままレストランで体験
　ブルク劇場内のレストランで、正面に向かって右手に入り口がある。重厚さが漂う室内では、真っ白なテーブルクロスに蝋燭の火が揺れている。観劇客の利用が多い。ランチと、ディナーは3品、4品がある。

🚇トラム1、2、D番ラートハウスプラッツ／ブルクテアターRathausplatz/Burgtheater 🏠Universitaetsring 2 ☎(01) 532-4999 🕐12:00～24:00(食事は12:00～14:30、18:00～23:00、土曜18:00～) 休日曜・祝日 €40～ 英

ヴィーナー・ラートハウスケラー 1区
Wiener Rathauskeller MAP●p.32-F

ウィーンの伝統を伝える正統派レストラン
　市庁舎の正面右端に入口がある。1899年以来営業を続けている店でオーストリア料理が中心。定番料理のほか季節ごとにメニューが変わり、四季おりおりの料理が楽しめる。店内は趣きの異なる6つの空間があり、贅沢な造り。

🚇U2号線ラートハウスRathaus徒歩1分 🏠Rathausplatz 1
☎(01) 50876-4051216 🕐11:30～15:00、18:00～23:00 休日曜・祝日 €20～ 英

バイスルなど気軽に入れる店

ツー・エーベナー・エァデ・ウント・エァスター・シュトック　1区
Zu ebener Erde und erster Stock　MAP●p.32-E

店名は同名のウィーンの茶番劇に由来
　長い名前は"大地と同じ階と2階"、つまり"1階と2階"という意味である。淡いグリーンの外壁の2階屋。1階はカジュアルなカフェで2階がエレガントなレストランになっている。小さな家のこぢんまりさが何ともよい。ヴィーナーシュニッツェル€19.8、ターフェルシュピッツ€19.8。

交U2、3号線フォルクステアターVolkstheater徒歩3分　住Bruggasse 13
☎(01)523-6254　営12:00〜22:00　休土・日曜・祝日　料€20〜　英

ラインターラース・バイスル　1区
Reinthalaer's Beisl　MAP●p.35-C

地元の人や観光客でいつもいっぱい
　入り口は狭いが店内は奥まで続いている。ウィーンの郷土料理が専門で、場所がよい割には良心的な値段。お昼時や夕方からは席がないほど込み合う。シュニッツェル€11.2、ターフェルシュピッツ€16.2。

交U1、3号線シュテファンスプラッツStephansplatz徒歩2分　住Dorotheergasse 4　☎(01)513-1249　営11:00〜23:00　休なし　料€13〜

ミューラーバイスル　1区
Müllerbeisl　MAP●p.35-L

観光客の少ない落ち着いたバイスル
　広い通りに面しているが、古いものがたくさん飾られ落ち着いた雰囲気。シャニガルテンもある。ウィーンの名物料理コースがある。

交トラム2、D番シューベルトリングSchubertring徒歩4分　住Seilerstätte 15
☎(01)512-9347　営9:00〜翌2:00(食事は11:00〜23:30)　休なし　料€26〜　日

オーフェンロホ　1区
Ofenloch　MAP●p.35-C

1704年にビアハウスとしてオープン
　アム・ホーフに近い裏路地の、歴史あるレストラン。民族衣装を着た店員が給仕してくれるなど、古き良きウィーンの雰囲気を伝えている。夏場の路上席は大人気。グーラシュやターフェルシュピッツなど。

交U3号線ヘレンガッセHerrengasse徒歩4分　住Kurrentgasse 8
☎(01)533-8844　営11:00〜23:00(食事は12:00〜22:00)　休日曜　料€20〜　英

グリーヒェンバイスル　1区
Griechenbeisl　MAP●p.35-D

1447年創業、ウィーン最古のレストランの一つ
　当時このあたりはギリシャ人が住んでいたことから"ギリシャのレストラン"という名前になったが、れっきとしたウィーン料理の店。モーツァルトやベートーヴェン、シューベルトをはじめ、多くの著名人が通った有名レストラン。

交U1、4号線シュヴェーデンプラッツSchwedenplatz徒歩3分　住Fleischmarkt 11
☎(01)533-1977　営11:00〜翌1:00(温かい食事は11:30〜23:30)　休なし　料€30〜　英

ローゼンベルガー
Rosenberger　MAP●p.35-K　1区

気軽に入れてたっぷり食べられ値段も手頃
　前菜からデザートまでそろうセルフサービスのレストラン。旅行中に不足しがちな野菜がたっぷり食べられるのがよい。20種類のサラダバー€3.7〜、前菜€6.5〜、肉類€8.8〜、付け合せ€5.8〜、ビール€3.4。

交 トラム1、2、D番オーパー／カールスプラッツOper/Karlsplatz徒歩2分
住 Maysedergasse 2 ☎(01) 512-3458 営 11:00〜19:00 休 なし 料 €10〜 英

フィグルミューラー
Figlmüller　MAP●p.35-D　1区

220gの豚肉をたたいてこれだけの大きさにする

特大ヴィーナーシュニッツェルで知られる
　シュニッツェルは仔牛ではなく豚肉を使っているが、とても大きくて皿からはみ出している。1905年創業の店。いつも満席なので予約した方がよい。フィグルミューラー・シュニッツェル€13.9。近くに同名の姉妹店がある。

交 U1、3号線シュテファンスプラッツStephansplatz徒歩2分 住 Wollzeile 5
☎(01) 512-6177 営 11:00〜22:30（L.O.21:30）休 8月 料 €20〜 英

ヴィットヴェ・ボルテ
Witwe Bolte　MAP●p.32-I　1区
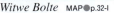

ワインの美味しいウィーン料理の店
　風致保存エリアであるシュピッテルベルク地区にある老舗バイスル。裏庭はSpittelberggasseにある、パラダイスと呼ばれる小さな広場に面している。創業1778年、皇帝ヨーゼフ二世も訪れている。ソーセージがのったウィーン風のグーラシュが食べられる。

交 U2、3号線フォルクステアターVolkstheater徒歩4分 住 Gutenberggsse 13
☎(01) 523-1450 営 17:30〜23:00（土・日曜12:00〜）休 なし 料 €20〜 英

ツム・バジリスケン
Zum Basilisken　MAP●p.35-D　1区

伝説も雰囲気作りに一役を
　この通りに住んでいたという怪物バジリスケンの伝説が外壁に再現されている。内部は古い家具を使った落ち着いた雰囲気で、古き良きウィーンを想像させる。ウィーンの伝統料理が美味しい。ヴィーナーシュニッツェル€18.5、ツヴィーベルブラーテン€17.9、ランチは€12.5前後。

交 U3号線シュトゥーベントーアStubentor徒歩4分 住 Schönlaterngasse 3-5
☎(01) 513-3123 営 12:00〜翌2:00 休 なし 料 €20〜 英

ガストハウス・ポシュル
Gasthaus Pöschl　MAP●p.35-H　1区

相変わらず常に込んでいるレストラン
　小さな店だがいつも満席。その理由は美味しいから。ウィーンらしい気さくな店で、オリジナルのライスフライシュ（グラーシュのリゾット）が名物。一度は行ってみたい。

交 U1、3号線シュテファンスプラッツStephansplatz徒4歩分
住 Weihburggasse 17 ☎(01) 513-5288 営 12:00〜24:00（L.O.22:30）
休 なし 料 €15〜

119　ウィーン　レストラン

ヤム
Yamm MAP●p.32-B 　1区

垢抜けた店内は居心地よい

ベジタリアンにうれしいビュッフェ形式レストラン
　野菜中心の料理がカウンターに並び、自由に取ってレジで量る。すべて100gで€2.7。そこでは支払わずにレシートを受け取り、会計はテーブルで支払う。飲み物はスタッフに注文する。スープは1カップ€3.5、パン1個€0.4〜、デザートは€1.5〜、ビール€3.1〜。

トラム1、Dウニヴェルズィテート Universität徒歩すぐ　Universitätsring 10 (01) 532-0544 8:00〜23:00(木・金曜〜23:30、土曜9:00〜、日曜9:00〜15:00) なし €8〜

パルメンハウス
Palmenhaus MAP●p.34-F 　1区

ガラス張りのブラッセリー
　王宮庭園の北端にある。大きな高い天井、明るい室内、丈の高い熱帯植物が所々に置かれて独特の雰囲気がある。軽食は盛り付けがモダン。夜はバーにもなるが健全なムード。ランチ€11.2、メイン€15〜、パスタ€16.8〜。

トラム1、2、D番ブルクガルテン Burggarten 2分　Burggarten 1 (01) 533-1033 10:00〜24:00(金・土曜〜翌1:00、日曜・祝日〜23:00) 1・2月の月・火曜 €15〜　英

クリオ
Klyo MAP●p.33-D 　1区

川風がさわやかなバルコニー席

ドナウ運河を眺めながらゆっくり休憩を
　ドナウ運河に面した、かつて天文台だった建物の一部がカフェ＆レストランになっている。地元の若者の利用が多く、毎晩夜中の1時まで開いているが食事は23時30分まで。

トラム1、2ユリウス・ラープ・プラッツ Julius Raab Pralzすぐ　Uraniastrasse 1 (01) 710-5946 9:00〜翌1:00(食事は23:30まで) なし €10〜　英

ヴレンキ
Wrenkh MAP●p.35-C 　1区

観光客には目に付きにくい、おすすめのレストラン
　シュテファン大聖堂近くの静かな路地にあり、地元サラリーマンがランチタイムに利用したり、仕事帰りに寄るウィーン子たちが多い。伝統料理もあるが、ドイツ系のパスタ、シュペッツレが人気。

U1、3号線シュテファンスプラッツ Stehansplatz徒歩4分　Bauernmarkt 10 (01) 533-1526 11:00〜23:00 日曜 €12〜20(飲物別)

各国料理

雲海寿司
Unkai Sushi MAP●p.35-K 　1区

手ごろな値段で気軽に入れる寿司バー
　グランドホテルの最上階に和食レストラン雲海がある。伝統的な日本料理店で質も料金も高級。Kärntnerringに面した1階の角にある寿司バーはテーブル席とカウンター席があり、握りたてを手ごろな値段で食べることができる。

トラム1、2、D番オーパー／カールスプラッツ Oper/Karlsplatz徒歩1分　Kärntner Ring 9 (01) 515-80-9773 11:00〜23:00 なし €20〜　日

サイゴン
Saigon MAP●p.32-J 【ベトナム】 1区

店は広くて立派

アジア料理が恋しくなったらここへ

　ゼツェスィオーンの近くにある。ベジタリアン向けもあり、日本人好みの味で美味しい。平日はランチが€7.9〜。

U1、2、4号線カールスプラッツKarlsplatz徒歩2分　Getreidemarkt 7　(01) 585-6395　11:30〜23:00　休なし　€15〜　英

アル・カミネット
Al Caminetto MAP●p.35-K 【イタリア】 1区

気楽に食べることができるイタリアン

　ケルントナー通りからクルーガー通りを入ってすぐ右側にある。シンプルなインテリアはウィーンっ子好みで地元の若者に人気。大きなピザが自慢で€5.9〜12.9、パスタは€6.3〜11.1、カフェラテ€3.2、エスプレッソ€3.6。

U1、3号線シュテファンスプラッツStephansplatz徒歩5分　Krugerstrasse 4　(01) 513-9779　10:00〜24:00　休なし　€9〜　英

リストランテ・ソレ
Ristorante Sole MAP●p.35-G 【イタリア】 1区

地元の人に評判がいい本格的イタリアン

　ケルントナー通りから東側へ入ると、アンナガッセという感じのよい路地がある。こぢんまりした古いホテルもあり、散歩に最適。その道の中ほどにこのイタリアンがあり、美味しい、と地元で評判。ワインもいろいろあり、夏場は路上席でゆっくりくつろぐのにおすすめの店だ。14時から18時はピッツアを焼かない。

トラム1、2、D番オーパー／カールスプラッツOper/Karlsplatz徒歩4分　Annagasse 8-10　(01) 513-4077　11:00〜23:30　休なし　€20〜

ル・ボル
Le Bol MAP●p.35-G 【ヨーロッパ】 1区

フランス風のカフェ＆スナック店

　重い料理に飽きたら軽食もいい。ボウルのようなカップで飲むカフェオレやココアが名物。サラダやトーストセットなど。クロワッサンとオニオンスープの付いた朝食セットもある。

U1、3号線シュテファンスプラッツStephansplatz徒歩8分　Neuer Markt 14　(0699) 1030-1899　8:00〜22:00（日曜・祝日10:00〜20:00）　休なし　€5〜　英

ヴァピアーノ
Vapiano MAP●p.34-B 【イタリア】 1区

セルフサービスなので気軽に入れる

目の前で作ってもらえるイタリアン

　セルフサービスの店で、入り口でカードを渡される。種類別のオープンキッチン・カウンターで注文する度に料金がチャージされ、出るときに支払う。おすすめはパスタ。具や香辛料をその場で指定すると、あっという間にできあがる。Walfischergasse 11にも店がある。

U3号線ヘレンガッセHerrengasseすぐ　Herrengasse 6-8　(01) 533-7272　11:00〜24:00（L.O.23:00、日曜、祝日〜23:00）　休なし　€10〜　英

ナイトスポット

オペラやコンサートもいいけれど、一晩ぐらいは地元の飲んべえとグラスを傾けたい。本当は郊外のホイリゲにくり出して楽しく飲みたいが、その時間がない。そんな人におすすめなのが、ウィーンのおいしいワインと地ビールが楽しめるワインケラーやビアホールだ。

バー・ワインケラー

グラシス・バイスル　1区
Glacis Beisl　MAP●p.32-I

地元の若者たちに人気のレストラン&バー

　グラシスとは、かつてウィーンを取り巻いていた市壁跡のこと。店は博物館でお馴染みのムゼウムス・クヴァルティーアの敷地内にあるが、入り口はブライテ・ガッセにある。バイスルと銘打っているようにレストランとしても地元民に人気あり。

交U2、U3フォルクステアターVolkstheater徒歩3分 住Museumsquartier（入り口はBreite Gasse 4）℡(01)526-5660 営11:00〜23:00 休なし 料€15〜

エステルハーズィケラー　1区
Esterházykeller　MAP●p.34-B

迷路のような地下レストラン

　創業は17世紀。この建物はハンガリーの名門貴族エステルハーズィ家が所有していた。ケラーとは地下のこと。エステルハーズィ侯爵に仕えていたヨーゼフ・ハイドンは、侯爵とともにしばしばこの館に滞在し、このケラーでよくワインを飲んだ。今でもここでエステルハーズィ醸造所で造られたワインを飲むことができる。グリルソーセージ€3.5、グラスワイン€1.9〜。ランチは€7.1〜、ホイリゲンプラッテ€14.9〜。

入り口左手で好きなワインを注文して飲んでいる人もいる

交U3号線ヘレンガッセHerrengasse徒歩3分 住Haarhof 1℡(01)533-3482 営17:00〜23:00 休なし 英

マインルス・ワインバー　1区
Meinl's Weinbar　MAP●p.35-C

客層のよいワインバー

　スーパーマーケットの店舗ユリウス・マインルの建物にあるカフェ&バーで、カフェは観光客に人気があるが、バーは地元民から評判がよい。ランチメニューもあり、€11〜20ほど。

交U3号線ヘレンガッセHerrengasse徒歩3分 住Graben 19
℡(01)5323334-6100 営11:00〜24:00 休日曜・祝日

アウグスティナーケラー　1区
Augustinerkeller　MAP●p.34-F

アルベルティーナ美術館の地下にある

　かつての修道院のワイン蔵を利用した歴史あるワインケラー&レストラン。細長い穴蔵のような店は雰囲気もよい。毎晩のようにシュランメル音楽の演奏がある。グラスワイン€3〜。料理とともに楽しみたい。

交地下鉄1、2、4号線カールスプラッツKarlsplatzから徒歩5分
住Augstinerstrasse 1℡(01)533-1026 営11:00〜24:00 休なし 料€10〜　英

クリニックという名前は、ビールは健康によい飲みものということから

ビアホール

ゲッサー・ビアクリニック　　1区
Gösser Bierklinik　MAP●p.35-C

ビール通にはたまらない魅力

　常連が集うビアホールという雰囲気で、いかにもビールが美味しそう。Gösserはオーストリアの有名なビールメーカー。ちょっと苦みのある生ビールGösser Spezialは300㎖€4.4、Gösser Zwichl300㎖€4.3。週替わり料理€9.9～。

⛢U1、3号線シュテファンスプラッツStephansplatz徒歩7分 ⌂Steindlgasse 4 ☎(01) 533-7598 🕐10:00～23:00 休なし 英

ジーベンシュテルンブラウ　　7区
Siebensternbräu　MAP●p.32-I

数種類の自家製ビールを飲ませる

　ジーベンシュテルンとは7つの星の意味。230人収容の広い店内には、常連客に混じってイタリアやドイツからの観光客の姿が目立つ。自家製ビールは数種類あり、それぞれ異った味が楽しめる。チェコ黒ビールPrager Dunkles、ピルスナーWiener Helles、モルトビールMärzen、スペシャルビールのヴァイツェンWeizenなどがある。300㎖で€3～、500㎖で€3.6～。料理もボリュームがあって美味しい。

料理もここでしか味わえないビールは風味も豊か

⛢トラム49番シュティフトガッセStiftgasse徒歩1分、またはU3号線ノイバウガッセNeubaugasse徒歩5分 ⌂Siebensterngasse 19 ☎(01) 523-8697 🕐11:00～24:00(L.O.23:00) 休なし 英

ビアホーフ　　1区
Bierhof　MAP●p.34-B

大きな木の下に広がるシャニガルテン

　7種類の生ビールが飲める小さなビアホール。おすすめのビールはツヴィックル・ビール0.3ℓ€3.6で、濁った色をしているがビタミンが豊富ですっきり味。料理ではグーラシュ€10.8、日替わりランチ€7.1。

⛢U3号線ヘレンガッセHerrengasse徒歩3分 ⌂Haarhof 3 ☎(01) 533-4428 🕐11:30～24:00 休なし 料€15～ 英

本音でガイド

レストランでなくても楽しめるウィーンの味

　食事を軽くすませたいときは街角のソーセージ屋台や魚介類の惣菜店ノルトゼー、ドネル・ケバブと呼ばれるケバブスタンドなどがおすすめ。その場で食べるのもよいがテイクアウトしてホテルの部屋で食べるのもくつろげてよい。大手スーパーの総菜コーナーにも美味しそうなサラダなどがたくさん並んでいる。

ビッラ・コルソー
Billa Corso
リングシュトラーセン・ガレーリエン地下にもある高級スーパー、ビッラ・コルソーBilla Corsoはノイアーマルクトにもあり、隅に小さなセルフコーナーがある。€6～。

ノルトゼー
Nordsee
市内に約20店舗をもつチェーン店。魚介類の総菜やサンドウィッチを扱い、店内で食べることもできる。海のないオーストリアでは大人気。

ソーセージ
大きめのチューリンガー、小ぶりのヴィーナー、ハンガリー風スパイスのきいたデブレツィーナーなど数種類があり、マスタードやケチャップをつけて食べる。€2.5～3.5。ホットドッグも作ってもらえる。

アイスクリーム
アイスクリーム店は冬季閉店がほとんどだが、ツァノーニ・ツァノーニZanoni&Zanoniは1年中オープン。ローテントゥルムRotenturmとルーゲックLugeckの角の他、グラーベンGrabenなどにもある。アイスクリームは€2～。

今宵はウィーンの森の
ホイリゲで

アイゲンバウと呼ばれる松の小枝をぶら下げて"今年の新酒あります！"

ウィーンらしさを味わいたいのなら、それはもうホイリゲに行くしかない。とくにウィーン郊外の小さな居酒屋は、一度訪れたら病みつきになること間違いなし！　シュランメルと呼ばれる独特な音楽が奏でられ、客が一緒になって歌ったり踊ったりの和やかな雰囲気のなか、旅行者も盛り上がる。

ホイリゲとは
本年産ワインという意味

その語源はホイリヒheurig（本年度の）で、heuriger Wein（今年造られたワイン）を意味していた。自家ブドウ園の新酒を飲ませる店がホイリゲンロカールHeurigenlokalだが、ウィーンではこれが短縮されてホイリゲと呼ばれている。いわば新酒ワイン居酒屋のこと。新しいワインは、毎年11月11日の聖マルティンの日に開けられる。

農家の軒先で自家製ワインを飲ませたのがホイリゲのはじまり

広い中庭は陽気なバンドとワイン好きのお客さんで大騒ぎ（パッサウアーホーフ）

ホイリゲの歴史は18世紀まで遡る。ウィーン市の北部に広がる丘陵地帯は古くからブドウ栽培がさかんで、良質のブドウを産していた。しかしでき上がったワインは豊かな商人たちによって取り引きされ、農民が潤うことはなかった。それに不満をもった農民たちは、時の皇帝ヨーゼフ二世にワイン販売権を求める。ヨーゼフ二世は請願を聞き入れ、農民たちに自分の畑のブドウで造るワインのみを、家で売ったり飲ませたりすることを許可したのである。

ウィーンの森にはホイリゲがいっぱい

麓の村にはホイリゲが集中している。有名なのはハイリゲンシュタットHeiligenstadtやヌスドルフNussdorf、そしてグリンツィングGrinzing。この辺りには昔ながらの古い民家や屋敷が残っており、こうした館を改造したホイリゲ・レストランも多く、建物も趣がある。グリンツィングは丘陵地帯に開けた村なので、ガルテン席が階段状に上へ上へと続いているなど、地形をうまく利用して独特の雰囲気を出している店が多い。

グリンツィングと周辺

シュランメル音楽にのって

明かりがポツポツ灯りだすと美味しいワインと楽しいひとときを過ごそうと、町から人がやってくる

客席を順に回ってリクエストに応えてくれる（1曲€5程度）

ホイリゲではシュランメルムズィークと呼ばれる軽い音楽が演奏されている店が多く、ウィーンらしい雰囲気を盛り上げている。ドイツのビアホールがブラスバンド中心で行進曲的なものが多いのに対し、こちらはヴァイオリンとアコーディオン、ギターの小編成で柔らかな感じ。シュランメルとは、19世紀末にヨハン・シュランメルという人物が2本のヴァイオリンとギター、クラリネットで酒場用の四重奏を試み、自らも作曲してホイリゲで演奏したのがはじまり。クラリネットは後にアコーディオンに取って代わり、メランコリックな要素が加わった。現在ホイリゲで演奏されているのは民謡風なものやウィンナーワルツ、オペレッタの中のポピュラーな曲が多い。ハンガリー風の曲もよく演奏される。

ホイリゲを楽しもう

注文と支払い

ワインなどの飲み物は席で注文し、支払いも席で済ますが、食べ物はビュッフェ・カウンターへ行って自分で好きな物を選び、その場で勘定を済ませる。温かい料理は席で注文できる。

団子入りスープ
Griesnockerl Suppe

食べたい物を自分で買ってくる

ホイリゲ料理

ホイリゲでは本来、カルテスエッセン（冷めた料理）と呼ばれる軽食が主流だったが、最近では市内のバイスルと同じようにヴィーナーシュニッツェルやグーラシュなど、ウィーンの伝統料理を出す店が多い。グリンツィングのように観光客の多い場所では料金は市内と変わらず、予算は伝統料理が€10〜20、カルテスエッセンは€8〜15、飲物は別料金。

ワイン

ワインはだいたいグラス1杯250mℓが€4〜。アルコール以外の飲み物（ミネラルウォーター、コカコーラなど）は€2.8〜となっている。簡単なデザートもあり、どの店にでもあるアプフェルシュトゥルーデル（ホットアップルパイのようなもの）は€5前後。

飲み物の注文は席に着いたままでこの大忙しのお姉さんへ

代表的なカルテスエッセン。ハムとチーズの盛り合わせ

温かい料理、チキンやポークのオーブン焼など肉の盛り合わせ

ホイリゲ

ハイリゲンシュタット　Heiligenstadt　p.82参照

マイヤー・アム・プファールプラッツ
Mayer am Pfarrplatz　MAP●p.124

ベートーヴェンゆかりのホイリゲ
　ベートーヴェンが「第九」を作曲したという家で、現在は中庭のブドウ棚が美しいホイリゲになっている。予約をするとアコーディオン演奏のある中庭に席を取ってくれる。演奏は毎晩19時～。遺書を書いた家も記念館となってすぐ近くにある。

トラム37番、バス38AアルムブルスターガッセArmbrustergasse徒歩3分　Pfarrplatz 2　(01)370-1287　16:00～24:00(土・日曜・祝日12:00～)　なし

プファールヴィルト
Pfarrwirt　MAP●p.124

伝統のウィーン料理を味わう
　ベートーヴェンゆかりのマイヤー・アム・プファールプラッツの家主であるマイヤー氏が住んでいた家だった。崖の上にあり、ガラス張りの室内からは見晴らしがよい。14世紀まで遡る古い部屋もある。日替わり一品料理もある。

明るい店内

U4番ハイリゲンシュタットHeiligenstadtからバス38Aでフェルンシュプレッヒアムト Fernsprechamt徒歩2分　Pfarrplatz 5　(01)370-7373　12:00～24:00　なし

グリンツィング　Grinzing　トラム38番、バス38AグリンツィングGrinzing下車

ルドルフスホーフ
Rudolfshof　MAP●p.126

グリンツィングで一番目に現れるホイリゲ
　通りに面してカフェ・レストランがあり、奥がホイリゲになっている。小さな中庭の泉が雰囲気を出している。かつてフロイトもここの常連だった。

下車後徒歩2分　Cobenzlgasse 8　(01)320-2108　9:00～18:00　11～3月の月～木曜

ツム・ベルガー
Zum Berger　MAP●p.126

庭席も魅力的
　トラムやバスのグリンツィング停留所から坂を上がって行くと、左手にある比較的大きなホイリゲ。ツアー客の利用も多く、いつもにぎわっている。

下車後徒歩4分　Himmelstrasse 19　(01)320-5893　15:30～22:00(日曜12:00～)　月曜

126

ラントハウス
Landhaus MAP●p.126

表庭や中庭の席、地下席も雰囲気がある
　グリンツィングのなかでも大きなホイリゲ。12世紀にパッサウの修道院付属ワインケラーとして建てられたもので、当時の地下貯蔵庫が現在も保存されている。各国のツアー客でにぎわっている。温かい食事の種類も豊富で、評判もよい。200室有するホテルでもある。

もとは修道院付属のワインセラーがホイリゲに

交下車後徒歩6分
住Himmelstrasse 16
☎(01) 320-6345
営16:00〜23:00（土曜12:00〜、日曜11:00〜）
休火・水曜

緑あふれる中庭が気持ちいい

さまざまな部屋がある大きなホイリゲ

ツム・マルティン・ゼップ
Zum Martin Sepp MAP●p.126

ランチタイムも人気がある
　通りに面した細長いレストラン。比較的新しいホイリゲであるため、温かい料理も作っている。カルテスエッセンがおいしく、夏から秋にかけてはキノコ料理がおすすめ。19時から楽団が入る。

交下車後徒歩5分 住Cobenzlgasse 34 ☎(01) 320-3233 営11:30〜24:00
休1〜2月中旬

127

ウィーン

ブランドゥル
Brandl MAP●p.126

まるで普通の家のようなホイリゲ
　個人の家の庭で食事をしているような、こぢんまりした雰囲気がとてもよい。夏場は垣根のバラがたいへん美しく、つい入ってみたくなる。

交下車後徒歩7分 住Cobenzlgasse 17 ☎(01) 320-7196 営11:00〜23:00（食事は〜22:00）休月曜

ニノス
Nino's MAP●p.126

2つの道の真ん中にある、かわいらしい家
　ヒンメルシュトラーセとコーベンツルガッセとの間にあるブルーのこぢんまりした家。イタリア料理の店だがウィーンの伝統料理もある。ピザが人気で、その種類は20以上。

交下車後徒歩3分 住Himmelstrasse 2 ☎(01) 328-2828 営11:00〜23:00 休なし

ミューラー
Müller MAP●p.126

夏場は木陰の庭席が心地よい
　コーベンツルガッセから入ると左側に建物が、右側に細長い庭が奥へ奥へと続いている。19世紀から続く、約6haのブドウ畑から産する自家製ワインを飲める。

交下車後徒歩5分 住Cobenzlgasse 38 ☎(0680) 550-9008 営11:00〜23:00 休なし

ホテル

ハプスブルクの時代を偲ぶ豪華ホテルに泊まろうか、それとも石畳の裏道に小さな明かりを灯した古い家並みに宿をとろうか、それとも斬新なデザイン系ホテルを体験してみようか、ウィーンのホテル選びは本当に楽しい。

ウィーンのホテル事情

ホテルの数は多く、高級ホテルはリングとその周辺に集中している。安めのホテルが希望なら、中心部から遠くても地下鉄の便がいいところを選べば観光に不自由はしない。春から夏とクリスマス前後は込み合うので早めの予約を。通常は禁煙ルームを用意されるため、喫煙ルーム希望者は予約の際にその旨を告げること。

ホテルのランクと特徴

ウィーンには最高級豪華ホテルからデザイン系ホテル、ペンションまで、さまざまなランクのホテルがあり、選択の幅が広い。意外とよいのがプチ・ホテル。古い館を改築したものが多く、古き良きウィーンの雰囲気を味わえる。朝食はビュッフェ形式が主で、料金は通常宿泊費に含まれている。

最高級豪華ホテル リングに面した伝統的ホテルのインペリアル、グランド、ブリストル、そしてオペラ座裏のザッハーなど。ドイツの名門貴族コーブルク公爵家の宮殿だったパレー・コーブルク・レジデンツは、少ない客室数で贅を尽くした間取りを

ホテル・ザッハーのドアマン

提供。料金は様々だが、スタンダードなら驚くほど高くはない。ランクの違いは通常部屋の広さのみで、設備や雰囲気はほとんど差はない。

最高級ホテル（5つ星） 豪華ホテルでなくともウィーンの最高級ホテルはクラシックな外観と重厚なロビーで贅沢な気分を味わうことができる。大型チェーンホテルや外資系ホテルが多く、中心部にあり交通の便もよい。

高級ホテル（4つ星） 駅の近くや旧市街の中にあり、観光に便利。設備が整っており、朝食の質もよくヴォリュームたっぷり。古い建物を改築したものもあり、そういったホテルは雰囲気がよい。

中級ホテル（3つ星） 3つ星以下は格差が大きいのでよく確認をしてから予約したい。リングの外に多いので、トラムの停留所や地下鉄の駅に近い便利な所を選ぼう。

プチ・ホテル／ペンション 高級プチ・ホテルは部屋数が少なく、人気ですぐに満室となるため、早めの予約が必要。ペンションは値段の割には設備も朝食も満足できるところが多く、観光のみに精を出す人にはおすすめ。

長期滞在型ホテル／ホステル 1週間以上の長期滞在者向けホテルもある。部屋にキッチンがついているところは朝食がない。滞在期間が長くなるほど割安になる。また、バックパッカー向けのホステルもある。

最高級豪華ホテル

 パレー・コーブルク・レジデンツ 1区
Palais Coburg Residenz　MAP●p.35-H

優雅さが漂う中にモダンが光る

建物は19世紀半ば、ドイツの名門貴族コーブルク公爵が建てた宮殿である。メゾネット式の部屋が多く、インテリアはすべて異なる。ビーダーマイヤー調のクラシックな部屋もあれば、モダンなインテリアの部屋もある。全室キッチン付きで、調理器具や食器もそろう。もちろんサービスは最高。セキュリティも万全。砦の土手を壊した正面入り口とロビーは斬新なデザインになっている。

🚋トラム2番ヴァイブルクガッセWeihburggasse徒歩1分
🏠Coburgbastei 4
☎(01) 518-180 📠(01) 518-18100
🛏スイートのみで€670～　35室

大広間へ続く階段

英国ヴィクトリア女王の肖像画が掛かる部屋

ザッハー　1区
Hotel Sacher Wien　MAP●p.35-K

古き良きウィーンをそのままに
　ザッハー・トルテを生んだことでお馴染みのウィーンを代表するホテル。ロビーやサロンの豪華さは言うに及ばず、設備の整ったSPAや使いやすいビジネスセンターも高級感にあふれている。客室には骨董品のような古い家具が置かれ、部屋ごとにインテリアも雰囲気も異なる。

著名人の写真を飾る1階ロビー脇

交 トラム1、2、D番オーパー／カールスプラッツOper/Karlsplatz徒歩3分
住 Philharmoniker-strasse4 ☎(01)514-560 料 €310〜　152室

パレー・ハンゼン・ケンピンスキー・ウイーン　1区
Palais Hansen Kempinski Wien　MAP●p.33-C

リング通りを飾る最後の華
　1873年にホテルとして建設された建物が、2015年のリング通り150周年記念にかけて修復。再び豪華ホテルとしてオープンした。オリジナル部分を多く残しており、エントランスからロビーにかけての豪華さには目を見張る。

交 U2号線Schottentor/Universität徒歩4分 住 Schottenring 24
☎(01)236-1000 料 €320〜
152室

インペリアル　1区
Hotel Imperial　MAP●p.35-K

大理石の大階段。正面の肖像はフランツ・ヨーゼフ皇帝

ウィーン随一の本物の迎賓館
　1873年、ウィーンでの万国博に際してフランツ・ヨーゼフ皇帝列席のもとにオープン。ドイツ皇帝ヴィルヘルム一世や宰相ビスマルクをはじめ、各国の王侯貴族や政治家、名優たちが好んで宿泊した。客室は古めかしく装飾され、高級感にあふれている。

交 トラム2、D番シュヴァルツェンベルクプラッツSchwarzenbergplatz
住 Kärntner Ring 16 ☎(01)501-100
料 €359〜　138室

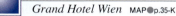
グランド　1区
Grand Hotel Wien　MAP●p.35-K

19世紀末の雰囲気を損わず、使い勝手のよい豪華ホテル
　1870年創業の伝統ある高級ホテル。第二次世界大戦で廃業となったが、1994年に外壁だけを残して新築し、かつてのグランドホテルが再現された。できるだけオリジナルに近づけたため、インテリアや家具にも19世紀後期のウィーンが感じられる。

交 トラム1、2、D番オーパー／カールスプラッツOper/Karlsplatz徒歩2分
住 Kärntner Ring 9 ☎(01)515-800
料 €360〜　205室

アルベルティーナ広場にあるデザイン系ホテル
ザ・ゲストハウス・ウィーン
The Guesthouse Wien　MAP●p.35-G

　インテリアはオーソドックスだが、個性的なのは広場に面した客室の出窓だ。畳一枚ほどのスペースがあり、そこへ入り込んで読書をしたり寝転んだりできる。冷蔵庫の中の飲み物はワインを含め無料。出窓の部屋はコーヒーマシン付き。

交 トラム1、2、D番オーパー／カールスプラッツOper/Karlsplatz徒歩3分
住 Fuehrichgasse 10 ☎(01)512-1320
料 €290(広場側出窓付き)、中庭側€235　39室

最高級豪華ホテル

最高級・高級・中級ホテル

ソフィテル・ウィーン・シュテファンスドーム　1区
Sofitel Vienna Stephansdom　MAP●p.33-D
　ウィーン全体が一望できるドナウ運河に面した18階建の高層ホテル。
🚇U1、4号線シュヴェーデンプラッツSchwedenplatz徒歩1分🏨Praterstrasse 1☎(01)906-160
💰€220〜　182室

ブリストル　1区
Hotel Bristol　MAP●p.35-K
　さまざまなタイプの客室があり、すべて豪華な造り。
🚇トラム1、2、D番オーパー/カールスプラッツ Oper/Karlsplatzすぐ🏨Kärntner Ring 1☎(01)515-160
💰€255〜　140室

ル・メリディアン・ウィーン　1区
Le Meridien Wien　MAP●p.34-J
　歴史的な建物の内部は、外観からは想像できない斬新さのデザイン系ホテル。
🚇トラム1、2、D番オーパー/カールスプラッツ Oper/Karlsplatz徒歩1分🏨Opernring 13-15
☎(01)588-900💰€189〜　294室

ザ・リング　1区
The Ring Hotel　MAP●p.35-K
　19世紀後半の古い建物の外観をそのまま残したブティックホテル。
🚇トラム1、2、D番のオーパー/カールスプラッツ Oper/Karlsplatz徒歩2分🏨Kärntner Ring 8
☎(01)221-220💰€229〜　68室

ドゥ・フランス　1区
Hotel de France　MAP●p.32-B
　1872年の創業。ブルックナーが好んで滞在し、ここで多くの名曲を作曲した。
🚇U2号線ショッテントーアSchottentor🏨Schottenring 3☎(01)313-680
💰€115〜　194室

アンバサダー　1区
Hotel Ambassador　MAP●p.35-G
　ノイアー・マルクトに面し、観光、ショッピングに便利な大型高級ホテル。
🚇U1、3号線シュテファンスプラッツStephansplatz徒歩2分🏨Kärntnerstrasse 22☎(01)961-610
💰€180〜　86室

ヒルトン・ウィーン・プラザ　1区
Hilton Vienna Plaza　MAP●p.32-B
　客室は広く、窓枠を大きく取ってあるので室内が明るい。
🚇トラム1、D番ベルゼBörse徒歩2分🏨Schottenring 11☎(01)313-900
💰€179〜　222室

ルネッサンス・ウィーン　12区
Renaissance Wien　MAP●p.30-J
　シェーンブルン宮殿の近くのラグジュアリーホテル。
🚇U4号線マイトリング・ハウプトシュトラーセMeidling Haustrasse🏨Ullmannstrasse71☎(01)891-020💰€99〜　309室

マリオット・ウィーン　1区
Marriott Vienna　MAP●p.35-H
　ポストモダン調の斬新な外観、日本人の利用も多い。
🚇トラム2番ヴァイブルクガッセWeihburggasse🏨Parkring 12a☎(01)515-180
💰€179〜　313室

インターコンチネンタル・ウィーン　3区
Inter-Continental Wien　MAP●p.33-L
　市立公園の南端に面して建ち、見晴らしがいい。内部はクラシック。
🚇U4号線シュタットパークStadtpark🏨Johannesgasse 28☎(01)711-220
💰€149〜　459室

クンマー　6区
Hotel Kummer　MAP●p.32-I
　地下鉄ノイバウガッセ駅の真上、レディーススイートもある。
🚇U3号線ノイバウガッセNeubaugasse🏨Mariahilfer Strasse 71a　☎(01)588-95
💰€89〜　95室

オーストリア・トレンド・パークホテル・シェーンブルン　13区
Austria Trend Parkhotel Schönbrunn　MAP●p.30-J
　フランツ・ヨーゼフ皇帝の迎賓館だった建物がホテルになっている。
🚇U4号線ヒーツィングHietzing徒歩3分🏨Hietzinger Hauptstrasse 10-14☎(01)878-04
💰€95〜　314室

モーテル・ワン・ウィーン　15区
Motel One Wien　MAP●p.30-F
　西駅に隣接したチェーンホテル。デザイン系の垢抜けたインテリアが目立つ。
🚇S、U6、3号線ヴェストバーンホフWestbahnhofに隣接🏨Europaplatz 3☎(01)359-350
💰€69〜　438室

メルキュール・ウィーン・ヴェストバーンホフ　15区
Hotel Mercure Wien Westbahnhof　MAP●p.30-F
　西駅の前にあり、観光にもビジネスにも便利。日本人もよく利用する。
🚇S3、15、50号線、U3、6号線ヴェストバーンホフWest bahnhof徒歩3分🏨Felber-strasse 4☎(01)981-11-0💰€99〜　252室

オーストリアの国番号は43、ウィーンの市外局番は01

高級・中級ホテル

メルキュール・グランド・ホテル・ビーダーマイヤー・ウィーン 3区
Merucure Grand Hotel Biedermeier Wien MAP●p.33-L

古き良き時代を彷彿させるビーダーマイヤー調のホテル。

🚇U3、4号線ラントシュトラーセ／ウィーン・ミッテLandstrasse/Wien Mitte徒歩4分 🏠Landstrasser Hauptstrasse 28☎(01)716-710💰€99〜　198室

アルコテル・ウィンベルガー 7区
Arcotel Wimberger MAP●p.30-F

ツアー客の利用が多い。客室はモダンながらシックな雰囲気。

🚇S3、15、50号線、U3、6号線ヴェストバーンホーフWestbahnhof徒歩5分 🏠Neubaugurtel 34-36 ☎(01)521-650💰€85〜　225室

カー・ウント・カー・マリア・テレジア 7区
K+K Hotel Maria Theresia MAP●p.32-I

フロント付近は重厚な雰囲気だが、客室その他は明るくすっきりとした造り。

🚇U2、3号線フォルクステアターVolkstheater徒歩4分 🏠Kirchberggasse 6-8☎(01)521-23 💰€125〜　123室

カー・ウント・カー・パレー 1区
K+K Palais Hotel MAP●p.33-C

かつて皇帝フランツ・ヨーゼフ1世の宮殿のひとつだったという建物を利用。

🚇U2、4号線ショッテンリングSchottenring徒歩5分 🏠Rudolfsplatz11☎(01)533-1353 💰€125〜　66室

アム・シュテファンスプラッツ 1区
Am Stephansplatz MAP●p.35-C

シュテファン広場の近くにあり、何をするにも便利。外観と異なりホテル内は贅沢な造り。

🚇U1、3号線シュテファンスプラッツStephansplatz徒歩1分 🏠Stephansplatz 9☎(01)534-05-0 💰€158〜　56室

オーストリア・トレンド・ホテル・ラートハウスパーク 1区
Austria Trend Hotel Rathauspark MAP●p.32-A

1880年に建てられたバロック宮殿風の館。客室は改装されて明るくモダン。

🚇U2号線ラートハウスRathaus徒歩4分 🏠Rathausstrasse 17☎(01)404-12-0 💰€90〜　117室

レジーナ 9区
Hotel Regina MAP●p.32-B

外観はネオ・ルネサンス風で、客室の家具もクラシックに統一。

🚇U2号線ショッテントーアSchottentor徒歩4分 🏠Rooseveltplatz 15☎(01)404-460 💰€99〜　164室

ダス・ティグラ 1区
Hotel Das Tigra MAP●p.32-B

2棟あり、本館の建物に1773年、モーツァルトが住んだ記録がある。

🚇U3号線ヘレンガッセHerrengasse徒歩5分 🏠Tiefer Graben 14-20☎(01)533-9641 💰€129〜　79室

アム・パークリング 1区
Hotel Am Parkring MAP●p.35-H

市立公園の真向かい、リングの内側にあるホテル。

🚇トラム2番ヴァイブルクガッセWeihburggasse徒歩1分 🏠Parkring 12☎(01)514-800 💰€114〜　58室

ヨハン・シュトラウス 4区
Hotel Johann Strauss MAP●p.31-K

客室は現代的でシンプルな造りだが、広さはある。駅から歩いてすぐ。

🚇U1号線タウプシュトゥメンガッセTaubstummengasse 🏠Favoritenstrasse 12☎(01)505-7624 💰€87〜　53室

ウィーンのホテルに新しい傾向が

あの伝統的なウィーンで、デザイン系ホテルの次の段階として、コンセプトをもったホテルに注目が集まっている。

ダニエル
Hotel Daniel Vienna MAP●p.31-K

7階建の各フロアに4つある角部屋「ハンモック&パノラマ」が個性的。

🚇トラム18ズードゥバーンホーフSüdbahnhof徒歩2分 🏠Landstrasser Gürtel 5 ☎(01)901-310💰スタンダード€92〜　116室

25アワーズ
25hours Hotel MAP●p.32-E

20世紀初頭のサーカス全盛時代にインスピレーションを得てデザインされたホテル。

🚇U2、U3号線フォルクステアターVolkstheater徒歩1分 🏠Lerchenfelder Strasse 1-3 ☎(01)521-510💰€130〜　220室

角部屋はハンモック&パノラマがウリ

壁に描かれたサーカスの場面

高級・中級ホテル

オーストリア　1区
Hotel Austria　MAP●p.35-D
　ギリシャ教会向かいの路地を入ったところにある小さなホテル。
図U1、4号線シュヴェーデンプラッツSchwedenplatz徒歩4分🏠Am Fleischmarkt 20
☎(01)515-23€95〜　46室

アストリア　1区
Hotel Astoria　MAP●p.35-K
　ケルントナー通りに面している便利なホテル。
図トラム1、2、D番オーパー/カールスプラッツOper/Karlsplatz徒歩4分🏠Kärntner Strasse 32-34
☎(01)515-770€118〜　128室

オーストリア・クラシック・ホテル・ウィーン　1区
Austria Classic Hotel Wien　MAP●p.31-H
　建物はクラシックな古い建物で、ロビーも雰囲気がある。
図S、U1、U2号線プラターシュテルン／ウィーン・ノルトPraterstern/Wien Nord徒歩2分🏠Praterstrasse 72
☎(01)211-300€95〜　81室

エンツィアナ・ホテル・ウィーン　3区
Enziana Hotel Wien　MAP●p.31-G
　ベルヴェデーレ宮殿の東側にあり、SバーンRennweg駅が近い。アルティスから名称変更した。
🏠Rennweg 51
☎(01)713-2521€120〜　165室

ホリデイ・イン・ウィーン・シティ　5区
Holiday Inn Vienna City　MAP●p.31-L
　ナッシュマルクトの近くに位置する、エコノミーホテル。
🏠Margaretenstrasse 53
☎(01)588-50€74〜
101室

インペリアル・ライディングスクール・ルネッサンス・ウィーン　3区
The Imperial Riding School Renaissance Vienna Hotel　MAP●p.33-L
　ネオ・クラシックの建物は歴史記念物だが、客室はモダンなデザイン。
🏠Ungargasse 60
☎(01)711-75-0€109〜
369室

ケルントナーホーフ　1区
Hotel Kärntnerhof　MAP●p.35-D
　シュテファン大聖堂北側。閑静な立地にある個人経営のホテル。
🏠Grashofgasse 4
☎(01)512-1923€109〜
44室

カールトン・オペラ　4区
Carlton Opera Hotel Wien　MAP●p.32-J
　エレベーターや階段の手すりはウィーン世紀末デザイン。
図U4号線ケッテンブリュッケンガッセKettenbrückengasse、またはカールスプラッツKarlsplatz徒歩7分🏠Schikanedergasse 4☎(01)587-5302€80〜　52室

グラーベン　1区
Graben Hotel　MAP●p.35-G
　シュテファン広場の近く。部屋は少々狭いがクラシックな雰囲気がある。
図U1、3号線シュテファンスプラッツStephansplatz徒歩2分🏠Dorotheergasse 3☎(01)512-1531-00€110〜　41室

ヨーロッパ・ウィーン　1区
Hotel Europa Wien　MAP●p.35-G
　ノイアー・マルクトとケルントナーに面した好立地。
🏠Neuer Markt 3
☎(01)515-94€209〜
106室

ザ・ハーモニー・ヴィエナ　9区
The Harmonie Vienna　MAP●p.31-G
　2013年にリニューアルした、快適な中級ホテル。
🏠Harmoniegasse 5-7
☎(01)317-6604€115〜
66室

メルキュール・ホテル・ラファエル・ウィーン　6区
Mercure Hotel Raphael Wien　MAP●p.30-J
　ライムント劇場の前にあり、西駅にも近い。部屋はモダンな雰囲気。
🏠Wallgasse 23
☎(01)599900　€72〜
77室

アルトヴィーナーホーフ　15区
Altwienerhof　MAP●p.30-J
　美しい中庭のある小規模ホテル。館内の雰囲気もよい。
🏠Herklotzgasse 6
☎(01)892-6000€85〜
32室

ポスト　1区
Hotel Post　MAP●p.35-D
　郵便局の前にあって場所も便利。レストランもある。
🏠Fleischmarkt 24
☎(01)515-83-0€105〜
103室

プチ・ホテル／ペンション

ツア・ヴィーナー・シュターツオーパー [1区]
Hotel Zur Wiener Staatsoper MAP●p.35-K

ケルントナー通りのすぐ脇にある便利なホテル。

🏠Krugerstrasse 11
☎(01) 513-1274 料€115〜
22室

ケーニッヒ・フォン・ウンガルン [1区]
Hotel König von Ungarn MAP●p.35-D

二重帝国時代はハンガリー政府要人の常宿だったプチ・ホテル。

🚇U1、3号線シュテファンスプラッツ Stephansplatz
徒歩4分🏠Schulerstrasse 10☎(01) 515-840
料€220〜 44室

カイザリン・エリザベート [1区]
Hotel Kaiserin Elisabeth MAP●p.35-G

創業350年を超すホテルで、モーツァルトなど歴史的人物も宿泊している。

🚇U1、3号線シュテファンスプラッツ Stephansplatz
徒歩3分🏠Weihburggasse 3☎(01) 515-2601
料€198〜 63室

マイルベルガー・ホーフ [1区]
Hotel Mailberger Hof MAP●p.35-G

17世紀バロックの館を改築、家族で経営するプチ・ホテル。

🚇トラム2、D番シューベルトリング Schubertring
徒歩4分🏠Annagasse 7☎(01) 512-0641
料€115〜 40室

アム・シューベルトリング [1区]
Hotel am Schubertring MAP●p.35-L

部屋は小さめだが、すべて異なるインテリア。古い館の趣を味わうことができる。

🚇トラム2、D番シューベルトリング Schubertring
🏠Schubertring 11☎(01) 717-020
料€142〜 39室

アートホテル・ANA・アマデウス [1区]
Art Hotel ANA Amadeus MAP●p.35-C

シシィの肖像画のかかるロビーや客室は狭いながらもエレガント。

🚇U1、3号線シュテファンスプラッツ Stephansplatz
徒歩3分🏠Wildpretmarkt 5☎(01) 533-87-38
料€185〜 30室

シュロスホテル・レーミッシャー・カイザー [1区]
Schlosshotel Römischer Kaiser MAP●p.35-K

華やかな外観で人目を惹くプチ・ホテル。設備面も充実している。

🚇トラム2、D番シューベルトリング Schubertring徒歩4分🏠Annagasse 16☎(01) 512-7751-0
料€182〜 24室

ベートーヴェン [6区]
Hotel Beethoven Wien MAP●p.32-J

こぢんまりとしているが、19世紀末のデザインを施した内装が特徴。

🚇U1、2、4号線カールスプラッツ Karlsplatz徒歩5分🏠Papagenogasse 6☎(01) 587-4482-0
料€99〜 38室

ウォンバッツ・シティホステル・ザ・ラウンジ [6区]
Wombat's City Hostel The Lounge MAP●p.30-F

学生など、若者バックパッカー向けの宿。個室はなく、2人部屋から。

🚇S、U3、6号線ヴェストバーンホーフ Westbahnhof
徒歩2分🏠Mariahilfer strasse 137☎(01) 897-2336
料4〜6人部屋1人€14〜 65室

ズィンガーシュトラーセ21/25 アパートメンツ [8区]
Singerstrasse 21/25 Apartments MAP●p.35-H

シュテファン大聖堂から近い長期滞在型ホテル。全室キッチン付き。

🚇U1、3号線シュテファンスプラッツ Stephansplatz
徒歩4分🏠Singerstrasse 21/25☎(01) 514-490
料7日間€672〜 78室

ノイアー・マルクト [1区]
Neuer Markt MAP●p.35-G

ペンションの下はショップになっている。人気があり、満室が多い。

🏠Seilergasse 9
☎(01) 512-2316料€75〜
37室

ノセック [1区]
Pension Nossek MAP●p.35-C

窓からグラーベンの通りを見下ろせるペンション。

🏠Graben 17
☎(01) 533-7041料€120〜
31室

アルマ・ブティーク [1区]
Alma Boutique Hotel MAP●p.33-G

運河近くの静かな路地に位置するペンション。

🏠Hafnersteig 7
☎(01) 533-2961料€134〜
26室

ドミツィル [1区]
Hotel Domizil MAP●p.35-D

シュテファン大聖堂の東側にあり、静かな環境。

🏠Schulerstrasse 14
☎(01) 513-3199料€135〜
40室

Wachau ヴァッハウ渓谷

MAP●p.6-F

世界遺産となった大河ドナウの景勝地

全長2,826kmのドナウ川は、全体の8分の1の約360kmがオーストリアを流れる。このドナウで最も美しいのが、メルクからクレムスまでの約36kmにおよぶヴァッハウ渓谷で、なだらかなブドウ畑の中に集落が現れ、険しい岩山の頂には修道院や古城がそびえている。ワインの産地で船を降りて地酒を味わい、修道院や古城を訪ねて伝説に耳を傾けよう。

ドナウ下りの船に乗り込んで

メルク修道院
Stift Melk

ドナウの岸壁にそびえる神の砦

1600年代にメルク修道院で一つの手記が発見された。それは14世紀にこの修道院でドイツ人修道僧アドソンが書いた、見習い修道士時代の回想記である。この回想記をもとにウンベルト・エーコは20世紀最大の問題小説といわれる『薔薇の名前』を書き上げた。

修道院は11世紀末の創建だが、18世紀に再建されたため、中世を想わせる古めかしい雰囲気はない。しかし、196mも続く長い廊下や10万冊の蔵書と2000点の手写本を有する図書館があり、さすがに由緒ある修道院。

ヴァッハウ渓谷の見どころの一つであるメルクの修道院

シェーンビューエル城
Schloss Schönbühel

タマネギ型の屋根は鐘楼

40mの高台に建つ白い城館は19世紀のものだが、川に突き出た部分は中世の要塞跡。背後に広がる果樹園の丘がとても美しい。

アックシュタイン
Aggstein

王冠のようにそびえる古城

最も川幅が狭まるところ、右岸の山の頂に美しいシルエットの城が見える。13世紀末に破壊されたが15世紀に盗賊騎士によって再建される。しかしトルコ軍によって再び破壊され、廃墟になった。

ヴィレンドルフ
Willendorf

ヴィーナス像で有名な村

アックシュタイン城の対岸にある村。ここで1909年に11cmの彫像が発見された。旧石器時代の貴重なもので「ヴィレンド

ヴィレンドルフ
Willendorf

アックスバッハ
Aggsbach

メルク
Melk

シェーンビューエル
Schloss Schönb

ルフのヴィーナス」と呼ばれている（現在はウィーンの自然史博物館に展示）。

シュピッツの町が近づいてくる

デュルンシュタインの古い町並み

シュピッツ
Spitz

はい上がるようなブドウ畑が続く
　左岸のシュピッツ村には、急な斜面を覆うようにブドウが植えられている。その畑の上にヒンターハウスHinterhaus城の廃墟がある。天候に恵まれた年はこの村で大量のワインが生産される。

デュルンシュタイン
Dürnstein

リチャード王を救った忠実な家臣
　イギリスのリチャード獅子心王にまつわる伝説の町。言い伝えによると、十字軍第3回遠征のとき、リチャードはオーストリア公レオポルトの名誉を傷つけたとして捕らえられ、1192年にデュルンシュタイン城へ幽閉された。翌年の春、主人の行方を探し歩いていた吟遊詩人のブロンデルが城の下を通りかかった。王は好きな曲が聞こえてきたのでブロンデルに気付き、忠実な家臣は王を救ったという。実際にはリチャードが皇帝に莫大な身代金を払って解放され、身代金の一部はレオポルトに支払われたとか。
　城は廃墟だが、丘には徒歩20～30分で登れる。町の中には16世紀の古い町並みが残っており、ホイリゲも何軒かある。

クレムス
Krems

ドナウ遊覧の拠点
　古い民家が並ぶワインの産地。ブドウ畑の中に広がる町が美しい。クレムス歴史博物館Historisches Museum der Stadt Kremsには絵画と歴史文書、そしてワインに関する展示がある。

ヴァッハウ渓谷

135

船内にはレストランもあってドナウの魚料理が味わえる

交通
ウィーン西駅からメルクまで鉄道を利用し（所要約1時間）、船でクレムスまで下るか、その逆を行く。メルクとクレムスの間には4月中旬から10月下旬まで定期便があり、上り3時間、下り1時間45分。冬季、船が運休の間はメルク駅からクレムス駅まで、ドナウ河の右岸を行く路線バスを利用。クレムスからウィーンへは列車で戻る。フランツ・ヨーゼフ駅まで、準急で約1時間。終着駅の一つ手前のハイリゲンシュタット駅で降りると、地下鉄U4に接続できるので、市内に入るのに便利。
観光船付きの1日ツアー（p.45参照）や便利なヴァッハウチケットWachau Ticket（列車と観光船、メルク修道院入場料付き）もある。
URL www.oebb.at

ウィーンからのエクスカーション
アイゼンシュタット Eisenstadt MAP●p.7-G、83-F

「ハイドンの町」と呼ばれているアイゼンシュタットはブルゲンラント州の州都。18世紀後半に活躍したヨーゼフ・ハイドンは、宮廷作曲家として30年もの間エステルハーズィ侯爵に仕えた。エステルハーズィ宮殿やハイドンの家、ハイドンの霊廟など、ハイドンゆかりの場所が観光ポイントとなる。小さな町なのでウィーンからの日帰り観光も可能。

エステルハーズィ宮殿

町のしくみ

鉄道駅は町の南端にあり、町の中心部までは徒歩で15分ほど。駅から真っすぐ北へ向かって駅通りBahnstrasseが延びている。途中から旧市街となり、歩行者専用のハウプトシュトラーセHauptstrasseが東西に延びている。通りの中ほどに市庁舎があり、西側の緩い坂を上って行くとエステルハーズィ宮殿が現れる。宮殿と市庁舎の間が町の中心地でレストランやショップが並んでいる。ハイドンの霊廟は町の西端にある。

ウィーンからの交通

鉄道：ウィーン中央駅から約1時間10分のアイゼンシュタット駅Eisenstadt Bahnhof下車。
バス：ウィーン中央駅前Busbahnhof Wiedner Gürtelからアイゼンシュタット中心部ドームプラッツEisenstadt Domplatzまで1時間20分。

観光案内所 ✉Tourismusverband Eisenstadt Leithaland 住Hauptstrasse 21 ☎(02682)67390 開9:00～16:30（4～10月は土曜9:00～13:00も）休11～3月の土・日曜

見どころ

エステルハーズィ宮殿
Schloss Esterházy
MAP●p.136

ハイドンが演奏していた大宮殿

1622年にハンガリー貴族ニコラウス・エステルハーズィがここに建っていた中世の城を取得し、それを息子のパウル一世が17世紀後半に建て替えた。パウル一世は皇帝レオポ

大フレスコ画が美しいハイドンの間
宮殿庭園

ルト一世より侯爵の位を与えられている。宮殿はその後歴代の侯爵によって増改築が行われ、19世紀前半のニコラウス二世の時代に今日の姿となる。

宮殿は現在役所として使われているが、一部を見学できる。ハイドンの間Haydnsaalは大フレスコ画のある大きな広間で、ハイドンはここで毎晩のように宮廷楽団を指揮していた。現在はコンサートホールになっていて、ハイドン音楽祭でも利用されている。コレクションのなかには、18世紀後半にニコラウス一世が揃えた食器セット207点のうち、現在も残る141点がある。宮殿北側の広大な庭園には池やかつて温室だった建物があり、美しい庭園を自由に散策することができる。

住Esterházyplatz 1 ☎(02682) 63004-0
開10:00～18:00（10～4月～17:00）
料城内ガイドツアー€10

ハイドンハウス
Haydnhaus
MAP●p.136

静かな裏路地にたたずむ住居
　ハイドンが1766年から1778年まで住んでいた。こぢんまりとした庶民的な家に宮廷楽長の華やかさはなく、まだ30代だったハイドンの質素な暮らしぶりがうかがえる。オリジナルの台所、ハイドンが奏したとされるハンマークラヴィア（ピアノの一種）などを見学することができる。

⊞Joseph Haydn-Gasse 19&21☎(02682)719-6000 ⌚9:00～17:00（日曜・祝日10:00～）休11月中旬～3月中旬、3月中旬～5月と10月中旬～11月中旬の月曜 料€5

ベルク教会とハイドンの霊廟
Bergkirche / Haydn Mausoleum
MAP●p.136

ハイドンの墓と彼が弾いたオルガン
　エステルハーズィ宮殿前広場の西端には、エステルハーズィ侯爵の支援を得て世界的名ピアニストとなったフランツ・リストの石像がある。そこから西へ延びる緩やかな坂道のエステルハーズィ通りEsterházystrasse を上って行くと複雑な屋根をしたベルク教会が見えてくる。1722年にパウル二世アントン・エステルハーズィ侯爵によって建設された巡礼教会で、ハイドンはここで頻繁にオルガンを弾いていた。教会の左手扉の奥にハイドンの霊廟がある。ハイドンは1809年にウィーンで亡くなった。遺体はウィーンに埋葬された

ハイドンの墓

ベルク教会とハイドンが弾いたオルガン

がその後、エステルハーズィ侯爵の取り計らいにより1820年にアイゼンシュタットへ移された。霊廟には4人の天使に守られたハイドンの墓がある。

⊞Haydnplatz 2☎(02682)62638 ⌚9:00～17:00（7・8月は10:00～）休11～3月 料€5

オーストリア・ユダヤ博物館
Osterreichische Ju:disches Museum
MAP●p.136

保存されたユダヤ人地区
　レオポルト一世のユダヤ人迫害により、17世紀末に多くのユダヤ人がこの町に流れてきて、ウンターベルク通り界隈に住み着いた。博物館にはユダヤの歴史が紹介され、側に墓地がある。

⊞Unterbergstrasse 6☎(02682)65145 ⌚10:00～17:00 休月曜、11～4月 料€4

エステルハーズィ侯爵
Schloss Esterházy

　ハンガリーの名門貴族エステルハーズィの家系は13世紀にまで遡る。17世紀にミクラーシが侯爵となり、この家系から音楽好きが何人も出た。ハイドンは18世紀のパウル・アントン侯の時代に雇われ、以後4代の侯爵に仕えた。ニコラウス二世時代にはハイドンを音楽長にし、エステルハーズィ家の宮廷文化がここに開花した。

　19世紀のミハーイ侯爵はリストを支援、ほかにも一族はモーツァルト、ベートーヴェン、シューベルトなどとも関わりがあり、エステルハーズィ家抜きにこの時代の音楽は語れない。

ニコラウス二世

アイゼンシュタット 見どころ

城山に残る時計塔

グラーツ
Graz
MAP●p.6-F／シュタイヤーマルク州／市外局番0316

シュタイヤーマルク州の州都でウィーンに次ぐオーストリア第2の都市グラーツは、旧市街とエッゲンベルク城がユネスコ世界文化遺産に登録されている。10世紀頃、スラヴ系の民族がシュロスベルクに小さな城を築き、スラヴ語で小さな城を意味するグラデッツが町の名前の起源。歴代オーストリア大公ゆかりの地で、とくにフリードリヒ三世、マクシミリアン一世、フェルディナント二世らによってグラーツは発展し、美しい町となった。

町のしくみ

町の中を流れるムーア川Murはハンガリーへ流れてドナウ川となる。川の右岸（西側）に中央駅があり、左岸（東側）にシュロスベルク（城山）と旧市街が広がっている。州庁舎が建つ中央広場を中心とする旧市街は徒歩でまわれる。中央駅から旧市街へはトラム1、3、6、7番で4つ目の中央広場Hauptmarktで下車すると、そこが町の中心。徒歩でも20〜30分程度。旧市街の上方にシュロスベルク（城山）があり、城跡に時計台が立っている。エッゲンベルク城は中央駅のさらに西側にありトラムを利用する。

ウィーンからの交通
空路：ウィーンから約40分。空港は市の南側にあり空港から市内まではバスで約20分。
鉄道：中央駅から1時間おきに急行が出ており約2時間30分。

観光案内所
グラーツ・ツーリスト・インフォメーション
MAP●p.146-B
住Herrengasse 16
☎0316-8075-0
開10:00〜18:00（1〜3月と11月〜17:00）休なし※中央駅構内にも小さな案内所あり

観光の基点となる中央広場

見どころ

現代美術館クンストハウス
Kunsuhaus　MAP●p.138-A

斬新な建物と伝統の町並みが不思議に調和

2003年に建てられた現代アートの美術館で、風変わりな建物が話題を呼んだ。ナマコやウミウシのような形をした屋根はシュロスベルクからよく見える。屋根の突起は建物の明かり採り。館内では、世界各国からの質の高い現代芸術作品を定期的に展示している。

住 トラム1、3、6、7番でSüdtirolerplatz/Kunsthaus下車 開 10:00～17:00 休 月曜、12月24・25日 料 €9.5

生き物のようなクンストハウスの屋根

中央広場の市庁舎と大公ヨハンの噴水

武器博物館

中央広場／州庁舎
Hauptplatz／Landhaus　MAP●p.138-B

旧市街めぐりの起点

クンストハウスから橋を渡ってムーアガッセMurgasseの突き当たり。三角形の中央広場の南側に立派な市庁舎Rathausがある。広場の噴水に立つ銅像は"シュタイヤーマルクのプリンツ"と呼ばれて市民から愛されているオーストリア大公ヨハン。マリア・テレジアの三男で後に皇帝となったレオポルト二世の13番目の子供。グラーツに居を構え、この地方の発展のために力を尽くした。

市庁舎の南隣に州庁舎があり、回廊をめぐらせたイタリアルネサンス風の中庭がたいへん美しい。隣接して**武器博物館**Landes Zeughausがあり、中世武器コレクションでは世界最大。グラーツは、17世紀にオスマントルコのウィーン攻撃を食い止めるために大量の武器や武具が集められた。その後、全国の装備はウィーンに移されたが、グラーツはマリア・テレジアから許可を得て独自に保管した。現在も甲冑を中心に約3万点が保存されている。

住 トラム1、3、6、7番でハウプトマルクトHauptmarkt下車
武器博物館：開 10:00～17:00（11～3月は11:00、12:30、14:00催行のガイドツアーのみ）休 月曜 料 €9.5

広場の仕掛け時計

とっておき情報

いつまでも彷徨っていたい旧市街の一区画

ヘレンガッセの東側には旧市街が広がっている。細い路地や建物の中を通る抜け道があり、古き良きグラーツの面影を色濃く残している。州庁舎向い側のシュテンプファー通りStempfergasssseを入り、突き当たり左のエンゲ小路Enge Gasseへ。このあたりはモダンなブティックが並び、お洒落な地元の人たちが好む場所。エンゲ小路を抜けると**グロッケンシュピール広場**Glockenspielplatz（MAP●p.138-B）に出る。グラーツの蒸留酒業者が1884年に現在レストランになっている館を買い取り、その後カリヨンを取り付けた。毎日11時、15時、18時に窓が開いて民族衣装の木彫り人形が現れる。

霊廟
Mausoleum MAP ●p.138-B

内部を巨匠エアラッハが手掛ける

　大聖堂の手前にあるこぢんまりした美しい建物は、皇帝フェルディナント二世が父である大公カール二世のために建てた霊廟。みご

となファサードはイタリアの建築家によるが、内部はこの町で生まれた建築家フィッシャー・フォン・エアラッハが手掛けている。隣の大聖堂Domは、15世紀半ばに王宮用教会として皇帝フリードリヒ三世が建設した。

大公カール二世の霊廟

```
開 10:00～12:30、13:30～16:00
休 1～4月の月・水・木・土・日曜 料 €6
```

二重螺旋階段（階段塔）
Doppelwendeltreppe MAP ●p.138-B

"仲直りの階段"と呼ばれる螺旋階段

　かつての王宮Burgは現在州政府の建物となっており、階段塔のみ見学が可能。1499年にマクシミリアン一世が王宮を増築した際に造られた二重螺旋階段で、石工芸術の最高傑作といわれている。入り口から二手に分かれて登って行く螺旋階段は各階で一つになり、また分かれて上の階で再び一つになる。

```
開 7:30～20:00 休 土・日曜、祝日 料 無料
```

見事な芸術作品の螺旋階段

シュロスベルク（城山）
Schlossberg MAP ●p.138-B

高台から旧市街の赤い屋根が一望に

　グラーツのシンボルになっている時計塔Uhrturmはシュロスベルクにある。16世紀半

シュロスベルクから眺める旧市街

ばに築かれた堅固な城塞は、ナポレオンとの平和条約により解体を命じられた。市民は時計塔と鐘楼を買い取り、この2つを救った。
　標高473mの高台へは徒歩でも登れるが、ザック通りSackstrasseからケーブルカーで、あるいはエレベーターで一気に上がることができる。おすすめコースは鐘楼までケーブルカーで上がり、途中を見学して時計台まで歩いて最後はエレベーターまたは階段で下る。鐘楼から時計台までは下り坂なので歩きやすい。
　ケーブルカーで上がると目の前に難を免れた鐘楼が立っている。1日に3回、約5トンの大きな鐘が101回鳴り響く。その理由はトルコ軍が置いて行った101個の砲弾から造られたからといわれている。城山の南端にある時計台まで下って行く途中に砲台や中国風パヴィリオン、トルコ人捕虜が掘ったとされる深さ94mの井戸などを見ることができる。
　時計塔は1265年に建てられているが、今日の姿になったのは1560年頃のこと。塔は火の見櫓の役割も果たしていた。最初は時間を示す針のみが付けられており、遠くからでもわかるように長い大きな針だった。後に分を示す針が取り付けられたので時間よりも短い針になってしまった。時計塔の近くにはザック通りへ下りるエレベーターと階段がある。

```
交 ケーブルカーSchlossbergbahn（トラム4、5番シュロスベルクバーンSchlossbergbahn下車 料 €2.4）
エレベーターSchlosberglift（トラム4、5番でシュロスベルクプラッツSchlossbergplatz/Murinsel下車 料 €1.6）
```

城山の階段

城山にある深い井戸

エッゲンベルク城
Schloss Eggenberg　MAP●p.138-A外

安土桃山時代の大坂図屏風が見られる
　グラーツの貴族の家に生まれたヨハン・ウルリヒ・フォン・エッゲンベルクは30年戦争で功績をあげ、皇帝フェルディナント二世から帝国の侯爵という高い地位を授けられた。彼は1625年、古い中世の城を華麗な城館に改築。広い庭園も素晴らしく、城は2010年にユネスコ世界遺産に登録されている。

　城内はどの部屋も装飾的で美しいが、とりわけ「惑星の間」と呼ばれる大ホールには壮大な天井画をはじめ多くの壁画が描かれている。小部屋の中で価値の高いのが大坂図屏風を壁にはめ込んだ「日本の間」。大坂図屏風は北側にあったため日焼けがなく、保存状態がよい。城は大阪城と友好城郭提携を結んでいる。

天井や壁の装飾、シャンデリアが美しい「惑星の間」

🚋トラム1番シュロス・エッゲンベルクSchloss Eggenberg徒歩4分
🏠Eggenberger Alle 90 ☎361-8017-9532
🕙10:00、11:00、12:00、14:00、15:00、16:00催行のガイドツアーのみ　庭園9:00〜19:00（冬季8:00〜17:00）休月曜、11〜3月、庭園は無料 💴€15

大坂図屏風
屏風は高さ182cm、幅480mの八曲一隻の本間屏風だった。17世紀後半に美術品としてオランダに輸出され、エッゲンベルク侯爵家が購入。後に屏風は八曲に解体されて東洋的な壁画と交互に壁にはめ込まれた。屏風絵は豊臣秀吉の死後の17世紀初めに描かれたと推定され、秀吉の時代の平和な大阪を町人たちの生活と共に伝えている。日本では同様のものが戦乱でほとんど失われているため、当時の大阪の様子を知る貴重な資料ともなっている。

日本の間にはめ込まれた大坂図屏風

グラーツ　見どころ

レストラン＆カフェ

レストランやカフェは中央広場に面して、そして中央広場からヘレンガッセHerrengasseを隔てた反対側に多い。グロッケンシュピール広場、メール広場Mehlplatzとその先のプロコピ小路Prokopigasse、フェルバー広場Färberplatzでは夏場、店の前に張り出したテーブルで人々が寛いでいる。プロコピ小路からヘレンガッセに抜ける2つのパサージュにも小さくて感じのよいレストランやカフェがある。シュロスベルクにはケーブルカーとエレベーターの降り口にレストランがある。

レストランやカフェが多いグロッケンシュピール広場

ホテル

イビス・グラーツ
Hotel ibis Graz　MAP●p.138-A

駅前に建つ斬新なホテル
　ガラス張りのモダンな建物で客室は、シンプルだが広さは十分。旧市街へもエッゲンベルク城へもトラムで10分ほどなので便利。

🚋グラーツ中央駅Graz Hauptbahnhofすぐ　🏠Europaplatz 12 ☎(0316)7780
💴€75〜　108室

ダス・ヴァイツァー
Das Weitzer　MAP●p.138-B

建物は古く、室内はモダン
　1872年創業のホテルでムール川に面し、ホテルの前は緑豊かなプロムナード。無駄を省いたシンプルさが受けている。

🚋トラム1、3、6、7番ズードティローラープラッツ／クンストハウスSüdtirolerplatz/Kunsthaus徒歩3分
🏠Grieskai 11 ☎(0316)703-400 予約hotel@Weitzer.com 💴€110〜　204室

リンツ
Linz
MAP ● p.6-F ／オーバーエースタライヒ州/市外局番0732

ドナウ河畔に開けたオーストリア第3の都市。アントン・ブルックナーゆかりの町で、毎年秋に国際ブルックナー音楽祭が開かれている。モーツァルトは1783年にリンツに立ち寄って交響曲第36番『リンツ』を作曲し、ベートーヴェンもこの町で交響曲第8番を作曲している。

町のしくみ

中央駅の右手、市民公園から北に延びるラント通りを真っすぐ歩いて行くと町の中心部に出る。ラント通りの先に中央広場があり、この先はもうドナウ川。ドナウの対岸には標高537mのペストリンクベルクがあり、山頂へ登る電車がある。

リンツへの交通

ウィーン西駅から特急で約1時間20分、ザルツブルクから特急で約1時間10分。リンツ中央駅は旧市街の南端にあり、駅から中心部まで徒歩20〜30分

観光案内所
●旧市庁舎1階 Altes Rathaus, 住 Hauptplatz 1
開月〜土曜9:00（日曜・祝日10:00〜）〜19:00（10〜4月は〜17:00）
●中央駅構内　Linz Hauptbahnhof
開月〜土曜7:00〜19:00（日曜・祝日〜19:45）

見どころ

ラント通り周辺
Landstrasse

街並みの美しさをじっくり鑑賞

まずはヘレン通りHerrenstrasseの新大聖堂Neuer Domへ。19世紀半ばに建てられたネオ・ゴシック様式の堂々たる教会で、外観もりっぱだが内部のステンドグラスがたいへん美しい。ルディギーア通りRudigierstrasseを経てラント通りへ。このあたりから中央広場にかけてのラント通り両側にはクラシックな建物が並び、みごとな街並みが続く。17世紀後半に建てられた旧大聖堂・聖イグナティウス教会Alter Dom St. Ignatiusは祭壇や宣教壇が美しく、ここでブルックナーは1855年から1868年までオルガニストとして活躍していた。ラント通りを隔てて旧大聖堂の反対側に位置する州庁舎Landhausは16世紀後半に建てられたもので中庭の回廊が美しい。当時はこの中に大学があり、ドイツの天文学者ケプラーは14年間ここで教鞭をとっていた。

中央広場近くの旧大聖堂

中央広場
Hauptplatz

りっぱな三位一体記念柱が中央に

中央広場は13世紀前半に建設され、長さ219m、幅60mもある大きな長方形の広場である。周りを取り囲む建物は天井丈が高く装飾的なものばかり。中ほどに旧市庁舎Altes Rathausがある。広場の中央に輝いているのは白大理石製の三位一体記念柱Dreifaltigkeitssäule。戦災や火災から免れ、ペストが終焉したことに感謝して1723年に立てられた。

その他の見どころ

夜景がみごとなドナウ河畔

中央広場からドナウ川に架かるニーベルンゲン橋へ。橋の手前右手にはメディアアートの拠点アルス・エレクトロニカ・センター Ars Electronica Centerが、橋を渡った右手には現代美術館Lentos Kunstmuseumがあり、夜ともなれば共に光のアートを演出している。

ペストリンクベルクPöstlingbergへ上る電車Pöstlingbergbahnで終点まで登ると、18世紀前半に建てられた巡礼教会Wallfahrtskircheがある。

アントン・ブルックナー（1824〜1896）

リンツの約12km南のアンスフェルデン村に生まれたブルックナーは、近くの聖フローリアンSt.Florian修道院付属の合唱隊に入り音楽の才能を磨いた。成人した彼は聖フローリアンのオルガニストとなり、後にリンツ大聖堂へ招かれ、その後ウィーンの音楽学校教師となって有名になる。しかし、彼の心はこの修道院から離れることがなく、遺言によって彼の遺骨は聖フローリアン修道院教会のオルガンの下に埋葬された。

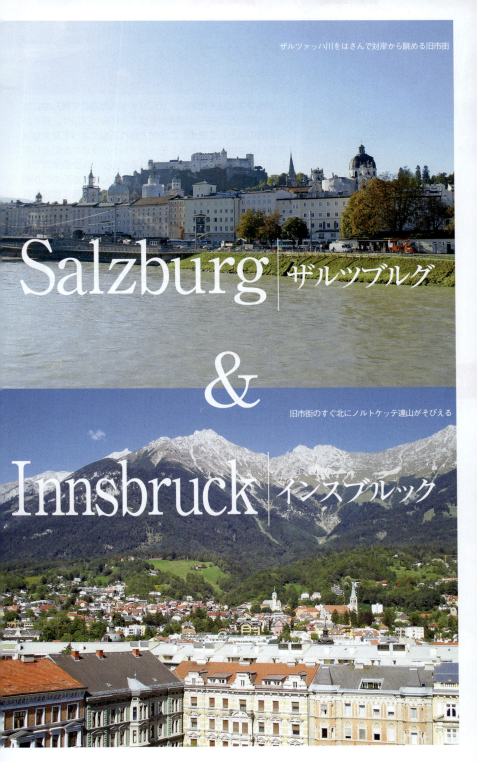

ザルツァッハ川をはさんで対岸から眺める旧市街

Salzburg｜ザルツブルグ

&

旧市街のすぐ北にノルトケッテ連山がそびえる

Innsbruck｜インスブルック

ザルツブルク大聖堂

州名／ザルツブルク州
市外局番／0662

ザルツブルク
Salzburg
MAP●p.6-F

アルプスの峰を背景に、ザルツァッハの流れを真ん中に置き、小高い丘の右には城塞がそびえるザルツブルク。古くから司教の町として栄え、この地で採れる塩によって莫大な富を築いた中世の町である。モーツァルトが生まれた町としても知られ、近年では夏に開催されるザルツブルク音楽祭でも名声を高めている。ザルツァッハ川を挟んで、新旧の町が相対し、旧市街の歴史地区は、ユネスコの世界遺産に登録されている。郊外のザルツカマーグートは文字通り「塩の採掘領地」を意味し、山と湖の美しい自然景観が広がっている。映画「サウンド・オブ・ミュージック」の舞台でもあり、ロケ地をめぐるツアーもあって人気が高い。

ザルツブルクへのアクセス

空路で
オーストリアの主要空港のみならず、ヨーロッパの主要都市と直行便で結ばれている（ウィーンから50分、パリから1時間20分、フランクフルトから1時間5分）。夏の音楽祭シーズンには国際線の便数はぐっと増える。

空港から市内へ
ザルツブルク空港は、市の西方約5kmにある。市内の中央駅から2番のバスで約20分（€2.7。事前に券売機で購入すれば€1.9）、タクシーなら15分ほどで、€15〜20）。

鉄道で
ドイツのブレゲンツやスイスのバーゼルとウィーンを結ぶ幹線鉄道上にあり便数も多く便利。主要都市からの所要時間はウィーン3時間〜2時間30分、リンツ1時間20分、グラーツ4時間、インスブルック2時間、プラハ7時間20分、ブダペスト6時間30分、ミュンヘン1時間30分、フランクフルト5時間。新市街北部の中央駅に着く。中央駅から旧市街へはバス3、5、6でラートハウスRathausまたはモーツァルトシュテークMotzartsteg下車。歩いても20分ほどだ。

ザルツブルク中央駅

市内交通

バス／トロリーバス
中央駅前にバス・ターミナルがあり、券売機も備えている。オーブスObusとよばれるトロリーは中心部、バスAutobusは郊外へ路線を延ばしている。

タクシー
基本料金は€3.2（休日€4）、中央駅から旧市街まで€10。

フィアカー（観光馬車）
レジデンツ広場で乗車できる。4人乗りで（1台）20〜25分€44、約50分€88。

ドイツ経由も便利
ザルツブルクはドイツ国境に近い。直接ザルツブルクに入るときには、日本から直行便のあるミュンヘンから入るのも便利。

ザルツブルクのバスは複雑！
中央駅から旧市街へ行くには、1、3、5、6、25、840番を利用。このうち1番は、シュターツブリュッケStaatsbrückeを渡るとすぐ右折し、橋の袂のハヌーシュプラッツHanuschplatzで停まる。ゲトライデガッセへはここが一番近い。ほかのバスは、橋を渡ると左折してすぐラートハウスRathausで停まる。ラートハウスの次のモーツァルトシュテークMorzartstegで降りるとモーツァルト広場が一番近い。このように、旧市街には3ヵ所の停留所がある。

旧市街から中央駅に戻る1番以外のバスは、橋を渡って川向うの道から乗ることになるので注意。モーツァルトシュテークMorzartstegバス停とミラベル宮殿近くのマカルトプラッツMakartplatzバス停の2ヵ所。1番バスで中央駅に戻る場合は、降りたハヌシュプラッツの反対側に中央駅行きバス乗り場がある。

観光案内所
・中央駅構内
開9:00〜18:00　MAP●p.147-D
・モーツァルト広場
住Mozartplatz 5　☎889-87-330
開9:00〜18:00（7・8月8:30〜19:30）休10月中旬〜3月の日曜
MAP●p.147-G
URL www.salzburg.info

レンタルバイク（貸自転車） ※4～10月のみ
　シュターツブリュッケFranz-Josefkaiで借りられる。24時間前の予約が必要。2時間€2、5～24時間€10。

遊覧船
　マカルト小橋から出航。40～55分€15※4～10月中旬

定期観光ツアー
　定期観光ツアーは日本語ツアー（4～10月のみ）もある。
●**サウンド・オブ・ミュージック・ツアー（英語）**　出発：毎日9:15／14:00　所要：4時間　€45　映画のロケ地をめぐる。
●**市内観光ハイライト（英語）**　出発：毎日10:00～17:00の間の約1時間毎　所要：1時間　€19　バスからの車窓観光で、新市街、旧市街、ホーエンザルツブルク城塞などを回る。
●**市内観光（徒歩観光／英語）**　出発：5月13日～10月15日の毎日11:30　所要：1.5～2時間　€19　市内観光とモーツァルトの生家に入場見学する。
●**ザルツカマーグート（英語）**　出発：1月2日～10月27日の毎日14:00　所要：4時間　€45　ザルツカマーグートの湖と町めぐり。
※いずれの観光バスもミラベル広場発着で、出発10分前に集合

乗り降り自由の観光バス「ホップオン・ホップオフ」
　ミラベル広場など市内12カ所の停留所で乗り降り自由のバスツアー。日本語のオーディオガイドがあり、英語とドイツ語のみだがサウンド・オブ・ミュージックのシティツアーガイドもある。「Hop On Hop Off」のシティツアーは、メインシーズンには30分毎（オフシーズンは1時間30分毎）に出発。1日券€19。チケットはミラベル広場で販売している。

ホップオン・ホップオフのバス

券売機ときっぷ
　市内観光なら下部にある赤いStadt/Cityの部分から券種を選ぶ。ボタンを押すと料金が表示されるので、コインを入れればきっぷが出てくる。
1回券Einzelfahrt：€1.9
1日券Tageskarte：€4
1週間券Wochenkarte：€16.4

ザルツブルク・サイトシーイング
住Mirabellplatz 2
☎(0662) 881616
URL www.hoponhopoff.at

ホーエンザルツブルク城塞からの眺め

町のどこからでもホーエンザルツブルク城塞が眺められる

ザルツブルク・カード
　カードを提示するだけですべての公共交通機関（ゾーンS内）と代表的な博物館や観光スポットが入場無料になるカード。定期観光バスやイベント、コンサートなどが割引になる。ホテルや観光案内所で買える。

時間	料金
24時間	€26（€29）
48時間	€34（€38）
72時間	€39（€44）

※（　）は5～10月の料金

便利なザルツブルク・カード

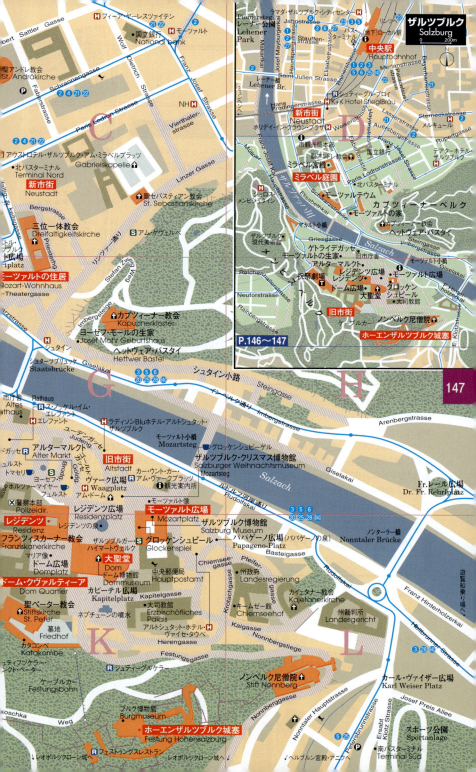

旧市街

エリアのしくみ

ザルツァッハ川の南側に旧市街が開け、大聖堂やモーツァルトの生家、祝祭劇場、そして丘の上には大司教の館だったホーエンザルツブルク城塞がある。駅から旧市街へ徒歩で行くには、ミラベル庭園を通り抜け、シュターツブリュッケ（橋）を渡るとよい。旧市街の中では、乗り物は観光用の馬車と自転車だけ。徒歩でも充分まわれる広さだ。

歩き方のヒント

楽しみ
観光　★★★★★
ショッピング　★★★★
食べ歩き　★★★★

交通手段の便利さ
バス、トロリーバス　★★
タクシー　★★

エリアの広さ
端から端まで歩いても30分ほどの狭い地域に見どころが集中している。交通手段がないので歩くしかないが、歩いてこそ良さがわかる。

モーツァルト広場

旧市街への交通

中央駅からバス3、5、6、25番で約10分、シュターツブリュッケを渡ったラートハウスRathausで下車。観光案内所があるモーツァルト広場まで行き、ここを起点に観光を始めよう。

レジデンツ広場と噴水

見どころ

モーツァルト広場と周辺
Mozartplatz
MAP●p.147-G

ザルツブルク観光はここから

中央に立つのはモーツァルトの銅像。1842年にモーツァルトの2人の息子立ち会いのもとで、除幕式が行われた。観光案内所が脇にあり、旅行者の姿も多い。広場から少し東にあるパパゲーノ広場Papageno-Platzにはパパゲーノの泉があり、モーツァルトの歌劇「魔笛Zauberflöte」に登場する鳥飼いパパゲーノの小さな像がある。

ドーム・クヴァルティーア
Dom Quartier
MAP●p.147-K

ドーム区画をめぐる周回コース

レジデンツ、大聖堂（ドーム）、聖ペーター修道院・教会は、大司教時代から自由に往来できるように、すべてが建物や廊下でつながっていた。それらはドーム・クヴァルティーアの周回コースとなって公開。入り口はレジデンツで、バルコニーに出た後、オルガンやドーム博物館のある大聖堂の2階へ。その後は聖ペーター修道院宝物室とギャラリーを見学し、最後に聖ペーター教会博物館を通って再びレジデンツへ戻る。なお、大聖堂の1階ホールや聖ペーター教会の1階ホール、墓地には行けないので、それぞれ別に見学することになる。

交 モーツァルト広場より徒歩2分　開 10:00〜17:00（7・8月〜18:00）　料 €13（個別のチケットはない）　休 9〜6月の火曜、12月24日

●レジデンツ　Residenz

17世紀半ばの美しい噴水が中央を飾るレジ

ドーム・クヴァルティーアの内部

演奏会でモーツァルトが指揮をした「会議の間」

デンツ広場は、大聖堂、レジデンツ、新レジデンツの3つの大きな建物に囲まれている。
　レジデンツは、16世紀末にこの町を「北のローマ」にしようと試みた大司教ヴォルフ・ディートリヒによって建てられ、2代後のパリス・ロドロン大司教によって完成。入り口から大司教の力を見せつける大階段に圧倒される。内部では「戴冠の間」、「騎士の間」、若きモーツァルトが指揮をした「会議の間」など、絢爛豪華な部屋が現れる。「カラビネリ・ザール」では頻繁にコンサートが開かれる。
　ルーベンスやレンブラントの作品があるレジデンツギャラリーも隣接している。

●大聖堂（ドーム）　Dom

華麗なドームの大円蓋

　入り口は、聖マリアの柱が立つドーム広場に面している。16世紀末に大司教となったヴォルフ・ディートリヒは、ローマのサン・ピエトロ寺院に匹敵するような巨大な教会建設を試みたが、完成したのは1655年、2代後のパリス・ロドロン大司教の時代だった。4人の聖人像が立ち並ぶ入り口では、1920年にホーフマンシュタールの戯曲「イェーダーマン」を上演。これがザルツブルク音楽祭のはじまりで、今日も音楽祭はドーム入り口での「イェーダーマン」で幕を開ける。

　入り口のブロンズ扉は左から「信仰」、「愛」、「希望」を表した見事な作品。内部は1万人収容の大ホールで、大理石と壁画で埋まっている。モーツァルトはここで洗礼を受け、1779年からオルガン奏者となった。
内部の漆喰装飾と天井画が見事

開ミサの最中は見学できない

聖ペーター教会　Stiftskirche St.Peter

　1127年の創建当初はロマネスク様式だったが、17～18世紀の改修でバロック様式の建物となっている。身廊の天井は、聖ペテロの生涯の数場面を描いたフレスコ画で飾られて

錬鉄製の飾りが美しい教会墓地

いる。教会付属墓地はメンヒスベルクの山肌をくりぬいてカタコンベが作られ、美しい錬鉄製の柵で仕切られている。

交モーツァルト広場より徒歩5分　開カタコンベ10:00～12:30、13:00～18:00（10～4月～17:00　料€2

ザルツブルク博物館
Salzburg Museum
MAP●p.147-K

パノラマ画が見逃せない

　大司教のゲストハウスだったレジデンツ新館は、ザルツブルクの歴史や文化に関する展示がある博物館になっており、大司教が使っていた部屋も見ることができる。入り口が別のパノラマ博物館のパノラマ画は必見。

交モーツァルト広場　開9:00～17:00
休月曜、11月1日、12月25日　料€9、パノラマ博物館とのコンビチケット€10

ザルツブルク・クリスマス博物館
Salzburger Weihnachtsmuseum
MAP●p.147-G

クリスマスの文化と歴史がよくわかる

　ザルツブルクに住む個人のコレクションで、この地方の民俗文化にまつわるクリスマスの展示品もある。クリスマスファンには必見。

交モーツァルト広場　住Mozartplatz 2　開10:00～18:00　休月・火曜、2月～3月20日頃まで　料€6

街角ウォッチング
ユーデンガッセ周辺を散策

　ユーデンガッセJudengasseはかつてユダヤ人街だった。ユダヤ教会だった建物は現在ホテルになっている。近くのゴールドガッセGoldgasseはかつて金細工師たちが住んでいた路地。

静かなゴールドガッセ

かつてのユダヤ教会の建物の扉

ゲトライデガッセ
Getreidegasse
MAP●p.146-F

鉄細工の看板が空を埋める
　カフェやショップが並ぶ旧市街のにぎやかな通り。南側を山に、北側を川に挟まれた旧市街は南北に発展することができず、市民の住居は東西に広がってゲトライデガッセができ上がった。細長い通りには5、6階建ての館がぎっしり立ち並び、現在はほとんどが商店。通りに張り出した鉄製の看板はアイデアと美しさを競い合っている。

🚶モーツァルト広場より徒歩3分

看板がおもしろいゲトライデガッセ

モーツァルトの生家
Mozarts Geburtshaus
MAP●p.146-F

天才音楽家モーツァルト誕生の家
　ゲトライデガッセの中ほどにあり、モーツァルトは1756年1月27日にここで誕生した。建物の4階北半分がモーツァルトの家だった。現在は建物全体がモーツァルト財団のもの。通りから入り口の階段を上がると3階にチケット窓口がある。途中の階段にある竈は住民共同の台所。見学は4階からで、下へ降りながら各階へ。モーツァルトの生涯や作品がよくわかる。

モーツァルトの家だった博物館

🚶モーツァルト広場より徒歩5分 🏠Getreidegasse 9 🕘9:00～17:30（7・8月8:30～19:00、入場は30分前まで）🚫12月21日～1月7日 💰€10（モーツァルトの家との共通券€17）

祝祭劇場
Festspielhaus
MAP●p.146-J

ザルツブルク音楽祭のメイン会場
　1607年に大司教の厩として建てられた細長い建物で、その長さは延々225mに及ぶ。内部には西側から大劇場、大ホール、岩山を削って造られたオープンエアのフェルゼンライトシューレ（岩屋の馬術学校）劇場、ハウス・フュア・モーツァルト（旧小祝祭劇場）が順に並んでいる。各ホールはガイドツアーで見学できる。

🚶バス、カラヤン・プラッツKarajan-pl.より徒歩1分 🕘ガイドツアーのみで9:00～17:30（7・8月8:30～19:00）🚫12月21日～1月7日 💰€7

馬の水飲み場
Pferdeschwemme
MAP●p.146-F

ザルツブルク版トレヴィの泉
　隣に岩を削って造成された大司教の厩があったため、そこに飼われていた130頭の馬のために造られた泉がこの馬の水飲み場。1732年に現在の姿になった。中央に馬の調教場面の像が立ち、壁には馬の美しいフレスコ画が並んでいる。

🚶バス、カラヤン・プラッツKarajan-pl.よりすぐ

切り立った岩壁の前にある

小山の上に建つホーエンザルツブルク城（上）と城塞からの旧市街の眺め（左）

ノンベルク尼僧院
Stift Nonnberg
MAP●p.147-L

ひっそりとして簡素な美しさ

　714年創建のドイツ語圏で最も古い女子修道院。修道院内部は非公開だが、墓地に囲まれた付属教会は見学できる。15世紀末に建てられ、礼拝室にはゴシック様式の衝立がある。映画「サウンド・オブ・ミュージック」でマリアの修道院として登場した。

中心に聖母子像、両脇にはキリストの受難の場面が描かれている主祭壇の装飾衝立

🚶 モーツァルト広場より徒歩10分

ホーエンザルツブルク城塞
Festung Hohensalzburg
MAP●p.147-K

城塞からは市街が一望できる

　標高約120mの小山の上にそびえる1077年にゲープハルト大司教が建てた城塞で、15世紀末のコイチャッハ大司教の時代にほぼ現在の形になった。1525年に起こった農民戦争で反乱軍が3カ月間城を包囲したが落とせず、兵糧攻めにも耐え抜いた城である。現在は博物館となり大司教の住居部分や大砲、武器、中世の拷問器具などを見ることができる。贅沢な黄金の間や儀式の間などがあり、当時時刻を知らせるために町へ向けて鳴らされたパイプオルガンは、ザルツブルガー・シュティーアー（ザルツブルクの雄牛）と呼ばれて公開されている。塔の上からは360度の素晴らしい眺めが得られる。

大司教が住んでいた豪華な黄金の間のストーブ

🚶 モーツァルト広場より徒歩20分、または徒歩5分のケーブルカーFestungsbahn利用で山頂駅より徒歩6分 開9:30～17:00（5～9月9:00～19:00）料基本チケット€12.9（ケーブルカー付、城塞内部、展望台、城塞博物館）、完全チケット€16.3（基本＋大司教の間、寝室、黄金の間など）

とっておき情報

バルカン生まれのホットドック「ボスナBosna」

　ゲトライデガッセからカラヤン広場への抜け道にいつも人が列を成しているテイクアウトのホットドッグ店「Balkan grill」がある。バルカン出身者が1950年に店を出したのが始まり。パリパリしたパンにタマネギ主体の独特なソースのボスナは実においしい。1本€3.7。今では町の名物になっている。

人気のホットドッグ、「ボスナ」

ザルツブルク　見どころ　151

新市街

エリアのしくみ

旧市街から川を渡ったところから中央駅までの地域で、ホテルが多く集まっている。観光ポイントの数も旧市街と比べて少なく、歩いてまわれる範囲にある。町はずれの城や宮殿の見学は市バスが利用できる。

歩き方のヒント

楽しみ
観光　　　　　★★★
ショッピング　★★★
食べ歩き　　　★★★
交通手段の便利さ
バス、トロリーバス　★★★
タクシー　　　　　　★★
エリアの広さ
見どころはミラベル庭園とその周辺に集中している。ゆっくり見てまわっても2〜3時間あれば足りる。

四季それぞれに美しいミラベル庭園から城塞を望む

見どころ

ミラベル宮殿、庭園
Schloss Mirabell, Mirabellgarten
MAP●p.146-B

幾何学模様の庭園の上には城塞が

もとはヴォルフ・ディートリヒ大司教が、愛人ザーロメ・アルトと彼女との間に生まれた15人の子供たちのために建てたアルテナウ宮。ディートリヒ失脚後、宮殿は大司教の離宮となり、18世紀にバロック建築に建て替えられてミラベル宮殿と称されるようになった。19世紀の火災で損なわれ、復元されてネオ・クラシックの館となり、現在は市役所と図書館として使われている。西北部分のラファエル・ドナー作の「大理石の階段」とコンサートが行われる「大理石の間」は焼け残った部分で、使用されていないときは見学できる(無料)。庭園は17世紀にウィーンのフィッシャー・フォン・エアラッハを呼び寄せて造らせたもので見事。

交モーツァルト広場より徒歩10分 開大理石の間8:00〜16:00(火・金曜13:00〜) 休土・日曜 料なし

豪華なバロック建築の「大理石の間」

火災を免れた大理石の階段

モーツァルトの住居
Mozart-Wohnhaus
MAP●p.147-G

当時の姿に再建された家

マカルト広場の「ダンスのマイスターの家」Tanzmeisterhausと呼ばれる館に、1773年から1787年までモーツァルト一家が住んでいた。モーツァルトは1781年まで住んでここで多くの作品を書いた。

モーツァルト一家が暮らしていた家を復元

🚇モーツァルト広場より徒歩10分 🏠Makartplatz 8
🕐9:00〜17:30(7・8月8:30〜19:00、入場は30分前まで) 💴€11 休なし

モーツァルテウム
Mozarteum
MAP●p.146-B

カラヤンも学んだ音楽院

1914年に設立された財団で、音楽院とコンサートホールを備えている。庭園にはモーツァルトが「魔笛」を完成させたという「魔笛の家」がウィーンから移築。隣にはマリオネット劇場Marionettentheater、その並びに州立劇場Landestheaterがある。

🚇モーツァルト広場より徒歩15分

ヘットヴェア・バスタイ
Hettwer Bastei
MAP●p.147-G

城塞と旧市街の眺めならここ

リンツァー通りLinzergasseの上り口からヘットヴェア・バスタイという、30年戦争当時の堡塁が残る場所に出る。城塞を入れて旧市街の町並みを撮るならここがおすすめ。さらに上方のカプツィーナーベルクへは、ハイキングコースが続いている。

🚇モーツァルト広場より徒歩20分

レオポルツクローン城
Schloss Leopoldskron
MAP●p.155-A

「サウンド・オブ・ミュージック」のロケ地

映画「サウンド・オブ・ミュージック」の撮影が行われた城で、トラップ邸となっていたところ。1744年にフィルミアン大司教によって湖のほとりに建てられた。1818年に演出家マックス・ラインハルトが購入し、ザルツ

裏道小路散策
シュタイン小路を歩く

旧市街からシュターツブリュッケを渡ると右側にシュタイン小路Steingasseがある。入ってすぐの左手には「聖しこの夜」の作詞者ヨーゼフ・モールの生家があり、この家の脇の階段からもカプツィーナーベルクへ上がれる。周囲の喧噪とは無縁の静かな道が、川沿いに続く。

ブルク音楽祭のメンバーがここに集った。映画のロケ地を巡るツアーでは湖の対岸から城を眺める。現在はホテルになっているので、宿泊することができる。

🚇市内よりバス22番でヌスドルファーシュトラーセNussdorferstrasse下車、徒歩15分

映画の中ではトラップ邸となった城

ヘルブルン宮殿
Schloss Hellbrunn
MAP●p.155-A

巧みな庭園の仕掛けがおもしろい

ヴォルフ・ディートリヒの後を受け継いだ大司教マルクス・ジッティクスが1616年に建てた夏の離宮。室内は18世紀に改装されている。だまし絵のある「宴会の間」や八角形の「音楽の間」、庭園では113の人形が音楽に合わせて動く「仕掛け劇場」などが興味深い。庭の椅子やテーブル、壁などから突然水が噴き出す水の庭園には驚かされる。

🚇中央駅よりバス25番22分、フュルステンヴェーグFürstenweg下車、徒歩5分
🕐9:00〜16:30(5・6・9月〜17:30、7・8月〜18:00)
休11〜3月
💴€12.5

宮殿ばかりでなく庭園も楽しめるヘルブルン

ザンクト・ヴォルフガングの地区教会。右手にはホテルの白馬亭が建つ

ザルツカマーグート Salzkammergut

ザルツブルクの東一帯に広がる山岳地帯はザルツカマーグート（塩の領地）と呼ばれている。山と湖が点在するこの地方には岩塩鉱脈があり、塩産業によって小さな町が栄えた。近世になってほとんどの塩坑が閉鎖されたため、2000m級の山々で囲まれた塩の町は近代化から取り残されてしまった。しかしそれが幸いし、このように美しい景観が保たれたのである。まどろむような山あいの町は、今日オーストリアの中でも最も人気の高い観光スポットとなっている。

マリアと大佐の結婚式の教会がある
モントゼー
Mondsee　　　　　　　MAP●p.155-B

モントゼー（月の湖）の湖畔にある同名の小さな町で、映画「サウンド・オブ・ミュージック」のマリアの結婚式の場面はこの教区教会Pfarrkircheで撮影された。

交 ザルツブルクよりバス約1時間

モントゼーの教区教会

モーツァルト一家ゆかりの町
ザンクト・ギルゲン
St. Gilgen　　　　　　MAP●p.155-B

ヴォルフガング湖Wolfgangseeの西端にあるかわいらしい町。モーツァルトの母の生家があり、姉のナンネルも後年この家に住ん

でいた。現在は記念館Mozarthaus St.Gilgenになっている（開6〜9月の10:00〜16:00、クリスマス期間13:00〜18:00 休月曜 料€4）。市庁舎前のモーツァルト広場には、ヴァイオリンを弾く子供時代のモーツァルト像が立っている。標高1522mのツヴェルファーホルンへはゴンドラで登ることができる。

少年モーツァルトの像

交 ザルツブルクからバス約50分

巡礼地として発展した町
ザンクト・ヴォルフガング
St. Wolfgang　　　　　MAP●p.155-B

ヴォルフガング湖の北岸にある。10世紀にレーゲンスブルクの司教ヴォルフガングがこの地へやってきたとき、突然「ここに教会を建てよ！」という神の声を耳にした。彼が建てた教会はその後、巡礼教会となってヨーロッパから人々が詣でるようになった。この教区教会には、15世紀に活躍したオーストリア最大の彫刻家ミヒャエル・パッハーの傑作、マリア戴冠の祭壇があり、当時と変わらぬ鮮やかな色彩を放っている。

地区教会にあるマリア戴冠の祭壇はゴシック芸術の傑作といわれる

登山鉄道の蒸気機関車

庭園の中にあるカイザー・ヴィラ

教会の隣に建つヴァイセン・レッスルWeissen Rössl（白馬亭）は、ベルリンで活躍していたラルフ・ベナツキーのオペレッタ「白馬亭にて」の舞台になったホテル。オペレッタの人気から宿泊者が増えて、現在は隣近所の建物もホテルになっている。町は小さいがチロル風のファサードを持つ家が多く、かわいらしい。標高1783mのシャーフベルクSchafbergへ登る登山鉄道もあり、晴れた日には周辺4つの湖を眼下に見下ろせる。このSLは映画「サウンド・オブ・ミュージック」の「ドレミの歌」の中に登場している。

🚌 ザルツブルクよりバス約1時間30分

シシィの運命はここから始まった
バート・イシュル
Bad Ischl

MAP●p.155-B

ウィーンの堅苦しい宮廷生活に耐えられず、旅から旅へさまよい続けた皇妃エリザベート。彼女の数奇な運命はこの町から始まった。1853年、皇帝フランツ・ヨーゼフはバイエルン公女ヘレーナとの見合いのためこの地を訪れた。ところが皇帝は付き添ってきたヘレーナの妹で15歳のエリザベートに一目惚れし、彼女に結婚を申し込む。思い出の地であるこの町へ、皇帝はエリザベート亡き後も毎年訪れていた。ハプスブルク家の別荘だったカイザー・ヴィラkaiservilla（開4・10月と1〜3月の水曜10:00〜16:00、5〜9月9:30〜17:00、12月の土・日曜10:00〜16:00 料公園€5.1、公園とカイザー・ヴィラ€15）では、フランツ・ヨーゼフ皇帝夫妻が過ごした部屋やゆかりの品々を見学することができる。

「メリーウィドゥ」の作曲家フランツ・レハールが過ごした館がトラウン河畔にある（レハール・ヴィラLehár-Villa開10:00〜17:00 休7・8月を除く月曜、火曜、10〜4月 料€5.5）。彼は1912年から1948年まで定期的にここで過ごし、この館で亡くなった。遺言により館は市に寄贈され、彼が亡くなった当時のままの状態で保存されている。

19世紀後半、町は王侯貴族や芸術家たちの保養地として栄えていたため、その名残で有名なカフェやショップがある。ヨハン・シュトラウスが通ったカフェ・ラムザウアーや皇帝御用達の菓子店ツァウナー、シシィが特別な蒸留水を頼んでいた薬局クーア・アポテーケなどは今日でも大人気だ。

クーア薬局のシシィコーナーには、石鹸や入浴剤などのシシィグッズが置かれている

🚌 ザルツブルクよりバスで約1時間30分。鉄道はアットナング・プッフハイムAttnang-Puchheimより30分。観光案内所はカイザー・テルメの向かい

ザルツカンマーグート

絵のように美しい世界遺産の町
ハルシュタット
Hallstatt
MAP●p.155-B

　ダッハシュタイン山塊の山麓にあるハルシュタットは、ハルシュタット湖Hallstätter Seeの南に位置する小さな町である。岩崖にへばりつくように建っている民家は絵のように美しい。船着場の近くに三角形をしたマルクト広場があり、ここを中心に湖畔に沿って南北に民家が建ち並んでいる。

　ハルはケルト語で塩を、シュタットはドイツ語で町を意味する。紀元前1400年頃から岩塩が採掘されており、それは現在も細々であるが続けられている。案内人付きで塩坑をめぐることもできる（塩坑巡りSalzwelten 4月20日〜9月15日9:30〜16:30、9月16日〜11月3日9:30〜15:00 料€24）。紀元前800年頃から紀元前500年頃まではハルシュタット時代と呼ばれ、その時代の貴重な出土品はハルシュタット博物館Hallstatt Museum（4・10月10:00〜16:00、5〜9月10:00〜18:00、11〜3月11:00〜15:00 休11〜3月の月・火曜 料€8）で見ることができる。

交 鉄道はバート・イシュルより約20分、アットナンク・プッフハイムAttnang-Puchheimより1時間30分。町は鉄道駅の対岸にある。駅から湖の方へ細道を下って行くと船着場があり、船で10分ほど。

映画「サウンド・オブ・ミュージック」の撮影地

　1965年のアカデミー賞受賞作「サウンド・オブ・ミュージック」はほのぼのとしたストーリーと音楽、そしてザルツブルクと周辺の風景の美しさで大ヒットした映画。アメリカと日本では今でも人気がある。
　冒頭のシーンはザルツカマーグート、マリアの修道院はノンベルク修道院、トラップ大佐の館とボート遊びをした湖がレオポルツクローン城。ドレミの歌のモーツァルト橋とミラベル庭園、シャーフベルク登山鉄道、結婚式のモントゼーの教会、エーデルワイスの祝祭劇場フェルゼンライトシューレ。そのほかレジデンツ広場や馬の水飲み場など、多くの撮影場所がある。
●サウンド・オブ・ミュージックの撮影地をめぐる観光バス（英語）がザルツブルクから出ている（ザルツブルク・サイトシーイングツアー　所要約4時間、€45）。

噴水のあるレジデンツ広場

花や彫像、噴水に彩られたミラベル庭園

Shopping ショッピング

ゲトライデガッセとその周辺がショッピングの中心。ザルツブルクの民芸品や工芸品、クリスタルからブランドの店までいろいろそろっている。

ドレス用のシルクは1m €50ぐらいから

民俗衣装 ザルツブルガー・ハイマートヴェルク
Salzburger Heimatwerk　MAP●p.147-K

ザルツブルクの伝統的工芸品の店

　レジデンツ広場の一角にあり、布と布製品を中心に小物を扱う。民族衣装や小物類は手作りで品質も確かだ。チロリアン刺繍のテーブルクロスや匂い袋、バッグなど。毎年デザインの違う陶器製のベルも販売。

交モーツァルト広場より徒歩1分 住Residenzplatz 9 ☎(0662) 84-4110 営10:00～18:00(土曜～17:00) 休日曜

クリスタル スワロフスキー
Swarovski　MAP●p.146-F

クリスタルの置物とアクセサリー

　オーストリアを代表するクリスタル宝飾店。手ごろな値段でペンダントヘッド€55～やブローチ、ネックレスが買えることから店内はいつも観光客でいっぱい。雪のオーナメント大€60、小€34、星のネックレス€60～など。

交モーツァルト広場より徒歩5分 住Getreidegasse 19 ☎(0662) 84-6931 営9:30～19:00(土曜～18:00) 休日曜・祝日

岩塩 ザルツブルガー・サルツ
Salzburger Salz　MAP●p.146-J

市内唯一の塩の専門店

　ザルツブルクの岩塩を中心に世界中の塩を扱う。とくに年間160tしか採れないBad Aussee(ハルシュタットの近郊)の黒っぽい色のミネラルをたっぷり含んだ塩が手に入る。€3～。40種類のハーブ入り岩塩、バラ入り岩塩など、自家製ミックスされた塩もおすすめ。その他バスソルトや塩の化粧品、塩の歯磨き粉など、さまざまな商品がある。

名産の塩はおみやげに最適

ザルツブルクみやげはやっぱり"塩"

　ザルツブルクとは塩の城という意味で、近郊ではたくさんの岩塩が採掘され、今でもこの町は塩が名産となっている。スーパーや食料品店にも並んでいる。

交モーツァルト広場より徒歩5分 住Wiener Philharmonikergasse 3 ☎(0662) 848079 営9:30～18:00(土曜～17:00、11～3月10:00～) 休日曜、12月24日午後、12月25・26日

157　ショッピング

アルターマルクトに面している

菓子 ヨーゼフ・ホルツァーマイヤー
Josef Holzermayr　MAP●p.147-G

もう一つのモーツァルトクーゲルを

　モーツァルトクーゲルは赤いパッケージのミラベル社のものが有名だが、この町にはフルストというオリジナルがある。そしてもう一つ、1890年来のレシピで作られているのが1865年創業のこのチョコレートの専門店。モーツァルトクーゲル€9、中に9個入った大クーゲル(球)€12。

交モーツァルト広場より徒歩3分 住Alter Markt 7 ☎(0662) 84-2365 営10:00～18:00 休なし

Restaurant レストラン

高級レストランはフランス料理風にアレンジされたオーストリア料理。郷土料理が食べられる気軽な店ならおいしい地ビールが楽しめる。旧市街では広場ごとにカフェがカラフルなテラス席を出し、観光客がくつろいでいる。

オーストリア メンヒスベルク32
Mönchsberg 32 MAP●p.146-F

見晴らしのよいモダンなレストラン

ザルツブルク現代美術館の上階にある。テラス席からはホーエンザルツ城をはじめ、市内が見渡せて気持ちよい。夜はバー・レストランになり、夜景も美しい。

交アントン・ノイマイヤー広場よりエレベーター（€2.1、往復€3.4）で1分 住Mönchsberg 32 ☎(0662)84-1000 営9:00～翌1:00 休月曜 料€20～

オーストリア ゴールデナーヒルシュ
Restaurant Goldenerhirsch MAP●p.146-F

カラヤンも通ったレストラン

祝祭劇場が向かい、同名のホテル1階にある。カラヤンもよく利用した。料理は伝統的郷土料理をアレンジしたものが多い。ランチはスープとメイン料理でお得。夜のドレスコードはスマートカジュアルで。

交カラヤン広場karajanpl.前 住Getreidegasse 37 ☎(0662)808-4861 営12:00～14:00、18:30～21:30 休なし 料€30～

オーストリア ベーレンヴィルト
Bärenwirt MAP●p.146-A

地元の人にも観光客にも人気

創業は1663年という歴史的レストラン。旧市街から少し離れたザルツァッハ川沿いの古い建物で雰囲気がある。ボリュームたっぷりの伝統料理は€10～20。小さなレストランなので、夕方は予約をおすすめる。

交ハーヌヌシュ広場Hanuschplatzよりバスで2つ目のベーレンヴィルトBärenwirt下車すぐ 住Müllner Hauptstrasse 8 ☎(0662)42-2404 営11:00～23:00（温かい食事は21:30まで）休なし 料€20～

オーストリア ツム・オイレンシュピーゲル
Zum Eulenspiegel MAP●p.146-F

モーツァルトの生家前の500年前の建物を再現した店

狭いが階ごとに雰囲気の違う小部屋があり、典型的なオーストリア料理が味わえる。メイン料理€12.8～。ターフェルシュピッツ€18.9。

交モーツァルト広場より徒歩3分 住Hagenauerplatz 2 ☎(0662)84-3180 営10:00～24:00 休なし 料€20～ 英

オーストリア シュテルンブロイ
Sternbräu MAP●p.146-F

創業1542年の歴史的なレストラン

歴史的な部屋はそのままに、スタイリッシュな部屋もある。歴史的な部屋はいつも満席。夏場は広い庭のビアガーデンに大勢の人が集まる。

交ラートハウス広場Rathausplatzより徒歩4分 住Griesgasse 23 ☎(0662)84-2140 営9:00～24:00 休なし 料€15～

ス・ノッケル・イム・エレファント
S'Nockerl im Elefant MAP●p.147-G

ラートハウス近くの気軽に利用できる店
　ホテル・エレファントの入り口を入って右側とその地下にある。ス・ノッケルとはザルツブルガー・ノッケルのことで、スフレのような名物デザート。ぜひ食べてみよう。地下は18時オープンのディナーバーになっている。

交ラートハウス広場Rathausplatz徒歩1分　住Sigmund-Haffner-Gasse 4　☎(0662)8433-9717　開11:30〜23:30(温食事は22:00まで)　休日曜　料€17〜

カー・ウント・カー・アム・ヴァークプラッツ
K+K am Waagplatz MAP●p.147-G

格式のある老舗レストラン
　古い建物のレストランだが、2015年に改装されてモダンになった。1階はビアホールのように庶民的だが、2階はエレガントなレストラン。オーストリアの伝統料理が主流で、メイン料理は€18〜30。

交モーツァルト広場よりすぐ　住Waagplatz 2　☎(0622)8421-560　開11:00〜23:00(日曜〜17:00)　休10〜6月の火・水曜

カフェ

トマセリ
Café Tomaselli MAP●p.147-G

トレイで運ばれてくるケーキをその場で注文

トマセリトルテ

　創業1700年というオーストリア最古のカフェ。1階はつねに満席だが2階にも席がある。ケーキは€4.3〜。この町出身のモーツァルトにちなみ、ト音記号をのせたトマセリトルテが店のイチオシだ。

交モーツァルト広場より徒歩2分　住Alter Markt 9　☎(0662)84-44880　開7:00〜19:00(日曜8:00〜)　休2月に1週間ほど

フュルスト
Café Konditorei Fürst MAP●p.147-G

モーツァルト・クーゲルは1個€0.9

モーツァルト・クーゲルを生んだカフェ・コンディトライ
　最近では日本でも手に入るこのチョコレートの本家。1890年に菓子職人のパウル・フュルストによって作られ、現在の経営者はその曾孫。ケーキ€3.1〜がショーケースいっぱいに並ぶ。Ritzerbogenにもショップがある。

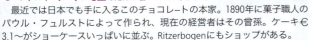

交モーツァルト広場より徒歩2分　住Alter Markt/Brodgasse 13　☎(0662)84-3759-0　開8:00〜20:00(日曜・祝日9:00〜)　休なし

グロッケンシュピーゲル
Glockenspiegel MAP●p.147-G

モーツァルト広場に面したお洒落なカフェ
　グロッケンシュピーゲルとは鐘の演奏のこと。モーツァルト広場にある鐘塔から美しい鐘が響いてくる。ウィーン風のコーヒーを注文できる垢抜けたカフェで軽食も美味しい。2階はクリスマス博物館になっている。

交モーツァルト広場Morzartplatz　住Mozartplatz 2　☎(0622)231-068　開8:30〜22:00　休なし

ホテル

中央駅周辺には規模の大きいホテルが多いが、旧市街はほとんどが50室未満。とくに音楽祭シーズンは込み合うので、早めの予約が必要。

ゴルデナー・ヒルシュ
Hotel Goldener Hirsch　MAP●p.146-F

「金の鹿」という名の最高級ホテル

ゲトライデガッセにあるザルツブルクを代表するホテル。音楽祭シーズンには、著名な音楽家たちの利用も多く、客室は落ち着いた伝統的な様式。

交 中央駅よりバス1番カラヤン広場Karajanpl.徒歩2分 住 Getreidegasse 37 ☎ (0662) 80-840 料 €180～　69室

高・中級ホテル

ラディソンBlu ホテル・アルトシュタット・ザルツブルク
Radisson Blu Hotel Altstadt Saltzburg　MAP●p.147-G

町で最も古い（1377年）歴史的建物をホテルとして使っている。

交 中央駅よりバス3、5、6番ラートハウスRathaus徒歩2分 住 Judengasse 15/Rudolfskai 28 ☎ (0662) 84-8571-0 料 €160～　62室

アルトシュタット・ホテル・ヴァイセ・タウベ
Altstadt Hotel Weisse Taube　MAP●p.147-K

ザルツブルクの田舎家のような地方色豊かな内装と温かいもてなしの中級ホテル。

交 中央駅よりバス3、5、6番モーツァルトシュテークMozartsteg徒歩3分 住 Kaigasse 9 ☎ (0662) 84-2404 料 €98～　38室

エレファント
Hotel Elefant　MAP●p.147-G

旧市街の中心部にあり、象の看板が目印の中級ホテル。

交 中央駅よりバス3、5、6番ラートハウスRathaus徒歩1分 住 Sigmund-Haffner-Gasse 4 ☎ (0662) 84-3397 料 €110～　31室

ザッハー・ザルツブルク
Hotel Sacher Salzburg　MAP●p.146-F

旧市街とホーエンザルツブルク城を望む最高級ホテル。

交 中央駅よりバス1、3、5、6番マカルト広場Makartpl.徒歩10分 住 Schwarzstrasse 5-7 ☎ (0662) 88-9770 料 €260～　113室

ブリストル・ザルツブルク
Hotel Bristol Salzburg　MAP●p.147-C

宮殿の面影を残す美しい外観と豪華な内装の最高級ホテル。

交 中央駅よりバス1、3、5、6番マカルト広場Makartpl. 住 Makartplatz 4 ☎ (0662) 87-3557 料 €225～　60室

シェラトン・グランド・ザルツブルク
Sheraton Grand Salzburg Hotel　MAP●p.146-B

客室は広く、ミラベル庭園側の部屋からはホーエンザルツブルク城も見える。

交 中央駅よりバス1、2、3、5、6、25番でCongress HausBAuerspergstrasse 4 ☎ (0662) 88-9990 料 €190～　166室

シュタイン
Hotel Stein　MAP●p.147-G

中世から旅籠だった建物を利用したデザイン系ホテル。

交 中央駅よりバス1、5、6、25番テアターガッセTheatergasse下車3分 住 Giselakai 3-5 ☎ (0662) 874-3460 料 €120～　56室

ラマダ・ザルツブルク・シティセンター
H+Hotel Salzburg　MAP●p.147-D

中央駅を出た左手にある。部屋は比較的広く、窓が大きく開かれて明るい。

交 ザルツブルク中央駅すぐ 住 Südtiroler Platz 13 ☎ (0662) 22850 料 €90～　120室

映画『サウンド・オブ・ミュージック』が撮影された城に泊まる

シュロス・レオポルツクローン
Hotel Schloss Leopoldskron　MAP●p.155-A

本館はクラシックな大邸宅で、貴族の館とはこんなだったのかと興味深い。庭にある厩が戦後に改築されてセミナーハウスとして使われているが、観光客がここに泊まることもできる。旧市街まではバスの便がある。

交 市内よりバス22番でヌスドルファーシュトラーセNussdorferstrasse下車、徒歩15分 住 Leopoldskronstrasse 56-58 ☎ (0662) 83-9830　67室 料 €160～

オーストリアの国番号43、ザルツブルクの市外局番0662

エンターテインメント

ザルツブルク音楽祭に代表されるように、この町もまた、音楽中心のエンターテインメントには事欠かない。1月のモーツァルト週間から始まって春のイースター音楽祭、聖霊降臨祭の音楽祭、そして夏のザルツブルク音楽祭、秋のザルツブルク芸術週間まで、音楽の行事が目白押しだ。一方、観光客にも気軽に楽しめる室内楽コンサートは、どんな季節に訪れても必ずどこかで開かれているから、短い滞在でも一度は聴いてみよう。

ザルツブルク音楽祭の会場でもある祝祭劇場

かれる室内楽コンサート。イースターの音楽祭や夏のザルツブルク音楽祭の時は、世界的な演奏家が出演する。

コンサートへは男性も女性もエレガントな服装で

モーツァルト週間
Mozartwoche

毎年モーツァルトの誕生日1月27日前後に開催される音楽祭。モーツァルテウムや祝祭劇場などの会場で、オペラの上演やオーケストラや室内楽、ソロのコンサートが行われる。

ホーエンザルツブルク城塞室内楽コンサート
Salzburg Festungskonzert MAP●p.147-K

ホーエンザルツブルク城塞「狩猟の間」で開かれており、必ず1曲はモーツァルトの曲が含まれている。1〜3月は休みが多いので確認を。

宮殿コンサート
Salzburg Schlosskonzert

ミラベル宮殿「大理石の間」やレジデンツで開

マリオネット劇場
Marionettentheater MAP●p.146-B

モーツァルトのオペラや「サウンド・オブ・ミュージック」などが人形で演じられる。10〜3月はクリスマスや正月を除き休演。

「魔笛」より夜の女王

シュティフツケラー・ザンクト・ペーター
Stiftskeller St.Peter MAP●p.147-K

食事をしながら室内楽の演奏が楽しめるディナー・コンサートが開かれている。シーズン中はほぼ毎日、午後8時からの開催で€54前後。

モーツァルト時代の衣装を着けての演奏で盛り上がる

ザルツブルク音楽祭

詩人ホフマンスタール、作曲家リヒャルト・シュトラウス、演出家マックス・ラインハルトらによって企画され、実行された音楽祭で、初回は演劇のみだった。1920年から本格的に始まった。フルトヴェングラー、トスカニーニ、ブルーノ・ワルター、カール・ベームが指揮をとって話題を呼び、すっかり定着。毎年7月末から8月末にかけて祝祭劇場をはじめ、州立劇場やミラベル宮殿などで開催される。演目はモーツァルトに限らず有名なクラシック音楽が演奏され、カラヤンが30年以上も指揮したことはよく知られている。

チケットの入手は大変困難で、前年の11月頃から動きはじめ、1月初めには締め切られてしまう。申込みはinfo@salzburgfestival.atへ。現地のプレイガイドを通じて申し込む方法もある。
ザルツブルク音楽祭チケットオフィス　Kartenbüro der Salzburger Festspiele
🏠Postfach 140　📞(0662)804-5500
ザルツブルク音楽祭ホームページ　URL www.salzburgerfestspiele.at

チケットの入手

上記のコンサートや劇場のチケットは、モーツァルト広場にある観光案内所内のチケット・オフィスで買える。コンサートの料金は€20〜40前後、ディナー付きになると€60前後になる。
Salzburg Ticket Service
🏠Mozartplatz 5（観光案内所内）📞(0662) 840-310 営9:00〜18:00（土曜〜12:00）休日曜
URL www.salzburgticket.com

インスブルックの町はイン川沿いに町並みが続く

インスブルック
Innsbruck
MAP●p.6-E

州名／チロル州
市外局番／0512

観光案内所
住Burggraben 3☎(0512)535 60 fax(0512)5356-314 営9:00～18:00 休なし URLwww.innsbruck.info（英語・ドイツ語）

ホテル・インフォメーション
住中央駅 営月～土曜10:00～18:00（ハイシーズン9:00～19:00） 休オフシーズンの日曜
URLwww.innsbruck.info

路線図を手に入れよう
　市内を走るトラム、バス、トロリーバスすべての路線がわかる路線図が掲載されたパンフレットが観光案内所で無料で手に入る。中心部から少し離れた場所への移動の参考に便利。

市内観光バス
　（サイトシーアバスSightseerという名称で、表示はTS）
　インスブルック・カードがあれば無料で乗車できるバス。市内名所や博物館などを巡り、マリア・テレジア通りにも停まり、途中下車も可能。運行は毎日9:00～18:50の間に40分間隔。24時間券€12は市内バスやトラムも利用可能。

市内観光に便利な赤いミニバスのサイトシーアバスSightseer

　北はノルトケッテ連山、南はパッチャーコーフェルなどの山々に挟まれたチロルの州都インスブルック。町のどこからでも高い山が間近に見える。南へ走る道はイタリアとの国境ブレンナー峠へ通じている。14世紀にハプスブルク家の所領となり、15世紀末に大公となったマクシミリアン一世の時代にインスブルックは目覚ましく発展した。町は1964年と1976年の冬季オリンピック開催地だったので、今日でもウィンタースポーツのメッカにもなっている。

インスブルックへのアクセス

空路で　ウィーンからオーストリア航空の国内線で約1時間、毎日数便出ている。日本からはヨーロッパの都市経由で入れる。フランクフルト、ロンドンからの直行便もある。

空港から市内へ
　空港から市内までは約4kmで、バスF番で15～20分、€2.3（車内購入€2.7）、15分間隔で運行。タクシーなら約10分、€10～15。

鉄道で　ウィーン西駅からEC直通列車で約4時間10分、ザルツブルクからはEC直通列車で約1時間50分。
　周辺諸国からの所要時間は、ドイツのミュンヘンからECで約1時間50分、スイスのチューリヒから約3時間40分。

市内交通

　トラム、バス、トロリーバスがある。乗車券は1回券が€2.3で、車内で購入の場合は€2.7。便利な1日フリーパス€5.1もあり、これらは駅前や旧市街の自動券売機で手に入る。だが、旧市街の観光なら交通機関を使わなくても徒歩で充分まわれる距離だ。近郊のアンブラス城へはTSまたはポストバス4134が運行している。

トラムの扉はドア付近のボタンを押すと開く

観光に便利なインスブルック・カード
　ベルクイーゼル展望台をはじめとする、インスブルックのほとんどの観光スポットや博物館が、入場無料もしくは割引になる。さらに有効期間内の市内のバスやトラム、サイトシーアバスやスワロフスキー・クリスタルワールドへのシャトルバスが乗り放題となる。7つのケーブルカーも利用でき、お得なうえ、その都度チケットを買わずにすむので便利。
　24時間€39、48時間€48、72時間€55の3種類があり、観光案内所で購入できる。

3日間までアクティブに使える

町のしくみ

旧市街は小さく、見どころがまとまっている。中央駅から旧市街中心部まで徒歩20〜30分。旧市街の南に凱旋門があり、そこから幅の広いマリア・テレジア通りが北へ延びている。道はそのまま歩行者専用のヘルツォーク・フリードリヒ通りへ続き、行き止まりが有名な「黄金の屋根の家」。この周辺に王宮、大聖堂、宮廷教会、博物館など見どころが集中している。郊外にアンブラス城、スワロフスキー・クリスタルワールドがある。

歩き方のヒント

楽しみ
観光 ★★★★
ショッピング ★★★
食べ歩き ★★

交通手段の便利さ
トラム ★★★★
バス ★★★★
タクシー ★

エリアの広さ
凱旋門からマリア・テレジア通りをまっすぐ歩いていくと、旧市街の中心部までは10分ほどで着く。中央駅からもほぼ同じ距離。

旧市街への入り口となる凱旋門

見どころ

凱旋門〜黄金の小屋根
Triumphpforte Golden Dachi MAP●p.163-A, C, E

観光スポットが集まる最も賑やかな地区

中央駅からまっすぐ西へ延びるザルルナー通りSalurner Strasseを行くと**凱旋門Triumphpforte**が見えてくる。マリア・テレジアの息子レオポルト二世の結婚を祝って1765年に建設されたが、建設中にマリア・テレジアの愛する夫フランツ一世が亡くなった。そのため門の南側には結婚を祝って婚約者たちのレリーフが、北側には嘆き悲しむ人々の情景とフランツ一世のレリーフが掲げられている。

マリア・テレジア通りMaria Theresien Strasseの中ほどに立つのは**聖アンナ記念柱Annasäule**。スペイン王位継承戦争の際にバイエルン軍を撃退したことを記念して1706年に立てられた。この辺りから北側の山を背景に眺める旧市街は絵のように美しい。

かつて濠だったマルクトグラーベン通りMarktgrabenを渡るとヘルツォーク・フリードリヒ通りHerzog Friedrich Strasseとなり道幅が狭くなる。両側にアーケードのある建物が続き、小さなショップやレストラン、カフェなどが並んでいる。

旧市庁舎の塔は15世紀半ばに建てられた**市の塔Stadtturm**で、16世紀に加えられた円形屋根までの高さは51m。高さ31mのところに設けられた展望台からは町全体が眺望できる。

道の突き当たりに輝いているのが**黄金の小屋根Golden Dachi**。1420年に建てられた館に皇帝マクシミリアン一世が1500年、バルコニーを増築し屋根に2657枚の金箔を施した銅板を取り付けた。輝く屋根はインスブルックのシンボル。内部の2階が**マクシミリアン博物館**になっている。黄金の小屋根の向かい角に美しいロココ調の化粧漆喰が施された館**ヘルブリングハウスHelblinghaus**が、さらにイン川の方へ行くと15世紀末に建てられた多角形の変わった民家オットブルクOttoburgがある。

🚇中央駅から凱旋門まで徒歩5分、聖アンナ記念柱まで徒歩10分
市塔：開10:00〜20:00（10〜5月は〜17:00）
料€3.5
マクシミリアン博物館：開10:00〜17:00 休10〜4月の月曜、11月 料€5

黄金の小屋根
マリア・テレジア通り

展望台として有名な市の塔

上：町の中心部にある王宮
左：王宮内部の華麗な「巨人の間」では、歴代ハプスブルク家の数々の披露宴が行われた

ちょこっとトーク

「汝結婚せよ」の家訓を残した
マクシミリアン一世

フリードリヒ三世の息子マクシミリアン一世は、1477年にブルグント（ブルゴーニュ）公国の公女マリアと結婚。華やかなブルグントの宮廷文化をオーストリアに持ち込んだ最初の皇帝だった。1493年、インスブルックの地に初めて降り立ったマクシミリアンは、この地をこよなく愛し、宮廷を構えた。チロルの平和を誰よりも願い、豊かな自然のチロルで狩りや魚釣りをのんびりと楽しんだという。

王宮
Hofburg　MAP●p.163-C

豪華な大広間にハプスブルク家の栄華が

　チロルのジグムント公爵によって建てられ、マクシミリアン一世が増築した城は18世紀半ばにマリア・テレジアによって現在の姿に改築された。この城でマリア・テレジアの夫フランツ一世が息を引き取っている。同時に二人の息子で後の皇帝レオポルト二世とスペイン王女マリア・ルドヴィカとの婚礼もこの城で行われた。内部にはハプスブルク家ゆかりの肖像画が多数飾られている。数ある部屋の中でも「巨人の間Riesensaal」は奥行31.5mもある大広間で、ハプスブルク家の繁栄をテーマにした天井画がすばらしい。

🚌バスH、TS、ホーフブルク・コングレスHofburg/Congress 開9:00〜17:00 休11月、一部の祝日 料€9.5

宮廷教会とチロル民俗博物館
Hofkirche / Tiroler Volkskunstmuseum　MAP●p.163-C, D

マクシミリアン一世の霊廟と民俗博物館

　宮廷教会と民俗博物館の入り口は同じ。宮廷教会はフェルディナント一世が祖父マクシミリアン一世の霊廟を納めるために建てたもので、棺の中は空だが荘厳な霊廟はハプスブルク家の力を象徴している。霊廟を護衛する28体のブロンズ像は、市民から"黒い男たち"と呼ばれている。
　建物の上階はチロル地方の民俗博物館。2階には古い家具や農具、民族服などが展示されている。3階には農民の部屋から貴族の部屋までが再現され、見応えのある民俗博物館である。

🚌バスH、TS、ホーフブルク・コングレスHofburg/Congress 開9:00〜17:00（教会のみ日曜・祝日12:30〜）料宮廷教会のみ€7、チロル民俗博物館のみのチケットはなく、宮廷教会とチロル民俗博物館、チロル州立博物館などを含めたコンビチケットが€11

アンブラス城
Schloss Ambras　MAP●p.166

フェルディナント二世が好んで滞在した城

　最初の城は12世紀に建てられ、時代と共に増築されていった。16世紀以来、上城Hochschlossと下城Unterschlossに分かれている。17世紀前半のフェルディナント二世の時代に華やかな城館になった。最初に現れる下城には中世騎馬試合の装具を含む武具と武器の展示室、日本の鎧もある珍品コレクション室があり、なかなか興味深い。庭を通って上城へ上がって行く途中のスペイン大広間は16世紀後半に祝賀の間として建てられた美しい広間で、今日コンサートホールになっている。上城では1階に中世の台所や風呂場などが保存されており、上階には主にハプスブルク家ゆかりの人々の肖像画が飾られている。

🚌TSバスが夏季は9:00〜18:50まで40分ごと（冬季は1時間に1本）の便あり。乗車は中央駅Hauptbahnhof、コングレス／ホーフブルクCongress/Hofburgなどから 開10:00〜17:00 休11月 料€12

インスブルック　見どころ

マクシミリアン一世の霊廟と護衛の像

スペイン大広間の内部

庭園から眺めるアンブラス城

ユニークな展示が評判のクリスタルワールド

スワロフスキー・クリスタルワールド
Swarovski Kristalwelten　MAP●p.166外

クリスタルが生み出す不思議な世界

郊外にスワロフスキーのクリスタル展示館がある。建物は牧草で覆われた丘のように造られ、内部は地中の世界。2015年に創設120周年を迎え、敷地が2倍に拡張され、展示室もリニューアル。展示室「エデン」には、高さ1.88mのクリスタルがあるなど、輝く不思議な空間がいっぱい。大きなショップもある。

🚃中央駅Hauptbahnhof、博物館通りMuseumsstrasseより1日に4往復のシャトルバスあり（9時、11時、13時15時）。所要約30分。€5
☎05224-51080
🕘9:00～18:30（入館は～17:30）
🚫なし 料€19

とっておき情報

郊外のハイキング＆展望スポット

●チロルらしい風景に出合えるイグルス村　MAP●p.174

市の南側にある丘陵地帯、標高870mのイグルスIgls周辺はハイキングに最適。標高2246mのパッチャーコーフェル Patscherkofel山へはイグルスからロープウェイが出ている。イグルス村まで中級登山電車Mittelgebirgsbahnで登って行くと、車窓からは牛が放牧されているのどかな風景を楽しめる。

イグルスへはバスJも運行。バスからは途中で、1964年と1976年の冬季オリンピックで使われて現在は展望台として一般公開されている、スキーのジャンプ台ベルクイーゼルBergiselschanzeを眺めることができる。

町の南側にそびえるパッチャーコーフェル山と麓のイグルス村

🚃トラム1番でベルクイーゼル／チロル・パノラマBergisel/Tirol Panoramaへ。ここからスキー・ジャンプ展望台へは徒歩20分。イグルス村へは中級登山電車6番に乗り換え終点イグルスへ。パッチャーコーフェルへのロープウェイに乗るには市内のマルクト広場Marktplatzやマリア・テレジア通りMaria Theresien Strasseよりバス J でパッチャーコーフェルバーンPatscherkofelbahn下車。イグルスからバス J に乗ることもできる。ケーブルカーは11月中旬に2週間、4月下旬に1週間、点検のため運休
ベルクイーゼル：🕘9:00～18:00（11～5月10:00～17:00）🚫11～5月の火曜、11月中旬、12月24・25日 料€9.5

町の北側を塞ぐノルトケッテ連山

●真夏でも寒い山頂付近　MAP●p.174

市の北側にそびえている連山ノルトケッテNordkette。途中のフンガーブルクからはイン川を真下に、市街地とその背後にパッチャーコーフェル山がそびえる景色を楽しめる。フンガーブルクからロープウェイで標高1905mのゼーグルーベSeegrube展望台へ。天気が良ければ夕景が美しい（昼間は逆光になる）。さらに標高2334mのハーフェレカールシュピッツェHafelekarspitzeまでロープウェイで登ることができる。

インスブルック郊外にあるベルクイーゼルの展望台

🚃フンガーブルクへは市内よりノルトケッテ行きのバスJで終点Nordketteへ、あるいは国際会議場Congressから登山電車フンガーブルクバーンHBBで終点Hungerburgへ。フンガーブルクから上へ登るケーブルカーが出ている。ロープウェイは11月中旬に2週間、4月下旬に1週間、点検のため運休

ショッピング・レストラン&カフェ

マリア・テレジア通りから旧市街にかけてがショッピングゾーン。クリスタルやガラス製品、チロルの名産品、ハンドメイドの民芸品などが手に入る。

 クリスタル
スワロフスキー
Swarovski Haus MAP●p.163-C

インスブルックに工場があるスワロフスキー
さすがスワロフスキーの本場だけあって店内は広く、全種類を取りそろえている。独自のカット技術と特殊加工技術によるかわいいアクセサリーや美しい置物がいっぱい。1階インフォメーション・ロビーの演出も洒落ている。

交 トラム1番マリア・テレージエン・シュトラーセMaria Theresien-Strasse徒歩1分 住 Herzog-Friedrich-Strasse 39 ☎(0512) 573100 営 8:00〜19:30 休 11月中に1〜2日

 民族衣装
ティローラー・ハイマートヴェルク
Tiroler Heimatwerk MAP●p.163-D

民俗色の豊かな店
チロル地方の民俗衣装や民芸小物を扱う店。広い店内にはチロリアン刺繍のテーブルクロスやコースター、木彫製品など、インスブルックみやげに最適な小物がそろっている。

交 トラム3番アニッヒシュトラーセ／ラートハウスガッセAnichstr./Rathausgasse徒歩3分 住 Meraner Str. 2 ☎(0512) 582320 営 9:00〜18:00（土曜〜12:00） 休 日曜

 チロル
ゴルデナー・アードラー
Goldener Adler MAP●p.163-C

記念にゲーテの部屋もある有名店
黄金の小屋根の家の斜め向かいにあり、夏場は道に張り出したテーブル席が人気。ゲーテがイタリアへ行く途中にしばしば利用したことから一階奥に「ゲーテの部屋」があり、彼のイタリア旅行の絵（複製）が飾られている。

交 バス、トラムのマリア・テレージエンシュトラーセMaria Theresien-Str.徒歩4分 住 Herzog-Friedrich-Str. 6 ☎0512-57-1111-0 営 11:30〜22:00 休 なし 料 €15〜

オーストリア
オイローパ・シュトゥーベル
Europa Stüberl MAP●p.163-F

落ち着いた高級ムードのレストラン
グランド・ホテル・オイローパのレストラン。チロル風インテリアの部屋が5つあり、料理はゴー・ミヨのコック帽2つ獲得の本格派。古い貴族の館の中にいるような雰囲気で、高級な雰囲気を味わいたい人におすすめ。

交 中央駅Hauptbahnhof前 住 Südtiroler Platz 2　グランド・ホテル・オイローパ1階 ☎0512-5931 営 11:30〜14:00、18:30〜21:30 休 なし 料 €25〜

 カフェ
ムンディング
Munding MAP●p.163-C

ウィーン風の本格的カフェ
観光客よりも地元の人たちが多く、空席を探すのが難しいほどにぎわう。ケーキの種類は30以上、入り口のショーケースで指をさすと、席に持ってきてくれる。1803年創業のチロル最古の老舗。クリスマス時期は自家製レープクーヘンが人気。

交 トラム1番マリア・テレージエン・シュトラーセMaria Theresien-Str.徒歩3分 住 Kiebachgasse 16 ☎(0512) 584118 営 8:00〜20:00（12月24日〜17:00） 休 12月25、26日

ホテル

豪華なリゾートホテルは市街地からはずれたところにあるが、中・高級ホテルは旧市街周辺に集まっている。家族経営のアットホームなホテルが多い。

グランド・ホテル・オイローパ
Grand Hotel Europa　MAP●p.163-F

インスブルック随一の高級ホテル
中央駅の目の前にあり、外観は目立たないが古い館を改築した由緒ある5つ星ホテル。チロル風の伝統的な部屋とモダンな部屋がある。一階のバーには地元の紳士たちが集う。朝食は盛りだくさんで、たいへん充実している。

🚇中央駅Hauptbahnhofより徒歩1分
🏠Südtiroler Platz 2
☎(0512)5931
💰€130〜　117室

ペンツ
The Penz Hotel　MAP●p.163-C

古さと新しさが融合
街の中心にあるため、どこに行くのも便利。ガラス張りの外観がモダンで、ガラスに映る歴史ある建物や山々がスライド写真のよう。部屋からの眺めもよい。朝食ビュッフェも好評で、5階にあるラウンジの雰囲気も満点。

🚇トラム1番マリア・テレージエン・シュトラーセMaria Theresien-Strasse徒歩1分 🏠Adolf-Pichler-Platz 3 ☎(0512)5756570
💰€180〜　92室

ベストウエスタン・プラス・ホテル・ゴルデナー・アードラー
Best Western Plus Hotel Goldener Adler　MAP●p.163-C

イン川と「黄金の小屋根」の間にあり観光に最適
マクシミリアン一世の時代から知られているインスブルックで最も古いホテル。モーツァルトやゲーテを始め多くの著名人が宿泊しており、壁に石板がはめられている。こぢんまりと居心地がよく、レストランも有名。

🚇バス、トラム1番マリア・テレージエン・シュトラーセMaria Theresien-Str.徒歩4分
🏠Herzog-Friedrich-Str. 6 ☎(0512)5711110
💰€126〜　33室

入り口にある宿泊者名を刻んだ石板

ザイラー
Hotel Sailer　MAP●p.163-F

チロルらしさを感じる伝統あるホテル
中央駅より道を1本隔てた静かな通りに面し、中央駅前広場から抜け道を通るとまっすぐ突き当たりにある。1896年創業のプライベートホテルで今は5代目が経営している。隣接する建物で囲まれた中庭は花の季節がたいへん美しい。

🚇中央駅Hauptbahnhofより徒歩3分 🏠Adamgasse 8 ☎(0512)5363
💰€110〜　88室

オーストリアの国番号は43、インスブルックの市外局番は0512

ブダペスト
BUDAPEST

重厚な町並みになんとめまぐるしい歴史を染み込ませてきたのだろう。
この千年都市の真ん中を貫いて流れるドナウは、
3000kmに及ぶ流れのなかで最も美しく輝く。
丘の上からドナウを眺めれば、
誇り高きマジャール民族の遺産に心を打たれる。

王宮の丘から眺めるドナウと国会議事堂

まずは知りたい
ハンガリー旅行基本情報

国名
ハンガリー　Magyarország

首都
ブダペスト　Budapest

国旗・国章

国旗　　　　　　　国章

ハンガリーのナショナル・カラーである赤、白、緑で三等分された横縞模様。赤は力を、白は誠実を、緑は希望を象徴するとされている。

国境
オーストリア、スロヴァキア、ウクライナ、ルーマニア、セルビア、クロアチア、スロヴェニアの7ヵ国と国境を接している。

面積
約9万3,030平方km。日本の面積のおよそ4分の1の広さ。

人口
総人口　約980万人
ブダペスト　約177万人

民族
86％以上がハンガリー（マジャル）人。そのほかドイツ人、スロヴァキア人、ルーマニア人など。現在ルーマニア領となっている地域にもハンガリー人が居住している。

言語
公用語はハンガリー語（正式名はマジャル語）。ハンガリー語はフィン・ウゴル語派のウゴル語（スラブ系）に属し、ほかのヨーロッパ諸国の言語とは基本的に異なる。

宗教
カトリックが39％、プロテスタントが12％と国民の大半がキリスト教を信仰。ほかにユダヤ教やギリシャ正教など。

地理
北緯45〜48度、東経16〜23度、中央ヨーロッパの東に位置する。アルプス、カルパチア、ディナル・アルプスの各山脈に囲まれた盆地で、東部には国土のおよそ半分、4万5,000平方kmにおよぶハンガリー大平原が広がっている。国の中央を縦断するように流れるドナウ川沿いには「ドナウの真珠」と呼ばれ、世界で最も美しい町の一つと称えられる首都ブダペストが位置する。ブダペストは、町の中心を流れるドナウ川を境に、歴史的建造物の多い右岸のブダと商工業地区である左岸のペストからなる。

気候
大陸性気候で寒暖の差が激しい。昼と夜の気温差は大きく、日中日差しが強くても夜になると急激に冷え込んだりする。夏はかなり気温が上がるが乾燥していて過ごしやすい。冬の寒さは厳しく、氷点下の日もある。

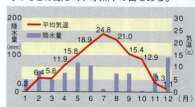

ブダペストの平均気温と降水量

政治体制
共和制。国権の最高機関は一院制の議会である。元首の大統領は、国民議会で選ばれる。現大統領はアーデル・ヤーノシュ。

行政区分
ハンガリーは、行政的にはブダペスト特別市と19の県からなっている。地方は、便宜上

日本からのフライト時間

■成田からウィーン経由で約14時間

時差

日本より8時間遅れ。ただし、サマータイムの間は7時間遅れになる。

祝祭日

1月1日　元日
3月15日　独立革命記念日
3月末〜4月＊　復活祭
5月1日　メーデー
5月〜6月＊　聖霊降臨祭
8月20日　建国記念日
10月23日　共和国宣言の日
11月1日　万聖節
12月25〜26日　クリスマス
＊は移動祝祭日

建国記念日には花火大会が開催される

ビジネスアワー

■銀行：8:00〜15:00（金曜〜13:00）、土・日曜休み。
■郵便局：8:00〜18:00（土曜〜13:00）、日曜休み。
■ショップ：9:00〜18:00、日曜、祝日休み。
■レストラン：11:00〜23:00、中休みがある店もある。基本的に無休。

電圧とプラグ

電圧は220Vで周波数は50Hz。PCやデジカメなどは複電圧対応のものが必要。プラグは丸型ピン2本のCタイプ。

飲料水

ハンガリーの水道水は飲用できる。ミネラルウォーターはガス入りとガスなしがある。ガス（炭酸）入りはSzénsavas víz、ガスなしはSzénsavmentes víz。ペットボトルはガス入りがピンク色、ガスなしは青色、それに微量のガス入りは緑色のキャップで区別されている。

喫煙

ハンガリーでは公共の場所やレストラン、ホテルなどでは禁煙になっている。禁煙化が進む方向にある。

トイレ

主要駅や地下鉄駅、観光地に公衆トイレがある。公衆トイレはほとんどが有料で、レストラン、ホテルのトイレではチップ（100Ft）を置くシステムのところが多い。

ハンガリー県・地方区分図

通貨　フォリント　Ft

20,000Ft

10,000Ft

5,000Ft

2,000Ft

1,000Ft

500Ft

200Ft

100Ft

50Ft

20Ft

10Ft

5Ft

※紙幣は20,000、10,000、5,000、2,000、1,000、500Ftの6種類、コインは200、100、50、20、10、5の6種類。2017年から新紙幣に切り替わった。旧紙幣は2028年までハンガリー国立銀行で交換できる。

フォリント換算レート

10Ft≒4円		1万円≒27,000Ft	
20Ft	8円	200Ft	80円
30Ft	12円	300Ft	120円
50Ft	20円	500Ft	200円
100Ft	40円	700Ft	280円
1000Ft		400円	

※2019年7月現在

チップ

ハンガリーにはチップの習慣がある。レストランやタクシーでは料金の10％ほど。ホテルではルームサービスやベルボーイに100〜200Ft、ピローマネーは100Ftほど。

物価比べ

飲用水　500ml約40円（日本120円ほど）
地下鉄1区間　約140円（日本170円）
タクシー初乗り　約180円（東京410円）

電話のかけ方

■ハンガリーから日本へ
日本の03-1234-5678へかける場合（ダイヤル直通電話、ホテルなどからの場合は外線番号をプッシュしてから）

00	-	81	-	3	-	1234	-	5678
国際電話識別番号		日本の国番号		0をとった市外局番				相手の電話番号

■日本語音声による直通電話
KDDIスーパージャパンダイレクト
☎06-800-08112
NTTコミュニケーションズ国際クレジットカード通話
☎06-800-1-7105

■オペレーター通話
KDDIジャパンダイレクト
☎06-800-08111

■携帯電話の利用
　日本で使用している携帯電話の機種やプランによって、ハンガリーでそのまま使用することができる。NTTドコモやソフトバンク、auの3社は使用できるサービスを提供しているので、旅行前にプランの詳細等を確認しておくとよい。ただし、日本の携帯を海外で使用した場合、通話料等の料金は高くなる。海外で利用できる携帯電話をレンタルすることもできる。

ブダペスト到着

日本からブダペストへの直行便は運行されていないので、ヨーロッパの主要都市で乗り継ぎ便を利用する。ヨーロッパ各地から国際列車やユーラインなどの長距離バスを利用して、ハンガリーに入国することもできる。

空路で

日本からブダペストへは乗り継ぎ便で約14～16時間。ウィーンからは約45分、ドイツのフランクフルトからは約1時間40分だが、経由地の乗り換え時間やブダペスト到着時間を考慮して、便を選びたい。

◆リスト・フェレンツ国際空港
Liszt Ferenc Nemzetközi Repülőtér-Budapest　MAP●p.178-I

ウィーンをはじめ、ヨーロッパ主要都市からの便はリスト・フェレンツ国際空港に発着する。ターミナル2にはAとBがあり、EUシェンゲン協定実施国からは2Aに着く。

リスト・フェレンツ国際空港のターミナルビル

◆空港から市内へ

リスト・フェレンツ国際空港は市の南東約24kmにある。到着ロビーを出れば、路線バス、タクシーが待機している。

◆エアポート・シャトル・サービス miniBUD

空港と市内を結ぶミニバス。インターネットで申し込むシステムで、あらかじめ便名などの入力が必要。市内から空港へ向かうときにもインターネットで予約する。

◆空港シャトルバス

100E番のバス（Repter-busz）が空港とデアーク・フェレンツ広場を結んで運行している。空港発は5時から24時30分、20分間隔で運行。所要時間は40～50分。途中のカールヴィン・テールKalvin térとアストリアAstoriaでも乗降可能。

◆空港バス＋地下鉄

200E番のバスが、地下鉄3号線の南の終点駅ケーバーニャ・キシュペシュトKőbánya-Kispestまで行っている。ここで地下鉄に乗り換えるとデアーク・フェレンツ広場へ出られる。所要約30分。※2019年7月現在、地下鉄3号線はKőbánya-KispestとNagyvárad tér間の改修工事のため、空港バス200Eは運転区間をNagyvárad térまで延長している。

◆フェー・タクシー Fő Taxi

空港からメーター制のエアポート・タクシーがある。ほかの交通と比べるとかなり高めになる。

空港にあるインフォメーション

市内への交通料金と問い合わせ先

エアポート・シャトル・サービス miniBUD
料金は利用人数により一人あたり19.5Ft～8人以上で6Ft。
URL www.minibud.hu/en

空港シャトルバス100E
料金は900Ft。券売機か係員から購入する。バスの運転手から買うと釣銭がでないので注意。

空港シャトルバス100Eの時刻表

空港シャトルバス＋地下鉄
バスと地下鉄はトランスファーチケット530Ft。バスのみは市内交通の共通券350Ftを事前に空港ロビーのカウンターで購入（車内での購入は400Ft）する。

フェー・タクシー
市内中心部まで約7,200Ft。ユーロでの支払いも可能。一般のタクシーを電話で呼ぶこともできる。☎(1)222-2222
URL www.fotaxi.eu

代行バス乗り継ぎの注意
2019年7月現在、地下鉄3号線の工事にともなって代行バスが運行されている。平日は地下鉄3号線終点駅のKőbánya-KispestとNagyvárad tér間で、土・日曜はKőbánya-KispestとLehel tér間を運行。代行バス車内では乗車券を販売していない。代行バスと地下鉄を乗り継ぐ場合は、乗り継ぎ後に乗車券の反対側に刻印することに注意。

国際列車が発着する東駅

東駅のロビー

ユーレイル鉄道

ユーレイルハンガリーパスは、3日分の場合、1等€123、2等€92。鉄道パスはレイルヨーロッパでのオンラインや国内の旅行会社で購入できる。
URL www.raileurope.jp

ハンガリー鉄道

地方へ行く列車の車内

ネープリゲトバスターミナルNépliget

MAP●p.179-L
交M3号線ネープリゲトNépliget徒歩1分
案内は4:30～23:00

鉄道で

ハンガリーへは西ヨーロッパ各地から国際列車を利用して入国できる。国境から乗り込んでくる検査官のパスポートチェックと簡単な税関審査を受けるだけで、入国手続きは終了する。

◆ブダペストの鉄道駅

ブダペストには東駅、西駅、南駅の3つの鉄道駅がある。東駅にはウィーンからの列車をはじめ、西ヨーロッパ側からの国際列車のほとんどが発着する。南駅からはスロヴェニア、クロアチア行きが出る。西駅はプラハ、ベルリン方面から列車が発着する。

◆**東駅** MAP●p.181-H
　Keleti Pályaudvar

ウィーン、ザルツブルク、プラハ、ベルリン、チューリヒなどからの列車が発着。地下で、地下鉄2号線に連絡している。

◆**西駅** MAP●p.181-C
　Nyugati Pályaudvar

スロヴァキア、チェコ、ポーランド、ドイツの一部（ドレスデン、ベルリン、ハンブルクなど）から。ただし、夜行列車のスロヴァキア、チェコ、ポーランド、ベルリン方面は東駅発着。地下鉄3号線と接続している。

◆**南駅** MAP●p.180-E
　Déli Pályaudvar

スロヴェニアとクロアチア方面から。地下鉄2号線と接続している。

◆便利な鉄道パス

オーストリアやチェコなど、ヨーロッパの移動に便利なのがレイルパス。ハンガリーが通用国に含まれているのはユーレイルグローバルパス、ユーレイルハンガリーパス（フレキシータイプ）、ヨーロピアンイーストパス（フレキシータイプ）、セントラルヨーロッパトライアングルパスがある。p.322参照。ユーレイルハンガリーパスは1カ月の有効期間内に3日、4日、5日、6日、8日分利用できる5種類あり、車両は1等と2等を選べる。

長距離バスで

ヨーロッパ主要都市からブダペストまでは、ユーロラインを中心に多くの長距離バスの便がある。ユーロラインなどの国際長距離バスは、地下鉄3号線ネープリゲト駅Népligetに隣接するネープリゲトバスターミナルに発着する。ネープリゲトは国際線のバスターミナルだが、西や南方面への国内線バスも発着する。

ブダペストのエリアと特徴

ブダペストは、町の中央を流れるドナウ川で東西に二分されている。西側（右岸）がブダBuda、東側（左岸）はペストPestと呼ばれ、この二つの地域が統合されてブダペストとなった。

6つのエリアの特徴

本書では見どころを大きく6つのエリアに分けて紹介している。

●王宮の丘エリア
王宮を中心としたブダの中心部。観光スポットが集まり、景観もよい。

●ゲッレールトの丘と周辺エリア
王宮の丘の南側、ゲッレールトの丘を中心としたエリア。ドナウを真ん中に置いたブダペストの町並みを俯瞰できる。

●バラの丘・オーブダ・マルギット島エリア
王宮の丘の北側。大きな観光スポットはないが、バラの丘には高級レストランが、オーブダには地元の人がよく行くレストランが多い。マルギット島はドナウ川の中州。

王宮の丘にて

●ドナウ川沿いエリア
デアーク・フェレンツ広場を中心とした、ドナウ川沿いのエリア。繁華街のヴァーツィ通りや国会議事堂、聖イシュトヴァーン大聖堂、骨董通りなどがある。地下鉄の便がよいが、国会議事堂前から自由橋方面に向かうには、トラム2番が便利。

●自由橋から国立博物館エリア
自由橋から環状道路がデアーク・フェレンツ広場まで続いている。環状道路沿いに中央市場、国立博物館、シナゴークなどがある。

●デアーク・フェレンツ広場から英雄広場エリア
デアーク・フェレンツ広場から英雄広場まで、地下鉄1号線が走るアンドラーシュ通りが延びている。並木道が続く大通りのアンドラーシュ通り沿いにハンガリー国立歌劇場やリスト、コダーイの記念館がある。

ブダペスト・エリア図

グラフィックマップ
ブダペストわがまま歩き &モデルコース

丘陵地帯のブダ側と商業地区のペスト側とエリアごとに特徴が異なるので、それぞれの目的にあわせて回ってみよう。エリアを結ぶには地下鉄やトラムが便利。

マルギット島
1時間 ★ P.195

ギュル・ババの霊廟
1時間 ★ P.194

バラの丘・オーブダ・マルギット島 3時間
閑静な住宅街のバラの丘や古い町並みの残るオーブダ、公園になっているマルギット島は散策するのにいい。伝統的なハンガリー料理が味わえるレストランが多いのもこのあたり。

キライ温泉 P.196

国会議事堂
2時間 ★★★ P.19

セール・カールマン広場・(旧モスクヴァ広場) セール・カールマン・テール

王宮の丘 3時間
美術館、博物館になっている王宮やゴシック様式のマーチャーシュ教会、漁夫の砦からの眺めなどブダペスト観光の中心。丘のふもとにある劇場ブダイ・ヴィガドーでは、民族音楽とダンスが楽しめる。

夜はシアターレストランへ!

1日目

ブダイ・ヴィガドー P.215、216

漁夫の砦・マーチャーシュ教会
1時間 ★★★ P.190、191

くさり橋
30分 ★★★ P.197
※くさり橋は2019年11月から約2年半の間、修復工事のため通行禁止

ドナウ・パロタ P.216

王宮
1時間 ★★★ P.189

ヴェレシュマルティ・テール

```
エリア ─── 王宮の丘    3時間 ─── エリア内
特徴       美術館、博物館になっている王            散策時間
           宮やゴシック様式のマーチャー
           シュ教会、…………
```

ドナウ川クルーズ
2時間 ★★★ P.191

エリア内の魅力

歴史的建築物
ゴシックやルネサンス様式、タイルを使ったマジャル様式の建物などが見られるところ。イラストが大きいほど、必見。(3段階評価)

ビューポイント
ドナウや町の眺めが美しいところ。★は夜景もおすすめのポイント。大きいほど眺めが良い。(3段階評価)

音楽
コンサート・ホールや劇場があるところ。大きいほど観光客の人気度が高い。(3段階評価)

ショッピング
ヘレンドやジョルナイの磁器、ハンガリーの刺繍製品を扱う店の充実度で評価。大きいほど店が集まっている。(3段階評価)

ハンガリー料理
グヤーシュをはじめとするハンガリー料理を堪能できる店があるところ。大きいほど有名で人気の高い店。(3段階評価)

温泉
建物も見応えある温泉をおすすめ度で評価。大きいほど観光客にも利用しやすく、人気がある。(3段階評価)

エリジューベト P.197

ゲッレールトの丘
1時間 ★★ P.192

•ツィタデラ P.

ゲッレールトの丘と周辺 2時間
ゲッレールトの丘にあるツィタデラからはドナウの眺めが最高。南側のふもとには温泉ホテルのゲッレールトがあり、散策のあとにはハンガリー式温泉体験もできる。

ゲッレー温泉 P.

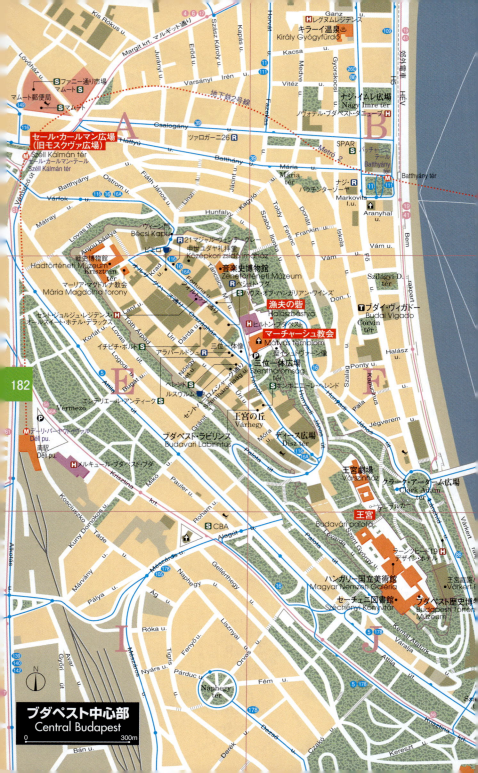

ブダペストの市内交通

ブダペスト交通センター BKK

ブダペストの公共交通はブダペスト交通センターが統括、運営している。各交通機関は色分けされている。
地下鉄／M1・黄、M2・赤、M3・青、M4・黄緑、トラム／黄、バス／青、トロリー／赤、郊外電車／H5〜H9
URL www.bkk.hu/（英語あり）

乗車券の種類と料金

1回券：350Ft・乗り換え不可
530Ft・乗り換え可能だが制限に要注意
回数券：10枚・3,000Ft
24時間券：1,650Ft
72時間券：4,150Ft
7日券：4,950Ft
ほかに14日券、マンスリー・パスがある。

公共交通の運行時間帯

地下鉄、トラム、バスなどの公共交通は、始発が4時から4時50分頃、最終が23時から23時20分となっている。

24時間トラベルカード

共通乗車券の自動券売機

ブダペストは、ドナウをはさんで見どころがブダとペストの2地域に分かれているうえ、王宮の丘以外は観光ポイントが点在しているので、歩いて回ることは困難。ブダペスト観光に交通手段は欠かせない。公共交通機関には地下鉄、トラム、バス、トロリーバス、登山電車、ヘーヴと呼ばれる郊外電車があるが、観光客がよく利用するのは地下鉄、トラム、バス。路線図はホテルやツーリスト・インフォメーションなどで手に入る。

◆共通乗車券

すべての交通機関に共通して使える乗車券があるが、種類が多いうえ使い方が複雑なので、旅行者は乗り換え自由なトラベル・カードの利用をすすめる。

◆普通乗車券

1回券Vonaljegy：1回の乗車のみに通用する最も基本的なきっぷで、地下鉄相互を除き、乗り換えはできない。
回数券Gyűjtőjegy：10枚綴り（10db/tömb）がある。使い方は1回券と同じで、1回の乗車に1枚、乗り換えのたびに改札機を通して使う。回数券には表紙がついていて、この表紙からすべての券に同じ番号が打たれている。

◆トラベルカード

24 Órásjegy：24時間有効のチケットで、BKKのどの交通機関にも乗り放題、乗り換えも自由。購入時に日時が記入されるので、刻印の必要はない。
72 Órásjegy：購入日と時間が記入されるので、その時間から72時間有効。
7日券Hetijegy：記入された日を入れて7日間有効。名前が記入され、パスポート番号の入力を求められる。検札があったときにはパスポートなど本人と証明できるものが必要。

◆乗車券の買い方

共通乗車券はタバコ屋、キオスクなどでも買える。大きな駅には窓口もあるが、ほとんど新型自動券売機になっている。

博物館などの割引があるブダペストカード Budapest Kártya

市内の公共交通が乗り放題で、Hop On Hop Offも割引で乗れる。ほとんどの博物館、美術館、温泉などで10〜20%の割引（一部の博物館、美術館は無料または割引）、指定のレストラン、カフェでの割引またはスペシャルサービスがある。24時間券6,490Ft、48時間券9,990Ft、72時間券12,990Ft、96時間券15,990Ft、120時間券18,990Ft。購入はツーリスト・インフォメーションやホテル、主要地下鉄駅などで。

改札機で乗車券に刻印してから乗車する

乗車券には使用上の複雑なきまりがあって旅行者にはわかりにくい。乗り換え自由なトラベルカードがおすすめ。

◆自動券売機の使い方

画面がTouch the screenになっていたら触れると画面の下に国旗が並んでいるので、英語対応のイギリス国旗を選ぼう。Single ticket（1回券）、Block of 10 tickets（回数券）、Transfer ticket（乗換可能券）、24-hour（24時間券）、72-hour（72時間券）、Monthly Budapest-pass（1カ月パス）が出てくる。選ぶとPlease select start of validityとなるので今から乗るならFrom nowを、それ以外はOther dateを選ぶ。次にcash（現金）で支払うかcashless（カード）かを問われ、料金を支払うと切符が出てくる。

自動券売機の画面

◆改札機で刻印を

トラベルカード以外の普通乗車券を購入したときは、使用前に必ず改札機を通さなければならない。改札機を通すことで日付と時刻が刻印される。この刻印なしで乗車すると違法乗車となり、罰金の対象となる。地下鉄もバスもトラムもすべて同様のシステム。

地下鉄にあるタイプの刻印機

キャーラトは出口のこと

本音でガイド
検札は非常に厳しい

ブダペストでは地下鉄の入り口や出口に検札官が立っていることが多いが、トラムに乗り込んでくることもあり、検札は頻繁に行われているのできっぷは絶対に買うこと。きっぷを持っていても刻印していない場合は、理由の如何にかかわらず高額の罰金を徴収される。問答無用で絶対に許されない。とくに外国人はマークされるので要注意！

ブダペスト交通図

地下鉄乗り場のサイン。駅名より終点名のほうを大きく表示

地下鉄のマーク、赤は2号線

地下鉄3号線の代行バス

改修工事により代行バスが運行されている。2019年7月現在、平日は地下鉄3号線終点駅のKobany-KispestとNagyvárad tér の間をM3が運行。土・日曜はKobany-KispestとLehel tér の間をM3が運行している。2020年末までの予定。

トラムの乗り方

①停留所の確認
停留所にはトラムの番号、停車する停留所の名前、所要時間が書かれている
▼
②ドアは自動で開く
（新型車両はボタンを押す）
▼
③チケットを改札機に入れる
▼
④トラムは各駅に停まる
すべての駅に停まり、全部のドアが開く

バスの乗り方

①乗る路線を停留所で確認
▼
②ドアは自動開閉
▼
③改札機でチケットに刻印
▼
④降車は停車リクエストボタンを押す

ナイトバス・トラム

23:30～5:00までは夜間運行のバスがある。路線は各停留所の路線図に示されている。4、6番トラムも夜間運行する。

タクシー

優良タクシーの基本料金は、700Ft。1kmごとに300Ft加算される。優良タクシー以外では独自のメーター設定のため、法外な料金になる場合もある。レストランからも優良タクシーを呼んでもらおう。

優良タクシー

Radio Taxi ☎(1) 777-7777
City Taxi ☎(1) 211-1111
Fő Taxi ☎(1) 222-2222

●地下鉄　Metró

メトローと呼ばれる地下鉄。Mのマークが目印で、黄色のM1号線、赤のM2号線、青のM3号線、黄緑のM4号線と色分けされている。1、2、3号線はデアーク・フェレンツ・テールで相互乗り換えができる。運行時間は4時30分から23時30分ごろ。

M1 アンドラーシ通りの下を通り、ロンドンに次いで世界で2番目に建設されたという古い歴史を誇っている。国立歌劇場、リスト記念館、英雄広場などが沿線の主な見どころだ。

M2 市内を東西に横断し、唯一ブダ地区へ延びている路線。センテンドレへの郊外電車へーヴが出るバッチャーニ・テール駅、ゲデレー城へのエルシュ・ヴェゼール・テレ駅がある。

M3 ペスト地区を南北に縦断する一番長い路線だ。※2019年7月現在、改修工事のため運休。

M4 観光客にとってほとんど利用機会はないが、東駅から中央市場へ行くときに利用できる。

●トラム　Villamos

ヴィッラモシュと呼ばれるトラムは、黄色のシンボルカラーが目印。広い市内を隈なく訪れるには便利な足だ。ホテルや観光局で入手できる市内観光地図にトラムの番号が記されている。

No.2 国会議事堂前を通りくさり橋、エルジェーベト橋、自由橋などドナウにかかる橋と、対岸に王宮やゲッレールトの丘を眺められる路線。中央市場へもこの路線が便利だ。

●バス　Autóbusz

トロリーバス　Trolibusz

バスはライトブルーで、慣れると使いやすい。赤い車体はトロリーバス。普通のバスと外見は変わりない。どのバスも利用方法は同じだ。

No.16 デアーク・フェレンツ広場から王宮に上がる路線。

●郊外電車　HÉV

市中心とブダペスト郊外を結ぶ電車がヘーヴ（番号H5～H9）で、起点は4カ所。観光客がよく利用するのは、H5バッチャーニ・テールBatthyány tér（地下鉄2号線）からのセンテンドレ行きとH8エルシュ・ヴェゼール・テレÖrs vezér tereからのゲデレー行きで、いずれも地下鉄2号線の駅と接続している。

市内は共通きっぷが使えるが、ブダペスト市を出てからは別料金となる。窓口で市内用チケットを見せ、差額を支払ってきっぷを買うか、車内で車掌に精算してもらう（これは違反の対象にはならない）。

> 地下鉄もトラムもバスも、改札機での刻印を忘れずに！

●ホップオン・ホップオフ HOP ON HOP OFF

英雄広場から王宮まで（RED ROUTE）、ペスト地区とブダ地区の観光名所を周るバスで、21ヵ所に乗り場があり、乗り降り自由。車内では日本語のオーディオガイドがある。夏季は始発駅9～17時まで30分毎に出ている。ペスト側の王宮の丘をめぐるBLUE ROUTEは9時30分～18時の運行。

英雄広場の裏手、ヴァーロシュリゲティ池に面してあるインフォメーション

●観光ツアー

申し込みはツーリスト・インフォメーションやホテルで。出発場所（エルジェーベト広場など）で直前に申し込むこともできるが、郊外ツアーは予約した方が良い。

主なツアー会社
シティラマCityrama ☎(1)302-4382
URL www.cityrama.at
シティツアーCitytour
（日本語ガイドツアーあり）
住 Andrássy út 2 ☎(1)374-7070

＊シティラマの例。（　）内は冬季スケジュール

ツアー名	内容	所要時間	料金	出発時間と催行日
●市内観光				
シティ・ツアー	王宮の丘を中心に市民公園、英雄広場、国立歌劇場を回る	3.5時間	€25	火～日曜10:00（木～日曜10:00）
国会議事堂	壮麗な外観、華麗な内部を見学。煩雑な見学手続きを省けるので時間のない人にはおすすめ	1.5時間	€22	火～日曜13:00（木～日曜13:00）
ユダヤのブダペスト	市内のユダヤ文化探訪のツアー。世界第2位の大きさを誇るシナゴーグ、ユダヤ博物館の見学	3時間	€24	日曜10:00
夜のブダペスト	伝統的なレストランで食事、民族音楽ショーの鑑賞、ツィタデラからの夜景見物など	4.5時間	€62	火・木・金・土曜の19:00（金・土曜のみ）
●郊外観光				
シティツアー	エリザベートが好んで滞在したゲデレー城をはじめ、ハプスブルクに関係するスポットを見学	4～5時間	€28	月・水曜10:00（木・土曜10:00）
センテンドレ	センテンドレの町を観光したあとは、船でドナウ下りを楽しみながらブダペストに戻る	5.5時間	€38	火～日曜14:00（火・金・日曜10:00、船は5～9月のみ）
ドナウベンド	ドナウの景勝地ヴィシェグラード、エステルゴム、センテンドレを訪れる。帰路は船	8～9時間	€56	火～日曜の10:00（土曜9:00、船は5～9月のみ）
バラトン湖とヘレンドを訪ねて	ヘレンドの工場見学のあとはバラトン湖のリゾート、ティハニ、バラトンフレドなどを訪ねる	11時間	€62	金曜9:00（冬季はなし）
大平原ツアー	ケチケメート観光後ラヨシュミジェへ向かい、大平原でのアトラクションを楽しむ	8時間	€68	月・木・土曜9:00

とっておき情報

水陸両用の観光バス「River Ride」

街の概要を知るため観光バスに乗るのもよい。ペスト地区の名所を一気に走り抜けてドナウ川へ突入するのが「リヴァーライドRiver Ride」というバス。くさり橋のたもとから国会議事堂、大聖堂、シナゴーグ、アンドラーシィ通り、英雄広場などを通り抜けてマルギット島が見えるドナウ河畔へ。そこから川へと入る。船になったバスは国会議事堂の先でUターン。入水場所から陸に上がり、ドナウ河畔を走って戻ってくる。各名所はガイドの解説のみで下車見学はない。とにかくドナウ川へ突入する瞬間の緊張感が最高に楽しい。

申し込みは上記ツアー会社参照。集合はセーチェニ・イシュトヴァーン広場Széchenyi István tér 7／8
MAP●p.183-G
料 9,000Ft　出発 毎日10:00、12:00、15:00、17:00（11月～3月は11:00、13:00、15:00）所要約2時間 ☎(1)332-2555 URL www.riverride.com

川への入水時は迫力満点

川上から王宮や国会議事堂が見られる

ブダ　Buda

王宮の丘

エリアのしくみ

　ブダペストへやって来て初めて目にする観光名所は、くさり橋と王宮の丘だろう。ドナウ川の右岸、ブダ側に位置するこの小高い丘は、ブダの歴史が始まる13世紀に城が築かれて以来、国の中心をなしてきた。ペスト側からは、堂々たる王宮を真ん中に、右手にマーチャーシュ教会、左手にゲッレールトの丘にそびえる要塞ツィタデラを据え、くさり橋を前景にした最もブダペストらしい風景が眺められる。

　王宮の丘は、標高167m、長さ1.5km、幅約300m、ドナウ川に沿って南北に続く。全体がほぼ完全に近い形で城壁に囲まれ、ユネスコの世界遺産にも登録されている歴史的地域だ。とくに、王宮の南側は幾重にも防御壁が施され、堡塁も残っている。北端のウィーン門Bécsi kapuは、18世紀まであった立派な城門の跡に20世紀になって新たに建てられたもので、丘への入り口となっている。

歩き方のヒント

楽しみ
観光　★★★★★
ショッピング　★★
食べ歩き　★★
交通手段の便利さ
地下鉄　★
トラム　★
バス　★★★★★
タクシー　★★★
エリアの広さ
王宮の丘は端から端まで歩いても15分ほどの狭い地域だが、ゆっくり見学するなら半日は必要。

王宮の丘への交通

　セール・カールマン広場から出ているバス116、16A、16を利用。116と16Aはディース広場との往復だが、16はデアーク・フェレンツ広場と結んでいる。途中、数ヵ所に停まるが、丘は狭いのでどこで降りても歩ける距離。中央の三位一体広場で降りるのが一般的だ。また、くさり橋のブダ側のたもとから、ケーブルカーSiklóで上がることもできる。

マーチャーシュ教会で結婚式を挙げることはブダっ子たちの夢

裏道小路散策

　雰囲気ある古い建物のレストランが多いのは、フォルトゥナ通りFortuna u.とオルサーグハーズ通りOrszagház u.、そしてセントハロムシャーグ通りSzentháromság u.あたり。観光バスがすべて帰ってしまった夕暮れどき、丘の上は静かでどの道も絶好の散歩コースになる。

どこの路地を歩いても心が落ち着く王宮の丘

見どころ

王宮
Budavári palota
MAP●p.182-J

建国の父アールパードを世にもたらしたとされる伝説の鳥トゥルル

ハンガリーの歴史を知り芸術作品を鑑賞

王宮入り口の鉄柵上の大きな怪鳥はトゥルルと呼ばれる伝説の鳥で、ハンガリー建国の父アールパードを世にもたらしたという。

ブダの丘に最初の城が建てられたのはモンゴル襲来後の13世紀半ば。時の国王ベーラ四世は破壊された宮廷をエステルゴムからブダに移した。15世紀、マーチャーシュ王の時代にブダは最盛期を迎え、城はルネサンス様式に建て替えられ、15世紀半ばにブダはオスマン・トルコ軍に占領される。17世紀末にオーストリア軍によってブダが解放されたが、その時の戦いで城は破壊された。そこに小さな城が建てられ、マリア・テレジアの時代に大きな宮殿となった。現在の姿になったのは20世紀初頭のこと。王宮はハンガリー国立博物館、ブダペスト歴史博物館、セーチェニ図書館などになっている。

また、王宮南東側下方に王宮庭園バザールVárkert Bázárがある。ルネサンス様式庭園が再生され、カフェやレストランなどがある。アクセスもバリアフリー化されている。

●ハンガリー国立美術館
Magyar Nemzeti Galéria

中世から現代までのハンガリー絵画や彫刻、版画、現代美術を展示。19世紀のハンガリーを代表する画家ムンカーチ・ミハーイ(現地語)の作品は必見。

開10:00～18:00(冬季～16:15) 休月曜 料1,200Ft

●ブダペスト歴史博物館
Budapesti Történeti Múzeum

王宮の増改築に関する資料、オリジナルの王宮の柱や壁の一部、古い彫刻などが展示されている。地下は14～15世紀のもの。

開10:00～18:00(11～2月～16:00) 休月曜 料1,500Ft

音楽史博物館
Zenetörténeti Múzeum
MAP●p.182-E

ハンガリーの珍しい民族楽器が見られる

ハンガリーの古い楽器を展示している。建物は美しい古い貴族の館でベートーヴェンも滞在したことがある。館内では演奏会や音楽に関する特別展示会がしばしば開かれている。

開10:00～16:00 休月曜 料600Ft

コンサートも開かれる

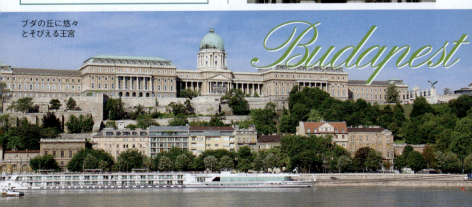

ブダの丘に悠々とそびえる王宮

Budapest

マーチャーシュ教会
Mátyás templom
MAP●p.182-F

マジャル模様の屋根に独特な美しさが

ジョルナイ製のカラフルなモザイク屋根で覆われたこの教会は、正面入り口の右側に80mの「マーチャーシュ塔」、左側に36mの「ベーラ塔」が建つ、一見アンバランスで風変わりな建物。しかし、細かい彫刻が施されたゴシック様式の外観と鮮やかな色模様の屋根は、不思議な美しさを湛えている。

13世紀に建てられた聖母教会は15世紀マーチャーシュ王の時代、大規模に改築される。それ以来マーチャーシュ教会と呼ばれるようになった。オスマン・トルコ占領時代はモスクと化したが18世紀に元に戻された。

1867年、オーストリア皇帝フランツ・ヨーゼフとエリザベート皇妃のハンガリー王・王妃としての戴冠式がここで行われ、リストはこの日のために「ハンガリー戴冠ミサ曲」を作曲し、自ら指揮をとった。

中に入って驚くのは柱や壁の美しさ。床から天井に至るまで細かな色彩が施されている。19世紀末に改装を任された建築家シュレクは柱や壁にマジャル模様を取り入れ、独特の美しさを作り出した。聖遺物室には歴代司教の遺品、教会装飾の数々が保管されている。エリザベート王妃の石像や聖イシュトヴァーン礼拝堂などもある。

マーチャーシュ教会の聖遺物室内にあるエリザベート皇妃の像

圏9:00〜17:00(土曜〜13:00、日曜13:00〜) 休なし
料1,200Ft

三位一体広場
Szentháromság tér
MAP●p.182-F

王宮の丘の中心地

マーチャーシュ教会前は三位一体広場と呼ばれ、王宮の丘で最もにぎやかな所。みやげ物店も広場付近に集まっている。広場の中央には、18世紀に造られたバロック様式の三位一体像Szentháromság oszlopが立っている。これは西ヨーロッパ各国でおなじみのペスト記念碑で、この町では再び悪病がはやらぬよう、魔除けのために建造された。

三位一体広場に面する旧市庁舎の角にブダペストの守護神像がある

マジャル模様が美しい教会内部

屋根模様が美しいマーチャーシュ教会。教会前に立っているのが三位一体像

漁夫の砦

Halászbástya
MAP●p.182-F

ペストの町とドナウの眺めは一級品

マーチャーシュ教会の東、ドナウ川に面して築かれた白亜の砦。1896年の建国1000年記念建造物として計画され、マーチャーシュ教会を設計したシュレクにより1902年に完成した。ハンガリー的なとんがり屋根をした大小7つの塔を持ち、ロマネスクとゴシック様式の混ざり合ったユニークな回廊である。記念碑としての構想に合うように、7つの塔はそれぞれマジャル人の祖先であるフィン・ウゴル語族の名前が付けられている。ここから眺めるドナウ川とペストの町は美しく、ブダペスト観光のメッカとなっている。漁夫の砦という名称は、かつてここに漁師組合があって王宮の丘の市場を守っていたことに由来。

砦の前に立つ騎馬像はハンガリーの初代国王聖イシュトヴァーンで、台座には彼の生涯が描かれている。

白いとんがり屋根が印象的な漁夫の砦。砦前には聖イシュトヴァーンの騎馬像が立つ

ブダペスト・ラビリンス

Budavari Labirintus
MAP●p.182-E

矢印を頼りに洞窟の中を進んでいく

王宮の丘にある石灰洞は、かつては食物貯蔵庫として使われ、第二次世界大戦中は防空壕になり、社会主義時代にセメントで強化された。現在、1kmも続く洞窟内を見学できる。途中に人形などが置かれて雰囲気を盛り立てているが、暗くて先が見えない箇所もあるので注意を。

交城バス停留所ディース・テールDisz térから徒歩2分
住Úri u. 9 ☎(1)2120207 開10:00～19:00 料3,000Ft

ドナウ川とペスト側を望むビュースポットでもある

開9:00～20:00 休なし 料700Ft（冬季は無料）

15世紀に発見された石灰洞

191 見どころ（ブダ側）

とっておき情報

ドナウ川クルーズ

ドナウは10カ国を流れる大河。順にドイツ、オーストリア、スロヴァキア、ハンガリー、クロアチア、セルビア、ルーマニア、ブルガリア、モルドバ、ウクライナ、そして黒海へと流れ込む。

ブダペストでは町の真ん中を悠々と流れ、手軽にクルーズが楽しめる。レジェンダ社のクルーズ船があり、出発はヴィガドー広場前（MAP●p.183-K）。上流はマルギット島北端まで、下流はペテフィー橋近くまで行く約1時間のクルーズだ。夜景を眺めながらのディナークルーズもおすすめ。暗くなる頃に船は岸を離れ、2時間かけてマルギット橋からペテフィー橋までを2往復する。船内にはバンドが入り、ムードを盛り上げる。食事もおいしい。川面を滑るように走る船から見上げるブダペストの夜景は格別。

料4,400Ft（デイリークルーズ）～16,900Ft（ディナークルーズ、1ドリンク付）
夏季は要予約 ☎(1)317-2203 URL www.legenda.hu

ライトアップされたブダの丘を眺めながらのディナークルーズ

船上からの夜景

ブダ　Buda
ゲッレールトの丘と周辺

エリアのしくみ

ブダ側、王宮の南側にある小高い丘がゲッレールトの丘。山頂にはツィタデラがあり、市内きってのビューポイントとなっている。丘のふもとには温泉が集まり、観光客にも地元の人たちにも人気のある地域だ。

見どころ

ゲッレールトの丘
Gellért-hegy
MAP●p.180-J

歩き方のヒント

楽しみ
観光　★★★
ショッピング　★
食べ歩き　★
交通手段の便利さ
地下鉄　★
トラム　★
バス　★★★
タクシー　★★★
エリアの広さ
交通不便な地域なので時間には余裕を見ておきたい。バス27番がゲッレールトの丘の麓まで行くが、要塞までは上がらない。

この丘から突き落とされて殉死した聖ゲッレールトの像がある

ドナウ河畔で最も美しい眺め

ドナウ川はドイツに源を発し、10カ国（ドイツ、オーストリア、スロヴァキア、ハンガリー、クロアチア、セルビア、ルーマニア、ブルガリア、モルドバ、ウクライナ）を流れて黒海に至る大河だが、両岸に町並みを配して、これほど美しいドナウの眺めはゲッレールトの丘を除いては得られない。

ゲッレールトの丘は標高235mの岩山で、ペスト側から眺めると形の良い小山である。丘の上に高くそびえているのは椰子の葉を掲げる自由の像。名前の由来となった聖ゲッレールトの銅像は丘の中腹にあり、エルジェーベト（エリザベート）橋の真向かいに立っている。

聖ゲッレールト像
Szt. Gellért emlékmű
MAP●p.180-J

壮絶な最期を遂げた修道士

ゲッレールトは11世紀前半、ハンガリー初代国王イシュトヴァーン一世の息子イムレ王子の教育係として、イタリアから招かれたベネディクト派の修道士。ゲッレールトはハンガリーにキリスト教を伝道したが、1046年、これに反対する暴徒によってワイン樽に生きたまま詰められ、ここからドナウ川に投げ込まれた。

🚶 エルジェーベト橋のたもとから階段があり、銅像まで10分ほど

ゲッレールトの丘のツィタデラからは、ドナウ川をはさんだ最高の眺めが得られる

ツィタデラ
Citadella
MAP●p.180-J

市民監視のための砦
　1854年にハプスブルク帝国によって建てられた要塞（ツィタデラ）だが、すでに戦闘用要塞が機能する時代でもなく、ハプスブルクの威勢を誇示する目的と市民の反オーストリア運動を監視するために建てられたもの。1867年、オーストリア＝ハンガリー二重帝国が発足すると両国間の衝突がなくなったため1894年、市に譲渡された。およそ200mの長さと60mの幅を持つ要塞の中にはホテルやレストランなどがある。

　要塞の東端、両手に椰子の葉を掲げて立つ14mの自由の像は、第二次世界大戦中にファシズムと戦って戦死したソ連兵の慰霊碑として、1947年に建てられた。社会主義時代の建造物が次々と取り壊されていく中で、丘の象徴としてすっかり定着したこの女神像だけは、取り壊し計画がない。

交 バス27番、またはゲッレールト温泉から徒歩20分
☎ (1)4665794 開8:00～23:00（中庭は～17:00）

ゲッレールトの丘のシンボルとなった女神像

温泉とシシィの銅像
Fürdő, Erzsébet
MAP●p.180-J、181-K

丘のふもとでは温泉三昧
　ゲッレールトの丘のふもとには2つの有名な温泉がある。最も有名なのは自由橋のたもとのゲッレールト温泉。もう一つはエルジェーベト橋のたもとにあるルダシュ温泉（p.206参照）。

　エルジェーベト橋は中央に橋塔がある美しい吊り橋だったが第二次世界大戦で破壊され、架け替えられて真っ白な吊り橋になった。ブダ側の橋のたもとにはシシィ（エリザベート皇妃）の銅像がある。コンペで1位になった

ゲッレールトの丘のふもとにはルダシュ温泉がある。右手はエルジェーベト橋

橋のたもとにあるエリザベート皇妃の銅像

作品で、数あるシシィ像の中で、もっとも気品にあふれた美しい像である。

交 トラム19、41、56番またはバス7、107番

銅像公園（郊外）
Memento Park
MAP●p.178-I

ほんとに大きな巨大銅像野外博物館
　社会主義時代、町のあちこちに立っていた巨大銅像たちがここに集められている。共産主義を象徴するレーニンの銅像をはじめ、戦う兵士など、社会主義崩壊と共に撤去されたもの。なにもかも大きくて、おもわず笑ってしまう。行ってみる価値あり。

交 デアーク・フェレンツ広場から銅像公園を往復する直通バスが出ている。4～10月は毎日（11月1日～3月31日は土・日曜のみ）11時発、所要時間30分。銅像公園からは13時発となる。料金は銅像公園の入園料含み4,900Ft
住 Balatoni út-Szabadkai út ☎ (1)4247500
開 10:00～日没 料1,500Ft

巨大なレーニンの像

野外博物館入り口で売られている、社会主義時代を揶揄したTシャツ

ブダ　Buda

バラの丘◆オーブダ◆マルギット島

エリアのしくみ

王宮の丘の北部バラの丘とオーブダは、郊外電車ヘーヴHÉVのマルギット・ヒードとセントレーレク・テール駅の西側に広がる地域。二つの駅はマルギット島の南部と北部の入り口にも近い。マルギット島はタクシーとバス以外は車の乗り入れが禁止されている緑の公園だ。

歩き方のヒント

楽しみ
観光 ★★★
ショッピング ★★
食べ歩き ★★★

交通手段の便利さ
地下鉄 ★
HÉV ★★★
トラム ★★
バス ★★★
タクシー ★★★

エリアの広さ
広い地域なので歩き回ることはできない。目的を決めて出かけることが大切。時間があったらぜひ散策を楽しみたいエリア。

見どころ

バラの丘
Rózsadomb　MAP●p.180-B

ブダの高級住宅街は散策に最適

マルギット橋から続く大通りを真っすぐブダ側へ来ると、マルギット通りMargit u.の急な坂道になって「バラの丘」と呼ばれる高台になる。あたりは閑静な住宅街で、ギュル・ババがこの丘にバラを植えたと言い伝えられている。

ギュル・ババの霊廟
Gül Baba türbéje　MAP●p.180-B

トルコ風の屋根がエキゾチック

ギュル・ババ通りを上っていくと、古びた趣のある界隈に出る。ギュル・ババはトルコ人修道僧で、1541年、オスマン・トルコがブダ城を陥落させた戦闘に随行、マーチャーシュ教会で勝利感謝式典執行の最中に急死した。トルコ軍の高官モハメッドは彼の死を悼み、ここに霊廟を建てた。八角形の石造りの建物の中央にはギュル・ババの棺がある。

交H5マルギット・ヒードMargit híd徒歩10分、またはトラム4、6番　(1) 3260062 開10:00～18:00 (10～2月は～16:00) 休なし 料500Ft

オーブダ
Óbuda　MAP●p.179-C

オーブダとは古いブダの町のこと

アールパード橋のブダ側のたもとに、古い町並みの残る一角がある。今日ではブダペストの1区となってしまったが、1873年にブダとペストが統合するまでは独立した小さな町だった。中心広場には旧市庁舎が、その周辺には感じのよいレストランがいくつかあり、生粋のブダペストっ子たちは静かで落ち着いたオーブダが大好きだ。

彫刻家ヴァルガ・イムレの博物館
Varga Imre Gyűjtemény　MAP●p.179-C

味のある彫刻の表情に魅せられる

ヨーロッパで知られる現代の彫刻家ヴァルガ・イムレの作品が多く展示されている。オーブダのマルクト広場近くには、「雨の散歩」と題された等身大の少女たちのブロンズ群像がある。

交H5セントレーレク・テールSzentlelek ter 住Laktanya u. 7 (1) 3188097 開10:00～18:00 休月曜 料800Ft

アクインクム博物館
Aquincumi Múzeum　MAP●p.179-C

大規模なローマ時代の遺跡

センテンドレに向かうセンテンドレ通りSzentendrei útに沿って、大きな遺跡がある。ハンガリーの歴史が始まる以前にローマ帝国の駐屯地として都市が築かれた場所で、神殿や教会、浴場の跡などがはっきり残る。

交H5アクインクムAquincum 住Szentendrei út 139 開9:00～17:00 休月曜 料1,500Ft (11～4月中旬は850Ft)

ヴァルガ・イムレ作の群像

マルギット島
Margitsziget　MAP●p.179-G

ドナウ川に浮かぶ中州
　長さ2.5km、幅約500mの船のような形をした島。島全体が公園になっており、ブダペスト市民の憩いの場でもある。小さな礼拝堂や廃墟となった修道院、水道塔、野外劇場、美しい庭園などがあり、高級ホテルもある。

　ここはかつて王家の猟区で、「ウサギの島」と呼ばれていたところ。13世紀、ベーラ四世は再びモンゴルが襲来しないよう願をかけ、娘のマルギットを島の修道院に差し出した。彼女はそこで若くして亡くなり、それ以来島はマルギット島と呼ばれている。

🚊H5マルギット・ヒードMargit hid、M3号線アールパード・ヒードÁrpád hidまたは西駅よりバス26番、またはトラム4、6番で島の中へ

とっておき情報

子供たちが車掌を務める鉄道
　フーヴェシヴェルジィからセーチェニ丘Széchény-hegyへ登る鉄道は「子供鉄道Gyermekvasút」と呼ばれ、大人の指導のもとに10〜14歳までの子供たちが駅員や車掌を務めている。約12kmの鉄道に駅は6ヵ所。途中Jánoshegyで降り、527mのヤーノシュ山のエルジェーベト展望台からブダペスト全体が眺望できる。楽しそうに働く子供たちの笑顔を見るだけでも乗る価値あり。
🚊トラム61番で終点のフーヴェシヴェルジィHűvösvölgy ☎9:00〜17:00（11〜3月〜16:00）
休9〜4月の月曜日
料600Ft（Nostalgic車800Ft）MAP●p.178-E

駅員は子供たち

ブダペストの夜景

　ブダペストは夜景が素晴らしい。丘の端をオレンジ色に染めながら日が沈み始めてから、完全な日没がやってくるまでのわずかな時間、ポツポツと明かりがともりはじめたころがいい。ふと街の喧噪が静寂の中に吸い込まれる瞬間。

ゲッレールトの丘からのくさり橋とペスト。手前はエルジェーベト橋

ペスト側からのくさり橋

ペスト側から眺める王宮
ゲッレールトの丘から眺める王宮の丘

ペスト　Pest

ドナウ川沿い

エリアのしくみ

ペスト側の中心街。くさり橋、国会議事堂、ヴァーツィ通りなどの主要観光ポイントが並んでいる。カフェやレストランも多く、ショッピングにも便利。歩いて回る方が楽しい地域だが、公共交通も便利なところ。

見どころ

歩き方のヒント

楽しみ
- 観光　★★★★★
- ショッピング　★★★★★
- 食べ歩き　★★★★★

交通手段の便利さ
- 地下鉄　★★★★★
- トラム　★★★★★
- バス　★★★
- タクシー　★★★

エリアの広さ
交通が大変便利な地域だが、ここは歩いて回らなければ楽しさが半減してしまう。

国会議事堂　Országház　MAP●p.183-C

ドナウ河畔にあってひときわ美しい建物

その外観の華麗さはもちろん、内部の絢爛豪華さも見事。建設には1884年から1904年までの20年という歳月を費やした。設計はシュティンドル・イムレ。通常の建物では5階建てに相当し、高低を巧みに使って素晴らしい空間を生み出している。外観はルネサンス様式の円蓋ホールを中心にドナウに沿って左右対象に翼を広げ、細部にゴシック様式の大小さまざまな尖塔を配した折衷主義。部屋数は691で、建物の長さは268m、最大幅123m、円蓋ホールの高さは96m。

まず中に入って目を奪われるのが正面の大階段。金箔で飾られた柱や梁の間を、真っ赤な絨毯が敷かれた大階段が3階の円蓋ホールへと続いている。天井のフレスコ画はロツ・カーロイの作品。階段を上がりきると、ゴシック風の柱によって16角形にかたどられ、天井まで高く吹き抜けた円蓋ホールがある。ホール中央には10世紀のイシュトヴァーン国王以来代々受け継がれてきた、ハンガリーの聖なる王冠が飾られており、左右には同じ造りの議事会議室がある。会議室の入り口はすでに3階で、そこから1階まで下るように438の椅子が馬蹄形に並んでいる。ロマネスク風の壁柱も美しく、まさにどこもかしこもきらびやかな造りだ。

議事堂正面のコシュート・ラヨシュ広場 Kossuth Lajos térには、議事堂に向かって右側に、1848年のハンガリー革命で独立のために戦ったコシュート・ラヨシュ、左側に1703年にハプスブルク家に対する解放戦争を指導した、ラーコーツィ・フェレンツ Rákóczi Ferencの像がある。

✉M2号線コシュート・テール Kossuth tér 住 Kossuth Lajos tér 1-3
国会議事堂見学の仕方
内部見学はガイドツアーでのみ可能。ガイドツアーは英語:9:45、10:00、12:00、13:00、14:00、15:00。
☎(1)441-4415
料5,200Ft 休第2月曜
ガイドツアーのチケットは、国会議事堂正面右側の建物の地下にあるビジターセンターで売っている。

左に傾いた十字架をのせたハンガリーの聖なる王冠

シャンデリアとゴールドで飾られた議場
ウィーンに追いつけ、追い越せと大階段もここまで絢爛豪華になった

国会議事堂

民俗学博物館
Néprajzi Múzeum
MAP●p.183-C

ハンガリーの民族と歴史を知る
　ハンガリー各地の民族衣装や古くから受け継がれてきた伝統工芸品、家具調度品などを展示した総合的な民俗博物館。祭りのときに使われる道具や衣装など、特別な慣習などもわかる。長らく国会議事堂前の建物の中にあったが、市民公園内の新しい建物に移転され、現在準備中。2020年にオープンを予定している。

くさり橋
Széchenyi Lánchíd
MAP●p.183-G

ドナウに架かるブダペストのシンボル
　四頭の大きなライオン像が橋のたもとに坐るこの橋は、ドナウに架かる最初の堅固な橋として19世紀半ばに架けられた。主塔に架けられたロープに相当する構造が、自転車のチェーン鎖のようになっていることからセーチェニくさり橋と呼ばれている。セーチェニとは19世紀前半、ハンガリーの発展に大きく貢献したセーチェニ伯爵のこと。彼はイギリスから二人の建築家を連れてきて、私財を投じて橋の建設に取りかかった。長さ375m、幅16mの橋は中央にある48mの石のアーチと鉄によって支えられ、建設は1839年から10年かかった。第二次世界大戦で爆破されたが戦後に再建。今日なおドナウに架かる最も美しい橋で、夜間のライトアップ電球も鎖のように見える。

🚇M1号線ヴェレシュマルティ・テールVörösmarty tér徒歩4分　※2019年10月から約1年半の間、修復工事のため閉鎖（通行禁止）

くさり橋の四頭のライオンには舌がなく、それを指摘された彫刻家はドナウ川に身を投げたと言い伝えられている。実際には舌が見えないだけ、との説もある

ブダペスト随一の繁華街

ヴァーツィ通り
Váci utca
MAP●p.183-K

観光客でにぎわう歩行者天国
　高級ブティックからみやげ物店までが軒を並べ、ここへ来ればハンガリー名物がすべてそろっている。名窯ヘレンドの直営店も横道に並ぶ。何本かのパサージュを入っていくと小さな空間に洒落たカフェやブティックが並んでいる。

🚇M1号線ヴェレシュマルティ・テールVörösmarty térまたはM3号線フェレンツィエク・テレFerenciek tere

エルジェーベト橋
Erzsébet híd
MAP●p.183-K

橋の白さは皇妃の美しさを表して
　ヴァーツィ通りの南、歩行者天国の中間あたりのドナウ川に架かる橋。オリジナルは1903年にできたもので、第二次世界大戦で破壊され、1964年に近代的な姿となって再建された。名前の由来となったエルジェーベトとは、オーストリア皇帝フランツ・ヨーゼフの后エリザベートのこと。彼女は后であるとともに王妃であり、ハンガリーをこよなく愛し、国民からも慕われていた。ブダ側のたもとにエリザベート皇妃の像がある（p.193参照）。

🚇M3号線フェレンツィエク・テレFerenciek tere 徒歩3分

🌶️ パプリカ・スパイス
今も革命の広場を見つめて
　コシュート・ラヨシュ広場からナードル通りNádor u.へ向かう角の小さな公園にナジ・イムレNagy Imreの銅像がある。太鼓橋の欄干に手を掛けてたたずむ等身大の銅像で、まるで生きているよう！　ナジは1953年7月から55年4月までハンガリーの首相を務めた人。56年10月に再び首相に復帰したが、翌月のハンガリー革命でソ連軍に捕らえられ、58年に処刑されてしまった。89年5月、ナジ処刑は違法とされ、名誉を回復した。

ペスト　Pest

自由橋から国立博物館

歩き方のヒント

楽しみ
観光　★★★
ショッピング　★★★★
食べ歩き　★★★
交通手段の便利さ
地下鉄　★★★★
トラム　★★★
バス　★
タクシー　★★★
エリアの広さ
アクセスは地下鉄が便利。見どころは点在しているので、めぐるにはタクシーの利用が便利。

エリアのしくみ

ペストの町には、ドナウ川に向かって半円を描くように環状道路が二本走っている。マルギット橋から西駅、オクトゴン、地下鉄のブラハ・ルイザ・テール駅などを通ってペテフィー橋を結ぶ環状通りは通常ナジ・ケルート（大環状）と呼ばれ、くさり橋からデアーク広場、自由橋を結ぶ環状通りは城壁の跡で、キシュ・ケルート（小環状）と呼ばれている。小環状道路の内側は最もにぎやかな地域。道路に沿って、中央市場、国立博物館、シナゴーグなどがある。歩くには離れているので、これらを順にめぐるにはタクシーを利用するとよい。

見どころ

自由橋　Szabadság hid　MAP●p.181-K

建国1000年の象徴

下流に向かってエルジェーベト橋の次に架かっているのが緑色の自由橋。1896年にハンガリー建国1000年を祝って架けられたもので、フランツ・ヨーゼフ橋と呼ばれていたが、後に自由橋と改名された。ハンガリー人から慕われていたエリザベートに対し、人気のなかったフランツ・ヨーゼフの名前は変えられてしまった。

自由橋をブダ側へ渡るとゲッレールト温泉がある。

橋の上には伝説の鳥トゥルルが

中央市場　Vásárcsarnok　MAP●p.181-K

市民の台所をまかなうマーケット

モザイク模様の屋根に覆われた建物で、ブダペスト最大の常設市場。地下には活魚や野獣肉（シカ、ウサギ、イノシシ）やアヒルの肉などが並ぶ。1階は野菜・果物、香辛料などの小さな店が並ぶ。名産のフォアグラの缶詰めは大きさもいろいろあって安い。粉末パプリカは種類も豊富でおみやげに最適。2階にはハンガリー風ファストフード店などがある。

交M3号線カルヴァン・テールKálvin térより徒歩5分
開6:00～18:00（月曜～17:00、土曜～15:00）休日曜・祝日

シナゴーグ　Zsinagóga　MAP●p.183-L

黒い玉葱型ドームの二つの塔が目印

ニューヨーク、エルサレムに次ぐ世界で3番目に大きなシナゴーグで、1859年に完成。ユダヤ人は1840年頃には住民の40％を占めていた。教会裏の彫刻は、ヴァルガ・イムレ作の「悲しみの柳」。第二次世界大戦の犠牲となったユダヤ人に捧げられ、"お前の苦悩は私のものより大きい"と書かれている。付属のユダヤ博物館では、宗教遺物やユダヤ教の祭りに関する展示が見られる。

交M2号線アストリアAstoria
☎(1)4620477　住Dohány u. 2-8　開10:00～17:30（3月の金曜～15:30、4～10月の金曜～16:30、11～2月の木曜～15:30、11～2月の金曜～13:30）
休土曜　料2,000Ft

パプリカもある

建物も見事な国立博物館

国立博物館
Nemzeti Múzeum
MAP●p.181-K

ハンガリーの歴史・文化を具体的に展示
　ネオ・クラシック様式の建物は、内部も中央の吹き抜け階段が美しい。2階には順を追って時代別に宗教関係の貴重な品々や陶磁器、各城や教会から集めた宝物などを展示。近代部門では、くさり橋建設の様子を描いた絵、エリザベート王妃のコーナーなどがあり、社会主義時代や壁崩壊に至る展示は興味深い。

🚇M3号線カールヴィン・テールKálvin tér🏠Múzeum krt. 14-16☎(1)3382122⏰10:00～18:00⏹月曜 💴1,000Ft

工芸美術館
Iparművészeti Múzeum
MAP●p.181-K

建物をじっくり鑑賞する
　ハンガリーのアールヌーヴォー建築を代表する建物で、世紀末建築家レヒネル・エデンの傑作のひとつ。館内は大きな吹き抜けホールになっており、内部装飾も美しい。吹き抜け部分の中2階にジョルナイなど、ハンガリーの伝統工芸品を展示。上階は特別展示場。

🚇M3号線コルヴィン・ネグィードCorvin Negyed徒歩2分🏠Üllői út 33-37
※2020年まで改修工事のため休館

ブダペストの世紀末建築

屋根に特徴があるマジャル様式
　パリでアールヌーヴォーが、ウィーンでゼツェスィオーンが流行しだしたころ、ハンガリーに独特な建物が現れた。光沢のあるカラフルなタイルを屋根や壁に使用した装飾的な建物で、レヒネル・エデンLechner Ödön（1845〜1916年）が手がけた作品である。なかでもブダペストの工芸美術館、地質学博物館、そして旧郵便貯金局は、レヒネルの代表作といわれている。
　レヒネルはヘレンドと並んでハンガリー陶磁器を代表するジョルナイ工房で焼かれた特殊タイルを使うことによって、建造物をマジャル風に仕上げた。華やかな色彩で細かい模様の装飾はいかにもハンガリー風。旧郵便貯金局は現在銀行になっている。地質学博物館の建物は研究所だが博物館もあり、この研究所が行ってきた地質の研究過程で収集されたものや、地図の製作、その他の成果が展示されている。

●**工芸美術館**　MAP●p.181-K
Iparművészeti Múzeum（上記参照）
●**旧郵便貯金局**　MAP●p.183-C
Magyar A'llamkincstär
🚇M3号線アラニ・ヤーノシュ・ウッツァArany János u.徒歩2分
🏠Hold u.4
●**地質学博物館**　MAP●p.179-L
Országos Földtani Múzeum
🚋トラム67番、トロリーバス75、77番
🏠Stefánia út 14

地質学博物館

工芸美術館の屋根

工芸美術館の入り口

旧郵便貯金局

ハンガリーの音楽家たち

リスト、コダーイ、バルトーク

　フランツ・リストのことをリスト・フェレンツとして、ハンガリー人と知る人がどれだけいるだろうか。リストの父はハンガリー貴族の名門エステルハーズィ侯爵に仕えており、侯爵の支援でリストは子供の頃からウィーンで音楽を学んだ。その後ドイツを中心に外国に住んだため、ハンガリー語が話せなかったと言われている。しかし晩年は祖国に戻り、ハンガリー音楽のために尽くした。彼が設立したリスト音楽院からはバルトークやコダーイが、またショルティなど世界的に有名な音楽家が巣立っている。

　バルトークとコダーイは、同時期にリスト音楽院で学び、共にハンガリー民族音楽のルーツを探す旅に出かけている。二人は発明されたばかりの重い2管蓄音器を持って農村へ出かけ、村人たちから民謡を集めた。より効率的に収集するため、途中から別々に旅をしたが、最終的にコダーイは5,100曲の民謡を集め、バルトークはルーマニア地方などの音楽も集めたため1万曲以上にのぼった。

　ブダペスト市内には3人の記念館があり、彼らの功績とその苦労の痕跡を見ることができる。

♪ リスト記念館
Liszt Ferenc Emlékmúzeum
MAP●p.181-G

サロンのようなリスト記念館

こぢんまりしているが内容の濃さに驚く

　アンドラーシ通りに面した大きな館。59歳になったリストはブダペストに住んで音楽院を設立した。この館は一部が彼の住居と音楽院だった建物で、2階の3室が博物館として公開されている。寝室兼仕事部屋には遺愛品が、食堂には大きなグランドピアノが、広いサロンにはピアノが3台、オルガンが1台、そして多くの肖像画が飾られている。実物大に彫られたリストの手の彫像も見ることができる。

🚇M1号線ヴェレシュマルティ・ウッツァVörösmarty u.
🏠Vörösmarty u.35 ⏰10:00～18:00、土曜9:00～17:00
休日曜、8月1～20日 ￥2,000Ft、日本語オーディオガイド700Ft

♪ バルトーク記念館
Bartók Béla Emlékház
MAP●p.178-E

ヴァルガ・イムレ作のバルトーク像が立つ

　バラの丘にあり、庭に円形の小さなコンサート会場が造られている。2階はコンサートホール、3階に仕事部屋や居間があり、使っていたベーゼンドルファーのピアノや家具、蠟管蓄音器などが展示されている。バルトークの生涯が紹介されており、作曲家でありながら民族音楽研究に没頭し、ピアニストとして欧米各地で演奏活動を行い、さらに音楽院で教鞭もとっていたという彼の偉大さがわかる。

🚇M2号線モスクヴァ・テールMoszkva térよりバス5番終点パシャレーティ・テールPasaréti tér徒歩5分
🏠Csalán út 29 ⏰10:00～17:00 休日・月曜 ￥1,200Ft

貴重な蠟管蓄音器も展示されているバルトーク記念館

♪ コダーイ・ゾルターン記念博物館
Kodály Zoltán Emlékmúzeum
MAP●p.181-C

「ハーリ・ヤーノシュ」の作曲者

　1924年から亡くなる67年まで住んでいた所で、仕事部屋やサロンは生前のままにされ、ベーゼンドルファーのピアノが2台、ペトリという彫刻家が20年ごとに作ったコダーイの胸像が3つ、地方の家具や刺繍のクロス、陶器などが置かれている。展示室には直筆の楽譜や彼が持ち歩いた2管蓄音器も展示されているが、当時の機械は性能が悪く、歌を録音したら即座に楽譜にする必要があったそうで、苦労が偲ばれる。

🚇M1号線コダーイ・ケレンドKodály Körönd
🏠Andrássy út 87-89 ☎(1)3527106
⏰10:00～12:00、14:00～16:30（土曜11:00～14:00）
休月・火曜 ￥1,500Ft

アンドラーシ通りに面した2階がコダーイ記念館

ペスト　Pest

デアーク広場から英雄広場

エリアのしくみ

ブダペストには地下鉄が3路線あり、その3つがデアーク・フェレンツ広場で交わっている。デアーク・フェレンツとは19世紀の民族運動推進者の名前で、1848年の革命後にハンガリーの指導者となった人。広場近くに市最大の見どころの一つである聖イシュトヴァーン大聖堂がそびえている。デアーク広場から英雄広場に真っすぐに延びるアンドラーシ通りには地下鉄が走っているので、途中下車しながら観光していこう。

見どころ

聖イシュトヴァーン大聖堂
Szt. István Bazilika
MAP●p.183-H

歩き方のヒント

楽しみ
観光　★★★
ショッピング　★★★★
食べ歩き　★★★

交通手段の便利さ
地下鉄　★★★★
トラム　★★★★
バス　★
タクシー　★★★

エリアの広さ
中心となるアンドラーシ通りの下には地下鉄が走っているので、基本的には地下鉄利用が便利。アンドラーシ通りの端から端まで約2.3kmが観光対象。

聖人となったハンガリー王を奉る大聖堂

初代国王イシュトヴァーンを奉ったブダペスト最大の教会堂。ブダペストを代表するネオ・ルネサンス様式で、正面両脇に80mの塔を従えている。本堂中央のドームはそれより高い96m。ハンガリーではエステルゴムに次いで2番目に大きな大聖堂である。着工は1851年だったが最初の建築家が他界し、その後をオペラ座を手掛けたイーブル・ミクローシュが引き継いで1906年に完成させた。

正面入り口には聖イシュトヴァーンのレリーフが、その上にキリスト復活のフレスコ画がある。聖堂の扉にはキリストの12人の使徒が彫られている。

主祭壇は聖イシュトヴァーンの像と彼の生涯を描いたレリーフで飾られている。イシュトヴァーンは国王でありながら熱心に布教も行っていたため、手にした二重の十字架は宗教と政治の二つを象徴している。祭壇裏のイシュトヴァーン礼拝堂は必見。黄金の聖遺物入れの中に聖イシュトヴァーンのものとされる「聖なる右手」のミイラが収められ、コインを入れると明かりが灯って見ることができる。

ドームは展望台になっていて登れる。王宮の丘とは異なる風景が広がる。

イシュトヴァーン礼拝堂にある聖イシュトヴァーンの「聖なる右手」

交 M3号線アラニ・ヤーノシュ・ウッツァArany János u.徒歩3分
住 Szt. István tér
開 9:00～19:00
休 なし **料** 200Ft（寄付）
＊宝物館10:00～16:30（7～9月～18:30）は400Ft、展望台10:00～16:30（7～9月～18:30）は500Ft

大聖堂内部は比較的明るいので天井の装飾まで見える

50年以上もかかって完成した大聖堂

ブダペスト / ハンガリーの音楽家たち／見どころ（ペスト側）

アンドラーシ通りを飾る国立歌劇場

アンドラーシ通り
Andrássy út
MAP●p.183-H

瀟洒な館が並ぶ並木道

　1872年に完成した全長2.3kmの大通りで、外相アンドラーシ伯爵によって造られた。彼はパリを見て都市計画を思い立つ。沿道の家を取り壊し、5階建ての大きな家を建てて町並みをそろえた。その整然とした景観は今日も保たれ、ブダペストで最も美しい通りとなった。オクトゴン駅近くにリスト・フェレンツ広場Liszt Ferenc térがある。広場というより中央に緑地帯を持つ幅の広い通りで、周りにカフェが軒を連ね、季節の良い時期は路上がテーブルで埋まる。広場南端にはリスト音楽院が建ち、その前にピアノを弾いているリストの銅像がある。

🚇M1号線デアーク・テールDeák F. tér〜ヘーシェク・テレHősök tere

通りのようなリスト・フェレンツ広場

激しい動きでピアノを弾いているリストの銅像

舞台左上バルコニーは「シシィ・ロージェ」と呼ばれている

天井画やシャンデリアも豪華

ハンガリー国立歌劇場
Magyar Állami Operaház
MAP●p.183-H

シシィがお忍びで通ったオペラ座

　美しいアンドラーシ通りに一層美しく華を添えているのがこの歌劇場（オペラ座）。19世紀後半に建設されたネオ・クラシック様式の華麗な建物で、設計は聖イシュトヴァーン大聖堂に関わったイブル・ミクローシュ。正面入り口の両脇にリストと、初代芸術監督で作曲家エルケルの彫像がある。ファサードも細かい彫刻が施された優美なものだが、一歩中に足を踏み入れるとその荘厳華麗さに目を見張る。王家の人々専用の階段や待合室の装飾もさることながら、劇場内のきらびやかさには思わず息をのむ。馬蹄型のボックス席は黄金に輝き、アーチ型の柱は4階まで上がっている。ロツ・カーロイの描いた天井画の下に燦然と輝くシャンデリア、座席の赤いビロードが黄金と調和して、高貴な雰囲気を醸し出している。ヨーロッパには数多くの歌劇場があるが、これほど美しく華麗な劇場は珍しい。一人でブダペストに滞在することの多か

緑の多いアンドラーシ通り

った皇妃エリザベート（シシィ）は、よくお忍びでやってきて、正面向かって左側の舞台上バルコニーから観劇していた。

交M1号線オペラOpera 住Andrássy út 22 ☎(1)3328197 2020年まで修復工事中のため公演はないが、昼間のガイドツアーは時間を短縮（ホールには入れない）して行っている。￥2,900Ft

テロリストハウス（恐怖の館）
Terror Háza
MAP●p.181-G

犠牲になった人々の顔写真が吹き抜けの壁を覆う

　美しいアンドラーシ通りに姿を見せる異様な建物。かつてハンガリーのナチス党本部だった建物である。社会主義時代には秘密警察の本部が置かれ、厳しい尋問や拷問が行われていた。「アンドラーシ60番」は「恐怖の館」と市民から恐れられていた。屋根に取り付けられた十字の矢印はハンガリー・ナチス党のシンボルマーク。ここを訪れると20世紀ハンガリーの暗い歴史がわかる。

交M1号線オクトゴンOktogon徒歩1分 住Andrássy út 60 ⌚10:00〜18:00 休月曜 ￥3,000Ft

かつて市民が避けたアンドラーシ60番の館

英雄広場
Hősök tere
MAP●p.181-D

ハンガリーの歴史を知る

　ハンガリー建国1000年を記念して1896年に造られた大きな広場。中央の36mのポールに大天使ガブリエルが立ち、足元にはマジャル族の隊長アールパードやほかの部族長の騎馬像がある。半円を描いた大列柱の間にはイシュトヴァーンやマーチャーシュ王など歴史に残る国王たち、そしてハンガリー独立や自由のために戦ったラーコーツィやコシュートなど近代指導者たち14人の像がある。

交M1号線ヘーシェク・テレHősök tere

広々とした英雄広場はランドマークになっている

広場に面して建つ西洋美術館

西洋美術館
Szépművészeti Múzeum
MAP●p.181-D

西ヨーロッパ絵画の美術館

　英雄広場に面して左手にある。エステルハーズィ家のコレクションが母体となって20世紀初めに完成した西ヨーロッパ諸国の絵画館。1階には古代ギリシャ・ローマ美術と19世紀の絵画が、2階には16世紀から17世紀の絵画が多く、エル・グレコ、ラファエッロなどが見どころ。地階はエジプト部門。

交M1号線ヘーシェク・テレHősök tere 住Dózsa György út 41 ⌚10:00〜17:45 休月曜 ￥1,600Ft

市民公園
Városliget
MAP●p.181-D

池に映るトランシルヴァニア侯の城

　英雄広場の先には緑豊かな市民公園が広がっている。左手にはセーチェニ温泉や動植物園、右手には池や、1896年博覧会展示会場として建てられたヴァイダフニャド城Vajdahunyad várがある。城のモデルとなったのはルーマニアに現存する同名の城。王国内の建築様式を集めて設計された城で、15世紀、ベオグラードでトルコの大軍を破ったトランシルヴァニアのフニャディ・ヤーノシュ侯の館である。現在は農業博物館になっている。

交M1号線ヘーシェク・テレHősök tere

ハンガリーを愛したシシィが好んで滞在した城館
ゲデレー城
Gödöllői Királyi Kasté

城の中庭から眺めるゲデレー城

　18世紀前半に建てられたハンガリー貴族の館で、1867年からはオーストリア＝ハンガリー二重帝国の離宮となり、主にハンガリー王、王妃でもあった皇帝フランツ・ヨーゼフ一世とエリザベート皇妃が滞在した。エリザベートが子供たちとしばしば滞在し、ウィーンのホーフブルク（王宮）よりゲデレー城に居る方が多かったという。そして、ブダの王宮よりもゲデレー城を好んでいた。

　全164室のうち中核となる部屋が修復され、オリジナル家具や絵画で飾られて当時の様子を伝えている。エリザベートの肖像画も豊富で、シシィのファンには必見の城。ブダペストの王宮がギャラリーや歴史博物館になってしまったのに対し、城館として帝国時代の面影を残す唯一のものである。

食事の間　フランツ・ヨーゼフ皇帝のイニシャルが描かれた食器、皇帝がエリザベートに贈った東洋趣味の食器「西安の赤」が飾られている。双方ともヘレンド製。壁にはマリア・テレジアとその家族の絵が掛かっている。

グラシャルコヴィチの記念室　ゲデレー城を建てたアンタル・グラシャルコヴィチ伯爵を紹介するコーナーで、その中に伯爵家が使っていた礼拝堂もある。礼拝堂は村のカルヴィン派教会として建てられたが、伯爵の所有となってカトリック礼拝堂に改築された。

戴冠の間　ブダ城に飾られ、戦後は倉庫に保存されていた戴冠式の絵がここに飾られている。1867年、フランツ・ヨーゼフとエリザベートがハンガリー国王としてマーチャーシュ教会で戴冠したときの様子を描いたもの。手前で帽子を振っているのが二重帝国の外相となったアンドラーシ伯爵。名門貴族の出身で、長身、美男の誉れ高かったこの伯爵は、エリザベートの恋人だったという噂がある。

フランツ・ヨーゼフ皇帝の執務室　壁に皇帝の肖像画が掛けられ、床には息子のルドルフ皇太子が近くの森で射止めた熊の敷物がある。ルドルフはゲデレー城でよく狩りを楽しんでいた。しかしここにあるのは偽物で、本物は皇帝が息子自慢のためウィーンに持ち帰ってしまったという。

皇帝のサロン　1896年、国会議事堂で行われた、ハンガリー建国1000年を祝う式典の大きな絵が掲げられている。エリザベートは黒い服を着ているが、1889年にルドルフがピストル自殺を計って以来、彼女は喪服を脱ぐことがなかった。

二重帝国時代の地図が掛かる「皇帝のサロン」

大広間　建物の中央に位置するこの広間は、今ではコンサートがよく開催されている。天井から下がるシャンデリアは500kgだという。

エリザベートの居室 壁布は彼女の好きな青紫色で統一されている。

エリザベートのサロン 戴冠式のために戴冠用マントを縫うエリザベートと従者たちのモザイク画が掛かっている。

エリザベートの書斎 エリザベートはこの部屋でハンガリー語とハンガリーの歴史を熱心に学んだ。壁の絵はブダペストのヴェレシュマルティー広場にあるカフェ・ジェルボーの前に立つエリザベート。すでに喪服を着ている。

エリザベート着替えの間 壁紙、カーテン、椅子などは、彼女の好きな薄紫色で統一されている。バイエルン大公女時代の写真や、愛馬に乗るエリザベートのスケッチ画などが飾られている。

その他 グラシャルコヴィチ伯爵がマリア・テレジアを迎えるために1751年に増築した翼の最初の1室はエリザベートが寝室として使っていた。その奥の3室はエリザベートが最も信頼をおいていたハンガリー貴族出身の侍女イダが使っていた部屋。現在はエリザベートゆかりの品々や彼女に関する事柄が展示されている。

庭園には伯爵が建てた瀟洒な「バロック劇場」があり、ガイドツアーで見学できる。また、伯爵が宮殿から200m離れた丘の上に建てた六角形のあずまや「ロイヤル・ヒル・パヴィリオン」もガイドツアーで見学できる。

「戴冠の間」に飾られた戴冠式の絵。右で帽子を振っているのがアンドラーシ伯爵

MAP●p.178-I

交M2号線終点エルシュ・ヴェゼール・テレÖrs vezér tereからHÉVで約40分ゲデレー・サバッチャーク・テールGödöllő Szabadság tér下車すぐ
☎28-410124 圏10:00〜18:00(11〜3月〜16:00、11〜3月の土・日曜〜17:00、4〜10月の月〜木曜9:00〜17:00) 休なし 料宮殿博物館2,600Ft、ガイドツアー：1,400Ft(バロック劇場のみ)

戴冠用のマントを縫うモザイク画のある「エリザベートのサロン」

勤勉だった皇妃が使った「エリザベートの書斎」

「食事の間」に飾られたフランツ・ヨーゼフのイニシャル入り食器

ルドルフが射止めた熊が床に敷かれている「皇帝の執務室」

ブダペストで温泉を楽しもう

　温泉というとのどかな保養地を思い浮かべるが、大都市ながらブダペストは温泉の町。市内には、有名なものだけでも24の温泉がある。歴史的建物の由緒あるものから真新しいホテルの温泉まで実にさまざまだが、大きく分けて3種類の形態がある。伝統的なハンガリー式温泉、プールが付いてレジャー要素が加わった温泉、欧米のスパのような機能を持った近代的なホテルの温泉。こうした温泉は、地元の人々にとっては治療のみならず社交の場であったり、レジャーの場であったりする。せっかく温泉の町に来たのだから、旅行者でもぜひ体験入浴はしてみたい。英語やドイツ語が通じない所もあるが、要領さえわかっていれば利用できる。

ハンガリー式温泉

キラーイ温泉

ハンガリー式温泉の入り方

①入り口でチケットを買う
　マッサージ希望者はチケットと一緒にマッサージ券も買う。マッサージが予約制のところでは、風呂に入る前に予約しておくとよい。

②中に入る
　ロッカーで着替える。ほとんどが混浴になっているので水着が必要。男性と女性に分かれている場合は女性にはエプロンを、男性にはフンドシのようなものを貸してくれる。鍵は自分で管理。風呂場へ行き、シャワーを浴びて入浴する。

ヴェリ・ベイ
Veli Bey Fúrdője
MAP●p.180-B
修復された真新しいトルコ時代の風呂
　1574年に建設された風呂は400年近く使われていたが社会主義時代に閉鎖。2011年春に様々な新しい設備を整えてオープンした。トルコ時代の風呂はそのまま使われている。すべてのプールが水着着用の混浴で、水着がない場合は体を覆う大きな布を借りることができる。

🚇HÉVマルギット・ヒードMargit hid徒歩4分🏠Arpad Fejedelem utja 7☎061-438-8641⏰6:00～12:00、15:00～21:00 休なし 💰2,800Ft（3時間以下）

キラーイ
Király Gyógyfürdő
MAP●p.182-B
異国情緒たっぷり
　1566年、トルコ人によって建てられた。12角形の風呂は古めかしく歴史を感じる。円蓋屋根の無数の丸い明かり取りが、まるで星のように輝いて美しい。温度はいろいろだが40℃前後。水着着用。

🚇バス260、86番マルギット・ヒードMargit hid🏠Fő u. 82-84☎(1) 202-3688⏰9:00～21:00 休なし 💰入浴2,900Ft、マッサージ（20分）3,700Ft～

ルカーチ
Lukács Gyógyfürdő és Uszoda
MAP●p.180-B
本格的な療養温泉
　プールは水着を着用。温泉治療が中心で、ここに通って病が治った人たちの記念プレートが中庭にたくさんある。チケット売場は通りに面したガラスのパビリオン内で、こちらの建物も美しい。

🚇HÉVマルギット・ヒードMargit hid徒歩10分🏠Frankel Leó út 25-29☎(1) 326-1695⏰6:00～22:00 休なし 💰入浴3,900Ft～（土・日曜・祝日4,100Ft～）

ルダシュ
Rudas Gyógyfürdő és Uszoda
MAP●p.180-J
改装されて男女共用に
　1579年にトルコ人によって建設されたが19世紀末に建て替えられた。緑色の円形屋根にトルコ風呂の名残を感じる。以前は男性専用だったが近年改装されて男女共用になった。2014年秋にウェルネス館がオープン。モダンな浴槽がいくつもあり、ドナウ川を眺められる屋上露天風呂が人気。水着着用。

🚇トラム19、41番ルダシュRudas Gyógyfürdő下車🏠Döbrentei tér 9☎(1) 356-1322⏰6:00～20:00（金・土曜22:00～翌4:00）※月・水・木・金曜は男性専用、火曜は女性専用、土・日曜は混浴 休なし 💰入浴3,700Ft～

ルダシュ温泉

プール付きのレジャーを兼ねた温泉

ゲッレールト Gellért Gyógyfürdő　MAP●p.181-K

ハンガリーを代表するアールヌーヴォーの建物

　最も有名でポピュラーな温泉。ダヌビウス・ホテル・ゲッレールトの中にあり、夏場は屋外プールが大人気。アールヌーヴォーの美しいインテリアを見るだけでも価値がある。合計13のプールがあり、施設全体が混浴。ロビーも温泉内部も広々としている。水着着用。

🚋トラム18、19、47、49番セント・ゲッレールト・テールSzent Gellérttér 🏠Kelenhegyi út 2-4 ☎(1)466-6166 ⏰6:00～20:00 休なし 料入浴5,900Ft～（土・日曜・祝日6,100Ft～）

セーチェニ
Széchenyi Gyógyfürdő　MAP●p.181-D

温泉としてはヨーロッパ最大の建物

　ペスト地区で初めて建設された20世紀初頭の大きな温泉。3つの屋外プールは中央の長方形が水泳用で、両脇が温泉。温泉に浸ってチェスに興じるおじさんたちがあちこちに見られ、セーチェニの名物になっている。室内にも数個の湯がある。内部は大理石の柱が美しいローマ式だが、外観はネオ・バロック様式の華麗な建物で、庭側からの眺めが特に美しい。温泉は水着着用。

🚋M1号線ヘーシェク・テレHősök tere徒歩5分 🏠Állatkerti krt. 11 ☎(1)363-3210 ⏰6:00～19:00（プールは～22:00）休なし 料入浴5,500Ft～（土・日曜・祝日6,100Ft～）、マッサージ（30分）3,500Ft～

ホテルの温泉

ホテル内の温泉は宿泊客は無料だが、外来は有料。入浴料は町中の温泉よりずっと高い。英語やドイツ語が完璧に通じ、新しく清潔な感じで設備も良い。

ヘリア
Thermál Hotel Helia
MAP●p.179-G

女性客に好まれる温泉

　ペスト側の近代的ホテル内の温泉。明るくて快適だが値段は高い。

🚋M3号線ドージャ・ジョルジ・ウートゥDózsa György út徒歩5分 🏠Kárpát u. 62-64 ☎(1)889-5800 ⏰7:00～22:00 休なし

ザ・アクインクム・ホテル・ブダペスト
The Aquincum Hotel Budapest
MAP●p.179-C

高級感に溢れるモダンな温泉

　ブダ側の川沿いにある高級感あふれるモダンな温泉。フィットネスセンターもある。

🚋HÉVアールパード・ヒードÁrpád hid徒歩4分 🏠Árpád fejedelem u. 94 ☎(1)436-4100 ⏰6:30～22:00 休なし

ダヌビウス・ヘルス・スパ・リゾート・マルギットシゲット
Donubius Health Spa Resort Margitsziget
MAP●p.179-G

スパの設備が充実

　マルギット島内の温泉。近年リニューアルし、スパが充実。各種テラピー、フィットネスもある。

🚋バス26番ゼネーレー・クートゥZenélő kút徒歩1分 🏠Margitsziget ☎(1)889-4700 ⏰6:30～21:30 休なし

ダヌビウス・ヘルス・スパ・リゾート・マルギットシゲットの温泉

Shopping ショッピング

磁器コレクターにとってハンガリーは憧れの国。ヘレンドを筆頭にジョルナイや民芸調の食器にも良い図柄がある。めずらしいハンガリーならではのおみやげ探しも楽しい。

ショッピング・エリア

ヴァーツィ通りと周辺 ヴェレシュマルティ広場から自由橋近くまで延びる歩行者専用のヴァーツィ通りには両側に様々なショップが並び、ハンガリーみやげらしい小物をそろえている店もある。とくににぎやかなのはヴェレシュマルティ広場からエルジェーベト橋近くまでの間で、ヨーロッパ系のファッション店も進出している。

アンドラーシ通り デアーク・フェレンツ広場から英雄広場まで続くアンドラーシ通りは、ヨーロッパの名ブランド店が並ぶ高級ショッピング街。特にデアーク・フェレンツ広場からオクトゴンまでの間にショップが多い。

繁華街のヴァーツィ通り(左)王宮の丘にあるショップ(右)

王宮の丘 三位一体広場とその周辺に小さなみやげ物店が並んでいる。

ファルク・ミクシャ通り 国会議事堂の北側に骨董店が並ぶ道があり、「骨董通り」と呼ばれている。家具などは持ち帰れないが装飾的な椅子など見るだけでも楽しい。室内装飾小物やコーヒーカップなどは自分のためにひとつ欲しくなる。

古い館が建ち並ぶファルク・ミクシャ通り

中央市場 ハンガリーみやげの小物なら中央市場の2階にショップが並んでいる。パプリカパウダーやフォアグラの缶詰を買いに来たついでに2階へ上がってみよう。

ゴズドゥ・ウドヴァル 旧ユダヤ人街の集合住宅が近年修復され、抜け道(ゴズドゥ・ウドヴァルGozsdu Udvar MAP●p.183-H)に若者が集まるレストランが並び、夕方から深夜まで開いている。土・日曜はこのゴズドゥ・ウドヴァルに屋台が立ち、個性的な手作り小物が売られている。

屋台が立つゴズドゥ・ウドヴァル

手作りアクセサリーが多い。

何を買うか

刺繍製品 ハンガリーを代表する民芸品は刺繍。色鮮やかな薔薇の花や真っ赤なパプリカ刺繍はハンガリーならではのもの。コースターや針刺しなどは1,000Ft以内なので義理みやげによい。

パプリカパウダー 日本では入手しにくい良質なパプリカの粉末。辛口と甘口があるので要注意。甘口(édes)は香りが良く、これを使うと本格的ハンガリー料理が作れる。

ワイン 良質な赤や白のワインもあるが、おすすめはトカイ貴腐ワイン。糖度を表すアスーの数字(3～6)が大きい高級品ほど割安感がある。

磁器 ハンガリーが誇るヘレンドは世界中にコレクターが多い。日常使用するにはジョルナイやホローハーザが手ごろな値段でおすすめ。ジョルナイではエオジンと呼ばれる特殊釉薬を使ったアールヌーヴォーの置物が人気。ホローハーザは伝統的なハンガリーの柄がヘレンドの半額ほどで求めやすい。

フォアグラの缶詰 ハンガリーは鵞鳥の飼育が盛んでフォアグラは名産。空港やヴァーツィ通りの店でも売っているが、中央市場が一番安い。

その他 陶器や木の卵にハンガリー風模様で絵付けしたイースターエッグは一年中売られている。スーパーでグヤーシュなどが簡単にできるスープの素をいろいろ買うことができる。

営業時間と休み

平日は10時から18時、土曜は13時頃までだが、みやげ物店などは20時頃まで営業している。2015年5月より、日曜は基本的に休業となった。

支払いと免税

観光客が多く行くような店はカードでの支払いも可能。Tax Refundの表示がある店で1店舗で54,001Ft以上の買物をした場合には免税措置が受けられる。出国時、空港の税関で、税金分を現金で戻してもらえる(p.349参照)。

ブダペストのおみやげ

パプリカ・スパイス

"ダス・イスト・ウニクム！"
46種のハーブからなるアルコール分42％の蒸留酒がウニクムUnicum。健康と滋養強壮にいいというところは、ちょっと養命酒っぽい。はじめて口にしたヨーゼフ二世が「これはウニクム（ユニーク）だ！」と言ったところからこの名がついた。0.2ℓと0.5ℓのボトルがある。

グンデルグッズ
レストラン・グンデルで販売のグッズ、ネクタイの種類は豊富で人気がある

プロポリス
養蜂が盛んなので、プロポリスが安い。液体とタブレットがあり、20錠入りが900Ft前後。ビタミン入りなどもある。薬局で購入するのが安価

パプリカパウダー
甘口はédes、辛口はelősまたはcsipös

刺繍
ハンガリーの季節の草花をあしらった色鮮やかな刺繍

トカイ貴腐ワイン
糖度の高いトカイ・アスーが人気

民芸小物
ハンガリーらしい絵柄の刺繍や絵付けが人気の小物類

フォアグラの缶詰
リバマーイLibama'jとはフォアグラのこと。ほとんどがテリーヌ状

アンティーク
アンティーク小物なら手軽に持ち帰ることができる

ブダペスト

209

ホローハーザのボンボン入れとデミタスカップ

ヘレンドの「ウィーンのバラ」

ジョルナイではアールヌーヴォーのエオジンが人気

磁器
ヘレンド、ジョルナイ、ホローハーザが代表的

Herend ヘレンドに魅せられて

ハンガリーが生んだ名窯。繊細なフォルムと独特な絵柄で世界の磁器ファンを魅了し続けている。

歴史と魅力

1826年の創立で、マイセンの1710年と比べて遅いスタートだが、19世紀後半に最盛期を迎えた。1851年、ロンドンで開催された万国博覧会に出品した花と蝶の図柄が金メダルを受賞し、ヴィクトリア女王がウィンザー城用の食器として注文したのがきっかけで、以後世界に知れわたることになった。

大量生産はせず、王侯貴族や大富豪を相手に注文生産や、老舗の窯で造られなくなったセットの欠けを補充することなどで信頼を得、上質の顧客を増やしていった。そのリストにはハプスブルク家のフランツ・ヨーゼフ皇帝や皇后エリザベート、プロイセン王ヴィルヘルム一世、大富豪ロスチャイルド家など、数々の世界的名家が名を連ねる。図柄はオリエンタル調が多く、中国の影響を受けた「西安の赤」、日本の柿右衛門の影響と思われる「インドの華」などがヘレンドの人気商品である。日本人には一輪のバラを描いたハプスブルク家御用達の「ウィーンのバラ」のようなヨーロッパ調が好まれている。

ヘレンド窯を訪ねて

世界の名窯ヘレンドの故郷は、ブダペストから西南へ約120km下ったバラトン湖北部にある小さなヘレンド村。ここに本社と工場があり、博物館とショップもある。3,500人ほどの村人の大半がここで働いている。

絵付けはすべて手作業。約650人の絵付け師がいるが、そのうちマスターピースを描けるマスターの称号を得た職人は、25人ほど。マスターになるには長い年月を要し、厳しい試験があるという。

アクセス ブダペスト南駅からソンバトヘイSzombathely方面行きの列車で2.5〜3時間。直通はなく、ヴェスプレームVeszprémで乗り換える。バス利用ならネープリゲドよりソンバトヘイ、アイカAjika、シュメグSumeg行きで約2時間。ヘレンドバス待合所への直通バスもある。
ミニ工房＆博物館 開4〜10月の毎日9:30〜18:00（11〜3月の火〜土曜12:00〜17:00）休月曜（11〜3月は日曜・月曜・祝日）料2,500Ft（カフェでのワンドリンク付）
ショップ 値段はブダペストの直営店と同じだが、ほとんど全種類が並んでいる。開4〜10月9:30〜17:00（日曜〜16:30）、11〜3月9:30〜16:00（土曜〜14:00）休11〜3月の日曜・祝日 ☎(088) 523-185
レストラン すべてヘレンドの食器を使用。ヘレンドお抱えの一流シェフによる高級料理が楽しめる。開12:00〜17:00 休11〜3月

代表的なデザイン

ヴィクトリア・ブーケ　Victoria Bouquet

ロンドンの万国博でヴィクトリア女王の目に留まり、ヘレンドの運命を大きく変えたデザイン。蝶と枝花模様の色彩豊かで華やかな絵柄は、今もヘレンドを代表する商品となっている。

インドの華　Fleurs des Indes

ヘレンドが東洋的要素を採り入れたシリーズの代表格。草花を華麗にアレンジしたデザインは柿右衛門の影響を受けているといわれている。グリーンを基調にしたものがよく知られているが、他に虹色のものと多彩色のものがある。

インドの華をアレンジしたものに「アポニー Apponyi」がある。アポニー伯爵からの突然の注文に手抜きで応えた形となったが、意外にもこのすっきりしたデザインが受けて気に入られてしまった。色は7種類ある。

ロスチャイルド・バード　Rothschild Oiseaux

小枝にとまったつがいの小鳥や蝶がデザインされたシリーズ。ロスチャイルド家が愛用したことでこの名が付いた。このシリーズにはもう一つ、小枝に小鳥が首飾りをかけている絵柄がある。晩餐会で紛失したヴィクトリア女王の首飾りが木の枝で見つかった盗難疑惑事件を、ロスチャイルド家がヘレンドの絵柄におさめ、円満解決をしたというエピソードが残る。

ウィーンのバラ　Vieille Rose d'Habsburg

ハプスブルク家代々のお気に入りの食器で、ウィーン窯（アウガルテンの前身）の時代にマリア・テレジアが好んで使ったという。ヘレンドはウィーン窯からデザインを受け継いだ。白磁に咲くピンクの一輪のバラの絵柄は日本人に人気がある。ヘレンドでは「ハプスブルクのバラ」と呼ばれている。

ヘレンド
Herend MAP●p.182-E、p.183-G、H

ロスチャイルド家が愛用した「ロスチャイルド・バード」シリーズ

最高の磁器を本場で選ぶ楽しさ

市内に直営店が3軒あり、価格は工場ショップと同じ。人気シリーズ「ウィーンのバラ」や「ヴィクトリアブーケ」、「アポニー」などはどこの店でもそろっている。アラドラーシ通りとヨーゼフ広場の店が大きくて種類が豊富。王宮の丘の店は小さいがコンパクトで選びやすい。ヴィクトリアブーケの2人用コーヒーセット290,000Ft、ティーカップ1客はウィーンのバラ25,000Ft、アポニー33,500Ft、インドの華48,600Ftなど。

◆王宮の丘：交マーチャーシュ教会前徒歩1分 住Szentháromság u. 5☎(1)225-1051 営10:00～18:00（土・日曜～14:00）休冬季の日曜
◆アンドラーシ通り：住Andrássy út 16☎(1)374-0006 営10:00～18:00（土曜～14:00）休日曜・祝日
◆ヨーゼフ広場：住József N. tér 10-11☎(1)202415736 営10:00～18:00（土曜～14:00）休日曜・祝日

ユディッツ・イクスクルシヴ
Judit's Exclusive MAP●p.183-L

ヴァーツィ通りのハンガリー民芸店

店先に並んだハンガリー刺繍に惹かれて中に入ると、民族衣装の人形やテーブルクロスが棚にいっぱい。木製玉子の絵付けは職人が店内でも行っている。ハンガリー刺繍の小物は1,600Ft～、大きなテーブルクロスは20,000Ft。エルジェーベト橋に近いヴァーツィ通りにある。

交M3号線フェレンツィエク・テレFerenciek tere徒歩2分 住Váci utca 32☎(1)266-2688 営9:00～22:00 休なし

ヴァルガ・クリスタル
Varga Crystal MAP●p.183-G

ガラス工芸品の高級みやげ店

ヨーゼフ・ナードル広場のヘレンド店と同じ並びにある。ハンガリーみやげというと、刺繍や地方の陶芸品など民族色豊かな品を思い浮かべるが、ハンガリー産の高級ガラスもある。絵柄が西ヨーロッパのものとは異なるので珍しい。

交M1号線ヴェレシュマルティー・テールVörösmarty tér 徒歩1分 住Jo'zsf Na`dor Tér 12☎(1)797-6803 営9:00～19:00 休なし

気軽に購入できる

ホローハーザ
Holló Háza MAP●p.183-L

手頃な値段で高級感ある食器が買える

ヘレンド、ジョルナイと並ぶハンガリー三大陶磁器のひとつ。「カラスの家」という意味で、商標はカラスになっている。1777年創業と歴史は古い。絵柄はハンガリーの伝統柄が主流で、単品でも買える。ティーカップ6,250Ft、ケーキ皿6,610Ft。

交M2号線アストリアAstoria徒歩3分 住Dohány út 1/c ☎(20)592-5676 営9:00～17:00（月・土曜～13:00、日曜13:00～）休祝日

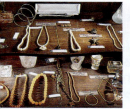

ピンテール・アンティーク
Pintér Antik MAP●p.183-C

家具を見るだけでも楽しめる
　入り口付近にアクセサリーが並んでいるのでこぢんまりした店のように見えるが、地下部分が奥へ奥へと続く大きな店。家具や大型絵画が多く、まるでギャラリーのよう。アクセサリー類に良い品がある。ネックレス25,000Ft〜、ブローチやブレスレット120,000Ft〜、指輪は宝石が多い。

交M2号線コシュート・ラヨシュ・テールKossuth Lajos tér徒歩3分 住Falk Miksa u.10☎(1)311-3030営10:00〜18:00(土曜〜14:00) 休日曜

イチピチ・ボルト
Icipici Bolt MAP●182-E

オリジナル作品が並ぶ工芸品店
　王宮の丘の路地に静かにたたずむ小さな店で、分野の異なる25人のアーチストがそれぞれ作品を出して店番も交代で行なっている。置物やアクセサリーによい物がある。店名のイチピチとは"より小さく"という意味だとか。

交M2号線セール・カールマン・テールSzéll Kálmán térよりバス16、16Aでセントハーロムサーク・テールSzentháromság tér徒歩2分 住Országház u.16☎06-30-507-5570営10:00〜18:00(日曜は〜17:00) 休4〜12月の水曜、1〜3月

フォークアート・ケーズムーヴェシュハーズ
Falkart Kézmüvesház MAP●p.183-K

小物から高級品までみやげ物がそろう
　にぎやかなヴァーツィ通りの横道を入ってすぐにある。刺繍小物はもちろん、民族服や手織りタペストリー、クッションカバー、陶器の置物などがあり、とくにマジャル模様の陶器は充実している。イースターエッグ695Ft〜、コップ敷き1,000Ft〜、刺繍しおり700Ft〜。

交M1号線ヴェレシュマルティ・テールVörösmarty tér徒歩3分 住Régiposta u.12☎(1)318-5143 営10:00〜18:00(土・日曜〜15:00) 休なし

ボンボニエーレ・ヘレンド
Bonbonniére Herend MAP●p.182-F

ヘレンドのアンティーク店
　王宮の丘の土産物店が並ぶタールノク通りにあるヘレンドだけを扱っているアンティークショップ。歴史的なものは現在流通しているものより高いが、中古品として売られているものは比較的買いやすい。

交バス16、16A、116で三位一体広場Szentháromság徒歩1分 住Tárnok utca 8☎(1)356-0565営10:00〜18:00 休なし

エンテリエール・アンティーク
Enterieur Antik MAP●182-E

憧れのヘレンドが手に入りやすい
　アンティークショップだが、骨董品よりも中古陶器が多い。大切に家の棚に飾られていたヘレンドなどは新品同様。中古高級磁器が70〜50%オフで売られている。ジョルナイやホローハーザもある。

交M2号線セール・カールマン・テールSzéll Kálmán térよりバス16、16Aでセントハーロムサーク・テールSzentháromság térすぐ 住Országház u. 2 ☎(1)375-0480　営10:00〜18:00休なし

ブダペスト

213

ショッピング

エンターテインメント

ブダペストはクラシック音楽ファンにとって魅力的な町。コンサートホールや劇場の数が多く、一流オーケストラの演奏を驚くほど安い料金で聴くことができる。絢爛豪華な国立歌劇場（オペラ座）でオペラやバレエを鑑賞できたら、旅はいっそう忘れがたいものになること間違いなし。また、ハンガリーの民族舞踊や民謡、ロマ・ミュージックが聴けるのもブダペストならではの楽しみである。

情報を得るには

中級以上のホテルでは、フロントにコンサートに関する各種パンフレットが置かれている。ツーリスト・インフォメーションやプレイガイドにもコンサートや劇場案内があり、その場で質問することもできる。地元の新聞や雑誌にも載っているが、ハンガリー語で劇場や演目の単語を拾うのはとても大変なこと。外国人向けの情報誌が何種類かあり、これらが最もわかりやすい。各種パンフレットと共にホテルのフロント、ツーリスト・インフォメーションなどにあり、無料で入手できる。

チケットの買い方

目当てのオペラやコンサートがある場合には、日本で前もってオンラインで予約することができる。現地で最も確実で簡単なのは、宿泊先のホテルでコンシェルジュやフロントに頼むこと。この場合、座席や値段はおおまかな希望を告げ、あとはホテル任せになることが多い。

時間に余裕があれば、劇場に直接行くか、プレイガイドで前売り券を買うのがよい。座席表と値段を見ながらじっくり考えられる。

当日券を買うこともできる。よほど人気のあるコンサートでない限りチケットが完売することはなく、それぞれのランクごとに空席がある。一般に値段の高い上席が売れ残っている。

主なプレイガイド

チケットオフィスはアンドラーシ通りやヴァーツィ通りに多い。

◎チケットエクスプレス
Ticket Express Jegyiroda
MAP●p.183-H

チケットオフィスも多い

プレイガイドの本部であり、すべてのコンサート情報とチケットが入手できる。
住 Fóvám tér11-12
℡ (1)30-505-0666
開 10:00〜18:30
　（土曜〜15:00)
休 日曜

料金

地元の人たちも行くオペラやクラシック・コンサート、バレエなどは最高でも16,000Ft（約6,400円）程度。しかし、主に外国人観光客が行く民族音楽や舞踊は一律に6,000〜9,000Ftとかなり割高だ。民族舞踊や音楽をちょっと楽しみたい程度なら、むしろショー付きのレストランで食事することをおすすめしたい。ショーと食事付きで7,000〜10,000Ft（p.216参照）。

どんなコンサートや催しものがあるか

☆年間を通じて最も有名なもの（ブダペストで開催されるもののみ抜粋）
1月：ニュー・イヤー・ガラコンサート
3月半ば〜4月初め：ブダペスト春の音楽祭（管弦楽、オペラ、オペレッタ、バレエ）
6月：ブダペスト・ハンガリー週間（エルケル、コダーイ、バルトークなど）
7月：国際ハイドン・フェスティバル
7〜8月：ブダペスト・サマー・フェスティバル（管弦楽、オペラ、バレエ）
9月：ブダペスト国際音楽コンクール
9月：ブダペスト国際ワイン祭り
10月：CAFe ブダペスト・コンテンポラリー・アートフェスティバル
12月30日：100人ジプシーバンド演奏会
12月31日：オペラ座の舞踏会
☆地方で開かれる有名な祭りと音楽祭
2月：モハーチ（南ハンガリー）のカーニバル　伝統的な冬追いだし祭り（世界無形遺産）
4月：ホッロークー（北ハンガリー）の復活祭　世界遺産の村でのイースター
6月：ショプロン音楽祭
7月：セゲド野外音楽祭（クラシック、ロック、オペラ、バレエ、ミュージカル）
7月：バルトーク国際合唱コンクール　デブレツェンで開かれるヨーロッパ最大級の合唱コンクール
7月：エゲル「牡牛の血」祭り　ワイン祭り
7月：ヴィシェグラード国際城内遊戯
7月：マルトンヴァーシャール祭り　ベートーヴェンゆかりの館で開かれる演奏会
7月：アンナ舞踏会　バラトンフュレドで開かれる舞踏会（コンサート、花火）
7月：バラトン湖水泳大会　バラトン湖横断5.2kmの伝統ある水泳大会
9月：カロチャのパプリカ収穫祭り

劇場リスト

文化宮殿　Művészetek Palotája
MAP●p.178-I
　大規模なコンサートホールと劇場、ルドヴィク美術館などがある芸術館。斬新な建物自体も素晴らしい。質の良いレストランもあるのでコンサートの前後におすすめ（12時〜22時）。
住Komor Marcell u. 1☎(1)555-3000
URLwww.mupa.hu

ハンガリー国立歌劇場（オペラ座）
Magyar Állami Operaház
MAP●p.183-H
　1875年から84年にかけてイブル・ミクローシュによって建設されたネオ・ルネサンス様式の建物。チケット売場は建物右側にある。(p.202参照)
住Andrássy út 22☎(1)353-0170
URLwww.opera.hu/　※2020年まで改修のため休演

華麗な国立歌劇場の客席

リスト音楽院大ホール　Liszt Ferenc Zene-művészeti Főiskola Nagyterme
MAP●p.181-G
　20世紀初頭に建てられた音楽院校舎内の大ホール。音響の良いことで知られている。
住Liszt Ferenc tér 8☎(1)462-4600

ヴィガドー　Vigadó
MAP●p.183-K
　ブダ地区のヴィガドーと区別するためペシュティ・ヴィガドーPesti Vigadóと呼ばれることもある。1832年に建設されたが、戦争によって破壊され、2度再建された。現在のものは1980年の2度目の再建で、華やかな内装が好評。
住Vigadó Tér 2☎20-4294124

エルケル劇場　Erkel Színház
MAP●p.181-H
　1911年に建てられたが、その後何度も改装している。2012年12月にリニューアル。
住Fdnos Pál Pàpatèr 30☎(1)333-0108

ブダイ・ヴィガドー　Budai Vigadó
MAP●p.182-F
　ハンガリー国立フォーク・アンサンブルの本拠地で、ハンガリー各地方の舞踏と民族音楽の演奏が日替わりで上演される。
住Corvin tér 8☎(1)225-6049

ドゥナ・パロタ　Duna Palota
MAP●p.183-G
　くさり橋に近い、316席の小さな劇場。管弦楽やオペラのガラコンサート、民族音楽も行われる。
住Zrínyi u. 5☎(1)235-5500

オペレッタ劇場　Operett Színház
MAP●p.183-H
　オペレッタとミュージカルの劇場。ヨハン・シュトラウスやカールマン、レハールなどが楽しめる。
住Nagymező u. 19☎(1)312-4866

その他のコンサート会場

マーチャーシュ教会　Mátyás templom
MAP●p.182-F
　ブダの丘のマーチャーシュ教会では、定期的なオルガンコンサートのほか、ミニ・オーケストラや合唱団による質の高い演奏会が開かれている。
住Szentháromság tér 2☎(1)489-0716

コングレスホール　Budapesti Kongresszusi Központ　MAP●p.180-I
　ブダ側のノヴォテル・ブダペストシティ・ホテルに隣接したコングレスセンター内の大ホール。ロックやミュージカルなどが中心。
住Jagelló út 1-3☎(1)372-5400

シナゴーグ　Zsinagóga
MAP●p.183-L
　ユダヤ音楽の演奏会が常時開かれている。教会内のオルガンはリストが何度も弾いていた。
住Dohány u. 2☎(1)343-0420

ナイトスポット

ブダペストの夜は民族舞踊や民族音楽を楽しもう。劇場で見る本格的なものから、レストランで食事をしながら楽しめるものまでいろいろ。最も安全で、ハンガリーらしい夜が過ごせる。

ブダイ・ヴィガドー　　　　　ブダ側
Budai Vigadó　MAP●p.182-F

民族舞踊チャールダシュが堪能できる

舞踊と民族音楽の舞台が楽しめる。舞踊は各地方の踊りが次々と披露され、美しい衣装も一見の価値がある。シーズン中はほぼ毎日の開催、ショーは45分ほど。かなり込むので、予約をするか、早めに行くといい。

🚇M2号線バッチャーニ・テールBatthyány tér徒歩5分 🏠Corvin tér 8 ☎(1)225-6000 🕐20:00〜 💴舞踊6,500Ft

ドゥナ・パロタ　　　　　ペスト側
Duna Palota　MAP●p.183-G

こぢんまりした劇場で民族音楽と舞踊を楽しむ

19世紀末創建のネオバロック様式の建物の中にあり、ホールの装飾が美しい。オーケストラ演奏はブラームスやリスト、シュトラウスなどポピュラーな曲が多い。ツィンバロンショーもある。月・水・金曜の夜はハンガリーの民族音楽がよく演奏される。

🚇M1号線ヴェレシュマルティ・テールVörösmartytér徒歩4分 🏠Zrínyi u.5 ☎(1)235-5500 🕐20:00〜 💴オーケストラ6,400〜8,100Ft 舞踊3,600〜6,200Ft

ウドヴァルハーズ　　　　　ブダ側
Udvarház　MAP●p.178-B

ブダペストの夜景もおすすめ

郊外の山の上にある大型レストランで、毎晩民族音楽と踊りのショーがある。食事はハンガリー料理で、ショー付きの場合はセットメニューになる。団体客が多いが、席があれば個人でも入れる。

🚇市中心部からタクシーで20分、4,000Ft前後 🏠Hármashatárhegyi út 2 ☎(1)388-8780 🕐12:00〜23:00(10〜4月は水〜金曜15:00〜、土・日曜12:00〜、ショーは5〜10月19:00〜20:30) 休なし(10〜4月は月・火曜) 💴要予約

ボルカタコンバ　　　　　ブダ側
Borkatakomba　MAP●p.178-I

洞窟のようなレストラン

ハンガリー各地から品質の良いワインを集め、ブダフォクの小山に掘られた酒蔵で保存している。毎晩ショータイムがあり、観客も巻き込んだ楽しいショーが繰り広げられる。入り口でパーリンカ(焼酎)とポガーチャ(ハンガリーの小さなパン)の歓迎を受けて中へ入る。

🚇市中心部からタクシーで3,000Ft前後 🏠Nagytétényi út 64 ☎(1)227-0070 🕐18:00〜24:00 休なし(11〜3月はショーのない日もある) 💴前菜2,900Ft〜　予約がおすすめ

ワインはこうして注いでくれる

トカイ・ボロズ　　　　　ペスト側
Tokaji Borozó　MAP●p.180-B

ブダペストの夜は一人でトカイワインを

15世紀からの地下ワイン所蔵庫を改造したトカイワイン専門の店。高級トカイワインはなかなか味わえないが、ここではさまざまなカテゴリーが楽しめる。グラスでアス−5が1,200Ft〜。

🚇M2号線コシュート・ラヨシュ・テールKossuth Lajos tér徒歩5分 🏠Falk Miksa utca 32 ☎(1)269-3143 🕐12:00〜21:00 休土・日曜、祝日

レストラン

特別高級でなくても、生演奏を行っている店が多い。そこではティンバロムというハンガリーの打楽器にヴァイオリンの奏でるメランコリーなロマ楽団の音楽が主流。外国人が多いとブラームスのハンガリー舞曲第1番や5番、6番などポピュラーな曲が演奏される。

レストラン事情とレストランの種類

グンデルやヴァドロージャのような老舗の他に、高級レストランが続々出現している。適度なボリュームと上品な味付け、美しい盛り付けで伝統的なハンガリー料理を際立たせている。一般のレストランはインターナショナル料理の店が増え、インテリアもモダンで音楽もポップスやスタンダードジャズなどを流している店もある。観光客に人気なのはハンガリー風レストランで、そこではロマ楽団の演奏も楽しめる。日本にあるようなファストフードの店も多い。

エーッテレムÉtteremとヴェンデーグレーVendéglő 両方ともレストランという言葉だが、エーッテレムのほうが一般的。

チャールダCsárda 元来は庶民的な食堂のことだが、雰囲気を出すためにあえてチャールダを店名に使うレストランもある。

シェレゼーSöröző シェールSörはビールのことで、小さなビアホール。

ボロゾーBorozó ボルBorはワインのことで、ワイン専門の居酒屋をこう呼ぶ。

レストランの利用法

最高級レストランはウィーンに比べると3分の2ほどの値段なので、一度は優雅なムードを味わってみたい。その際カジュアルな服装は避けて多少エレガントな格好で。夜は予約が必要。ロマ楽団の演奏は高級レストランでも行われているが、ハンガリー料理のレストランならほとんどロマ楽団の演奏がある。最高級レストラン以外はカジュアルな服装で気軽に利用できる。

高級レストラン・グンデルの看板

料理の注文の仕方

高級レストランではボリューム控え目である。グヤーシュやハラースレーはスープなので通常はカップだが、店によってはボウルで出てくる。予めボリュームを聞き、多ければ半分の量にしてもらう。あるいは量を多くしてメイン料理として注文するのもよい。ハンガリー名物のホルトバージ・パラチンタは鶏肉のミートソース入りなので軽食にもなる。

ミート入りのパラチンタは軽食になる

支払い方法

観光客が多いレストランでは、ほとんどのカードが使える。「フィゼテク・ケーレム（Fizetek kérem）」とボーイを呼び、支払いは席で行う。チップは端数を切り上げて小銭が残らないようにするのが一般的。カードで支払う場合は、勘定書がきたらチップを乗せた金額を書きこむか、チップだけ別にテーブルに置くようにする。請求書にはサービス料が含まれていることが多い。

レストランではロマ楽団などの演奏を聞きながら食事ができる店が多い

営業時間

観光客が多い町中のレストランは日曜、祝日もだいたい営業している。有名なレストランならほとんど年中無休。午前11時頃から店を開け、夜は23時、24時頃まで営業している。ラストオーダーは閉店の1時間くらい前まで。高級レストランは昼食と夕食の間に休みが入る。

高級レストランも割安感がある

安くておいしいのが魅力！
ハンガリー料理を味わい尽くす

ハンガリー料理は日本人の口に合うといわれている。それは、パプリカを使った料理が多いため、ヨーロッパ料理独特の油っぽさとしつこさを消しているからだろう。代表的なハンガリー料理を紹介しよう。

◆メイン料理◆

肉や魚の煮込み料理、フライなどが多い。具だくさんのスープもメインになる。

フォアグラ（リバマーイ Libamáj）

フォアグラは世界三大珍味として有名な高級食材だが、ハンガリーではガチョウの飼育が盛んなため、良質でおいしいフォアグラが食べられる。値段も比較的安いので、気軽に味わうことができる。ソテーしたものは抜群においしい。前菜用のテリーヌもおすすめ。

テルテット・カーポスタ Töltött káposzta

パプリカ味のロールキャベツ。ザウアークラウト（酢漬けキャベツ）もいっしょに入れるのがハンガリー風。

フォガシュ Fogas

あっさりした白身魚で、バラトン湖ではフォガシュのフライが名物。魚料理ではこの他にポンティPontyがあるが、少々油っぽい。

パプリカーシュ・チルケ Paprikás csirke

鶏肉をバターとパプリカで炒め煮したパプリカ・チキン。ムネ肉やモモ肉をソテーしたものと、細かくして炒めたものがある。

風味の決め手はパプリカ

ほとんどの料理にパプリカが使われている。このパプリカが肉料理のしつこさを緩和し、独特の風味を出している。パプリカは20種類以上あり、大別すると甘いものと辛いものだが、それぞれ微妙に味が異なる。激辛のものもあるので要注意！サラダでは、ミニトマトそっくりの激辛のパプリカが出てくることがあるが、これは食べない方が無難。

テルテット・パプリカ Töltött paprika

ピーマンの肉詰め。日本でもお馴染みの料理だが、パプリカ味。

◆前菜・スープ◆

野菜料理はメインの付け合わせになる。スープはメインになることもある。

グヤーシュ　Gulyás

ハンガリー料理を代表するパプリカ味の牛肉スープで、ポテトや人参など野菜も入っている。コース料理のスープとして出てくる場合は小さなカップに入っている。単品で頼む場合は、スープとしては小を、メインとしては大を注文する。大きなボウルに入ったグヤーシュは充分メイン料理になる。

ハラースレー　Halászlé

鯉やナマズのパプリカスープなので、見た目はグヤーシュに似ている。パプリカが魚の生臭さを消している。油っぽさもほとんどなくて意外と美味しい。

ヒデグ・ギメルチレヴェシュ
Hideg gyümölcsleves

フルーツが主体の冷たいスープで、夏場だけ注文できる。土地っ子にはチェリースープのメジレヴェシュmeggylevesが人気。

レチョー　Lecsó

野菜のパプリカソース煮で、付け合わせとして食べるが、メイン料理としてはこれに肉やソーセージが加わる。完全に野菜を煮込んだタイプは付け合わせになる。

◆デザート◆

パラチンタをアレンジしたものが豊富。アイスクリームやケーキもある。

パラチンタ　Palacsinta

ハンガリーを代表するデザート。いわゆるクレープのことで、ハンガリーが本場。果物を甘く煮たものやジャムをくるんだものはデザート用。代表的なものはクルミとチョコレートソースのグンデル・パラチンタ。グンデルとはブダペスト市内の最高級レストランの名前で、チョコレートクレープはここから生まれた（p.220参照）。

ポガーチャ
Pogácsa

小麦粉とラードを使って焼いたミニパン。レストランではテーブルに置いてあることが多い。

まだまだあるハンガリー料理

メイン

バブグヤーシュ
Babgulyás
グヤーシュに豆が入ったもの。グヤーシュのアレンジものでは一番人気

ヨーカイ・バブレヴェシュ
Jókai-bableves
エンドウ豆とスモークハムのスープで、ハンガリーの作家ヨーカイが名付けた

リバマーイ・ズィールヤーバン
Libamáj zsírjában
ガチョウのレバーをテリーヌにしたもの

フォガシュ・ヴァジ・スィレー・ラークペルケルッテル
Fogas vagy süllő rákpörkölttel
スズキのエビソースかけ、白ワイン風味

マカローニ・マジャロシャン
Makaróni magyarosan
ハンガリー風マカロニで、ベーコンと粉パプリカ入り

カーポスターシュ・イリ
Káposztás ürü
羊肉とキャベツのシチュー。ニンニクとパプリカ味

デザート

トゥーローシュ・チュサ
Túrós csusza
カッテージチーズとサワークリームのチーズケーキ

ヴァルガベーレシュ
Vargabéles
メレンゲのかかったケーキ

ラコット・パラチンタ
Rakott palacsinta
12枚のパラチンタを1枚づつジャムやココアパウダーを塗りながら重ねて焼いたもの

高級レストラン

グンデル
Gundel MAP●p.181-D 〔ペスト側〕

毎晩有名人が訪れるレストラン

ブダペストきっての最高級レストラン。料理はハンガリー料理をフランス風にアレンジした上品なもの。デザートはもちろんグンデル・パラチンタ。クルミとラム酒入りチョコレートソースがたっぷりかかったクレープで、この店が元祖。隣に動物園があるので象のマークが店のシンボル。オリジナル商品も売っている。コース料理は2万2,000Ft〜、ワイン付きは3万4,500Ft。

重厚なインテリアの中で、夜も昼もドレスアップした客が出入りする

🚇M1号線ヘーシェク・テレHősök tere徒歩5分 🏠Állatkerti út 2 ☎(1)889-8111 🕐12:00〜23:00（金・土曜〜24:00、日曜は11:30〜15:00、19:00〜23:00）休なし 💴2万Ft〜 要予約 英 V

ヴァドロージャ
Vadrózsa MAP●p.180-A 〔ブダ側〕

バラの丘にある最高級レストラン

この辺りはブダペスト随一の高級住宅地にある。この小さなレストランのサロン的雰囲気のためにファンになった常連客が多い。ヴァドロージャ独特のサービスは、その日の食材を調理する前に客に見せること。メイン料理3,900Ft〜。いずれもオリジナル料理だ。

最高の食材とマダムの温かい笑顔が常連を増やしている

🚇M2号線バッチャーニ・テールBatthyány térよりバス11番エーゼステール・ウッツァEszter u.徒歩3分 🏠Pentelei Molnár u. 15 ☎(1)326-5809 🕐12:00〜23:00（日曜〜16:00）休なし 💴8,000Ft〜 要予約 英 V

ヴェンデーグレェ・ア・キシュビローホズ
Vendéglő a Kìs Biróhoz MAP●p.178-F 〔ブダ側〕

極められたハンガリー料理を堪能する

ブダ側の住宅地にある有名なレストラン。シェフが作る料理はすべてオリジナル。上質なハンガリーの食材を元に前菜からデザートまで、新しい味で提供してくれる。前菜は1,700Ft〜、メイン料理は3,800〜5,400Ft。

🚇セール・カールマン・テールSzéll Kálmán térよりバス156番ダーニエル・ウートDániel útバス停前 🏠Szarvas Gábor úr 8 ☎(1)376-6044 🕐12:00〜23:00（土曜8:00〜、日曜8:00〜17:00）休月曜・祝日 💴7,000Ft〜

アラバールドシュ
Alabárdos MAP●p.182-E 〔ブダ側〕

食器も一流の最高級レストラン

16世紀の建物を改築したレストラン。中世の武具が壁に飾られ、希望者にはヘレンドの食器でサービスしてくれる。デザートの自家製ケーキも凝っている。フォアグラ料理や豊富なワインの品揃えも自慢。要予約。

🚇M2号線セール・カールマン・テールSzéll Kálman térよりバス116、16、16A番マーチャーシュ教会前 🏠Országház u.2 ☎(1)356-0851 🕐19:00〜23:00（土曜12:00〜15:00）休日曜 💴1万Ft〜 英 V

エーシ・ビストロ
És Bisztro MAP●p.183-K

目抜き通りの高級ビストロ
デアーク・フェレンツ広場とヴェレシュマルティ広場を結ぶ通りにある。ケンピンスキー・ホテル内のレストランだが、ホテル入り口と反対側にあり、路上にもテーブル席がある。高級店だが、カジュアルな雰囲気は店内にもスタッフにも感じられ、気軽に利用できる。

気持ちのよい路上テーブル席

M1、2、3号線デアーク・フェレンツ広場Deák Ferenc tér徒歩2分　Deák Ferenc utca 12　(1) 429-3990　12:00〜23:30　なし　5,000Ft〜

カールパーティア
Kárpátia MAP●p.183-L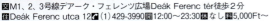

インテリアの美しさにも感激する
かつて修道院だった建物なので天井や壁がたいへん美しい。通りに面した部分がブラッセリーで、レストランはその奥にある。伝統的ハンガリー料理の素材で上品な味に仕上げた品々が出てくる。グヤーシュ1,900Ft、おすすめはフォアグラのパテ6,900Ft。毎日ロマ音楽の演奏がある。

M3号線フェレンツェク・テークFerenciek tere徒歩2分　Ferenciek tere 7-8　(1) 317-3596　17:00〜23:00（ブラッスリーは11:00〜23:00）　なし　7,000Ft〜　英

21 マジャル・ヴェンデーグレー
21 Magyar Vendéglö MAP●p.182-A ブダ側

モダンな高級レストラン
王宮の丘の北端、ウィーン門の近くにある現代的レストランで、味は一流。フォルトゥナ通り21番という住所から、店名が「21番ハンガリー・レストラン」になった。ワイナリーと契約して「21」というハウスワインを造っている。

M2号線セール・カールマン・テールSzéll Kálmán térよりバス16、16Aでベーチ・カプBécsi Kapu徒歩1分　Fortuna u. 21　(1) 202-2113　12:00〜24:00　なし　5,000Ft〜

ヴァーロシュリゲット・カフェ&レストラン
Varosliget Cafe & Restaurant MAP●p.181-D

対岸の古城を眺めながら食事を
市民公園の大きな池の畔に建つ白亜の館は、1895年にスケート場として建てられた。窓からは実在の城の縮小版である美しい古城が見える。伝統料理は種類が多く、ケーキも美味しい。

M1号線ヘーシェク・テレHősök tere 徒歩3分　Olof Palme sétány 5　(1) 308-6914　12:00〜22:00　なし　4,000Ft〜（カフェが2,000Ft〜）

オニクス
Onyx MAP●p.183-K

どの料理もボリューム控え目で上品な味
ジェルボーの建物内にあり、入り口は正面に向かって右側。高級なフランス料理風で、どれも驚くほどおいしい。昼間はランチメニューのみで夜のコースは3万3,900Ft。2011年にミシュラン1つ星獲得は納得。

M1号線ヴェレシュマルティ・テールVörösmarty tér　Vörösmarty tér 7-8　(1) 508-0622　12:00〜14:00、18:30〜23:00　日・月曜　10,000Ft〜　英

奥にも広い部屋があり、いずれも高級ムードが漂う

ハンガリー料理など気楽に入れるレストラン

マーチャーシュ・ピンツェ
Mátyás Pince MAP●p.183-L　ペスト側

壁画やガラス絵の残る古いレストラン
　エルジェーベト橋のたもとにあり、1904年創業という歴史がある。天窓ガラスが美しく、壁画も凝っている。ハンガリー料理が主体で、有名な民族音楽のバンドが入っている。コース料理は1万2,600Ft、ワイン付きで1万6,800Ft。

M3号線フェレンツィエク・テレFerenciek tere徒歩3分
Március 15 tér 7　(1)266-8008　11:00～24:00　なし
6,000Ft～　英

ペーチ・ショル
Pécsi Sör MAP●p.183-H　ペスト側

ビールの味にこだわる店
　ペーチ産のビールだけを飲ませる店。シンプルな店構えだが料理は本格的でグヤーシュはもちろん、ハンガリー名産のフォアグラもある。ペーチのビールは6種類。

M1、2、3号線デアーク・フェレンツ広場Deák Ferenc tér徒歩4分
Káldy Gyula utca 5　(0650)213-0340　11:00～22:00
なし　3,000Ft～

ペーチ産のビールが飲める

ウルバーン・ベチャール
Urbán Betyár MAP●p.183-G　ペスト側

若者に人気のオクトーバー6通りで食事を
　オクトーバー6通りにあるモダンなレストラン＆バー。広い歩道にテーブルが広がり、季節のよいとき人々は屋内よりも外の席を好む。トカイワインを含めたハンガリーワインの種類が豊富。

M3号線アラニ・ヤーノシュ・ウッツァArany János utca徒歩3分
Október 6. Utca, 16-18　(1)796 3285　11:00～23:59　なし
1,800Ft～

マールヴァーニ・メニャッソニィ
Márvány Menyasszony MAP●p.180-I　ブダ側

店名「大理石の花嫁」の像が中庭に
　南駅近くにあり、創業は18世紀末まで遡るという。民族音楽のバンドも一流。シーズン中はハンガリアンダンスのショーも行われる。豚肉のソテー・ハンガリー風2,250Ft、ガチョウのロースト2,850Ft。

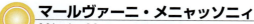

M2号線モスクヴァ・テールMoszkva térよりトラム61番マールヴァーニ・ウッツァMárvány u.徒歩3分　Márvány u.6　(1)600-0001　12:00～22:00　なし　5,000Ft～　英

「大理石の花嫁」の由来
　18世紀末、ブダのブドウ栽培業者であるヨージェフ・ベームがワイン・レストランを開業した時のこと。初めての客は、ベームの娘の結婚披露宴客たちだった。若い花嫁は緊張と疲れにより、披露宴の最中、花婿の腕の中に倒れ込んだ。まるで死んだように真っ白な顔だったため、誰かが叫んだ。「花嫁が大理石になってしまった！」と。それ以来「大理石の花嫁」と呼ばれている。

ヴァク・ヴァルジュ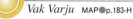

Vak Varju　MAP●p.183-H 　　　　　　　ペスト側

気軽に入れるレストラン

　地元の人たちが子供を連れて来るような家庭的雰囲気の店。オーブン焼きのオリジナル料理でピザのようなVakvarjuが人気がある。ビールはすべて生で、とくに白ビールが美味しい。

交M1号線バイチ・ジリンスキー・ウートBajcsy Zsilinszky út徒歩3分
住Paulay Ede utca 7☎(1)268-0888開11:30〜23:30休なし料3,000Ft〜

ピザのようなヴァク・ヴァルジュ

エルシェー・ペスティ・レーテシハーズ

Első Pesti Rétesház　MAP●p.183-G 　　ペスト側

ハンガリー料理と伝統的なデザートが自慢の店

　「ペストのファースト・レーテシュ・ハウス」という名の通り、焼きたてのデザート、レーテシュがおいしい。ハンガリー料理も種類が豊富。バーカウンターもあり、夜は品のよいバーになる。メインは3,990Ft〜。

交M3号線アラニ・ヤーノシュ・ウッツァArany János utca徒歩2分 住Október 6. street 22☎(1)428-0134開9:00〜23:00休12月24〜25日料5,000Ft〜　英

ペシュト・ブダ

Pest Buda　MAP●p.182-E 　　　　　　ブダ側

ハンガリー料理がおいしいビストロ

　社会主義時代から王宮の丘で有名なレストランだった。2011年に経営が変わりモダンなビストロに。伝統的なハンガリー料理の店だが軽めの味になっている。キッチンは地下にあり、作っている様子が眺められる席もある。フォアグラ3,960Ft、グヤーシュ2,180Ft。

交バス16、16A、116で三位一体広場Szentharomság徒歩1分 住Fortuna utca 3☎(1)255-0377開12:00〜24:00休なし料4,000Ft〜

王宮の丘では庶民的な店

ロマ演奏を聴きながらの食事は旅情をそそる

セゲド

Szeged　MAP●p.181-K 　　　　　　　ブダ側

魚料理で定評がある

　ゲッレールトホテルの隣にある店で、ロマ演奏が聴ける。ハラースレー(小)1,000〜1,500Ft、魚料理3,300Ft〜、ワインはボトル3,000Ft〜。とくにグヤーシュやハラースレーがおいしい。

交M4号線セント・ゲッレールト・テールSt. Gellért tér徒歩2分
住Bartók Béla út 1☎(1)466-6503開12:00〜23:00休なし料3,000Ft〜　英

ナイン・バー

9 BAR　MAP●p.183-H 　　　　　　　　ペスト側

こぢんまりした居心地のよさ

　大聖堂の裏手にあり、サンドウィッチやクロワッサンなど、軽食や朝食におすすめの小さな店。コーヒーが美味しいと評判で、ホームメイドのケーキもある。

交M1号線バイチ・ジリンスキー・ウートBajcsy Zsilinszky út徒歩4分
住Lázár utca 5☎(1)400 9821開8:00〜18:00(土曜〜16:00)
休日曜・祝日料1,500Ft〜

ブダペスト　レストラン　223

ヴァシュマチカ
Vasmacska MAP●p.179-C

ブダ側

郊外オーブダの静かなレストラン
　ハンガリーの有名な彫刻家ヴァルガ・イムレの博物館隣にある。地元の人がよくランチに訪れる。感じのよい中庭があり、室内にはゆったりくつろげるソファーテーブルもある。

交HÉVセントレーレク・テールSzentlelek tér徒歩4分住Laktnya u.3☎(1) 426 8553
開11:00～21:00（月曜～19:00、土・日曜9:00～19:00）休なし料1,500Ft～

メンザ
Cafe Menza MAP●p.183-H

ペスト側

夏場は広場に張り出したテーブルで
　外観は大衆食堂風だが、入ってみるとモダンスタイルの洒落たレストラン。フォアグラやグヤーシュもあるがイタリアンもあり、洗練された味を提供。角店なので、L字型にテラス席が並んでいる。

交M1号線オクトゴンOktogon徒歩2分住Liszt Ferenc tér 2☎(1) 413-1482
開10:00～24:00休なし料3000Ft～　英

サー・ランセロ
Sir Lancelot MAP●p.183-D

ペスト側

鎧兜や槍が飾られた中世風の地下レストラン
　この店では中世風に手で食べてよい。そのため部屋のあちこちに手洗い場がある。コース料理は3品6,290Ft～。単品でも頼める。

交M3号線、トラムで西駅Nyugati pályaudvar徒歩4分住Podmaniczky u.14
☎(1) 302-4456開12:00～翌1:00休なし料5,000Ft～　英

224

マルギットケルト
Margitkert MAP●p.180-B

ブダ側

マルギットの庭というかわいいレストラン
　壁にカロチャ刺繍のタペストリーが掛かるなど、思い切りハンガリー風でロマ楽団の演奏も有名。ロールキャベツ2,600Ft。

交M2号線バッチャーニ・テールBatthyány térよりHÉVマルギット・ヒードMargit híd徒歩6分住Margit u.15☎(1) 326-0860開17:00～22:00（土曜12:00～、日曜12:00～20:00）休なし料3,000Ft～　英

ケーリ
Kéhli Vendéglő MAP●p.179-C

ブダ側オーブダ

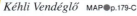

おいしいさが評判で有名レストランに
　オーブダ地区にあり、行きにくい場所にもかかわらず観光客に人気でハンガリーの有名人も多数訪れている。おすすめは豚肉のガーリック焼き2,900Ft。

交M2号線バッチャーニ・テールBatthyány térよりH5セントレーレク・テールSzentlelek ter徒歩3分住Mókus u. 22☎(1) 250-4241開12:00～24:00休なし料4,000Ft～　英

ナジ・パラチンターゾーヤ
Nagyi Palacsintázója MAP●p.182-B

ブダ側

パラチンタだけの専門店
　"おばぁちゃんのパラチンタ"という意味の店。メニューを見てカウンターで注文すると目の前で作ってくれる。軽食用のホルトバージ380Ftやオリジナルのスパゲティーパラチンタ400Ft。

ホルトバージパラチンタ

交M2号線バッチャーニ・テールBatthyány térすぐ住Batthyány tér 5☎(1) 212-4897開24時間休なし料400Ft～　英

スプーン
Spoon MAP●p.183-G 〔ペスト側〕

最高の夜景を満喫しながらディナーを
くさり橋のたもと、ドナウ川に浮かぶ船がレストラン。目の前に王宮が、右手にはくさり橋がある。フォアグラ4,950Ft、グヤーシュ2,590Ft。

交 トラム2、2A番でくさり橋Szecheny lánchid下車 住Vigadó ter 3 ☎(1)411-0935 営12:00～24:00 休なし 料4,000Ft～ 英

ファタール
Fatál MAP●p.181-K 〔ペスト側〕

いつもにぎやかで気軽に入れる店
ヴァーツィ通りの中央市場寄りにあり、いつも地元の人たちで込んでいる。一皿の量がたっぷりなので注文は控えめに。

交M3号線フェレンツィエク・テレFerenciek tere徒歩5分 住Váci u. 67 ☎(1)266-2607 営12:00～24:00 休なし 料5,000Ft～ 英

各国料理

ポモ・ドロ 〔イタリア〕
Pomo D'oro MAP●p.183-G 〔ペスト側〕

美味しい本格的イタリアンの店
魚介類はアドリア海から、野菜はハンガリー各地の旬のものを使う。ワインは150種を誇り、ハンガリーとイタリア半々。

交M3号線アラニ・ヤーノシュ・ウッツァArany János utca徒歩3分 住Arany János utca 9 ☎(1)302-6473 営12:00～24:00(土・日曜12:00～16:00、18:00～24:00) 休8月初めの2週間 料5,000Ft～

ノブ 〔日本〕
Nobu MAP●p.183-K 〔ペスト側〕

世界に展開する和食レストラン
ケンピンスキーホテルの西側に入り口がある。熟練した日本人板前がハンガリー人を日本料理の職人に育てている店。少々値は張るが多くのハンガリー人が訪れている。

交M1号線でアーク・テールDeák tér徒歩2分 住Erzsébet tér 7-8 ☎(1)429-4242 営12:00～23:45 休なし 料昼6,000Ft～、夜12,000Ft～

わさび 〔日本〕
Wasabi MAP●p.183-D 〔ペスト側〕

和食が恋しくなったらここへ
回転寿司形式の和食レストラン。ちょっとした中国、韓国料理もある。月・火曜の11:30～17:00は4,500Ftで、それ以外は4,990Ftで食べ放題となる。

交M3号線、トラムで西駅Nyugati pályaudvar徒歩4分 住Podmaniczky u. 21 ☎(1)374-0008 営11:30～23:30 休なし 料5,000Ft～ 日

ヴィッキー・バルセロナ 〔スペイン〕
Vicky Barcelona MAP●p.183-L 〔ペスト側〕

本場スペインの味がここに
細長い店内は、スペインのバルを思わせるようなムード。タパス料理が人気で、ワインはハンガリー産のほかにスペイン産もある。

交M1、2、3号線のデアーク・フェレンツ・テールDeak Ferenc tér駅より徒歩5分 住Dob u. 16 ☎304659505 営16:00～翌7:00(土・日曜12:00～) 休なし 料4,000Ft～

ブダペスト　レストラン　225

カフェ

ウィーンの影響を受け、かつては帝国時代の面影を残す伝統的な店が存在した。その多くは社会主義時代になくなってしまったが、ニューヨークなど、当時の面影を残した店もある。ケーキの種類も多く、庶民的な味で安くて大きいのが魅力。有名なケーキにドボストルタというチョコレートケーキがあるが、料理人のドボシュ・イシュトヴァーンという人が考案したもの。

ジェルボー
Gerbeaud
MAP●p.183-K　　　　　　　　　ペスト側

シシィもやって来た高級カフェ

200年の伝統を誇るお菓子の老舗。ヴァーツィ通りの北にあるヴェレシュマルティ広場に面した大きな店で、何種類ものケーキと同時に重厚なインテリアを楽しむことができる。入り口は別だがレストランとパブもある。ハンガリー貴族たちに愛された店で、ジェルボーの前に立つオーストリア皇后シシィの絵がゲデレー城（p.204参照）にある。名物ジェルボー・カフェ2,590Ft、エステルハージィケーキ990Ft、ドヴォシ・ケーキ990Ft。

店名を冠したジェルボー・ケーキ

交 M1号線ヴェレシュマルティ・テールVörösmarty tér 住 Vörösmarty tér 7 ☎ (1) 429-9000
営 カフェ9:00～21:00（パブ12:00～23:00）休 なし

 ニューヨーク・カフェ
New York Café
MAP●p.181-G　　　　　　　　　ペスト側

ぜひ、訪れたいブダペストのカフェ

19世紀末、ニューヨーク保険会社のブダペスト支店だった建物の一階角にオープンしたため、この名がある。ブダペストを代表するアールヌーヴォーのインテリアとネオ・ルネサンス様式の外観で知られ、当時は作家や俳優など著名人が集っていた（p.20参照）。2006年にオリジナル通りに修復。ニューヨーク・パレス・ブダペストというホテルのカフェになっているが、入り口は通りに面している。カフェ1,650Ft～、ケーキは2,600Ft～。

交 M2号線ブラハ・ルイザ・テールBlaha Lujza tér徒歩3分
住 Erzsébet krt. 9-11 ☎ (1) 886-6167 営 8:00～24:00 休 なし

ルスヴルム
Ruszwurm
MAP●p.182-E　　　　　　　　　ブダ側

王宮の丘に残る本物のぬくもり

1827年にルスヴルム氏が開いたカフェは今も当時のまま。カフェというよりコンディトライで、ケーキがおいしい。こぢんまりした店内はつねに満席で、路上席も空きがないほど。ハンガリーのケーキ、エステルハーズィトルタやドヴォシトルタ、クレーメシュなどが美味しい。

交 バス16、16A、116、セントハーロムシャーグ・テールSzentháromság tér徒歩1分
住 Szentháromság utca 7. ☎ (1) 375-5284 営 10:00～18:00 休 なし

ドヴォシトルタ

カフェ・パリ
Café Párisi MAP●p.183-H 〖ペスト側〗

素晴らしい天井画があるカフェ
　ハンガリーの名画家ロッツ・カーロイの大変美しい天井画があり、これを眺めに来る観光客が多い。飲み物とケーキのみの店で、ティーを頼むとポットでたっぷり出てくる。

🚇M1号線オクトゴンOktogon徒歩3分
🏠Andrássy út 39 ☎70-947-7894 🕘9:00～21:00 休なし

ツェントラル・カフェ
Central Café MAP●p.183-L 〖ペスト側〗

地元の人に愛されている本格的カフェ
　かつてジャーナリストたちが通っていたカフェが1999年に復活した。古い伝統的ウィーンのカフェのような雰囲気がある。店内は食事スペースと喫茶スペースに分かれている。朝食2,990Ft～、コーヒー890Ft、ケーキ類490～2,490Ft

🚇M3号線フェレンツィエク・テレFerenciek tere徒歩4分 🏠Károlyi Mihály u. 9 ☎(1)266-2110 🕘8:00～24:00 休なし

ミューヴェース・カーヴェーハーズ 〖ペスト側〗
Művész Kávéház MAP●p.183-H

オペラ座見学の後に寄ってみたい
　国立歌劇場の斜め前にある伝統的なカフェで、かつて芸術家たちがここに集った。自家製ケーキ（700Ft～）の種類が多く、美味しい。

🚇M1号線オペラOpera 🏠Andrássy út 29 ☎(1)343-3544 🕘8:00～22:00（日曜9:00～）休なし

デザート・ネケド 〖ペスト側〗
Desszert Neked MAP●p.183-H

美味しいケーキなら絶対にここ！
　ブダペストっ子たちに人気のケーキ店で、フランス風のケーキが並んでいる。マカロンも有名で、何度も国内の賞を取っている。入り口左にケーキが並び、奥に広いカフェがある。

🚇M1、2、3号線デアーク・フェレンツ・テールDeák Ferenc tér,駅より徒歩3分
🏠Paulay Ede utca 17 ☎20-253-1519 🕘9:00～20:00 休なし

オリジナルのオペラ

カラス 〖ペスト側〗
Callas
MAP●p.183-H

アールデコのインテリアに見とれる
　国立歌劇場の隣角にあり、窓から華麗な歌劇場を眺めながら優雅なひとときを過ごすことができる。店内も伝統あるエレガントな内装。ケーキはどれも美味しいが、この店オリジナルのチョコレートケーキ、オペラは最高。23時までは簡単な食事もできる。

🚇M1号線オペラOpera下車 🏠Andrássy út 20 ☎(1)354-0954 🕘10:00～24:00 休なし

ホテル

世界有数の美しい夜景を、部屋から眺めて過ごしたい。古い貴族の館に滞在し、19世紀末ブダペストに思いを馳せたい。新しいモダンなホテルもいい。ホテル選びの段階で、ブダペストへの旅は始まっている。

ブダペストのホテル事情

19世紀の華麗な館を改築したホテルではロビーや階段に豪華さが漂い、客室もアンティーク調が多い。最近では大型ホテルの出現はなく、古い館を改築した中規模ホテルが続々とオープンしている。アート系ホテルも増えているが、デザインは比較的おとなしい。アート系はヨーロッパの香りはしないものの、小奇麗でネット環境が整い、若者に人気ある。

中級以上は英語で対応ができる

最高級ホテル

フォーシーズンズ・ホテル・グレシャムパレス・ブダペスト ペスト側
Fourseasons Hotel Grescham Palace Budapest　MAP●p.183-G

アールヌーヴォーがあふれ出る豪華ホテル

みごとな孔雀の鉄細工扉に見とれながら中に入ると、ロビーには厳かな雰囲気が漂う。1906年にグレシャム生命保険会社として建設され、その豪華さからグレシャム宮殿と呼ばれた館である。建物の外側にも内側にもアールヌーヴォー装飾が施されている。ロビーの天井、壁、床、階段の手すり、どこを眺めても飽きない。ゆったりとした客室で、屋内プール、サウナ、スパなどの施設も充実している。

🚇M1号線ヴェレシュマルティ・テールVörösmarty tér徒歩4分
🏠Roosevelt tér 5-6　☎(1)268-6000
💰€210〜　179室

宮殿のような豪華な館をホテルとして利用

大きなベッドが心地よい

ソフィテル・ブダペスト・チェーンブリッジ ペスト側
Sofitel Budapest Chain Bridge　MAP●p.183-G

くさり橋が望める最高のホテル

くさり橋のたもとにある最高級ホテル。暗くなると王宮がライトアップされ、くさり橋には鎖のように電球が灯される。ホテルの真ん中が大きな吹き抜けになっているのが特徴。ドナウ側の部屋でもリバーサイドでない部屋がある。

🚇M1号線ヴェレシュマルティ・テールVörösmarty tér徒歩4分
🏠Roosevelt tér 2　☎(1)266-1234
💰€125〜　353室

コリンシア・ホテル・ブダペスト
Corinthia Hotel Budapest　MAP●p.181-G　ペスト側

波打つバルコニー、夢見心地のロビー
　入るとすぐにロビーの大階段が目にとまり、そこにはバルコニーが波打っている。19世紀末にオープンし、戦後は休業していたホテル・ロイヤルが修復されて2002年に再オープンした。客室数414という大型ホテルだが、天井までの吹き抜けホールを3つも持つ豪華なホテル。客室は広く、ゆったりしたバスルームが付いた贅沢な造り。地下鉄駅から近いが目の前にトラムも停まり、交通に便利。

アールヌーヴォー様式の豪華なロビー

どの部屋も広くて使いやすい

🚇M1号線オクトゴンOktogon徒歩4分 🏨Erzsébet krt 43-49
☎(1)479-4000 💰€120〜
414室

セント・ジョルジュ・レジデンス・オールスイート・ホテル・デラックス
St. George Residence All Suite Hotel Deluxe　MAP●p.182-E　ブダ側

優雅な館でゆったり過ごす至福の時間
　すべての部屋がスイートでキッチン付きという豪華さ。王宮の丘の静かな通りに面し、広い中庭がある。どの部屋もインテリアが異なり、アンティーク家具で埋められている。

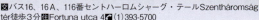

広いリビングでアンティーク家具とともに過ごす至福のとき

🚌バス16、16A、116番セントハーロムシャーグ・テールSzentháromság tér徒歩3分 🏨Fortuna utca 4 ☎(1)393-5700
💰€110〜　26室

アリア・ホテル・ブダペスト・バイ・ライブラリー・ホテル・コレクション
Aria Hotel Budapest by Library Hotel Collection　MAP●p.183-H　ペスト側

抜群のロケーションにあるデザインホテル
　聖イシュトヴァーン大聖堂の目の前にあり、屋上バーからはブダペスト市街が見渡せる。音楽をテーマにした客室やスパセンター、無料で利用できるMusic Libraryが好評。豊富なビュッフェ式朝食や日中はコーヒーが、16時から18時にはワイン＆チーズレセプションが無料で楽しめる。

🚇M3号線アラニ・ヤーノシュ・ウッツァArany János u.徒歩3分
🏨Hercegprímás utca 5 ☎(1)445-4055 💰€280〜（朝食込み）　49室

229
ホテル

ニューヨーク・パレス・ブダペスト
New York Palace Budapest　MAP●p.181-G

ペスト側

ニューヨーク・カフェがあるホテル
　1894年に建てられたネオ・ルネサンス様式の壮麗な建物。外観と一階角のカフェはオリジナル通りに修復し、その他の部分を改築して2006年に豪華ホテルとなった。中へ入ると、6階まで吹き抜けの大きなロビーに圧倒される。各階では吹き抜けの回廊に沿って客室があり、バスルームのアメニティは驚くほど充実している。

🚇M2号線ブラハ・ルイザ・テールBlaha Lujza tér徒歩2分🏠Erzsébet krt. 9-11☎(1) 886-6111📠(1) 886-6111💰€125～　185室

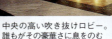
中央の高い吹き抜けロビー。誰もがその豪華さに息をのむ

ダヌビウス・ホテル・アストリア・シティセンター
Danubius Hotel Astria City Center　MAP●183-L

ペスト側

アール・デコ様式の伝統あるホテル
　地下鉄2号線アストリア駅の真上にあり、駅からゼロ分という便利なホテル。1915年に建てられ、外観はシンプルだがロビーはクラシック。客室は女性好みのかわいらしいインテリア。近年リニューアルされた。

🚇M2号線アストリアAstriaすぐ
🏠Kossuth Lojos utca 19-21
☎(1) 889-6000
💰€80～　138室

クラシックなロビーとかわいらしい客室

ヒルトン・ブダペスト
Hilton Budapest　MAP●p.182-F

ブダ側

ブダの丘に建つ落ち着いたホテル
　王宮の丘にある最高級ホテル。ドナウに面した部屋からはペストの町が一望でき、部屋によっては国会議事堂が目の前に見える。レストラン、バーなどの施設も充実。13世紀のドミニコ会修道院の遺跡を中庭に保存しながら建てられており、夏場はそこでオペラや演劇が繰り広げられる。従業員の対応のよさには定評がある。

🚇M2号線セール・カールマン・テールSzéll Kálmán térよりバス16、マーチャーシュ教会前🏠Hess András tér 1-3☎(1) 889-6600
💰€115～　322室

王宮の丘の中心部にある

ケンピンスキー・ホテル・コルヴィヌス・ブダペスト
Kempinski Hotel Corvinus Budapest　MAP●p.183-G

ペスト側

充実したコンシェルジェを利用しよう
　1992年に新たに建設した建物でポストモダンの流れがみられる。入り口はエルジェーベト広場だが、レストランの入り口はデアーク・フェレンツ通りに面してある。オープン当時は高級だったイメージを変えて現在はブラッセリー風になった。

レストラン

🚇M1、2、3号線デアーク・フェレンツ・テールDeák Ferenc tér
🏠Erzsébet tér 7-8
☎(1) 429-3777💰€175～
351室

その他のホテル

高級ホテル

ダヌビウス・ホテル・ゲッレールト ペスト側
Danubius Hotel Gellért MAP●p.181-K
20世紀初頭にブダペスト世紀末様式で建設された由緒あるホテル。
🚇トラム19、47、49番セント・ゲッレールト・テールSzent Gellért tér🏠Szt. Gellért tér 1📞(1)889-5500 💰€105〜 233室

インターコンチネンタル ペスト側
Inter-Continental Budapest MAP●p.183-K
王宮の丘の眺めが美しい。部屋はゆったりしているので、落ち着ける。
🚇M1、2、3号線デアーク・フェレンツ・テールDeák Ferenc térⓑApáczai Csere János.u. 12-14📞(1)327-6333 💰€199〜 398室

ゼニット・ブダペスト・パレス ペスト側
Zenit Budapest Palace MAP●p.183-K
ホテル直営のベーカリーがあり、そのパンを食べられる朝食が美味しい。
🚇M1号線ヴィエレシュマルティ・テールVörösmarty tér徒歩4分🏠Apaczai Csere János utca 7📞(1)799-8400💰€65〜 97室

ザ・アクインクム・ホテル・ブダペスト ブダ側
The Aquincum Hotel Budapest MAP●p.179-C
ブダ側のドナウ河畔、アールパード橋の近くにある高級温泉ホテル。最新設備が整う。
🚇H5セントレーレク・テールSzentlelek ter徒歩4分🏠Árpád fejedelem u.94📞(1)436-4100 💰€60〜 310室

パラッツォ・ジチィー ペスト側
Hotel Palazzo Zichy MAP●p.181-K
優雅さとモダンさを併せ持つホテル。ラウンジでは夕方5時までコーヒーなどが無料。
🚇M3号線フェレンツ・ケリュートFerenc Körút徒歩5分🏠Lőrinc pap tér 2📞(1)235-4000 💰€90〜 80室

コンチネンタル・ホテル・ブダペスト ペスト側
Continental Hotel Budapest MAP●p.181-G
本格的なスパ施設を整え、フィットネスや屋内&屋外プールもある。
🚇M2号線ブラハ・ルイーザ・テールBlaha Lujza tér徒歩3分🏠Dohány utca 42-44📞(1)815-1000 💰€105〜 272室

中級ホテル

ノヴォテル・ブダペスト・ダニューブ ブダ側
Novotel Budapest Danube MAP●p.182-B
ドナウ川の畔、地下鉄駅に近い国会議事堂の真向かいにある。
🚇M2号線バッチャニー・テールBatthyány tér徒歩2分🏠Bem rakpart 33-34📞(1)458-4900 💰€110〜 175室

ラーンツヒード19 デザイン・ホテル ブダ側
Lánchíd 19 Design Hotel MAP●p.182-J
ドナウ側からの眺めも素晴らしいが、丘側の部屋から見上げる王宮も美しい。
🚇バス19、41V、86番クラーク・アーダーム・テールClák Adám tér徒歩2分🏠Lánchíd u. 19📞(1)457-1200💰€100〜 48室

オペラ ペスト側
K+K Hotel Opera MAP●p.183-H
コンパクトな部屋で使いやすい。地下鉄駅もすぐ前にある。
🚇M1号線オペラOpera徒歩1分🏠Révay u.24📞(1)269-0222💰€105〜 205室

メルキュール・ブダペスト・メトロポール ペスト側
Mercure Budapest Metropol Hotel MAP●p.181-H
地下鉄駅のホームのデザインをインテリアに取り入れたホテル。
🚇M2号線ブラハ・ルイーザBlaha Lujza徒歩3分🏠Rákóczi út 58📞(1)462-8100 💰€70〜 130室

ブティックホテル・ブダペスト ペスト側
Boutique Hotel Budapest MAP●p.181-K
ドハーニ通りのザラと同じ系列で自由橋のたもとにある。
🚇M3号線カールヴィン・テールKárvin tér徒歩5分🏠Budapest Só u. 6📞(1)920-2100 💰€80〜 74室

パーラメント ペスト側
Hotel Parlament MAP●p.183-D
19世紀後半の建物の外観を残し、内部は極めてモダン。
🚇M2コシュート・ラヨシュ・テールKossuth Lajos tér徒歩4分🏠Kálmán Imre u. 19📞(1)374-6000 💰€75〜 65室

ハンガリーの国番号は36、ブダペストの市外局番は1

231 ホテル

ブダペスト

ハンガリー・ワイン

ヴィラーニのワイン貯蔵庫

ハンガリーはワイン王国、10世紀頃からワイン栽培が始まっていた。16世紀半ばにトカイ地方で、世界で初めての貴腐ワインが醸造され、一躍有名になった。フランスのルイ十四世がトカイワインを「王様のワイン、ワインの王様」と讃えた話はよく知られている。

【栽培地域】

ハンガリーには22の栽培地域がある。その中で有名なものをいくつか紹介しよう。

トカイTokaj：ハンガリー東北部、ティサ川流域のなだらかな丘陵地帯にブドウ畑が広がっている。あっさりした白ワインの産地だが、トカイワインといえばやはり貴腐ワイン。トカイアスーと呼ばれる琥珀色の貴腐ワインは糖度が3から6までの数字で示される。数字が上がるごとに糖度が高まり、琥珀色の濃さも増していく。

エゲルEger：ハンガリー北東部、山間にあるブドウの産地。白と赤を産するが、特に有名なのは「エグリ・ビカヴェールEgri Bikavér」という赤ワイン。「牡牛の血」と呼ばれる濃い赤色のワインで、何種かのブドウを混ぜ合わせて造る。その年のブドウの状態によって、どう混ぜ合わせるかを決めるという。

バラトンBalaton：バラトン湖の周辺には、バラトンフュレド・チョパクBalatonfüred-Csopak、バラトンメッレークBalatonmellék、バダチョニBadacsony、バラトンボグラールBalatonboglár、バラトンフェルヴィデークBalatonfelvidék 5栽培地域がある。どこも良質の白ワインを産することで知られているが、バダチョニが最高級と評判。背後にバダチョニ山をひかえ、湖に面した南斜面が多いため、太陽の光を存分に浴びたブドウが育つからである。

ショプロンSopron：オーストリアとの国境に近いフェルテー湖周辺に赤ワインの名産地がある。他の栽培地域に比べ気温が低く、引き締まった味のワインができる。

ヴィッラーニ・シクローシュVillány-Siklós：ハンガリー最南端に位置する、ヴィッラーニとシクローシュという2つの村が、一つの栽培地域を形成している。ヴィッラーニは赤、シクローシュは白ワインの産地。日照時間が長いため、力強いワインができあがる。

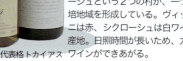

代表格トカイアスーとエゲルワイン

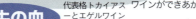

牡牛の血

16世紀半ば、ハンガリーがオスマントルコ軍に占領された時代のことである。エゲルの町には領主ドボーの堅固な城が建っていた。攻めてきたトルコ軍は8万人、それに対し城に立てこもった兵士と市民兵はわずか2千。明らかに戦局不利であったが、城の堅固さのためなかなか落城しない。1ヵ月が過ぎると城内の兵士たちも疲れがたまり、士気が失せてきた。そこでドボーは兵士たちに酒蔵を開放。兵士たちは地元産の赤ワインを飲み干し、酒の勢いでいきなり敵に立ち向かった。驚いたのはトルコ軍。口の周りや衣服を血の色に染めたエゲル兵たちを見て、「彼らは牡牛の血を飲んで力を得た」と思い込み、一目散に逃げ出した。それ以来、この赤ワインは「牡牛の血」と呼ばれている。

ワイン・レストランで

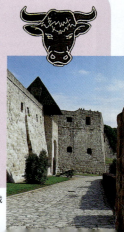

38日間の攻防を切り抜けたエゲル城

ブダペストからのエクスカーション
ドナウベンド　Dunakanyar

丘の上からは町並みとドナウが（エステルゴム）

　ウィーンからスロヴァキアとの国境を通って東に流れてきた大河ドナウは、国境を離れると急に向きを南に変えてブダペストへ向かう。このドナウ川が弧を描くあたりがドナウベンド、つまりドナウの曲がり角ドゥナカニャルDunakanyarで、そこにはいくつかの美しい名所旧跡がある。

　異国情緒のあるかわいらしい町センテンドレ、廃墟となった要塞が残るヴィシェグラード、ハンガリー最大の教会があるエステルゴム…。どの町へもブダペストから日帰りできるし、主な3つの町を1日でまわる観光バスツアーもある（p.187参照）。

芸術家たちにも愛される町
センテンドレ
Szentendre　MAP●p.233

　ブダペストの北約20kmにある小さな美しい町で、14世紀にオスマン・トルコの襲撃から逃れて、セルビア人やギリシャ人たちがやって来たのが始まり。その後トルコの支配下におかれるが、17世紀末、セルビア人たち約6,000人がセンテンドレに定住した。彼らの多くは手職人や商人たちで、町に独自の文化、習慣、建築様式を植えつけていった。20世紀になると、この町に魅了されて多くの芸術家たちが移り住むようになった。そのため、ここには小さいながら美術館・博物館が多い。

見どころ

　低い丘の上に教会があり、そこからドナウへ向かうなだらかな丘陵地に民家や店が立ち並んでいる。中心となるのは中央広場で、ここに5本の路地が集まっている。近くには女流陶芸家コヴァーチ・マルギット博物館がある。丘の上の教会広場からはセンテンドレの町が見渡せ、赤茶色の瓦屋根の波が美しい。

中央広場近くには楽しい店がぎっしり並ぶ

中央広場 Fő tér

三角形の広場中央に立つ十字架は、18世紀後半に建てられた「商人の十字架」。言い伝えによると、この下にセルビア人の男が逆さに埋められているという。セルビア人は、死体は前に進むと信じていたので、死体が地上に出てこないよう逆さに埋めたそうだ。

広場のドナウ寄りの角に建つのは、1754年に建てられたセルビア正教の教会、ブラゴヴェステンスカ教会Blagovesztenszka templom。内部にあるイコン（聖像画）は、セルビア人画家によって描かれた美しく貴重なものだ。

教会左隣のフェレンツィ美術館Ferenczy Múzeumは、18世紀末にセルビア人学校として建てられた館。現在はハンガリー印象派の先駆者で、青年時代をこの町で過ごしたカーロイ・フェレンツィ（1862～1917年）とその家族の作品が展示されている。

ローマカトリック教区教会
R.K. Plébánia templom

丘の上にある14世紀頃ここに建っていた教会が基礎となり、トルコの襲撃で壊された後、18世紀後半に現在のバロック様式教会となった。教会の広場からは町が一望できる。

ブダペストからの交通

H5：バッチャーニ・テールBatthyány tér より45分／バス：ウーイペシュト・ヴァローシュカプÚjpest Városkapuバスターミナルより30分／船：4～10月はヴィガドー前の船着場から約1時間30分

とっておき情報

シュカンゼン野外博物館

ハンガリーの古い民家や教会を移築した広大な野外博物館Szabadtéri Néprajzi Múzeumで、通称シュカンゼンSkanzenと呼ばれている。地域ごとに展示会場が分かれ、全部を回るのは1日がかりだが、各地の代表的な建築様式を一度に見ることができるので、地方旅行の気分が味わえる。

交 バス：センテンドレのバスターミナルより午前中は879番、午後は878番で約15分シュカンゼンSkanzen、土・日曜はブダペストより直通バスあり住Sztaravodai út 開9:00～17:00 休月曜、11～3月 料1,500Ft

ドナウの曲がり角にあるかつての城塞

ヴィシェグラード
Visegrád　MAP● p.233

ヴィシェグラードとはスラブ語で「高い城」という意味。14世紀に一時この地が首都となり、1335年には近隣諸国の国王たちを招いて世界初の「中欧サミット」が開かれた。

王宮跡 Királyi palota romkert

最初の城はカーロイ一世によって14世紀初頭に建てられたが、現在の城跡は15世紀半ばにマーチャーシュ王が建てたもの。当時はここがハンガリー初期ルネサンス芸術の中心地だったが、オスマン・トルコとの戦いで破壊された。赤い大理石で造られたヘラクレスの泉やルネサンス様式の回廊などが復元されている。

王宮跡の北、約300mのところには、13世紀に築かれた監視塔の**シャラモン塔**がある。

開9:00～17:00（冬季10:00～16:00）
休月曜 料王宮跡とシャラモン塔の共通券1,100Ft

復元された王宮。丘の上に要塞が見える

要塞跡 Fellegvár

ベーラ四世により13世紀半ばに、315mの山の頂に建てられた城塞。度重なるトルコ軍の襲来にも耐え抜いた城であったが、1703年にラーコーツィの起こした解放戦争でオーストリア軍に破壊され、以来廃墟のままである。一部が博物館となっている。

開10:00～18:00（10月15日～3月14日～16:00）休1～3月の平日 料1,700Ft

ブダペストからの交通

バス：ウーイペシュト・ヴァローシュカプÚjpest Városkapuバスターミナルより約1時間20分／鉄道：西駅よりナジマロシュ・ヴィシェグラードNagymaros-Visegrádまで50分、渡し船で対岸へ（約10分）／船：ヴィガドー前の船着場から約3時間（夏季は月曜を除く毎日1便あり、週末には約1時間の水中翼船も運行）

ハンガリー建国の地
エステルゴム
Esztergom　MAP●p.233

ブダペストの北西約60km、スロヴァキアとの国境を流れてきたドナウ川はここで向きを変え、ハンガリー国内に入る。

見どころ

マジャル民族がこの場所に定住し始めたのは9世紀のことで、まずゲーザ大公が館を築き、彼の息子イシュトヴァーン一世が997年に初代ハンガリー王となる。以来ハンガリーの都として栄え、神聖ローマ帝国の皇帝フリードリヒ・バルバロッサも1189年にここを訪れるなど、華やかな時代を迎えた。13世紀半ばにモンゴルの襲来によって壊滅的な打撃を受け、ブダへ遷都が行われた。しかし1715年からカトリック総本山が置かれ、宗教上重要な町として今日に至っている。

■ 大聖堂　Főszékesegyház

エステルゴムの高台にそびえるカトリックの総本山で、改築されて19世紀後半に完成した。堂内にある赤大理石のバコーツ礼拝堂は16世紀初頭のオリジナル。展望台からはエステルゴムの町が、またドナウ対岸にはスロヴァキア共和国の町シュトゥロヴォが見渡せる。宝物館には聖イシュトヴァーン、聖イムレら

広々としたエステルゴムの大聖堂内部

の骨が納められているほか、9世紀から19世紀に至る聖遺物や宗教美術が見られる。

開宝物館9:00～16:30（11～12月11:00～15:30、土・日曜10:00～15:30）／展望台930～17:00（4～10月）休11～12月の月曜、1～2月 料800Ft、展望台50Ft

■ 王宮博物館　Vármúzeum

大聖堂の丘には10世紀と11世紀にハンガリー王ベーラ三世の命によって宮殿が建てられていた。16世紀のトルコ襲来の際に破壊されたが、現在は博物館になっている。

開10:00～18:00（冬季～16:00）休月曜 料1,300Ft

ブダペストからの交通

バス：ウーイペシュト・ヴァローシュカプÚjpest Városkapuバスターミナルより約1時間20分

とっておき情報

"ハンガリーの海"と呼ばれるバラトン湖

ハンガリー西部の中央にある大きな湖。海を持たないハンガリー人の「海」として親しまれ、夏のリゾートとなっている。表面積598平方km、長さ77km、最大幅14kmと東西に長い湖。気候は比較的温暖で、北側ではブドウの栽培が行われていて、小規模ながらワインの産地。湖畔の多くは葦の茂る草原で、自然保護区域となっている。

主な町は、北岸では温泉療養地のバラトンフュレドBalatonfüred、湖に突き出た半島ティハニTihany、ワインの名産地バダチョニBadacsony、18世紀の貴族の館がある湖最西の町ケストヘイKeszthelyなど。南岸では高級リゾートのシオーフォクSiófokなどがある。（交中心部のバラトンフュレドへはブダペスト南駅から急行で2時間30分）

平らな土地がどこまでも続くハンガリー大平原

ハンガリーは北から南へ流れるドナウ川によってほぼ二分されるが、ドナウの東側に広がっているのがこの大平原。なかでも樹木の育たない牧草地はプスタPusztaと呼ばれ、馬の放牧が行われている。プスタでは観光アトラクションとしてホースショーなどが行われ、馬と深い関わりを持って生活してきたハンガリー民族の一面を知ることができる。最も有名なプスタはホルトバージHortobágy。ブダペストから比較的近いラヨシュミジェLajosmizseへは日帰りバスツアーがある（p.187参照）。

ブダペストからのエクスカーション
エゲル　Eger　MAP●p.7-H

牡牛の血、エグリ・ビカヴェールEgri Bikavérで知られる町エゲル。16世紀半ばにオスマン・トルコ軍を撃退したものの、16世紀末に再び侵攻され、その後100年間の支配を受けた。しかし20世紀の戦争には巻き込まれることなく、古の姿を残す美しい古都だ。ブダペストから日帰りで訪れることができ、見どころも多い。そして何といっても小さなワインセラーが集まる「美女の谷」は必見。

街の中心、ドボー・イシュトヴァーン広場

町のしくみ

駅から旧市街までは徒歩15～20分ほど。旧市街の北端を塞ぐようにエゲル城の低い丘がある。中心は長方形の大きなドボー・イシュトヴァーン広場で、大聖堂はこれより南にある。有名な美女の谷は町の南西部にあり、旧市街から専用のトレイン型ミニバスが出ている。

ブダペストからの交通

バス：スタディオンから8:15～20:45まで30分毎に運行。所要約2時間。東駅より急行で1時間50分。Füzesabonyで乗り換える電車が多い。駅前にはタクシーが停まっている。

観光案内所
住Bajcsy-zs.u.9F (36) 517-715
開9:00～19:00
（土・日曜10:00～16:00）
休9月中旬～6月中旬の日曜

エゲル城のレリーフ

城の西側にオスマン・トルコ支配時代のミナレットが保存されている。イスラム教国では女性はミナレットに登れないが、ここは大丈夫なので、女性はぜひ登ってみよう。城からよりも美しい町の眺めが得られる。大聖堂は町の南端にあり、そこから北西に延びるセーチェーニ・イシュトヴァーン通りが歩行者専用の町の中心通り。

見どころ

■旧市街
美しい建物が建ち並ぶ

16世紀エゲルの城主でオスマン・トルコ軍を撃退したドボー・イシュトヴァーンの銅像が立っている所が町の中心部。その北側を流れる小さな川を渡ると、三角形の広場キシュ・ドボーテールがある。小さなドボー広場という意味だ。ここにレストランが集まっており、夏場は朝から夜中まで人々が楽しそうに騒いでいる。オスマン・トルコの攻撃に耐え抜いた城はその裏手にあり、高台に沿って右方向に歩いていくと入り口がある。門にはエゲル市民が一体となってオスマン・トルコ軍と戦っているレリーフが掲げられている。城博物館や長い地下道など興味深いものもあるが、高台から町を眺めて戻ってくるだけでもよい。

■美女の谷　Szepasszony volgy

ワインセラーでは試飲を楽しみたい

小さなワインセラーが集まる

セーチェーニ・イシュトヴァーン通りに美女の谷と旧市街を往復するミニバス乗り場があり、夏場は30分毎に出ている。所要時間は10分ほど。美女の谷には50軒ほどの小さなワインセラーがあり、もともとは農家の醸造所だったのが今や観光客受け入れ体制万全の観光地になっている。どこも穴倉の前にテーブルを設置し、軽食が食べられるところもある。試飲は有料と無料のところがあるが、無料だと買わねばならぬ雰囲気なので、有料で試飲しよう。

左：オスマン・トルコ支配時代のミナレット
右：：ドボー・イシュトヴァーンの銅像

ブダペストからのエクスカーション

ホッローケー　Hollók　MAP●p.7-G

人が生活している村として初めて1987年に世界遺産に登録された。もともとは東方の遊牧民だったクマン民族の流れをくむパローツ民族が住んでいた村で、今も独特のパローツ様式の家を見ることができる。ブダペストからバスで日帰りで訪れることができる。

世界遺産に登録されているホッローケー

見どころ

バス停は村の入り口にある。小さな村なので、ただ歩くだけなら30分もかからない。コシュート通りKossuth útというでこぼこの道がただ１本あるだけ。緩やかな下りの傾斜がついた村で、白壁に黒いとんがり屋根の建物が村の教会。ここから道は二手に分かれるが、右の道はすぐにコシュート通りへ合流する。シーズン中の土・日曜、祝日は家の前で手作り小物が売ら

ホッローケー城

ブダペストからの交通

バス：土・日曜、祝日は通年スタディオン発8:30、ホロック発16:00。５～８月の平日の往路は同じで、復路は15:00発。所要約２時間。９～４月の平日のアクセスは不便。

れていることも。常設のショップにはこの地方の木工民芸品や手編みの籠などを置いている。教会より手前の右側にレストランが数軒あり、郷土料理を食べることができる。パローツ・スープはグヤーシュより濃厚な味で非常に美味しい。

時間があれば、ホッローケー城　HollókőVar（開４～10月の10:00～17:30 料900Ft）へ行ってみよう。城の中に特別な展示はないが、村全体がよく見渡せて気持ちがいい。

トカイ　Tokaj　MAP●p.7-H

琥珀色のトカイワインはデザートワインとして世界中で愛されている。外国はもちろんのこと、ブダペストで買ってもかなり高い高級ワインだが、地元トカイなら非常に求めやすい。ハンガリーのワイン生産地の中でも本当に小さな町で、落ち着いた雰囲気がとてもいい。

ブドウ棚が広がるトカイ

ブダペストからの交通

鉄道：ブダペスト西駅、東駅から約２時間30分。いずれもIC急行で座席の指定が必要。

見どころ

駅は葡萄畑の丘のふもとにあり、出て左手へ丘に沿って歩いていく。５分ほど歩いていくと、ぽつぽつと小さなワインショップが現れ始める。まるで村のようだが、市庁舎もあるれっきとした町である。トカイワインは辛口白ワイン

トカイの市庁舎

もあるが、せっかくここまで来たなら高級貴腐ワインを買って帰りたい。上等なワインが5000Ftから売られている。店先に置かれている３ℓ入りワインは普段に飲む辛口ワインで1500～2000Ft、と信じられない安さ。試飲してみると美味しい。料理もケーキもブダペストよりダントツに安いので、おすすめ。

ワインショップでおみやげさがしを

ブダペストからのエクスカーション
ペーチ　Pécs　MAP◎p.7-K

ハンガリーの中で一番南に位置する町。温暖な気候に恵まれ、周辺には良質なワインを産するブドウ栽培地域がある。町の日差しは明るく、人々の表情は優しい。この町で生まれたジョルナイの特殊セラミックは町中にあふれ、中でも玉虫色に輝くジョルナイの泉はペーチのシンボルになっている。

町のしくみ

モスクの建つセーチェニ広場

旧市街を取り巻くように環状道路が走り、所々に中世の市壁跡が見られる。旧市街の真ん中にトルコ占領時代のモスクが残るセーチェニ広場がある。そこから東西に延びる歩行者専用のキラーイKirály通りとヨーカイ広場Jókai térあたりが最もにぎやか。北東端には大聖堂が聳え、その南側部分の地下に世界遺産の「初期キリスト教墓地遺跡」が広がっている。

ブダペストからの交通

鉄道：東駅よりペーチ行きIC（座席の指定が必要）で2時間50分。市内のネープリゲト・バスターミナルよりペーチ行きバスで約4時間。

観光案内所　住Széchenyi tér 9.
☎(72)213-315　開9:00～18:00

見どころ

初期キリスト教墓地遺跡
Ókeresztény Mauzóleum

2000年世界遺産登録

ローマ時代からここはソピアネという名のローマ帝国属州だった。ソピアネは4世紀に重要なキリスト教都市として栄え、この時代に建設された多数の礼拝堂や墓所が発見された。地下墓所は何箇所かに分かれ、最新技術を駆使した展示方法で公開されている。

住Szent István tér 12.開10:00～18:00(11～3月～16:00) 休月曜 複合チケット1,620Ft

工夫を凝らした展示で見学しやすい

大聖堂
Szent Péter és Pál székesegyház

内部の美しさに息をのむ

最初の教会が建てられたのは1009年のことだが、4本の塔を持つようになったのは12

荘厳な外観と華麗な内部に驚くばかり

世紀のこと。外観もみごとだが、ロツ・カーロイら19世紀を代表する画家たちが手がけた天井画が素晴らしい。

住Szent István tér 9:00～17:00(日曜13:00～)、10月16日～4月14日10:00～16:00(日曜13:00～) 料800Ft

ジョルナイ博物館
Zsolnay Múzeum

個性あふれる作品は見飽きることがない

ジョルナイ工房の作品が初期から今日まで、エオジンシリーズも含めた代表的な作品が時代を追って展示されている。日本の陶磁器の影響を受けたものや博覧会に出品されて受賞したもの、アールヌーヴォーの作品など、どれも興味深い。

住Káptalan u.2 10:00～18:00(日曜・11～3月～16:00) 休月曜 料1,500Ft

市内にあるジョルナイの泉

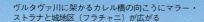
ヴルタヴァ川に架かるカレル橋の向こうにマラー・ストラナと城地区（フラチャニ）が広がる

プラハ
PRAHA

橋の欄干に、館の柱に、屋根の下に、至るところに中世がある。
歴史の中で何度も侵略され、大国におさえつけられてきたが、
慎重なプラハ市民は戦わなかった。
美しい古都を失いたくなかったからだろう。
ヨーロッパ最大の中世都市はこうして生まれた。

まずは知りたい
チェコ旅行基本情報

国名
チェコ共和国　Česká republika

首都
プラハ　Praha

国旗と国章

　　　国旗　　　　　　　　　国章

　チェコスロヴァキア時代の国旗をチェコが踏襲している。青は空、白は清潔、赤は自由のために流された血を表している。また、3色はかつてのボヘミア地方、モラヴィア地方、スロヴァキア地方を表しているともいわれる。
　国章は、2頭のライオンがボヘミア、紅白の鷲がモラヴィア、黒い鷲がシレジアを表している。

国境
　ポーランド、ドイツ、オーストリア、スロヴァキアの4国と国境を接している。

面積
　約7万8,866平方km。日本の面積のおよそ5分の1の広さ。

人口
チェコの総人口　約1,063万人
プラハ　約129万人

民族
　チェコ人95％、スロヴァキア人3％、そのほかウクライナ人、ポーランド人など。

言語
　公用語はチェコ語。かつてはボヘミア語とも呼ばれ、西スラブ語に属する。スロヴァキア語とはよく似ている。

宗教
　カトリックが人口の10％以上、そのほかプロテスタント、ギリシャ正教など。無信仰は約34％。

地理
　西のボヘミア地方と東のモラヴィア地方とからなる。ボヘミア地方は高原地帯と盆地で、ボヘミアの森と呼ばれる広大な森林におおわれている。ボヘミアの中部、南北に流れるヴルタヴァ川（モルダウ川）沿いに首都プラハが位置する。

気候
　大陸性気候で日本と同じく四季があり、比較的温暖な気候。夏でも湿気が少なく過ごしやすい。冬は山岳地帯ではかなりの積雪になり、寒さが厳しい。

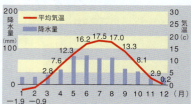

プラハの平均気温と降水量

政治体制
　チェコスロヴァキア社会主義共和国の1連邦であったチェコは、1993年にスロヴァキアとの連邦を解消し、独立主権国家となった。国家元首である大統領（現ミロシュ・ゼマン大統領）は国民による直接選挙で選出される。議会は上院、下院の両院制。

行政区分
　ボヘミア、モラヴィア、シレジアの3地方の歴史的区分と行政区として首都と13州がある。

日本からのフライト時間
■成田からウィーン経由で約13時間

時差

日本より8時間遅れ。ただし、サマータイムの間は7時間遅れになる。

祝祭日

1月1日　元日
3月末〜4月＊　復活祭
3月末〜4月＊　復活祭の月曜日
5月1日　メーデー
5月8日　チェコ解放記念日
7月5日　聖キュリロスと聖メトディオスの日
7月6日　ヤン・フスを偲ぶ日
9月28日　チェコ国体記念日（聖ヴァーツラフの日）
10月28日　チェコスロヴァキア独立記念日
11月17日　自由と民主主義のための闘争の日
12月24日　クリスマス・イヴ
12月25〜26日　クリスマス　　＊は移動祝祭日

ビジネスアワー

■銀行：9:00〜17:00、土・日曜、祝日休み。
■郵便局：8:00〜18:00（土曜〜12:00）、日曜、祝日休み。
■ショップ：10:00〜18:00（土曜〜12:00）、日曜、祝日休み（一部観光地は無休）。
■レストラン：11:00〜23:00、中休みがある店もある。基本的に無休。

電圧とプラグ

電圧は220Vで周波数は50Hz。プラグは丸型ピン2本のCタイプ。

飲料水

水道水は飲用可能だが、通常飲用にはミネラルウォーターを利用している。多くはガス（炭酸）入りで、ガスなしはスティルという。

喫煙

チェコでは公共の場所を中心に禁煙化が進んでいる。レストランでは喫煙と禁煙スペースの区分化が進みつつある。

トイレ

主要駅や地下鉄駅、観光地に公衆トイレがある。公衆トイレはほとんどが有料（5〜10Kč）。レストランやショッピングセンター、美術館のトイレは無料のところが多い。表示は女性（●）：Ženy、Dámy、男性（▼）：Muži、Páni。

「百塔の町」と称されるプラハ

チェコ地方区分図

通貨　チェココルナ　Kč

5,000Kč

2,000Kč

1,000Kč

500Kč

200Kč

100Kč

50Kč　20Kč　10Kč

5Kč　2Kč　1Kč

※紙幣は5,000、2,000、1,000、500、200、100Kčの6種類、コインは50、20、10、5、2、1Kčの6種類。

コルナの換算レート

1Kč≒5円		1万円≒2,000Kč	
20Kč	100円	200Kč	1,000円
30Kč	150円	300Kč	1,500円
50Kč	250円	500Kč	2,500円
100Kč	500円	700Kč	3,500円
1000Kč		5,000円	

※2019年7月現在

チップ

チェコにはチップの習慣がある。レストランやタクシーでは料金の5〜10％ほど。ホテルではルームサービスやベルボーイに20〜30Kčほど、ピローマネーは20Kčほど。

物価比べ

飲用水　500ml約60円（日本120円ほど）
地下鉄1区間　約120円（日本170円）
タクシー初乗り　約200円（東京410円）

電話のかけ方

■チェコから日本へ
日本の03-1234-5678へかける場合（ダイヤル直通電話、ホテルなどからの場合は外線番号をプッシュしてから）

00	-	81	-	3	-	1234	-	5678
国際電話識別番号		日本の国番号		0をとった市外局番		相手の電話番号		

■日本語音声による直通電話
KDDIスーパージャパンダイレクト
☎800-001-128

■オペレーター通話
KDDIジャパンダイレクト
☎800-001-181

■携帯電話の利用
　日本で使用している携帯電話の機種やプランによって、チェコでそのまま使用することができる。NTTドコモやソフトバンク、auの3社は使用できるサービスを提供しているので、旅行前にプランの詳細等を確認しておくとよい。ただし、日本の携帯を海外で使用した場合、通話料等の料金は高くなる。海外で利用できる携帯電話をレンタルすることもできる。

テレホンカードは町中の売店で扱っている

プラハ到着

日本からチェコへの直行便はないので、プラハへはヨーロッパの主要都市の空港で飛行機を乗り継いで入ることになる。また、内陸国であるチェコはヨーロッパの主要都市と鉄道で結ばれている。近隣諸国からの国際長距離バスでの入国も可能だ。

空路で

最も便利なのはウィーン経由とドイツのフランクフルト経由。いずれも日本からの所要時間は11時間30分〜13時間。到着後、プラハまでの乗り継ぎ便の所要時間は約1時間10分。ヨーロッパの主要都市からは2時間以内でプラハに着く。

◆ヴァーツラフ・ハヴェル・プラハ国際空港　MAP●p.248-A

ウィーンをはじめ、ヨーロッパ主要都市からの便はヴァーツラフ・ハヴェル・プラハ国際空港に発着。オーストリアやドイツなど、EUシェンゲン協定加盟国からはターミナル2に到着する。

◆空港から市内へ

◆空港高速バス　Airport Express Bus

空港と共和国広場、プラハ中央（本）駅の間を空港高速バスが運行している。5時30分〜21時の間30分毎の運行で所要約45分、料金は60Kč。乗車券は車内で買える。

◆空港送迎シャトル車　ドア・ツー・ドア

乗り合いタクシーのように目的地まで定額で行くが、事前にオンラインでの予約が必要。1名290Kč、2名450Kč、3名480Kč。

◆空港送迎定額タクシー

空港から市内の目的地まで固定料金。4名まで550Kč。事前にオンラインでの予約が必要で、空港ではドライバーが名前の書かれたカードを持って待っている。

◆市バス　Autobus

100番のバスが地下鉄B線のズリチーンZličin駅（MAP●p.248-上）の間を往復。所要約20分、地下鉄B線沿線利用の場合は便利。119番のバスが地下鉄A線のナードラジー・ヴェレスラヴィーンNádraží Veleslavín駅（MAP●p.248-E）へ所要約25分。最も頻繁に運行しているので、地下鉄A線の駅近くにホテルをとっている場合は非常に便利。191番のバスが地下鉄A線ペトジニーPetřiny駅、B線アンディエルAnděl駅（MAP●p.250-J）経由でナ・クニージェツィーNa Knížecí長距離バスターミナルまで運行している。

料金は32Kč、荷物（25cm×45cm×70cm以上）用乗車券16Kč。乗車券は到着ロビーの窓口か券売機で購入。各駅からは地下鉄でプラハの中心部に向かう。

ターミナル2にある両替所

プラハ国際空港の到着ロビー

空港のタクシー、バスインフォメーション

プラハ国際空港から市内へ向かう市バス100番と191番のバス乗り場

優良タクシーのAAA

プラハ中央駅

プラハ中央駅の掲示板

ユーレイル鉄道パス
　鉄道パスはレイルヨーロッパでのオンラインや国内の旅行会社で購入できる。
URL www.raileurope-japan.com

チェコ鉄道

フローレンツ・バスターミナルautobus. nádraží Praha-Florenc
MAP●p.251-D
開4:00～24:00、案内は6:00～13:30、14:00～21:30
☎900-144-144（5:00～22:00）

◆タクシー
　到着ロビーを出たところにタクシー乗り場がある。市内までは500～700Kčほどだが、不当な額を請求されることも多い。AAAのタクシーは優良タクシー。

鉄道で

　プラハはヨーロッパの主要都市と鉄道で結ばれ、ウィーンから約4時間30分、ブダペストから約7時間で着く。陸路で入国する場合は、国境駅で審査官が列車に乗り込み、パスポートチェックと税関審査を行う。

◆プラハ中央(本)駅　MAP●p.251-H
Praha hlavní nadrazí
　ウィーンやブダペスト、フランクフルトなど、国際列車のほとんどがプラハ中央駅Praha hlavní nádražíに発着する。中央駅、ホレショヴィツェ駅ともに地下鉄C線と接続している。
　国際列車が発着するプラハ中央駅は、地下がメインステーションになっている。トイレやシャワールーム、ショップ、スナック店のほか、ツーリスト・インフォメーション、コインロッカーもある。

◆便利な鉄道パス
　チェコが通用国に含まれているのはユーレイルグローバルパス、ユーレイルチェコ共和国パス（フレキシータイプ）、ヨーロピアンイーストパス（フレキシータイプ）、セントラルヨーロッパトライアングルパスがある。チェコのほか、オーストリア、ハンガリーの3国を周遊するなら、スロヴァキアも加わったフレキシータイプの東欧4ヵ国で利用できるヨーロピアンイーストパスの利用が便利。有効期間1ヵ月の間に選んだ日数分が乗り放題になる。p.322を参照。
　ユーレイルチェコ共和国パスは、利用日数3日から8日までの5種類。3日分は1等€78、2等€59。

長距離バスで

　ユーロラインなどの国際長距離バスは、フローレンツ・バスターミナル autobus. nádraží Praha-Florencに発着する。国内の長距離バスの発着所でもある。ターミナルビルの1階にインフォメーションや両替所などがある。隣接して地下鉄B、C線のフローレンツ駅Florencがあり、中心部のムーステクへMůstekは2駅の距離。

◆ユーロライン
　プラハへは、ウィーンやブダペスト、ベルリン、フランクフルト、パリ、チューリヒなどからの便がある。なお、フローレンツ・バスターミナルのユーロラインの窓口は、出発の1時間前に開く。

プラハのエリアと特徴

東西約25km、南北15kmのプラハ市は、15の区と42地区に分かれている。観光の中心は市の中央に位置する1区で、見どころやレストランなどが集中。町はブルタヴァ川で東西に二分されている。

6つのエリアの特徴

本書では見どころを大きく6つのエリアに分けて紹介している。

●旧市街
旧市街広場を中心にカレル橋のたもとから火薬塔まで古い町並みが続く。旧市街庁舎の仕掛け時計や中世から近世に築かれた美しい建物が広場を取り囲む観光の拠点。広場周辺からツェレトナー通りにかけては、ボヘミアングラスや陶器を扱う店が並ぶショッピングゾーン。

●ユダヤ人地区
かつてのユダヤ人居住地域。旧市街広場から北へ延びるパジージュスカー（パリ）通りPařížská ul.はプラハで最初に造られた幅広の並木道で、ブランドショップが点在する。通りの西側にシナゴーグやユダヤ人墓地などがある。

●新市街
地下鉄ムーステク駅Můstekを中心に東西に延びるナーロドニー通りNárodníとナ・プシーコピィエ通りNa příkopěから南東側のエリア。市民会館のある共和国広場náměstí Republikyからヴァーツラフ広場は劇場や美術館が多い。

●カレル橋と周辺
最も人気のあるプラハの名所。一つの街のようなカレル橋には、常に大道芸人や露店商たちが店を広げ、プチ・アーティストたちと通行人との和やかな交流が見られる。

プラハ城東門付近からのマラー・ストラナ

●プラハ城とフラチャニ
高台の城地区（フラチャニ）と呼ばれるところで、巨大なプラハ城が広がっている。その西側にかつての貴族の館が点在し、その多くが博物館や官庁の建物になっている。

●マラー・ストラナ（小地区）
聖ミクラーシュ教会を中心に城に出入りしていた職人たちの街が形成されたところで、貴族の館が点在。西から南側にかけてのペトシーンの丘からは、プラハの街が俯瞰できる。

プラハ・エリア図

グラフィックマップ
プラハわがまま歩き＆モデルコース

わがまま流に分けた6つのエリアごとの特徴をつかんで、散策しながら気ままに歩いてみよう。エリア間は地下鉄やトラムで楽に移動できるが、徒歩でも十分回れる。

プラハ城 2時間 ★★★ P.272

プラハ城とフラチャニ　4時間
プラハ城を中心として多くの宮殿が集まっている地域。現在は美術館や博物館になって公開されている。城内の聖ヴィート大聖堂は外観も内部装飾も見事。プラハ城への登路からは旧市街方面の町並みが望める。

ネルドヴァ通り P.280

聖ミクラーシュ教会 1時間 ★★ P.279

カレル橋 1時間 ★★★ P.27

ストラホフ修道院 1時間 ★★ P.277

余裕があれば

P.271 **スメタナ博物館**
カンパ P.278

ペトシーン公園 1時間 ★ P.280

カレル橋と周辺　2時間
橋そのものが観光ポイント。両岸に建つ塔から城や町並みを背景に、橋上を行き交う観光客や露店、大道芸人、ヴルタヴァ川を行く観光船などを眺めるのもおもしろい。右岸にはコンサート・ホールや博物館が並んでいる。

マラー・ストラナ　3時間
小路を歩きながら町のたたずまいの美しさが満喫できる。ネルドヴァ通りやモステッカー通りは中世の面影を残すショッピング・ストリート。ペトシーン公園からの眺めは、町全体が俯瞰できて、さらにすばらしい。

登山電車

夜はコンサートかブラックライトシアター、人形劇へ！

エリア内の魅力

歴史的建造物
中世の町並みや有名建築物が見られるところを充実度で評価。イラストが大きいところほど、人気がある必見ポイント。(3段階評価)

ビューポイント
丘の上や塔から町並みが俯瞰できる場所や眺め、景観の美しいところ。大きいほど眺望が期待できる。(3段階評価)

音楽・芸術
コンサート・ホールや美術館、エンターテインメントが集まっているところを評価。大きいほど充実している。(3段階評価)

ショッピング
ボヘミアン・グラスやガーネットなどのみやげ物店の充実度で評価。大きいほど店が集まっている。(3段階評価)

ビアホール
自家醸造の店や老舗、有名ビアホールがあるところ。大きいほど人気があり、観光客も利用しやすい店がある。(3段階評価)

エリア　**新市街**　2時間　エリア内散策時間
特徴　劇場や美術館、博物館が多い地域。ウ・フレクなど歴史のある有名ビアホールが多いのもこのエリア。

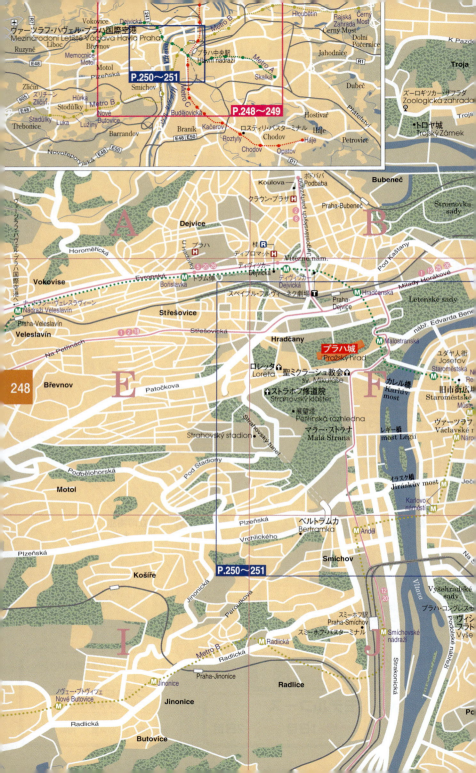

プラハの市内交通

乗車券の種類と料金
- 普通乗車券
  30分有効：24Kč
  90分有効：32Kč
  ※スーツケースなどの大きな荷物を運ぶ場合、別途16Kčが必要になる
- ツーリスト・チケット
  24時間：110Kč
  3日間：310Kč

券売機での購入
　購入できる乗車券は、普通乗車券と24時間券まで。チケットボタンを押してから料金を投入するが、紙幣は使えない。

自動券売機では普通乗車券と24時間券が購入できる。紙幣は使えないのでコインを用意しよう

乗車時には刻印を忘れずに

交通局インフォメーション（地下鉄駅）
ムゼウム駅Muzeum（A、C線）
開7:00～21:00　休なし
アンディエル駅Anděl（B線）
開7:00～21:00（土曜9:30～17:00）　休日曜
ナードラジー・ホレショヴィツェ駅Nádraži Holešovice（C線）
開7:00～18:00（土曜9:30～17:00）　休日曜

プラハの公共交通は地下鉄Metro、トラムTramvaj、バスAutobus。乗車券は共通で、すべての公共交通機関に有効。観光に利用しやすいのは地下鉄で、観光名所のほとんどが地下鉄と徒歩で回れる。さらにバスやトラムを上手に利用すれば、むだな時間が省ける。ホテルや観光案内所にトラムの路線と番号入りの観光地図があるので、手に入れておこう。街並み散策には観光馬車の利用も旅情がある。

旧市街広場には観光馬車がある

◆共通乗車券

　乗車券には普通乗車券と、有効期限内は乗り放題で利用できるフリーパス券がある。24時間チケットまでの乗車券は、自動券売機のほか、駅の窓口、キオスク、ニューススタンドで購入できる。フリーパス券は、地下鉄駅の窓口や旅行会社で扱っている。
　ただし、トラムやバスの停留所では、乗車券の購入はできないので、あらかじめ用意しておく必要がある。プラハ市内の観光名所へは24Kčと32Kčで間に合う。

◆普通乗車券
　チケットPřestupní：地下鉄、トラム、バス、登山電車間を自由に乗り換えできる。有効時間によって料金が異なるチケットが2種類ある。30分有効が24Kč、90分有効が32Kč。かつては乗り換えができない1回限りのチケットがあったが、すべて乗り替え可能なチケットに統一された。

普通乗車券

◆ツーリスト・チケット
　有効期間内ならば、すべての公共交通機関で乗り換え可能なフリーパス券。24時間券、3日券があり、初回に改札を通せば、次回からは改札する必要がない。

観光に便利なエコ・エクスプレス

　旧市街広場とプラハ城を結ぶ観光電車のエコ・エクスプレスEKO EXPRES。4・5・9・10月は10時～17時、6・7・8月は10時～18時30分の間、30分ごとに運行している。11～3月は運休、片道280Kč。旧市街広場から乗ってプラハ城近くで降り、プラハ城見学後にふたたび乗って旧市街広場に戻るということが可能。
☎602-317-784

機関車の車体が人気

ポイント 不正乗車には罰金が科せられる。必ず目的地までの乗車券を用意しよう。

Náměstí Republiky

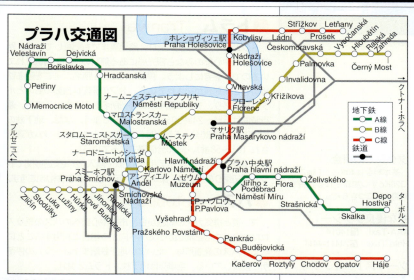

●地下鉄　Metro

地下鉄はメトロMetroと呼ばれ、Mのマークが目印。運行時間は毎日5～24時。月～金曜のビジネスタイムには2～4分おき、それ以外は4～10分おきに運行されている。路線はA、B、Cの3本で、3色に色分けされている。A線が緑、B線が黄色、C線が赤、路線図や駅のサインなどすべてがその色で統一されているので、一目でわかる。ただし、案内はチェコ語で、英語のサインはないので出口Výstupと乗り換えPřestupだけは覚えておこう。それ以外は案内図でだいたい理解できる。

地下鉄の入り口には路線が示されている

地下鉄のホーム

🔸本音でガイド🔸
地下鉄ではスリに注意

プラハの地下鉄のエスカレーターは非常に長い。乗り換え駅や出口に向かうエスカレーターでは、スリに気をつけること。プラハのスリはあっぱれと言いたくなるくらい上手にスッていく。長いエスカレーターの途中で前後を挟まれての恐喝事件も多い。地下鉄やトラム、バスの乗車口で、乗る観光客にスリグループが込んでいるように見せかけて囲む被害もある。

地下鉄の乗り方
①乗車券を買う
▼
②改札を通る
　改札機が置いてあるだけの改札で、自分で乗車券を改札機に入れて、日時の刻印をする。乗車券は、最初に乗るときのみ改札機を通す。
▼
③エスカレーターでホームへ。2路線が乗り入れている駅では、路線マークや色に従って行けばよい。
▼
④地下鉄のドアは自動開閉の車両もあるが、大半はドアの「Open Door」表示の下の丸ボタンを押して開ける。車内では、チェコ語のみだが停車駅のアナウンスがある。
▼
⑤目的地に着いたら案内板に従い出口または乗り換えホームへ。
▼
⑥出入口は同じなので、出るときに集札はなく、そのまま外へ。ホームに検札官がいることもあるので、出口を出るまで乗車券をなくさないように。

プラハ　市内交通

最新型のトラム

> **ポイント** トラムやバスに乗る場合は、あらかじめ乗車券を用意しておくこと。市内観光には24時間ツーリスト・チケットが便利。

●トラム　Tramvaj

　トラムは市内を縦横に走り、路地裏までも網羅している。路線は市内中心部のみなら観光局にある無料の地図に掲載されているので、参考にしよう。停留所には停留所名、そこを通る路線番号と時刻表が記されている。ドアの開閉は自動のものとボタン式があり、チェコ語で次の停留所名をアナウンスする。運行時間は5時〜24時30分、3〜15分で運行。なお、地下鉄の終電後の24時30分〜5時には、特別ルートの深夜トラムが運行され（51〜58番）、約30分間隔で走っている。

　乗車券はキオスクかホテル、地下鉄で購入。公共交通機関でトラムが初乗りの場合は、乗車券をドアの脇にある改札機に通す。

●バス　Autobus

　狭い道と排気ガスの問題から、市内中心部へのバスの乗り入れはない。中心部周辺から郊外へ向かう場合に利用することになる。バスの発着所は、たいてい地下鉄駅またはトラムの停留所と接続している。乗車券は地下鉄、トラムと共通。

●タクシー　Taxi

　流しのタクシーをはじめ、観光地や空港、駅などで待機しているものも法外な料金を請求されるなどのトラブルが絶えない。安心なのは、電話で呼び出す優良タクシー。レストランや大きなショップではタクシーを呼んでくれる。高級ホテルには専属のタクシーが待機していることがあるが、ホテルによっては区間料金が設定され、やや割高なことも。町中でタクシーを拾う場合は、「AAA」などの優良タクシーを選び、乗る前には必ずメーターなどを確認しよう。

　なお、英語を話せないドライバーも多いので、目的地を書いたメモなどを用意しておくとよい。ドアは自分で開け閉めする。降りるときには、端数を切り上げた程度のチップを。

タクシーの料金
　基本料金は40Kč。1kmごとに28Kčずつ加算される。待ち時間1分につき6Kč。

主な優良タクシー
AAA Taxi　☎14014
Halo Taxi　☎24411-4411

ツーリスト・インフォメーション
　旧市街広場の旧市街庁舎1階にあるインフォメーションセンターが充実している。圏9:00〜19:00　休なし
プラハ中央駅構内にも小さな窓口がある。圏10:00〜18:00
夏季にはマラー・ストラナ橋塔内にも設けられる。
圏4〜10月の10:00〜18:00

ペトシーン公園への登山電車
　9時〜23時20分の間、運行される。山麓駅のウーイエストÚjezdから中間駅のネボジーゼクNebozízekを経て山頂駅のペトシーンPetřínを結んでいる。所要約10分、10〜15分間隔で運行。乗車券は地下鉄やトラムと共通。ただし、乗り換え可能な32Kčのチケットを利用。

登山電車のマーク

博物館で利用できるプラハカード

　プラハ城やユダヤ博物館などをめぐる無料の2時間バスツアーをはじめ、60以上の観光スポットが無料で、他にも割引サービスもある。公共交通機関の地下鉄、トラム、バス、ペトシーンの登山電車、フェリー、エアポートエクスプレスバスが無料で利用できる。購入はプラハ・インフォメーション（旧市街庁舎、中央駅）、ツーリスト・インフォ、旅行会社で。ホテルで扱っているところもある。料金は2日間有効1,550Kč、3日間有効1,810Kč、4日間有効2,080Kč。

プラハには
クラシック
カーもよく
似合う

中世の町並みに馬車が合う

●馬車

　旧市街広場などには観光馬車がある。石畳の道を馬車で移動するのも風情があり、交通手段のみならず、町歩きのよい思い出に利用したい。料金は、馬車1台（4〜5人乗り）が20分毎に800Kčほど。料金は時間と距離によって交渉可能なので、乗る前に確認しよう。冬期は運休。

●定期観光バス

　日程に余裕がない場合やカルロヴィ・ヴァリやカルルシュテイン城など郊外に行く場合には、ツアーの利用が便利。市内観光も含め、さまざまな定期観光バスが出ている。
　ツアーの申し込みはそれぞれのツアー主催会社へ。ナ・プシーコピエNa Příkopě通り（MAP●p.253-G）にはツアー・ボックスが集まっているので、ツアー情報が入手できる。

◆主なツアー

　ツアー主催会社によって出発時間や催行日、料金が異なるものがあるが、ほぼ内容は同じ。なおツアーは日本語はなく、英・独・仏語でのガイドになる。

主なツアー会社

マーティン・ツアー　Martin Tour
住Štěpánská 61
☎777-318-198
チェドック　Čedok
住Na příkopě 18
☎800-112-112
シティラマ　Cityrama
住Štěpánská 21
☎22223-0208
ベストツアー　Best Tour
住Václavské nám 27
☎284814141

マーティン・ツアーのスタンドは市内にいくつもある

ツアー名	内容	所要時間	料金	出発時間と催行日
●市内観光				
グランドシティツアー	カレル橋や旧市街広場、プラハ城などプラハの主な観光ポイントをまわる	3時間	650Kč	毎日10:00、14:45
旧市街ウォーキング	エステート劇場からツェレトナー通りを抜け、旧市街広場、ユダヤ人街をめぐる	2時間	850Kč	水・金・日曜10:30（冬期は金・日曜）
プラハスペシャル	モーツァルトゆかりのベルトラムカやストラホフ修道院、トロヤ城をまわる	3時間30分	740Kč	火・木・土曜14:00
ヴルタヴァ川クルーズ	かつてプラハ城があったビシェフラドまでのクルーズ。コーヒー、ケーキ付き。イブニング、ナイトクルーズもある	2時間30分	750Kč	毎日11:45
フォークロア・パーティ	ボヘミアン・ディナーとフォルクローレショーを楽しむ。夕食付き	3時間30分	1,350Kč	火・金・土曜19:00（冬期は金・土曜）
●郊外観光				
ボヘミア・クリスタル	プラハ郊外のクリスタル工房で、ボヘミアングラスの製造行程を見学。ビール工場を組み合わせた1日ツアーもある	5時間	850Kč	火・木・土曜9:30
カルルシュテイン城	人気の城をまわる。昼食付き。	5時間	880Kč	火〜日曜9:30（冬期は休み）
クトナー・ホラ	聖バルバラ大聖堂やフラーデク鉱山博物館へ	5時間	990Kč	火・木・土曜13:30（冬期は12:30）
カルロヴィ・ヴァリ	温泉保養地のカルロヴィ・ヴァリを訪ね、クリスタル工場も見学。昼食付き	10時間	1,500Kč	月・水・金・土曜9:30（冬期は水・土曜9:00）
チェスキー・クルムロフ	南ボヘミアの世界遺産の町を訪ねる。昼食付き	10時間	1,600Kč	火・木・金・土・日曜9:00

プラハ・ウォーキングツアー

　主要な観光ポイントはプラハ中心に集まっているため、徒歩での観光が便利。5人以上のグループならテーマ別のウォーキングツアー（英語）がある。コースはプラハ城、旧市街、ビロード革命、パブツアー、ミステリー・プラハ、プラハミュージカル、プラハ建築、フランツ・カフカ、アールヌーヴォーなどの12ヵ所。それぞれ所要3〜5時間。料金は350Kč〜。詳細は☎22251-6064へ。

カサや旗を持ったガイドが案内する

旧市街 (右岸)

エリアのしくみ

ヴルタヴァ川右岸に広がる古い地区で、中世には川に面して半円を描くように市壁で囲まれていた。旧市街庁舎がある旧市街広場が中心で、プラハ観光の出発点か終着点になっている。

旧市街広場への交通

地下鉄のA、B線ムーステクMůstekまたはA線スタロムニェストスカーStaroměstskáより徒歩5分。各見どころ間は5〜10分ほどで回れる。なお、旧市街広場周辺の道は一般車は入れないところが多い。

歩き方のヒント

楽しみ
- 観光 ★★★★★
- ショッピング ★★★★★
- 食べ歩き ★★★★★

交通手段の便利さ
- 地下鉄 ★★★
- トラム ★★★
- バス ★★★
- タクシー ★★★

エリアの広さ
旧市街広場を中心に南に広がるエリアで、見どころとショップ、レストランなどが集まっている。散策しながら2〜3時間ほどで回れるが、旧市街庁舎や火薬塔からの展望も楽しみながら、半日はかけたい。

見どころ

旧市街広場
Staroměstské náměstí
MAP●p.253-G

旧市街広場の南西角に建つ旧市街庁舎

旧市街広場はプラハの顔

ゴシック、ルネサンス、バロック、ロココという、時代を隔てた美しい建物に囲まれ、教会や旧市街庁舎など歴史的建造物がそびえる大きな広場。観光馬車の乗り場でもあり、広場の中世的背景に馬車の姿が溶け込んでいる。12世紀初期にはヴルタヴァ右岸の市場だったところで、民衆の蜂起や処刑など、さまざまな歴史的事件の舞台ともなっている。

広場の中央にあるのが**ヤン・フスの群像**。プラハ大学で教鞭をとっていたフス（1370年頃〜1415年）は、カトリック教会の腐敗を徹底的に批判し、ローマ法王から破門され、ドイツのコンスタンツで火刑となった。その後フスは殉教者に列せられ、新教徒のみならず、チェコ人の誇りとなっている。

広場の北側からヴルタヴァ川に向かう真っすぐな並木道はパジージュスカー（パリ）通り。その左手に建つ真っ白な建物は18世紀の**聖ミクラーシュ教会**で、ボヘミアで活躍したドイツの建築家キリアーン・ディーツェンホーファーが手掛けている。天井画やボヘミアガラスで造られたシャンデリアが美しい。

広場の東側左端には18世紀半ば、キンスキー伯爵によって建設されたロココ様式の**ゴルツ・キンスキー宮殿**がある。かつてここに

ミクラーシュ教会とパジージュスカー（パリ）通り

広場を見つめ続けるヤン・フス像

旧市街広場の南側を飾るバロック様式やネオ・ルネサンス様式の館

建物に貼り付いている石の鐘

ドイツ語教育のエリート中高等学校があり、カフカはこの学校に通っていた。現在は一部が**国立美術館**(圓10:00〜18:00 休月曜 料150 Kč)になっている。

ゴルツ・キンスキー宮殿の右隣には13世紀末に建てられた四角い塔のような建物がある。建物の角に食い込んだような石の鐘があることから**石の鐘の家**と呼ばれている。

旧市街庁舎
Staroměstská radnice
MAP●p.252-F

仕掛け時計は広場最大のアトラクション

建物の北側部分は第二次世界大戦で焼失したが時計塔は残った。西側に5つの異なるファサードが続いているが、これは14世紀に市が5軒の貴族の館を買い取ってつなげたもの。正時になると仕掛け時計が動き出すが、これを内側から見ることもできる。礼拝堂への階段途中に仕掛け時計の12人の使徒像があり、ガラス張りになっている。

出窓のある礼拝堂は青い天井が美しく、広場で処刑があるときはここで祈りが捧げられた。30年戦争でプロテスタント側だったボヘミア貴族はビーラー・ホラの戦いで敗れた。そのときの首謀者27人が1621年6月に広場で処刑された。広場の礼拝堂下には銘板があり、その近くに処刑された場所を示す27の白い十字架が描かれている。

高さ69mの塔へはエレベーターで登ることができる。プラハ城をはじめ、360度の眺めが楽しめる。

圓塔9:00〜22:00(月曜11:00〜) 休なし 料130Kč
庁舎内ツアー:11:00〜18:00(月曜9:00〜)、250Kč

旧市街庁舎の仕掛け時計

古さを誇る天文時計

1410年に造られ、1490年に修繕されている。下の暦板は旧市街の紋章を真ん中にして周りを星座が取り囲み、さらに12の月をボヘミアの農民生活で表した絵が取り巻く。上の天文時計は、地球を中心に太陽が回る天動説に基づいて造られ、年月日、時間、日の出・入り、月の出・入りを表している。仕掛けの部分で、骸骨は死神、楽器を持った男は煩悩、鏡の青年は虚栄、金袋を握った男は欲をそれぞれ象徴している。

死神(左)と煩悩

- 骸骨が縄を引いて小さな鐘を鳴らし、左手の砂時計を逆さにする
- 一番上の窓が開き12人のキリストの使徒が登場
- 12人がひとまわりすると鶏が鳴いて鐘が鳴る

9時から21時まで毎正時ごとに動く仕掛けは、40秒程度。時間前に待機していないと見逃してしまう。

プラハの歴史を刻む天文時計

2塔のティーン聖母教会と左手前に石の鐘の家、ゴルツ・キンスキー宮殿と続く

ティーン聖母教会
Matky Boží před Týnem
MAP●p.253-C

2つの塔を飾るたくさんの小塔が美しい

12世紀に創建され、14世紀に現在の姿になったティーン教会は、フス派の教会だった。この教会がカトリック系に変えられたとき、怒ったプロテスタント信者たちは広場の前を建物で塞いでしまった。そのためティーン教会の入り口がわかりにくくなっているが、広場に面した建物から入って行く。80mの双塔の間にマリア像が掲げられている。

開 4〜10月の10:00〜13:00, 15:00〜17:00（日曜10:00〜12:00） ※ミサの時は入場不可　休 月曜

ウンゲルト
Ungelt
MAP●p.253-G

建物で囲まれた憩いの場

ティーン聖母教会の真裏にある一画はかつて教会付属の土地で、外国の商人たちが寝泊まりをし、市を出した場所だった。無料で泊れたことからドイツ語でウン（否定の接頭語）ゲルト（金銭）と呼ばれた。建物で取り囲まれて外部と遮断されており、入り口は西側と東側の2箇所にある。現在は中の広場にホテルやレストラン、ショップなどが並んで賑わっている。ウンゲルト界隈には古い風情のある路地があるので、散策に最適。

交 MのA線ムーステクMustek徒歩7分

黒いマドンナの家
Dům U Černé Matky Boží
MAP●p.253-G

キュビズム建築の代表

旧市街広場から火薬塔までのツェレトナー通りCeletná uliceには、ガーネットや琥珀、ボヘミアングラスなどを売る店がたくさん並んでいる。二階の角に黒いマドンナ像が飾られている「黒いマドンナの家」は、キュビズム建築家ヨゼフ・ゴチャールによって1912年に建てられたキュビズム様式の館。1階がキュビズム食器やアクセサリーを扱うショップ「クビスタ」（p.295参照）、2階がカフェになっている。

交 MのB線ナームニェスティー・レプブリキNáměstí Republiky徒歩2分

黒いマドンナの家の2階角にある黒いマドンナ像

ウンゲルトと呼ばれる一区画

火薬塔
Prašná brána
MAP ●p.253-H

黒いかたまりのようなゴシック建築の塔
　15世紀後半、現在の市民会館の場所にあった王宮に釣り合うように65mの立派なゴシック門が建設された。その後王宮がプラハ城に移されてから門は放置されていたが、17世紀半ばに町がロシア軍に包囲されたとき、塔は火薬庫として使われた。1886年に改築されて「火薬塔」と呼ばれている。

塔に登ることができる

交MのB線ナームニェスティー・レプブリキNáměstí Republiky徒歩1分 開10:00～22:00（3・10月～20:00、11～2月～18:00）休なし 料100Kč

スタヴォフスケー劇場
Stavovské divadlo
MAP ●p.253-G

「ドン・ジョヴァンニ」が初演された劇場
　18世紀後半に建てられた"諸身分の劇場"で、英語訳のエステート劇場で知られている。モーツァルトはプラハ市の依頼で「ドン・ジョヴァンニ」を作曲し、1787年10月に自身の指揮で初演。大喝采を浴びた。劇場外観と同じく内部も淡いグリーンで統一され、たいへん美しい。

交MのA線ムーステクMůstek徒歩5分 住Ovocný trh 1

内部の豪華さには目を見張る

現在はガラコンサートやバレエも上演されることがある

市民会館の正面入り口

市民会館
Obecní dům
MAP ●p.253-H

「プラハの春」音楽祭はここから始まる
　華麗なアールヌーヴォー様式の建物で、コンサートホールや展示会場、レストランがある文化施設。中世のボヘミア王の居城跡の複雑な菱形の地に、1911年に建設された。シンボルの「プラハへの敬意」と題した入り口外壁のモザイク画など、外観の様式はむしろネオ・バロック風だが、内部はアールヌーヴォーで統一されている。1階にスメタナ・ホールがあり、毎年恒例の国際音楽祭"プラハの春"はこのホールで、スメタナ作曲「我が祖国」の全曲演奏で幕を開ける。

交MのB線ナームニェスティー・レプブリキNáměsti Republiky徒歩1分 住Náměstí Republiky 5

裏道小路散策
本当のプラハのよさを感じる小道

　旧市街を隈なく歩いていると、古い家並みがそのまま残る風情ある路地に出くわすことがしばしば。とくにウンゲルト（p.262参照）の周り、ツェレトナー通りからベツレヘム礼拝堂までの裏道には細い路地がたくさん。行き止まりも多いが思わぬところに抜け出ることもあり、冒険心をそそる。

ユダヤ人地区（右岸）

黄金に輝くスペイン・シナゴーグの内部

エリアのしくみ

旧市街広場からヴルタヴァ川へ向かって北へ延びるパジージュスカー（パリ）通りPařížskáは、プラハで最初に造られた幅の広い並木道で、両側にはネオ・バロックやアールヌーヴォーの建物が見事に並んでいる。かつてのユダヤ人街（ヨゼフォフJosefov）の中央を貫いており、衛生状態の良くなかったユダヤ人街を浄化するため、1896年に建設されたものだ。現在は、通りの両側にセンスのよい店やカフェが並ぶ高級ショッピング街となっている。ユダヤ人街の面影を留めているのは墓地、シナゴーグ（ユダヤ教会）、役所のみだが、そこではプラハのユダヤ人の歴史と文化を見ることができる。

歩き方のヒント

楽しみ
観光　★★★
ショッピング　★★★
食べ歩き　★★

交通手段の便利さ
地下鉄　★★★★★
トラム　★★★★
バス　★★★★
タクシー　★★★★

エリアの広さ
パリ通り西側にユダヤの施設が集中している。近くにまとまっているので移動しやすく、全部見学しても3時間ほど。スペイン・シナゴーグのあるパリ通り東側にはレストランも多い。パリ通りは建物を鑑賞しながらゆっくり散策したい。

見どころ

スペイン・シナゴーグ
Španělská synagóga
MAP●p.253-C

内部はまばゆいばかりの美しさ

地区の東側にあり、スペイン系のユダヤ人により1868年に建設された。ゴールドをふんだんに使った内部は驚くほど美しく、黒と金の装飾はトレドの金細工を思わせる。

旧新シナゴーグ
Staronová synagóga
MAP●p.253-C

ヨーロッパ最古のユダヤ人教会

13世紀に建てられ、16世紀に新しい教会が建て増しされた教会。そのため以前の建物と合わせて旧新シナゴーグと呼ばれている。本堂を屋根の付いた通路が取り囲み、その通路から本堂が覗けるように壁に穴が開けられている。ユダヤ教では男女別に礼拝が行われ、女性は本堂に入れないため、穴から覗いて礼拝に参加するよう、18世紀になって付けられた。ここでは現在も礼拝が行われており、女性は今でも通路から参加している。

圕9:00〜18:00（11〜3月〜16:30）休土曜、ユダヤの休日 料200Kč

ユダヤ人地区への交通

MのA線 スタロムニェストスカー Staroměstskáから徒歩5〜10分の距離にある。旧市街広場からはパリ通りを5分ほどでシナゴーグが集まるところに出る。

シナゴーグのチケットについて

旧新シナゴーグ以外のマイゼル・シナゴーグ、ピンカス・シナゴーグ、クラウス・シナゴーグ、スペイン・シナゴーグ、墓地と儀式の家は、500Kčの共通券で回ることができる。圕9:00〜18:00（11〜3月〜16:30）休土曜、ユダヤの休日

建物の彫刻も美しいパジージュスカー（パリ）通り

ユダヤ人地区集会所
Židovská radnice
MAP●p.253-C

時計の文字盤と針に注目

16世紀に建てられ、ユダヤ人居住地区の役所だった。屋根にある2つの時計のうち、下の時計は文字盤がヘブライ語で書かれているのが特徴。ヘブライ語では、文字を右から左へ読むため、時計の針は左回りになっている。

ユダヤ人社会の公共施設的役割を果たす

儀式の家
Obřadní síň
MAP●p.252-B

死者を弔うための家

墓地に隣接した小さな建物で、ユダヤ人に死者が出るとここで葬儀が行われ、そのまま埋葬された。館内には葬儀のやり方や埋葬の様子を描いた貴重な画が展示されている。

クラウス・シナゴーグ
Klausová synagóga
MAP●p.252-B

ゲットー最大のシナゴーグ

ウ・スタレーホ・フジュビトヴァ通りU starého hřbitovaにある17世紀のシナゴーグ。現在は博物館となって、ユダヤ教に関する資料やヘブライ語の古書、ユダヤ人の文化・伝統を伝える品が展示されている。

旧ユダヤ人墓地
Starý židovský Hřbitov
MAP●p.252-B

折り重なる墓石の異様な光景

15世紀に設立された古いユダヤ人墓地で、完全に壁に囲まれている。墓石には、生前の功績を讃えるヘブライ文字や家名を表す絵柄などが彫り込まれている。墓石に石が置かれているのは献花の代わりで、ユダヤ教では墓に石を捧げて敬意を払う。ここには約1万2,000の墓石があるが、埋葬されている人は

最も古いのは1439年の詩人アヴィグドル・カロの墓石10万といわれている。ユダヤ人は他の場所に埋葬できなかったため、一杯になると土を運んでは上に埋めていった。そのため墓石の下には場所によって10もの棺が重なって埋まっていると伝えられている。

ピンカス・シナゴーグ
Pinkasová synagóga
MAP●p.252-B

子供の絵と犠牲者の数に衝撃を受ける

ホロコーストの犠牲者たちの記念館。第二次世界大戦中に、プラハから約60km北のテレジーン強制収容所へ送られた子供たちが描いた絵が展示されている。また、教会内部の壁には、ナチス収容所で殺害された7万7,297人の名前がぎっしり書かれている。

マイゼル・シナゴーグ
Maiselova synagóga
MAP●p.252-B

ネオ・ゴシック風に改築された教会

マイゼルとは、1601年に没したユダヤ教の祭司であり、資本家でもあったマイゼルに由来する。彼はプラハのユダヤ人たちの地位向上のために尽くしたといわれている。

入り口にかかげられたユダヤの星

「祈りの館」の旧新シナゴーグ

新市街 (右岸)

エリアのしくみ

14世紀にカレル四世によって旧市街を塞ぐように、ヴルタヴァ川の南西から北東まで新たな市街地が建設された。そのとき今日のカレル広場やヴァーツラフ広場など3つの大きな市場が建設されている。旧市街との境はナーロドニーNárodní通りとナ・プシーコピエNa Příkopě通り、レヴォルチニーRevoluční通り。

民の集会の場となり、1989年11月のビロード革命の際にも、何十万人もの市民がこの広場を埋め、時代の変化と社会の変革を見つめ続けてきた。現在プラハ随一の繁華街となり、ホテルやレストラン、デパート、ブティックが並ぶ。

国立博物館は館内のホールが美しい

歩き方のヒント

楽しみ
観光 ★★★
ショッピング ★★
食べ歩き ★★★
交通手段の便利さ
地下鉄 ★★★★
トラム ★★★★★
バス ★★★★
タクシー ★★★★
エリアの広さ
ヴァーツラフ広場周辺は歩いて回れるが、点在する美術館や記念館を結ぶには、地下鉄やトラムを利用した方が便利。

交 MのA、B線ムーステクMůstekまたはA、C線ムゼウムMuzeum

見どころ

ヴァーツラフ広場
Václavské náměstí
MAP●p.253-K

チェコの近代史を見つめてきた広場

1348年カレル四世が新市街を建設したときに、馬市場として造られたのが今日のヴァーツラフ広場である。幅60m、長さ700m、車道と歩道に分かれて中央に緑地帯がある。

広場名の由来となっている聖ヴァーツラフは、東南端に4人の守護聖人たちに守られるように立っている。広場はしばしばプラハ市

歴史の舞台となったヴァーツラフ広場

国立博物館
Národní muzeum
MAP●p.253-L

美しいホールは見る価値あり

19世紀後半のプラハでは民族意識が高まり、チェコ文化の証を、と貴族たちが資金を出し合って自らの鉱物コレクションなどを展示する場所を建設した。ヨゼフ・シュルツによって建てられた荘厳華麗な建物は、内部の美しさでも知られている。

交 MのA、C線ムゼウムMuzeum
開 10:00～18:00 料 205Kč

国立博物館の前の聖ヴァーツラフ騎馬像

プラハ国立歌劇場（オペラ座）
Státní opera Praha
MAP●p.253-L

オペラが中心の本格的歌劇場
　1888年に建設され、プラハ最大の規模を誇る本格的オペラハウス。歴代の指揮者たちはグスタフ・マーラー、ジョージ・セル、ブルーノ・ワルター、リヒャルト・シュトラウスなど、選び抜かれた音楽家たちであった。
　建物の外観は地味だが、観客席は赤いビロードとゴールドを惜しみなく使い、贅沢で華やかな内装である。(p.10参照)

🚇 MのA、C線ムゼウムMuzeum徒歩5分

ムハ博物館
Muchovo Muzeum
MAP●p.253-H

パリでデビューしたチェコの画家
　アールヌーヴォーの代表者ムハは、ミュシャの名で世界に知られている。館内には、パリ時代に描いたポスターの数々と、プラハに戻った1910年以降の大作が展示されている。女性の官能美を描いていたパリ時代と異なり、晩年は民族的な作品が多い。

🚇 MのA、B線ムーステクMůstek徒歩5分 住Panská 7 開10:00～18:00 休なし 料240Kč（シニア160Kč）

4部作などの大作も展示

マサリク河岸通り
Masarykovo nábřeží
MAP●p.252-J

ずらりと並ぶアールヌーヴォーの館
　国民劇場からヴィシェフラド方面へのヴルタヴァ川沿いには19世紀末のネオ・バロック様式やアールヌーヴォーの建物がぎっしり建ち並んでいる。ラシーン河岸通り最初の建

ポストモダン建築「踊る家」

アールヌーヴォー建築が並ぶマサリク河岸通り

物はプラハで唯一のポストモダン建築「踊る家Tancící dům」（MAP.p.259-K）。さらに先へ行くとキュビスム建築(p.289参照)がある。

🚇 トラム6、9、17、18、22番Slovanský ostrov

国民劇場
Národní divadlo
MAP●p.252-J

黄金の屋根が輝く国家文化のあかし
　「チェコ語によるチェコ人のための舞台を」という目的のもとに、1881年に完成した劇場。初演後間もなく火災により全焼したが、直ちに市民から資金が集まり、1883年に再建された。チェコ人建築家によるネオ・ルネサンス様式の荘厳華麗な建物で、19世紀末プラハ芸術の粋を極めたものである。現在はオペラをはじめ、演劇やバレエなど多くのプログラムが繰り広げられる。

🚇 トラム6、9、17、18、22番Národní divadlo

チェコ人の威信をかけた国民劇場

ヴィシェフラド
Vyšehrad
MAP●p.248-J

新市街の南にあるプラハ発祥の地
　中世には一つの町だったヴィシェフラド。伝説では、8世紀頃ここに城を建てたリブシェという王女がボヘミア王家の祖となったといわれている。11世紀創建の聖マルチンの礼拝堂以外に初期の建物はないが、スメタナやドヴォルザーク、ムハなどの墓所がある。

🚇 トラム3、7、17番ヴィートンVýtoň徒歩8分

"プラハの春"とチェコの音楽家たち

"プラハの春"国際音楽祭は、スメタナの命日である5月12日に組曲「わが祖国」で開幕する。6月4日にベートーヴェンの「交響曲第9番」で閉幕するまでの3週間、内外の一流の演奏家が集まるプラハの一大イベントだ。スメタナ・ホールやルドルフィヌムを中心とした劇場、教会ではさまざまな演奏会が催され、音楽漬けの日々となる。長い冬が終わり、緑が萌え、花が咲く5月。まさに"プラハの春"と呼ぶにふさわしい音楽祭だ。

"プラハの春"国際音楽祭のメイン会場のスメタナ・ホール

"プラハの春"国際音楽祭

"プラハの春"の始まりは、第二次世界大戦が終結し、チェコスロヴァキアがドイツから解放された翌年の1946年。戦争によって荒廃し、混乱した状況の中、チェコ・フィルハーモニーが中心となって世界一流の演奏家を招いて開催されたもので、人々に明るさと勇気を与えたという。

以後、半世紀以上にわたってさまざまな音楽が演奏されてきた。なかでも注目したいのは、チェコの音楽が集中して聴けることだろう。スメタナやドヴォルザーク、ヤナーチェクなど、偉大な音楽家が生み出した名曲をその土地で聞けば、感動もひとしおだ。

チェコの音楽家のなかでは、スメタナやドヴォルザークが知られているが、ヨーロッパ各地をめぐっていたモーツァルトもプラハを気に入り、たびたび訪れている。オペラ「ドン・ジョヴァンニ」がスタヴォフスケー劇場(エステート劇場)で初演されるなど、ゆかりが深い。

スメタナ Bedřich Smetana
(1824-1884)

1824年にボヘミア郊外で生まれたスメタナは、4歳でヴァイオリンを弾きこなすなど、音楽的にかなり早熟していた。伯爵家の音楽教師として、比較的恵まれた音楽環境の中で創作をしている。1848年に起こった革命では、ナショナリズムの熱狂的な宣伝者として活動。そのときの功績から国民的作曲家といわれている。

5年ほどスウェーデンで指揮者として活動した後、1860年以降、再び独立運動が高まったプラハに戻り、音楽的スポークスマンとして旺盛な活動を始めた。オペラ「売られた花嫁」など、多くの民族オペラを発表している。晩年は聴覚を失い、プラハを離れて、ボヘミアの野と森のなかで

いまもプラハ市民の尊敬を集めるスメタナ

チケットの入手法

開催期間は5月12日〜6月4日。チケットは、前年の12月中旬に発売される。日本でチケットを手に入れるには、インターネットで申し込むのが確実。日程を確認してからアクセスしよう。
www.festival.cz/en(英語)
料金は、現地でチケットが入手できたものを提示。発売とともに売り切れるので、早めに予約を。

"プラハの春"のオープニングが開催されるスメタナ・ホールは、市民会館の中にある

作曲活動に没頭。このときに祖国の自然と歴史の讃歌としての交響詩「わが祖国」が生み出された。名高い「モルダウ」は2曲目に書かれている。総譜には、「全く耳が聴こえなくなって…」と記されているが、その祖国愛の表現は彼の精神的な苦悩とは関係がないようであった。

スメタナは、単に民謡などの素材を用いるだけでなく、ヨーロッパ音楽の正統を取り入れつつ、自立した国民音楽の道を拓き、それをドヴォルザークに受け渡した。その意味では"チェコ近代音楽の祖"ともいえるだろう。

スメタナの作品や功績は、スメタナ博物館（p.271参照）で紹介されている。

ヤナーチェク Leoš Janáček
(1854-1928)

生涯の大半をモラヴィアの首都ブルノの音楽学校で教育者として過ごしながら、モラヴィア民謡を収集。チェコ音楽の中心であったボヘミアとは異なるモラヴィアの民族的語法により民族色の濃い作品を発表した。オペラ「イェヌーファ」など、特に50歳を超えてから初演されたオペラの数々は、オペラに成功作がなかったドヴォルザークを超えている。また、スメタナの舞台作品を継承しているといわれ、近年その功績が再評価されている。

ドヴォルザーク Antonín Dvořák
(1841-1904)

ドヴォルザーク（正式にはドヴォジャーク）は、ボヘミアの片田舎の肉屋に生まれた。親の反対を押し切りプラハの音楽学校に入り、卒業後は、スメタナが指揮者である歌劇場で楽団員を務めながら作曲を研究。初期の代表作「スラブ舞曲」はチェコだけでなく、近隣のスロヴァキアやウクライナの民謡も採り入れ、民族的な多様性を実現している。51歳のときにニューヨークの音楽院に院長として招かれ、在職の約3年間にアメリカ民謡や黒人音楽の旋律を研究。有名な「新世界より」や弦楽四重奏曲「アメリカ」などを作曲した。これらアメリカ時代の作品は、アメリカの生き生きとした印象と故郷ボヘミアへの郷愁とが混じり合い、ドヴォルザーク節ともいえる独特の境地を生み出している。帰国後はプラハ音楽院で教鞭を取りながら交響詩やオペラを作曲。晩年、皇帝や学校から数々の栄誉が与えられ、スメタナも眠るプラハの墓地ヴィシェフラドVyšehrad（p.267参照）に葬られた。プラハには、ドヴォルザーク記念館があり、作品や功績を紹介している。

ドヴォルザーク記念館
Muzeum Antonina Dvoraka

MAP ● p.251-L
🚇 M のC線I.P.パブロヴァI.P. Pavlova徒歩10分
🏠 KeKarlovu20 ⏰ 10:00〜13:30、14:00〜17:00 休 月曜
💴 50Kč

モーツァルト Wolfgang Amadeus Mozart
(1756-1791)

ザルツブルク生まれのモーツァルトは、ヨーロッパ中を旅し、プラハには4度訪れている。はじめて訪れたのは31歳のときで、同じ年の1787年に2度滞在している。2度目は音楽家ドゥーシェク夫妻の別荘に長期滞在し、ここで「ドン・ジョヴァンニ」を作曲した。スタヴォスケー劇場での初演の際には、自らが指揮もしている。最後

ベルトラムカの別荘の内部（非公開）

の滞在は彼が亡くなる1791年の夏。作品には、交響曲第38番「プラハ」があり、プラハとの縁の深さが感じられる。別荘は、かつて記念館（ベルトラムカ）として公開されていたが、2019年現在は非公開。

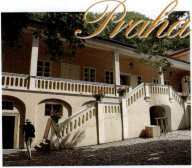

モーツァルトが滞在したベルトラムカの別荘

カレル橋と周辺

ヴルタヴァ川に架かるカレル橋。右端の建物はスメタナ博物館

歩き方のヒント

楽しみ
観光　　　　★★★★★
ショッピング　★★★★
食べ歩き　　　★★★

交通手段の便利さ
地下鉄　　　★★★
トラム　　　★★
バス　　　　★★
タクシー　　★★

エリアの広さ
旧市街広場からカレル橋までは500mほどの距離。橋のたもとの見どころを訪ねても1時間ほどで回れる。

エリアのしくみ

旧市街とマラー・ストラナを結ぶカレル橋はプラハで最も活気のある観光ポイント。朝早くから夜遅くまで人が絶えることなく、昼間は橋の上に屋台が並び大道芸も登場する。橋の両側にはそれぞれに門塔が立ち、上に登ることができる。橋へ続く旧市街側にはカルロヴァKarlova通りが、マラー・ストラナ側にはモステツカーMostecká通りがあり、どちらも両側にみやげ物店が並んでいる。

にぎやかなカレル橋

カレル橋への交通

旧市街広場方面からは、MのA線スタロムニェストスカーStaroměstská徒歩5分。マラー・ストラナ方面からは、MのA線マロストランスカーMalostranská徒歩7分。

見どころ

カレル橋
Karlův most
MAP●p.252-F

橋の上は彫像博物館

ヴルタヴァ川に架かる最も古い橋。現存する橋の建設が開始されたのは1357年のことで、カレル四世の命により、聖ヴィート大聖堂を建てたペトル・パルレージュの指揮のもとに行われた。完成したのはヴァーツラフ四世治の1402年である。幅9.5m、長さ516mというヨーロッパ中世建築の頂点に立つ傑作で、中世以来の美しさを保っている。

橋の上に並ぶ30の聖人像は橋建設当初からあったのではなく、17世紀末から20世紀前半にかけて次々と取り付けられたものだ。最も有名なのはプラハの殉教者、聖ヤン・ネポムツキーの影像。彼が投げ込まれた場所には、近年になって橋の欄干に十字架と鉄柵が取り付けられた。十字架を触りながら願うとよいという。

聖ヤン・ネポムツキーの台座には彼がヴルタヴァ川に投げ込まれる場面が彫られ、そこを触ると幸せになると伝えられている

彼が投げ込まれたところにある十字架

カレル橋の聖人彫像

旧市街橋塔
Staroměstská mostecká věž
MAP●p.252-F

旧市街を守り抜いた市門
　14世紀末に建設された美しいゴシック建築の門塔。旧市街側から見ると塔の中程に左からカレル四世、聖ヴィート、ヴァーツラフ四世の像がある。塔の展望台へ上るとヴルタヴァ川の向こうに、マラー・ストラナとプラハ城の美しい眺めが広がる。

展望台：開10:00～22:00（3・10月～20:00、11～2月～18:00）休なし料100Kč

マラー・ストラナ橋塔
Malostranské mostecké věže
MAP●p.252-E

12世紀に建てられた低い塔もある
　マラー・ストラナの橋門には両脇に塔がある。低い塔は12世紀の古い橋の一部で16世紀に改築され、高い方は1410年に建設されたゴシックの塔。上に登るとプラハ城下が見渡せ、赤い家並みが美しい。

展望台：開10:00～22:00（3・10月～20:00、11～2月～18:00）休なし料100Kč

クレメンティヌム
Klementinum
MAP●p.252-F

教育機関の建物の複合体
　イエズス会の拠点として17世紀に建てられたもので、プラハ城に次ぐ規模の複合建築群になっている。当初は高等教育と宗教をここで担っていた。18世紀に教育は宗教から離され、クレメンティヌムはプラハ大学の図書館となり、所蔵数500万冊を誇る。敷地内の礼拝堂では頻繁にコンサートが開かれている。

スメタナ博物館
Muzeum Bedřicha Smetana
MAP●p.252-F

黄と黒のスグラフィットの模様が美しい
　カレル橋の旧市街側たもとにある。市街給水所の管理棟として建てられ、外壁にはスグラフィットが施されている。上部ファサードは非常に美しく、ヴルタヴァ川からひときわ目立つ。1936年にスメタナ博物館となり、館内には彼のグランドピアノや指揮棒、楽譜などが贅沢なスペースで展示されている。建物の北側にあるスメタナの銅像は、1984年にスメタナ没後100年を記念して建てられた。

開10:00～17:00（入場は～16:30）休火曜料50Kč

館内ではスメタナが使用した楽器などを展示

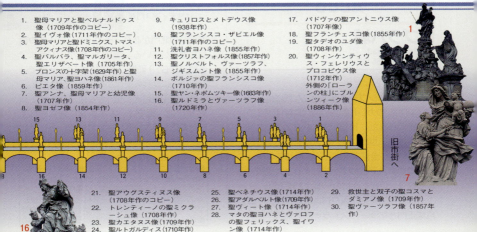

1. 聖母マリアと聖ベルナルドゥス像（1709年作のコピー）
2. 聖イヴォ像（1711年作のコピー）
3. 聖母マリアと聖ドミニクス、トマス・アクィナス像（1708年作のコピー）
4. 聖バルバラ、聖マルガリータ、聖エリザベート像（1705年作）
5. ブロンズの十字架（1629年作）と聖母マリア、聖ヨハネ像（1861年作）
6. ピエタ像（1859年作）
7. 聖アンナ、聖母マリアと幼児像（1707年作）
8. 聖ヨゼフ像（1854年作）
9. キュリロスとメトデウス像（1938年作）
10. 聖フランシスコ・ザビエル像（1711年作のコピー）
11. 洗礼者ヨハネ像（1855年作）
12. 聖クリストフォルス像（1857年作）
13. 聖ノルベルト、ヴァーツラフ、ジギスムント像（1855年作）
14. ボルジアの聖フランシスコ像（1710年作）
15. 聖ヤン・ネポムツキー像（1683年作）
16. 聖ルドミラとヴァーツラフ像（1720年作）
17. パドヴァの聖アントニウス像（1707年像）
18. 聖フランチェスコ像（1855年作）
19. 聖タデオのユダ像（1708年作）
20. 聖ウィンケンティウス・フェレリウスとプロコピウス像（1712年作）
　外側の「ローランの柱」にブルンツィーク像（1886年作）
21. 聖アウグスティヌス像（1708年作のコピー）
22. トレンティーノの聖ミクラーシュ像（1708年作）
23. 聖カエタヌス像（1709年作）
24. 聖ルトガルディス像（1710年作）
25. 聖ベネチウス像（1714年作）
26. 聖アダルベルト像（1709年作）
27. 聖ヴィート像（1714年作）
28. マタの聖ヨハネとヴァロフのフェリックス、聖イワン像（1714年作）
29. 救世主と双子の聖コスマとダミアノ像（1709年作）
30. 聖ヴァーツラフ像（1857年作）

プラハ城とフラチャニ（左岸）

様々な時代の建物が西から東へ延々と続くプラハ城

歩き方のヒント

楽しみ
観光　★★★★★
ショッピング　★★
食べ歩き　★★

交通手段の便利さ
地下鉄　★★
トラム　★★
バス　★★
タクシー　★★

エリアの広さ　★★★★

高台にあるので、地下鉄駅からは15分ほど歩くがトラム駅からはすぐ。プラハ城内だけで3時間、周辺を含めて半日は時間をかけたい。

エリアのしくみ

ヴルタヴァ川左岸の高台はフラチャニと呼ばれる城地区。巨大なプラハ城がマラー・ストラナの上に広がっている。城の西側には名門貴族の立派な館や裕福な市民の館が建ち並んでいる。フラチャニ広場からロレタンスカーLoretánská、ポホジェレツPohořelecまでの通りがフラチャニの中心で、その南側のウーヴォスÚvoz通りへ下がる階段の途中に感じの良いレストランが並んでいる。また北側には細い路地が続き、この辺りを歩くと思いがけぬ情緒あふれる小道に出合う。

プラハ城への交通

地下鉄A線マロストランスカーMalostranská徒歩15分、またはトラム22、23番プラシュスキー・フラドPražský hrad徒歩2分

プラハ城の正門の奥にはマティアス門がある

庭園側の北門があり、それぞれに2人ずつ衛兵が番をしている。衛兵は7時から23時まで各門に立ち、1時間ごとに代わるが、正門では毎日正午に衛兵の交代が華々しく行われる。

第二の中庭にある聖十字架礼拝堂Kaple sv Krizeには、聖ヴィート大聖堂に保管されていた貴重な宝物が展示されている。

見どころ

プラハ城
Pražský Hrad
MAP●p.255-C

要塞の中はさながら一つの町

9世紀にボジヴォイ王が建てた城にはじまり、14世紀のカレル四世の時代にほぼ現在の形が整えられた。16世紀末にハプスブルク家のルドルフ二世がプラハに宮廷を置いたことで城は栄え、全盛期を迎える。1918年にチェコスロヴァキア共和国が成立すると大統領官邸となり、現在も建物の一部は大統領府。

城は東西に長く、入り口は西のフラチャニ広場正門とマラー・ストラナ側の東門、王宮

開9:00～17:00（11～3月～16:00）城の敷地内は6:00～22:00の間、通り抜け可能。
休なし 料Bコース（ショート：旧王宮、聖イジー教会、黄金の小路、聖ヴィート大聖堂）250Kč、Aコース（ロング：ショート＋旧王宮美術館、火薬塔、ロジュンベルク宮殿ほか）350Kč、Cコース（ショート＋宝物殿、プラハ城ギャラリー）350Kč　チケットは2日間有効
聖ヴィート大聖堂の宝物展250Kč、王宮美術館100Kč

●聖ヴィート大聖堂　　Katedrála sv. Víta

　926年、ヴァーツラフ一世によって創建された円形の教会は11世紀にロマネスク様式に建て替えられた。現在の大聖堂は14世紀、カレル四世によって建設が始められた。建築家マティウ・ド・アラが最初に手掛け、その後をペトル・パルレージュが受け継ぎ、彼の息子たちによって東側半分が完成。その後フス派戦争によって工事は中断する。西側半分は主に19～20世紀にかけて建てられ、1929年に現在の大聖堂が完成した。全長124m、幅60m、天井の高さ33m、南塔は96.5m、西側の2塔は82mという大教会である。

　西側廊内に左に3つ、右に3つの礼拝堂があり、アールヌーヴォー画家たちによるガラス絵が描かれている。そのうち左側3番目の絵は「聖キリルと聖メトディウス」と題されたアルフォンス・ムハの傑作。堂内中央には16世紀のフェルディナント一世とその家族らが眠る王家の霊廟がある。主祭壇の後方には7つの礼拝堂があり、中央部マリア礼拝堂のガラス絵が美しい。主祭壇の右脇で銀色に輝いているのは聖ヤン・ネポムツキーの墓で、2トンの銀が使われている。墓の向かい側に彼の礼拝堂がある。ボヘミアの守護聖人ヴァーツラフの遺物が納められている聖ヴァーツラフ礼拝堂も必見。礼拝堂の壁はメノウやアメジストなど多くの原石で覆われ、継ぎ目にはゴールドが施されている。当時のボヘミアの富を誇示するような贅沢な礼拝堂である。

ムハのガラス絵は必見

聖ヴァーツラフ礼拝堂

開10:00～18:00（11～2月～16:00、日曜12:00～）南塔：開9:00～18:00（11～3月～17:00）料150Kč

プラハのゴシック様式の代表建築

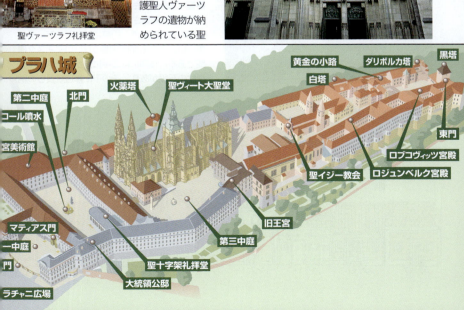

●旧王宮　Starý Královský palác

大聖堂の南側に建つ大きな館はマリア・テレジアの時代に3つの館を繋げてロココ様式に改築した宮殿で、現在は大統領執務室になっている。その左隣に建つ古い建物が旧王宮。12世紀にボヘミア王の居城として建てられた。3階の大広間は1503年に完成した大ホール。奥行62m、幅16m、天井丈13mという、当時は教会を除いて最も大きな柱のない空間だった。ホールの南側に突き出た部分には有名な「プラハ窓外放出事件」が起こった部屋、ボヘミア官房がある。ボヘミアのカトリック化に反対したプロテスタント派貴族が城に押しかけ、皇帝の代理人3人を窓から放り出した事件で、これが30年戦争の発端となった。

ホールから外へ続く階段は騎士の階段と呼ばれている。中世にはホールで騎馬試合が行われていた。騎士たちは馬に乗ったままこの階段を通ったため、馬が歩きやすいように造られている。階段天井のヴォールトが造り出したリブ模様も美しい。

17世紀の家具調度品が復元された議会の間。玉座を中心に大司教や聖職者たちの席が並ぶ

ホールの奥にある王室専用の礼拝堂。現在の建物は、1541年の火災後にルネサンス様式で再建されたもの

旧王宮には他に議会の間、土地公文書管理官を務めた貴族たちの紋章が天井や壁を埋め尽くすように描かれた地方公文書保管室、ボヘミア王室専用の礼拝堂などがある。

●常設展「プラハ城歴史物語」　Priben Prazskeho Hradu

旧王宮の出口わきに入り口があり、地下にプラハ城についての展示がある。プラハ城に関連する展示がテーマ別に解説されて見られる。地下の部屋には発掘された宝剣や装飾品などが並ぶ。

開9:00～17:00(11～3月～16:00)　料140Kč(シニア70Kč)

●聖イジー教会　Bazilika sv Jiří

920年に創建され、12世紀に再建されたたいへん古い教会で、両脇に並ぶ石のアーチが美しい。とても保存状態の良いロマネスク建築である。後陣には二手に分かれたバロック様式の石段があり、その下に修道院長らの納

「プラハ窓外放出事件」の舞台となったボヘミア官房の窓

黄金の小路

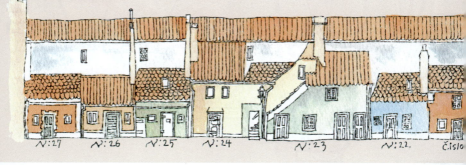

聖イジー教会の正面に聖ネポムツキーの像がある

かつて修道院だった建物の礼拝堂は、内部の素朴さに美しさを感じる

小さな家々はショップになっているものもあり、みやげ探しにもいい

骨堂がある。教会の左手にベネディクト派修道院の建物がある。

●黄金の小路　Zlatá ulička

　イジー通りJiřskáを下ってウ・ダリボル通りU Daliborkyを左に入ると、かつて城の番兵たちの小屋だったカラフルな小さい家がずらりと並んでいる"黄金の小路"がある。

　16世紀、ルドルフ二世はここに錬金術師を住まわせて、不老不死の秘薬を作っていたと伝えられることから"黄金の小路"と呼ばれている。また一説には、この通りに金箔職人たちが住みついたから、ともいわれている。最初は城壁回廊の下を利用した簡単な小屋だったが、その後窓の付いた小さな家が城壁部分だけでなく道の反対側にも建てられた。マリア・テレジアの時代に片側は撤去され、現在は城壁側だけに半分の15軒ほどが保存されている。

　これらの小屋は、現在ショップあるいは展示室になっており、展示室では中世から近世までの台所や作業場、居間、寝室など、プラハの生活様式が再現されている。22番の水色の家は1917年にフランツ・カフカが仕事部屋に使っていたところで、現在は書店になっている。

展示室ではそれぞれ異なる展示が見られる

プラハ　見どころ

275

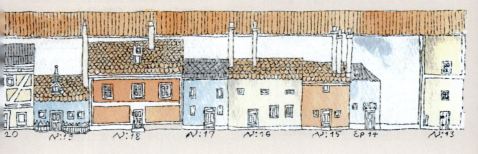

プラハ城北・南側の見どころ

火薬塔 Prašná věž（軍事博物館）
聖ヴィート大聖堂の北側にある。15世紀末に大砲の陵堡として建てられ、同時に弾薬庫となった。16世紀に起きた火災の後は鋳造職人の住居兼仕事部屋となり、現在は軍事博物館になっている。

白塔 Bílá věž
黄金の小路の西端にあり、中世では牢獄だったが後に建設職人の住居として使われた。現在は拷問器具などが展示されている。

ダリボルカ塔 Daliborka věž
黄金の小路の東端にあり、15世紀に建てられた牢獄。農民の反乱に加担した罪で騎士ダリボルが投獄されていた。彼は毎晩ヴィオリンで悲しい曲を弾いて同情されたが、結局処刑された。スメタナは彼をモデルにオペラ『ダリボル』を作曲した。

黒塔 Černá věž
東門の左にある12世紀に建てられた塔で、借金を抱えた人の牢獄として使われていた。現在はカフェになっている。

玩具博物館 Toy Museum Hraček
黒塔近くにあり、古い人形や兵隊、ミニチュア家具など玩具4200点が展示。（開9:30～17:30料70Kč）

ベルヴェデーレ Belvedér
プラハ城の北側に広がる王宮庭園Královská Zahradaの東端にある。16世紀半ばにフェルディナント一世が彼の妃アンナのために建てた美しいルネサンス様式の館で、夏の離宮として使われた。庭の噴水や、館の細いイオニア式柱廊が見事だ。

ロブコヴィッツ宮殿 Lobkovický palác
歴史博物館。7代目ロブコヴィッツ侯爵がベートーヴェンのパトロンだったので、ベートーヴェンが書き込みを入れた初演時の交響曲4番、5番の楽譜が展示されている。絵画はピーター・ブリューゲル（父）の6連作で現存する5枚のうちの1枚『干し草の収穫』が見られる。（開10:00～18:00休なし料295Kč、ツアーチケットは200Kč）

城壁庭園 Zahrada Na Valech
東門からは城の南側を通って、途中「プラハ窓外放出事件」のボヘミア官房の窓を見学しながら、フラチャニ広場方面へ抜けることができる。南下の城壁には美しい庭園が広がり、城から降りて行くことができる。

プラハ城以外の見どころ

フラチャニ広場
Hradčanské náměstí
MAP●p.254-B

城、大司教館、貴族の館に囲まれる

プラハ城正門前の長方形の広場には、中央に1726年に立てられたペスト記念柱がある。城に向かって左側の白亜の館は16世紀に建てられた**大司教館**Arcibiskupský palácで、18世紀に現在のロココ様式に改築された。

大司教館の左隣は18世紀に建てられた貴族の館**シュテルンベルク宮殿**Šternberský palác。現在は国立絵画館となっていて中世ヨーロッパ絵画を中心とした展示が見られる（開10:00～18:00休月曜料220Kč）。

向かいのルネサンス様式の建物は貴族の館だった**シュヴァルツェンベルク宮殿**Schwarzenberský palácで、スグラフィットと呼ばれる掻き落とし技法を用いた白黒の外壁が美しい。現在は、国立美術館となってチェコの絵画や彫刻などが展示されている（開10:00～18:00休月曜料220Kč）。

交 プラハ城正門前

大司教館などが取り囲むフラチャニ広場

ロレッタ（教会）
Loreta
MAP●p.254-A

17世紀前半に建てられた聖母マリア教会

ロレッタとは、聖母マリアがイエスの誕生を告げられた聖なる家「サンタ・カーサ」のことで、天使がナザレからイタリアの町ロレッタに運んだとされている。ボヘミアでは1620年のプロテスタント敗北の後、カトリッ

毎正時にはロレッタの鐘が「マリアの歌」を奏でる

クの勢力拡大のため各地にロレッタをまねた建物が造られた。その一つがここ。内部にはマリアの生涯を描いた壁画や赤と銀の祭壇、木彫マドンナが飾られている。宝物殿には宗教儀式に使われていた典礼用品がある。

🚋トラム22、25番ポホジェレツPohořelec徒歩5分
🕘9:00〜17:00（11〜3月9:30〜16:00）
休月曜 料150Kč

ストラホフ修道院
Strahovský klášter
MAP●p.254-E

溜め息が出るほど美しい中世の図書館

1140年にボヘミア王ブラディスラフ一世によって建設され、13世紀半ばの大火災で最初の貴重な書物を消失したものの、今日なお

天井のフレスコ画が美しい「神学の間」。壁面には蔵書がびっしりと並んでいる

巨大なストラホフ修道院

とっておき情報
静かな路地に響く衛兵たちの靴音

フラチャニの西北側には古びた家並みが広がっている。かつて貧しい人々が住んでいたこの辺りは開発が遅れ、それが幸いして風情ある路地がたくさん残っている。衛兵宿舎もあり、隊列を組んで行進してくる彼らとばったり出くわすこともしばしば。

ウ・カザーレン（兵舎）路地を行進して兵舎へ戻るプラハ城衛兵たち

チェコにおける最も重要な修道院。「哲学の間」や「神学の間」と呼ばれる当時の文書館がそのまま残っており、その蔵書の数は3千冊の手書き写本と2千冊の初期木版活字本を含む13万冊に及ぶ。「哲学の間」は18世紀後半に造られた部屋で、高さ14mの2階建てのバルコニー壁面には5万冊の書物が詰まっている。また、「神学の間」へ通じる廊下の突き当たりには、宝石が散りばめられた修道院内最古の写本（コピー）がある。「神学の間」に置かれている古い地球儀や天球儀も興味深い。

🚋トラム22、25番ポホジェレツPohořelec徒歩3分
🕘9:00〜17:00 休なし
料図書館120Kč

ヴェレトゥルジニー館（ホレショヴィツェ地区）
Veletržní Palac (Holešovice)
MAP●p.249-G

19-20世紀の西ヨーロッパ絵画もある

ホレショヴィツェ地区のヴェレトゥルジニー館が国立美術館になっている。とくに19世紀、20世紀絵画が充実し、ドラクロワ、モネ、ルノワール、シャガールなど種類が豊富。ピカソを含めたキュビスム絵画、19世紀末部門ではクリムトやシーレ、またムハやチェコのアールヌーヴォー彫刻家の作品もある。建物は、1928年に完成したチェコで初めての機能主義建築。

🚋トラムの12、17、24番ヴェレトゥルジュニー・パレーツVeletržní palác下車 🏠Dukelskych hrdinu 47 ☎22430-1111 🕘10:00〜18:00 休月曜
料220Kč

マラー・ストラナ (小地区)

オレンジ色の屋根で埋ったマラー・ストラナ

歩き方のヒント

楽しみ
観光 ★★★★
ショッピング ★★★★
食べ歩き ★★★

交通手段の便利さ
地下鉄 ★★★★
トラム ★★★★
バス ★★★
タクシー ★★★★★

エリアの広さ
ヴルタヴァ川にそって南北に広がり、またペトシーン公園の丘へと西に延びている。マラー・ストラナ広場周辺は歩いて回れるが、ペトシーン公園へはトラムと登山電車を利用する。

エリアのしくみ

マラー・ストラナMalá Stranaは小地区と訳され、プラハ城の丘の麓に13世紀頃から開けた城下町である。今日では南側に広がるストラホフ修道院果樹園とペトシーン公園の丘陵地帯も含まれる。30年戦争の後、新教徒たちから取り上げた土地は旧教徒貴族の手に渡った。同時にウィーンから移り住む旧教徒貴族が増え、彼らは城の下に立派な邸宅を構えた。城へ続くネルドヴァ通りが中心となるが、それと平行に走る裏道を散策するのも楽しい。カレル橋のたもとにはカンパと呼ばれる中州がある。カンパの西側には丘陵地帯がペトシーン公園まで広がっている。

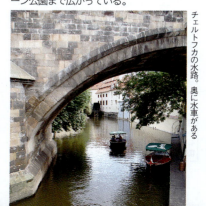

チェルトフカの水路。奥に水車がある

見どころ

カンパ
Kampa
MAP●p.255-G

カレル橋から見下ろす美しい小広場

ヴルタヴァ川の中州だが、陸に近いため中州とは気付きにくい。マラー・ストラナとの間にはチェルトフカČertovkaと呼ばれる水路が流れ、いくつかの小さな橋が架けられている。カレル橋から眺めると水車が見える。かつては水路に3つの水車があったが現在は1つだけ。この水車小屋には小さな悪魔（チェルトフカ）が住んでいたといわれ、水路の名となった。カレル橋から下りた広場ナ・カンピェNa Kampěにはレストランが並んでいる。

交MのA線マロストランスカーMalostranska徒歩10分

中州のカンパ島

フランツ・カフカ博物館
Franz Kafka Museum
MAP●p.255-H

カフカの生涯を展示
　広いスペースを使った博物館。カフカの誕生から40歳で亡くなるまで、彼の生涯がミステリアスな展示で解説されている。

交MのA線マロストランスカーMalostranská徒歩4分 交Chihelná 2b 開10:00～18:00（1・2月は11:00～17:00）休なし 料200Kč（シニア120Kč）

ヴルタヴァ川に臨んで建つ

聖ミクラーシュ教会
Kostel sv. Mikuláše
MAP●p.255-G

モーツァルトも弾いたオルガンが残る
　ディーツェンホーファー親子が18世紀半ばに手掛けた、プラハ・バロック建築の頂点に立つといわれる美しい教会。父のクリストフが建設半ばで世を去り、息子のキリアンが後を継いだ。キリアンは旧市街広場の聖ミクラーシュ教会も現在の姿に改築している。ディバロック建築の巨匠ディーツェンホーファーの最高傑作ーツェンホーファー家は南ドイツ出身の建築家一族で、クリストフとキリアンはボヘミアで活躍し、バロックの巨匠と崇められた。
　身廊天井のフレスコ画「聖ミクラーシュの祝祭」や円蓋のフレスコ画「三位一体神の祝賀」そして聖ミクラーシュの祭壇などは必見。楽器を演奏する黄金の天使たちで飾られたオルガンを1787年にモーツァルトが演奏している。

交トラム12、20、22番マロストランスケー・ナームニェスティーMalostranské náměstí 開9:00～17:00（11～2月～16:00）料100Kč

ヴァルトシュテイン宮殿
Valdštejnský palác
MAP●p.255-C

プラハ城をしのぐ宮殿をめざして
　17世紀前半、ヴァルトシュテイン将軍はプラハ城下にあった3つの庭園と26の民家を買い取り、バロックの大宮殿を建設した。プラハ城をしのぐか、と皇帝が恐れたほど。池や噴水、彫刻を配した庭園が美しい。土・日曜のみ見学できる大ホールの天井壁画が見事。

ヴァルトシュテイン宮殿にある大ホールの見事な天井壁画

交MのA線マロストランスカーMalostranská徒歩3分 住Valdštejnské nám 4 開10:00～18:00（宮殿は土・日曜の10:00～17:00）休11～3月 料無料

ヴァルトシュテイン将軍
　ボヘミア貴族の家に生まれたヴァルトシュテインはドイツ語に優れ、30年戦争では皇帝軍の指揮をとるなど、皇帝フェルディナント二世に気に入られていた。しかし次々に富と権力を手にしていったため、最後は皇帝の命によって暗殺される。文豪シラーは彼の生涯に興味を持ち、三部作からなる大作『ヴァレンシュタイン』を書き上げた。またスメタナをはじめ、多くの作曲家がこの戯曲をもとに作品を残している。

ネルドヴァ通り
Nerudova ulice
MAP●p.255-G

通りの名前はヤン・ネルダに由来する

マラー・ストラナ広場からプラハ城へ続く大通りで、ショップやレストランが並んでいる。まだ住所というものがなかった時代、人々は自分の家に目印の標識を付けた。彫像やレリーフを飾った戸口は他の通りや旧市街にも見られるが、ネルドヴァ通りが一番多い。47番の「2つの太陽」の家は、19世紀のチェコの作家で通り名の由来となったヤン・ネルダが30年間住み、ここで『マラー・ストラナ物語』を書いたことで知られている。

🚇 MのA線マロストランスカーMalostranská徒歩8分

47番「2つの太陽」

47番のヤン・ネルダの家。戸口の上に「2つの太陽」の標識が掲げられている

ムゼウム・カンパ
Museum Kampa
MAP●p.255-K

中欧ヨーロッパの現代アート美術館

カンパ島のヴルタヴァ河畔に位置する城館のような白亜の建物で、中庭や建物自体が芸術品のように美しい。20世紀チェコの話題アーティストが中心で、抽象画家のフランツ・クプカ、キュビスム彫刻家のオットー・グートフロイントらの作品が展示されている。

🚋 トラム12、20、22番ヘリチホヴァHellichova徒歩3分 住U Sovovych mlynu2 ☎257-286-147 開10:00～18:00 休なし 料270Kč

5番 現ルーマニア大使館の「ムーア人像」

49番「白鳥」

27番「金の鍵」

11番「赤い羊」

河畔に面した白亜の館

ペトシーン公園
Petřínské sady
MAP●p.254-F

プラハの全景を眺めるならこの丘へ

ストラホフ修道院の果樹園から南に続いて広がる丘陵公園。プラハの町を一望できる展望台は1891年の万国博覧会の際、エッフェル塔をまねて建てられたもので、後にこの丘に移された。ほかに庭園や教会がある。

🚋 トラム6、9、12、20、22番ウーイエストÚjezdから登山電車駅まで徒歩5分、展望台へは登山電車を利用してペトシーン駅Petřínへ 展望台：開10:00～22:00（3・10月～20:00、11～2月～18:00）料150Kč

34番「金の蹄鉄」

16番「金の盃」

12番「3本のヴァイオリン」

41番「赤い獅子」

街角ウォッチング
プラハの有名建築をめぐる

ゴシック
天を刺すような鋭い尖塔で装飾される建物がゴシックの特徴。プラハのゴシック建築は、聖ヴィート大聖堂（p.273参照）や火薬塔（p.263参照）、カレル橋の旧市街橋塔（p.271参照）に代表される。

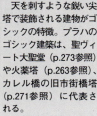
火薬塔

バロック
各時代の中で最も華やかで重厚。マラー・ストラナの聖ミクラーシュ教会（p.279参照）は、荘厳華麗なバロック建築の代表作。

ロココ

バロックの量感あふれる装飾に対し、軽やかで繊細な装飾が特徴。旧市街広場東側のゴルツ・キンスキー宮殿（p.260参照）など。

ルネサンス
ボヘミアのルネサンス様式は、正面の破風屋根に切り込みを入れて装飾し、壁はスグラフィット（イタリアからもたらされた装飾技術で、浮き彫りやだまし絵などに使われた）を施したもの。シュヴァルツェンベルク宮殿（p.276参照）や旧市街庁舎の並びにある一分の家（左）など。

一分の家

シュヴァルツェンベルク宮殿

アールヌーヴォー
19世紀末のヨーロッパでは、アールヌーヴォー（パリ）やユーゲントシュティール（ドイツ）、ゼツェスィオーン（ウィーン）などの建築運動が高まった。プラハでは最初パリの影響を受けていたが、後にドイツやウィーンへと移っていく。ホテル・パジーシュやホテル・エヴロパ、市民会館（p.263参照）など。

キュビスム
1910年代にチェコだけに現れた独特の建物で、ウィーンのオットー・ヴァーグナーに師事したヤン・コチェラやヨゼフ・ホホル、そして彼らの弟子たちによって建てられた。1913年のコヴァジョヴィチ邸（MAP●p.251-K）や1914年のフランチシェク・ホデクのネクラノヴァ集合住宅（MAP●p.251-K）などがある。

コヴァジョヴィチ邸

ネクラノヴァ集合住宅

プラハ

281

Shopping ショッピング

チェコならではの工芸品はガラス製品と陶器、そしてガーネット。とくにガラス製品はボヘミアングラスとして全世界に知られている逸品だ。おみやげにも喜ばれている。

ショッピング・エリア

旧市街 ガーネットやボヘミアングラス、ガラス工芸品などの店は、手頃なみやげ物や高級な工芸品も含めて旧市街広場周辺からツェレトナー通り付近に集まっている。ガラス製品の雑貨や小物はカルロヴァ通りに、ヨーロッパのブランド品はパリ通りにショップが並ぶ。

新市街 ヴァーツラフ広場からヴォディチコヴァ通りへ入った左側に20世紀初頭に建てられた美しい建物が2軒並んでいる。手前がルツェルナ館、隣がウ・ノヴァック館(MAP●p.253-K)。ルツェルナ館の入り口とウ・ノヴァック館のファサード装飾にアールヌーヴォー様式が見られる。2つの館は中で繋がっており、1階がショッピングアーケード。観光客相手の店はなく、プラハっ子たちが買い求めるセンスのよい店が並んでいる。建物見学も兼ねて訪れてみたい。

新市街のショッピングスポット

アールヌーヴォー様式のウ・ノヴァック館

マラー・ストラナ カレル橋から続くモステツカー通りにみやげ物店が並ぶ。その先のネルドヴァ通りには大使館なども多いが、坂の途中からショップが多くなる。

ショッピングセンター スーパーでは旧市街のナーロドニー通りのmyの地下にテスコTescoがあり、食料品などを調達できる。共和国広場にはショッピングセンターのパラディウムがある。

ネルドヴァ通りもショップが多い

200の店舗をうたったパラディウム

何を買うか

ガラス製品 ガラス専門店では、ワイングラスや花瓶など、カットの良い品が選べる。みやげ用の小さなミニ花瓶も種類が豊富。透明のものから赤や青、緑の色付き、磨りガラス、金をあしらったものなど、タイプもさまざまにそろう。

陶器 玉葱模様でお馴染みのブルーオニオンはドイツのマイセンが有名だが、世界三大ブルーオニオンの一つがチェコのカルロヴィ・ヴァリ(ドイツ語でカールスバート)。マイセンは薄手で非常に高価だが、カルロヴィ・ヴァリは普段使いによい厚手で値段も手頃。オーソドックスな模様だが飽きることがない。

ガーネット ボヘミアが原産なので他国と比べて非常に安い。チェコのガーネットは暗い赤色で、ヨーロッパではこの色が好まれている。ガーネットの値段はどの店も大差ないが、使われている土台や金具が純金、メッキ、プラチナ、銀によって大きく変わる。

マリオネット みやげ用の小さなものから人形劇に使われる値の張るものまである。

ビーズ チェコ・ビーズは、良質のガラスを使っているため光が美しい。手作りビーズの店もあり、また材料ビーズを売っている店もある。

営業時間と休み

たいていの店は、毎日10時ごろから18時ごろまでが営業時間。旧市街広場周辺など、観光客が集まるところでは、20時ごろまで営業しているところも多い。

支払いと免税

クリスタルやガーネットなどを扱う店ではカード払いも可能。露店や通り沿いの小さな店では、ほとんどカードは使えない。免税店で同日に2,001Kčを超える買い物をした場合には免税措置が受けられる。出国時に空港の税関で、税金を現金で戻してもらえる(p.349参照)。

旧市街広場には露店もでている

プラハのおみやげ

陶器
ブルーオニオンのカップ＆ソーサーは1客320Kč〜

ガーネット
ペンダントトップや指輪、ブローチのほか、ガーネットのようなガラス細工のネックレス（上）もある

琥珀
宝石店では琥珀を扱っているところも多い

民芸品
ボヘミアやモラヴィアの伝統工芸品もある

雑貨
香水入れも人気。

ボヘミアングラス
ボヘミアングラスは日本の半値ほどで買える。ハンドカットの500pkシリーズや色磨りガラス、装飾ガラスなど種類の多さは迷うほど

建物をかたどったマグネットは手ごろなみやげに

マリオネット
ひとつひとつ顔や衣裳が違うので、好みのものを選ぼう。

アクセサリー
アールヌーヴォーやアールデコを基調とした、プラハならではの美しいアクセサリーが多い

爪ヤスリ
ビーズと並んで人気なのが爪ヤスリ。模様により1本99〜300Kčと義理みやげにもよい値段

283 プラハ ショッピング

とっておき情報

市民の台所兼みやげショップのハヴェル市場

聖ハヴェル教会を正面に望むハヴェル通り Havelská は、道の真ん中にテントが張られた市場。通常は色とりどりの野菜や果物が並び、朝から夕方まで市民の買い物客でにぎわっている。ところが土・日曜になると、小さなマリオネットやマグネット、ガラス製品を扱う露店に早変わり。平日、休日をうまく使いわけしているユニークな市場だ。

夕方や休日はみやげ物でいっぱいになる

エルペット
Erpet MAP●p.253-G

ボヘミアングラスと良質ガーネットが豊富
ボヘミアングラスやガーネットを扱う有名店。日本人スタッフがいるので、安心して買い物ができる。ボヘミアングラスはさまざまな工房からの品を揃え、2階にはモーゼルの品も置いている。レースカットのワイングラス2客1,000Kč～。名匠シェフチーク氏の作品もある。チェコ産のガーネットは、オリジナルのペンダントトップが人気。琥珀もある。

金縁や絵柄のついたボヘミアングラスも人気

交MのA、B線ムーステクMůstek徒歩5分 住Staroměstské náměsti 27 ☎22422-9755 開10:00～23:00 休なし 日本語可

ロブコヴィッツ宮殿ミュージアムショップ
Lobkowicz Palác Museum Shop MAP●p.255-C

良い品を見つけるならここで
プラハ城敷地内、東門近くにあるロブコヴィッツ宮殿の入り口にあり、ショップへは無料で入れる。アールヌーヴォーのアクセサリーやセンスの良いスカーフ、ムハのグッズなど、多少値は張るが本当に良いみやげ物が見つかる。アルチェルのグラスも豊富。書籍や絵葉書のほか、博物館に展示されている絵画のコピーもある。

交MのA線マロストランスカーMalostranská徒歩5分
住Jiřská 3 ☎233-311-759 開10:00～18:00 休なし

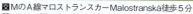

ボヘミアングラス工場見学
クリスタルの美を訪ねて

プラハ郊外にあるリックル・クリスタルでは、グラス造りの行程を見学できる。職人技の細かい仕事を目の当たりにすれば、ボヘミアングラスの輝きがさらに増してくるだろう。

森が多いボヘミア地方では、ガラスの原料である珪石に恵まれ、13世紀後半にガラスの生産が始まった。ガラスの透明度を増す炭酸カリウム（木材の灰）も豊富だったため、良質のガラスが誕生。16世紀末にプラハに都が置かれてからは、いっそうガラス工芸が発展し、ヨーロッパの王侯貴族を魅了することになる。現在もボヘミアングラスの名は世界にとどろき、いくつもの工房で逸品が生み出されている。大量生産ではない、ハンドメイドのボヘミアングラスの製造課程を紹介しよう。

ガラス玉のもとを作る
珪石などのガラス鉱物を1,450度Cで溶かし、吹き棒の先にまとめる

ガラス工場見学　リックル・クリスタル
Rückl Crystal MAP●p.6-B

交プラハ市内から車で約1時間 住Nižbor141 ☎605-229-205 開9:15～13:00（5～9月は～16:00、土曜～13:00） 10～4月の土曜は要予約 休日曜 料100Kč URL www.ruckl.cz（要予約）ツアー（p.259参照）も催行されている

モーゼル
Moser MAP●p.253-G

工芸美術館を鑑賞するような店内
　1857年創業のモーゼル社は、ボヘミアングラスと呼ばれるカットグラスとは異なった、エナメル彩色やグラビールによる工芸グラスで世界に知られる。カルロヴィ・ヴァリに工場と本社があり、プラハではナ・プシーコピィエ通りとマレー・ナームニェスティ広場の2カ所に直営店がある。ワイングラス570Kč～、20cmの花瓶7,530Kč～など。

すべてモーゼルのオリジナル

金の縁どりがシンボルのオールドモーゼル

ツェルナールージュの1階に入り口がある

交 MのA、B線ムーステクMůstek徒歩5分 住 Na Příkopě 12 ☎22421-1293 開10:00～20:00（11～3月の土・日曜、祭日～19:00） 休なし

2階はサロンのような店内

アルチェル
Artěl MAP●255-G

ガラス職人の集大成を見る
　ガラス製品はオーナーである工芸デザイナーのオリジナル作品で、ベテラン職人による手造り。新感覚と最高の技術が融合して素晴らしいグラスが生まれた。作品は小さなグラスで1,300Kč、普通サイズのワイングラスは2,300Kč～。

ガラス製品

交 トラム12、15、20、22、23番マロストランスケー・ナームニェスティMalostranské Náměstí徒歩3分 住 U Lužického Semináře 7 ☎251-554-008 開10:00～20:00 休なし

プラハ　285　ショッピング

型にとる
ガラス玉のもとを洋梨型の型（かつては木型だったが現在は鉄型）にはめて、形を整える

ふくらませる
型にとったものにパイプから空気を入れて、ガラスをふくらませる。切り取って釜に入れ、4～6時間かけて冷やす

品質をチェック
成型したものの品質をチェックして、良いもののみ生かす（良くないものはここで割られる）

デザインのもと線を描く
デザインの基本となる線をガラスにネット状に描く

カットする
ネット状の線をもとにカットしていく。500種ほどあるデザインのうち、一つのデザインを同じ職人がカットする

人気の石鹸

◆ ボタニクス
Botanicus MAP●p.253-G

肌に優しい天然素材の製品
　自家用の有機栽培農場で草花や果実を育てることから始め、そこで研究開発された天然基礎化粧品や石鹸を生産している。天然植物より抽出されたエッセンスから作られ、不純物がないことで評判になった。使ってみると良さがわかる。石鹸やハーブティー、シャンプー、ローション、クリームなど。同じウンゲルトの中にもう一軒、西側入り口わきに店ができた。

🚇MのB線ナームニェスティー・レプブリキNáměstí Republiky徒歩5分
🏠Tyn 3☎234-767-446🕙10:00〜20:00（1〜3月、10〜11月は〜18:30）❌なし

◆ ドゥーム・ポルツェラーヌ・プラハ
Dům porcelánu Praha MAP●p.251-L

ショールームのような磁器店で買物を
　ブルーオニオンに代表されるチェコの磁器や、ガラス製品などが数多くそろう。プラハ在住外国人たち行きつけの店で、観光客相手の陶磁器・クリスタル店よりずっと安い。広い店内にはゆったりと食器が飾られ、買物しやすくなっている。ティーカップ299Kč〜、プレート120Kč〜。

🚇MのA線ナームニェスティー・ミールNáměstí Míru徒歩3分🏠Jugoslávská 16
☎22150-5320🕙9:00〜19:00（土曜〜17:00、日曜、祭日14:00〜17:00）❌12月24日午後〜26日

◆ アマデア
Amadea MAP●p.254-F

ボヘミアの森から生まれる木製品
　北ボヘミアで作られる小さな木製品は、近隣諸国やアメリカにも輸出されている。木の器やかわいい部屋飾りが多く、イースター時期には卵やウサギが、クリスマス時期にはツリー飾りがたくさん並ぶ。カルロヴァ通りにも店がある。

🚇トラム12、15、20、22、23番マロストランスケー・ナームニェスティーMalostranské Náměstí徒歩9分🏠Nerudova 222/38☎733-180-026🕙10:00〜18:00❌なし

◆ マヌファクツラ
Manufaktura MAP●p.253-G

素朴な木製品が多い

木のぬくもりに惹かれて
　素朴な木製品や陶器、草木染の布製品など、伝統的なチェコの民芸品を集めた店。自然素材の石鹸や入浴剤、基礎化粧品も人気。カルロヴァ通り、モステッカー通り、ネルドヴァ通りにも店がある。

🚇MのA、B線ムーステクMůstek徒歩7分🏠Melantrichova 17☎230-234-376
🕙10:00〜20:00❌なし

試食もある

◆ シュタイナー＆コヴァリク
Steiner & Kovarik MAP●p.254-F

プラハ城に近いおしゃれなチョコレート屋
　ネルドヴァ通りのかわいらしいチョコレート専門店。こだわり続けてカカオの最高の味が完成。店内ではチョコレートを飲むこともできる。100〜200Kčのチョコレートがよく売れている。試食も可能。

🚇トラム12、15、20、22、23番マロストランスケー・ナームニェスティーMalostranské Náměstí徒歩6分🏠Nerudova 247/19☎734-156-611🕙10:00〜18:00（金〜日曜〜19:00）❌なし

クビスタ
Kubista  MAP●p.253-G

本物を手に入れるようなワクワク感
　キュビスム建築で知られる「黒いマドンナの館」の1階にある。1910年代にチェコで流行した独特のキュビスム様式は建築や家具、テーブルウェアにまで及んだ。当時のデザインに基づいて新たに作られた食器や装飾品が販売されている。コーヒーカップ850Kč～、アクセサリー300Kč～など。

交MのB線ナームニェスティー・レプブリキNáměstí Republiky徒歩2分住Ovocný trh 19☎224-236-378開10:00～18:30休月曜

ミス・ビジュー
Miss Bijoux MAP●p.253-K

見ているだけで楽しいビーズの店
　ビーズの専門店で店内には手作りビーズのアクセサリーのほかに、ビーズのパーツが所狭しと並んでいる。安くて良質なビーズがたくさんある。デザインの良いピアス130Kč～、ペンダントトップ350Kč～、粒ビーズは1袋40Kč。2階にもたくさん並んでいる。

交MのA、B線ムーステクMůstek徒歩3分住Václavské nám. 23☎224-213-627開10:00～20:00（日曜は～18:00）休なし

ポハートカ
Pohádka MAP●p.253-G

おもちゃ屋のように楽しい店先
　チェコで一番人気のアニメキャラクター、モグラのクルテックとその動物たちのぬいぐるみがたくさん並んでいる。ハンドメイドのマリオットやキーホルダー160Kč、ちょっとした室内飾りなどみやげ小物もそろっている。

交MのB線ナームニェスティー・レプブリキNáměstí Republiky徒歩4分住Celetná 32☎224-239-469開9:00～21:00休なし

アンティーク・アンドレ
Antique Andrle MAP●p.255-H

安心して選べる年代物
　クジジョヴニツカー通りのカレル橋とマーネスーフ橋の中間地点にあるアンティーク店。古い絵画やイコン、懐中時計、陶磁器のほかに、チェコ産ガーネットのアクセサリーを豊富に取りそろえている。ほとんどが中世から1940年までの品々、で良心的な値段。ローゼンタールのティーセット€1100、ガーネットのアクセサリー150～4,000Kč。

交MのA線スタロムニェストスカーStaroměstská徒歩2分住Platnéřská 6☎222-311-625開10:00～19:00（日曜～18:00）休なし

ファイエンツェ・マジョリカ
Faience Majolica MAP●p.253-G

チェコらしい陶器の小物をおみやげに
　旧市街中心部ウンゲルトにある陶器製品の店。チェコらしい独特の絵柄が美しい。プラハの南50Kmほどのセドゥルチャニという町で作られている。代表的なのはレース模様のプレートだが、マグカップや小さな壺も可愛らしい。レース皿280 Kč～、マグカップ200 Kč～。

交MのB線ナームニェスティー・レプブリキNáměstí Republiky徒歩5分住Ungert 641 / Týn 4☎224-815 728開10:00～19:00休なし

エンターテインメント

"プラハの春"国際音楽祭や秋の音楽祭で知られるように、プラハはクラシック音楽が中心の町である。どんな季節でも町中のどこかでコンサートが開かれている。教会での室内楽コンサートも盛んで、気軽に聴くことができる。演劇や人形劇、人気が高いブラックライト・シアターなどは専用劇場があり、言葉がわからなくても楽しめるものが多い。クラシックからフォークロアまでと幅広いラインナップで、プラハの夜はコンサートや演劇三昧で過ごしたい。

多彩なプログラムがプラハの夜を演出

オペラ・バレエ・ミュージカル

国立歌劇場（オペラ座）では本格的オペラを、国民劇場とスタヴォフスケー劇場ではオペラの他にバレエや演劇も上演される。質の高いオペラやバレエを荘厳華麗な劇場で鑑賞できる。共和国広場のヒベルニア劇場ではミュージカルと演劇が中心で、コンサートやバレエ公演もある。

クラシック・コンサート

市民会館内のスメタナ・ホールやルドルフィヌムを中心にオーケストラの演奏が楽しめる。教会や宮殿でのコンサートも盛んで、聖イジー教会やシュテンベルク宮殿など、ふだん公開されていない部屋に入れるチャンスでもある。

人形劇

ドイツ語を強要された時代に、唯一チェコ語を話すことが許されたのが人形劇。こうしてチェコで人形劇が盛んになり、現在でも人気が高い。なかでも有名なのはスペイブル親子が登場するスペイブル・フルヴィーネク劇場。国立マリオネット劇場では「ドン・ジョヴァンニ」や「オルフェウス」など、オペラを題材にしたものなどの公演を行う。シーズン中はほぼ毎日上演され、大人が見ても充分楽しめる。

フォルクローレ

チェコの民族音楽やダンスが楽しめる。さまざまな民族衣装を着けたダンサーがフォークダンスを踊るもので、明るく華やか。レストランのショーでも見られる。

ブラックライト・シアター

暗くした舞台をバックに黒子が物や人形を操って劇を演じるもので、チェコオリジナルのエンターテインメント。プラハでは、パントマイムなどとともに人気がある。蛍光塗料を使った衣装やセットがブラックライトに照らされて舞台上に浮かび上がり、不思議な世界を作り出している。宙吊りされた人間も登場する。チェコ語がわからなくても充分に楽しめ、感動を受けるだろう。テンポのよい計算された舞台は、一見の価値がある。ブラックライト劇場をはじめ、市内の専用劇場で、ほぼ毎日上演されている。

国立マリオネット劇場には、1929年にプラハで設立された国際人形劇連盟ウニマの看板がある

小劇場にもよさがあるが国立ブラックライト・シアターは規模が大きくてショーもダイナミック

プレイガイドではさまざまなパンフレットや情報の入手が可能

役者は演技したり黒子になったりと大忙しのブラックライト・シアター

マリオネットは頭から鉄棒で吊り下げられ、手足につけられた糸で動きや表情をつくるのが特徴。モーツァルトのオペラ「ドン・ジョヴァンニ」の一場面（国立マリオネット劇場）

情報を得るには

ホテルや観光局、チェドックに置いてある「PRAGUE THIS MONTH」や「Welcome Guide Prague」についてくる「selection of cultural programs」などの小冊子にイベント情報が載っている。大手チケットセンターのボヘミア・チケット・インターナショナルが発行している月ごとのプログラムも、劇場別に日にち別にプログラムが掲載されているので便利だ。いずれも英語版があり、無料。

また、教会や小劇場などの情報は、小冊子にも載っているが、観光客が集まるところで配っているチラシからも入手できる。

クラッシック・コンサート情報
URL www.classicconcerttickets.com

チケットの買い方

簡単なのは、ホテルのコンシェルジュやレセプションに頼む方法。どこで何が上演されているかも調べてくれるので、便利だ。前売り券はほとんどの上演会場のチケット売り場で買うことができる。座席指定の場合は、その場で席を選ぶことができるので、料金と座席表を確認してから購入しよう。市内に数多くあるチケットセンターでも同様に買える。

デイリーで上演している劇場では、観光ツアーなどが入らない限り、当日直接行っても席がある場合が多い。ただし、"プラハの春"国際音楽祭（p.268参照）などの大きなイベントはチケット発売とともに売り切れとなるので、確実に手に入れたい場合は、日本で予約をしておいた方がよい。
URL www.bohemiaticket.cz/

チケット料金

"プラハの春"国際音楽祭など特別なイベントを除けば、チケット料金はかなり安い。会場や内容、席によって異なるが、オペラやバレエで100〜1,500Kč（立見席は30Kč）、オーケストラのコンサートは500〜1,200Kč、マリオネットやブラックライト・シアターは500Kčほどで見られる。教会でのコンサートは500〜700Kčで聴ける。クレジットカードは使えないところが多く、通常は現金払いとなる。

主なプレイガイド

◎プラハ・インフォメーション・サービス
Praha Information Service（PIS）
MAP●p.253-G
住Staroměstské náměstí 1（旧市街庁舎）
☎221714444 開9:00〜19:00 休日曜
MAP●p.253-G
住Rytířská 404/12
☎221714714 開9:00〜19:00 休なし

◎ボヘミア・チケット・インターナショナル
Bohemia Ticket International
MAP●p.253-G 住Malé náměstí 13
☎22422-7832 開9:00〜17:00 休土・日曜
MAP●p.253-G 住Na příkopě 16
☎22421-5031 開9:00〜18:00（土曜10:00〜17:00、日曜〜15:00） 休なし

町のチケットセンター

観光ガイドの中にもエンターテインメントのプログラムが掲載されている

プラハ市内では、4月から10月のシーズン中は町中が音楽であふれている。毎日のようにあちこちで演奏会が開催されているので、時間をつくって、ゆっくりと音楽に浸りたい。とくに教会で行われるコンサートは、開演時間も昼間や17時ごろ、20時からなどといろいろ。観光が一段落して行ってみたり、夕食後に聴いたりと、時間を有意義に使えるだろう。荘厳な教会内で聴く音楽は、響きもよく、旅のよき思い出となることは間違いない。

教会で気軽に室内楽を楽しもう

天上から降り注ぐような歌声とパイプオルガンの響きに惜しみない拍手を送る。聖ミクラーシュ教会でのコンサート

Ticket 小冊子にも案内があるが、旧市街広場などの街角でチラシを配っているので、日時とプログラムを考慮して選ぶとよい。プレイガイドでチケットを手に入れてもいいが、特別なプログラムでない限り、直接会場で購入できる。

中世の衣装をつけてチラシを配る姿はいたるところで見られる

Program 弦楽アンサンブルやオルガン演奏、歌などさまざま。作曲者別や時代別、演奏者主体など、内容は多彩だ。同じプログラムが次の日には別の会場で演奏されることもある。ガラコンサートも多い。演奏時間は1時間ほど。

Price 演奏者やプログラムの内容で異なり、500〜700Kč。席は自由席の場合が多く、入場順。教会の規模やプログラムによって指定席を設けている場合もある。指定席は500Kč以上だが、後部シートなら400Kč前後。

室内楽が聴けるところ

ロブコヴィッツ宮殿（プラハ城）
Lobkowicz Palace（Prague Castle）（p.276参照）
MAP●p.255-C
住Jiřská str.3☎233311759

石の鐘の家
Dům U Kamenného zvonu（House"At the Stone Bell"）（p.261参照）
MAP●p.253-G
住Staroměstské náměsti 13☎224810036 休月曜

クレメンティヌム　鏡の間
Zrcadlová síň Klementina（Klementinum Mirror Hall）（p.271参照）
MAP●p.252-F
住Křížovnická 190☎222-220-879

リヒテンシュテイン宮殿
Lichtenštejnský palác
MAP●p.255-G
住Malostranské náměstí 13☎257-534-205

シュテルンベルク宮殿
Šternberský palác（Sternberk Palace）（p.276参照）
MAP●p.254-B
住Hradčanské náměsti15☎233-090-570

聖ミクラーシュ教会
Kostel sv. Mikuláše（St.Nicholas Church）（p.260参照）
MAP●p.252-F
住Staroměstské nám 2.☎777581690

聖イジー教会
Bazilika sv. Jiří（Basilica of St.George）（p.274参照）
MAP●p.255-C
住Nám.U Svatého Jiří☎224-372-434

聖シモン聖ユダ教会
Koster Šimona a Judy（Church of st. Juda and Simon）
MAP●p.253-C
住Dušní 1☎22232-1068

劇場リスト
<コンサート、オペラ>

芸術家の家（ルドルフィヌム）
Dům Umělců（Rudolfinum）
MAP●p.252-B
　内部のドヴォルザーク・ホールではクラシックのみならず、さまざまなコンサートが開かれている。チェコ貯蓄銀行が50周年記念に建てたもので、外壁を飾る彫像は、バッハ、ハイドン、モーツァルト、ベートーヴェン、シューベルト、メンデルスゾーン、シューマンなどの音楽家たちや画家、彫刻家、建築家たちだ。ルドルフィヌムという名は、1889年にオーストリアの皇太子ルドルフがマイヤーリンクで自殺を遂げたことを悼んで命名されたもの。
㊟Alšovo nábřeži 12☎227059227

市民会館-スメタナ・ホール
Obecní dům-smětanove siň
(Municipal House, Smetana Hall)
MAP●p.253-H
　スメタナ・ホールは、"プラハの春"国際音楽祭のオープニングおよび、メイン会場になるコンサートホール。小ホールもあり、各種コンサートを開催。(p.263参照)
㊟Náměstí Republiky 5☎22200-2101

スタヴォフスケー劇場（エステート劇場）
Stavovské divadlo（Estates Theatre）
MAP●p.253-G
　モーツァルトのオペラ「ドン・ジョヴァンニ」が初演された劇場。オペラやバレエの上演が多い。(p.263参照)
㊟Ovocný trh 1☎224901448

ヒベルニア劇場
Divadlo Hybernia（Hybernia Theater）
MAP●p.253-H
　ミュージカルやダンスを中心とした劇場で、ジャズやポップスのコンサートも行われる。
㊟Na Príkope 31☎221-419-420

プラハ国立歌劇場（オペラ座）
Státní opera Praha（Prague State Opera）
MAP●p.253-L
　オペラやバレエのオリジナルを含め、世界の演目を上演している。(p.267参照)
㊟Wilsonova 4☎22422-7266

国民劇場 Národní divadlo（National Theatre）
MAP●p.252-J
　オペラとバレエ団をもっており、バレエ団はこの劇場を本拠地として活動している。ミュージカルの公演もある。(p.267参照)
㊟Národní 2☎224-901-448

<人形劇、ブラックライト・シアター>

国立マリオネット劇場
Národní Divadlo Marionet（National Marionette Theatre）
MAP●p.252-F
　マリオネット劇の専用劇場。基本的にはオペラ「ドン・ジョヴァンニ」を上演。
㊟Žatecká1☎22481-9322 URL www.mozart.cz

スペイブル・フルヴィーネク劇場
Divadlo Spejbla & Hurvinka
MAP●p.248-F
　チェコで有名なマリオネット、スペイブルという父親と息子のフルヴィーネクが繰り広げる物語を上演。公演は10～6月の火～日曜が中心。
㊟Bělohovská 24☎224316784 URL www.spejbl-hurvinek.cz

王の道・マリオネット劇場
Prague Opera Marionette Theatre
MAP●p.252-F
　モーツァルトを題材にした演目など、毎日上演。
㊟Karlova12☎222-216-365

ブラックライト劇場（チェルニ劇場）
Black Light Theatre（Černé divadlo）
MAP●p.253-G
　ブラックライト・シアターの専用劇場。演目はミュージカルの要素を取り入れた「ファウスト」など。劇場2階では公演で使った衣装やセットが見られる。
㊟Národní 25☎221085276

イメージシアター image Theatre
MAP●p.252-J
　ブラックライト・シアターが多いが、モダンダンスやパントマイムなど、毎日上演。
㊟Narodní 25☎222-314-448
URL www.imagetheatre.cz

タ・ファンタスティカ Ta Fantastika
MAP●p.252-F
　ブラックライトを使った芝居を上演。
㊟Palác Unitaria, Karlova 8☎22222-1369

レデュータ劇場
Divadlo Reduta
MAP●p.252-J
　有名なブラックライト・シアター。Divadlo Redutaのほか、さまざまな劇場で上演している。
㊟Narodni trida 20☎224933487

本音でガイド
ホールや教会の名称には要注意

　いざ、教会でのコンサートを聴きに行こうというときに、チラシの教会名を見て、迷ってしまうことがある。教会の名称が現地読みされているか、ラテンまたは英語読みされているかでどこの教会かわからなくなってしまうのだ。たとえば、聖ミクラーシュ教会sv. Mikulášeはマラー・ストラナと旧市街広場にあるのでややこしいのだが、聖人を英語読みすると聖ニコラス教会St.Nicholas Churchとなる。コンサートホールも同様なので、小冊子や案内チラシに書かれている名称がどのように表記されているかを確認して出かけよう。

ドヴォルザーク・ホールがあるルドルフィヌム

レストラン

最近、プラハでは新しいレストランが増えている。なかには、旅行者相手の平凡なレストランもあるので、選んで入るようにしたい。ビアホールの多くは、レストランとして利用でき、雰囲気も楽しめる。

レストラン事情と種類

伝統的なチェコ料理は種類が少ないため、どのレストランでもインターナショナルな料理を提供している。高級店ではフレンチ風にアレンジした品のよいチェコ料理がある。観光客が集まる広場やメインストリートにはイタリアンなどのレストランが多い。日本料理はチェコでも大人気で、中国料理、韓国料理、ファストフード店、カフェも多い。

レストランは大きく分類すると、高級なものから庶民的なものまでの一般レストランと、チェコのビール会社やプラハの地ビールの店が経営するビアホール系レストランとに分かれる。

レスタウラツェRestaurace 高級レストランはカレル橋周辺のヴルタヴァ川沿い、マラー・ストラナの官庁や大使館が集まる場所の近くにある。高級ホテルのレストランは例外なくエレガントな味でおいしい。

ピヴニツェPivnice ビアホールという意味で、ビアレストランのこと。チェコが誇るおいしいビールを飲みながら伝統的なチェコ料理が食べられるので、観光客にはおすすめ。

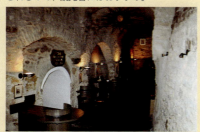
雰囲気ある地下レストラン

営業時間

一般には昼食の時間帯となる11時頃から始まり、閉店は22時から24時頃までと幅があるが、23時までの店が最も多い。一部の高級レストランを除き、ランチとディナーの間も営業している。夜になるとバーを兼ねるレストランやカフェでは、翌1時過ぎまで営業している店もある。ほとんどの店が年中無休で営業している。

レストランの利用法

人気のレストランは予約したほうがよいが、高級レストランでも席があれば予約なしでも入れる。ホテルや町の高級レストランへ行く場合はきちんとした格好（ジャケット着用。ジョギングシューズは避ける）で行きたい。

料理の注文の仕方

ほとんどのレストランに英語のメニューがある。前菜、主菜、付け合わせなどの種類別にメニューが分かれている場合が多い。通常は前菜かスープと、肉か魚のメイン料理に付け合わせを頼めば充分な量。付け合わせがたっぷりついてくるものもあるので、注文する時にボリュームを聞いてみるとよい。英語のメニューに"ボヘミア風"、"モラヴィア風"とか"プラハスタイル"などが付け加えてあるのは郷土料理である。

支払いについて

支払いはテーブルで行う。ほとんどの店でカードが使える。チップは5〜10％程度だが、端数を切り上げる程度でもよい。サービス料（5〜10％）がすでに加算されている場合はチップは不要。

クネドリーキは家庭の味

チェコ料理になくてはならないのがクネドリーキ。伝統的な作り方は小麦粉を練ってバゲット状にしたものを茹でるが、最近では蒸したものが多い。一口大にスライスしてメイン料理の皿に添えられる。家庭ではジャガイモをすりおろして小麦粉に加えるなど、さまざまな味がある。

デザート用のオポツニー・クネドリーキは、中にイチゴなど果物が入っており、モチモチした感触で柔らかい。生クリームなどをかけた甘いデザート。

メインの付け合わせのほか、甘いものはデザートになる

ちょっとこいめの味が特徴
チェコ料理を味わい尽くす

チェコの代表的な料理は牛肉や豚肉を煮込んだものと、鴨やアヒルをオーブンで焼いたものが多い。野菜の付け合わせはザウワークラウトで、塩漬けして発酵させたキャベツのこと。すっぱい白キャベツと甘い赤キャベツとがある。パンの代わりにチェコ独特のクネドリーキが出てくる。これはチェコの家庭料理ではパンの生地を茹でて作るが、レストランでは蒸したものもある。

◆メイン料理

魚より肉料理がおすすめ。どの店にもあるのがグラーシュとクネドロヴェプショゼロ。クネドリーキは別皿でなく、メイン料理の皿の中に付いてくる。

カフナ　Kachna
最も代表的なチェコ料理で、鴨のオーブン焼き。甘めのソースが特徴。店によっては大きくて食べきれない場合もある。

クネドロヴェプショゼロ
Knedloveprozelo

どこのレストランにもあるポピュラーな料理で、豚肉を柔らかく煮込んだものとオーブンで焼いたものとがある。その店特有の名前を付けている店もあるが、基本は豚肉にザウワークラウトとクネドリーキが付いた3点セット。

茹でた豚肉を使ったモラヴィア風のクネドロヴェプショゼロ

グラーシュ　Gulàs
ハンガリーのグヤーシュとは異なり、パプリカは使われていない。オーストリアと同様のビーフシチューで、当たりはずれなく美味しい。

◆デザート

パラチンキィや中に果物が入っている柔らかいオヴォツネー・クネドリーキ、リーヴァンツェなどがある。

パラチンキィ　Palačinky
クレープにアイスやフルーツが入ったデザート。砂糖やチョコレートをかけて食べる。

リーヴァンツェ
Lívance
小さめのパンケーキにイチゴ類のソースが付く。

トゥルデルニーク　Trdelnik
クリスマス市など祭りのときに見かけるチェコの伝統菓子だが、近年はふだんでも屋台が出ている。棒に薄く伸ばした生地を巻き付けてバウムクーヘンのように焼く。これだけでも美味しいが、フィリングの種類も豊富。

プラハ　チェコ料金

高級レストラン

ベレヴュー
Bellevue MAP●p.252-F

カレル橋と城を眺めて優雅な食事を

スメタナ博物館に近い、ヴルタヴァ川沿いの高級レストラン。グリーンでまとめられた室内もさることながら、夏場のテラス席は最高。夜はカレル橋と城の見事な夜景が楽しめる。1993年に最高級レストランとしてオープンして以来、今もその名声を保っている。コースは990Kč、1,190Kč、1,390Kč、1,590Kč。

トラム17、18番カルロヴィ・ラーズニェKarlovy lázně下車 Smetanovo nábřeží 18 22222-1443 12:00～15:00、17:30～23:00 12月24日 1,200Kč～ 要予約 英

前菜にはシーフード系が多いが、メインは鹿や鴨などボヘミア料理もある

ラ・デグスタシオン・ボヘーム・ブルジョワ
La Degustation Bohème Bourgeoise MAP●p.253-C

この上なく洗練された味に驚く

夜のみのコースは7品に飲み物が付いて3,500Kč。それぞれの料理にシェフおすすめのワインが付き、ランチは2品1,040Kč、3品1,345Kč、ディナーは2,250～4,040Kč。高めの料金も食べてみれば納得できる。オープンキッチンの前に2つだけカウンター席あり。

MのB線ナームニェスティー・レプブリキNáměstí Republiky徒歩7分 Hastalská 18 22231-1234 18:00～24:00 日曜 2,250Kč～ 英

カンパ・パーク
Kampa Park MAP●p.255-H

行き交う船を間近に眺めながら食事を

カンパ島にあり、カレル橋のたもとからよく見える。建物は庶民的だが、一流シェフが手掛ける高級レストラン。ワインはフランス産を中心に種類がそろっている。料理の味も申し分ない。夏場は川面に浮かぶようなテラス席が大人気。一品料理はメイン795Kč～。

MのB線マロストランスカーMalostranská徒歩10分 Na Kampě 8b 25753-2685 11:30～翌1:00 なし 1,500Kč～ 要予約 英

ウ・モドレー・カフニチキー2
U Modré Kachničky II MAP●p.253-G

名物鴨料理なら間違いなくこの店

マラー・ストラナにあるU Modré Kachničkyの2店舗目。鴨料理が自慢の人気店だ。1階は庶民的雰囲気だが2階は高級感にあふれている。鴨料理は6種類。料理は480Kč～。チェコワインも種類が豊富。

MのB線ムーステクMůstek徒歩5分 Michalská 16 224-213 418 11:30～23:30 なし 700Kč～

チェルトフカ
Restaurant Čertovka　MAP●p.255-H

カレル橋とチェルトフカ水路を眺めながら食事を
　マラー・ストラナにあるチェコ料理のレストラン。通りから細い階段を降りていくが、そこはプラハで最も細い道として観光名所になっているほど。チェルトフカに面した庭席は心地よく、カレル橋も眺められる。

交MのA線マロストランスカーMalostranská徒歩6分
住U Lužického semináře 24 ☎257-532-205 開11:30～24:00
休なし 料600Kč～

水路やカレル橋を眺めながらゆったりと食事が楽しめる

アダ
Ada Restaurant　MAP●p.255-D

イラスト鑑賞を兼ねて行ってみたい店
　マラー・ストラナからプラハ城へ上がる階段近くのホテル・ホフマイスターの1階にある。ディナータイムにはピアノやヴァイオリンなどの演奏が入る。壁を飾るイラスト画は、チェコの人気風刺画家アドルフ・ホフマイスターのオリジナルで、レストランオーナーの父親である。メイン料理はローストダック460Kčなど。

交MのA線マロストランスカーMalostranská徒歩1分 住Pod Bruskou 7
☎25101-7111 開7:00～22:30 休なし 料800Kč～　要予約 英

イラスト画を鑑賞するのも楽しい

カフェ・インペリアル
Café Imperial　MAP●p.253-D

珍しいアール・デコ様式のインテリアを楽しみながら
　インペリアル・ホテルの1階にあり、戦前から有名でカフカもよく訪れていた。美しいインテリアに負けることなく、食事も美味しい。一品でも450Kč以上するのに、平日も地元の人たちでほぼ埋まっている。

交MのB線ナームニェスティー・レプブリキNáměstí Repbliky徒歩3分
住Na Poříčí 15 ☎246-011-440 開7:00～23:00 休なし 料600Kč～

フ・ザーティシィ
V Zátiší　MAP●p.252-F

明るいサロンとロウソクのサロン
　静かな旧市街の家並みの中にある。入ると左手には窓の多い明るい部屋が、右手には照明をひかえた部屋がある。料理の味はフランス風だが、自家製パスタやボヘミア料理もある。ランチは490Kč～、コースは1,190Kč。

交トラム17、18番カルロヴィ・ラーズニェKarlovy lázně徒歩3分 住Liliová1 (Betlémské nám) ☎22222-1155 開12:00～15:00、17:30～23:00 (日曜11:00～15:00、17:30～23:00) 休なし 料800Kč～　英

チェコ料理主体の気軽な店

ルヴィー・ドゥヴル
Lví dvůr MAP●p.254-B

落ち着いたプラハ城裏手のレストラン

　ルヴィー・トゥヴルとは「ライオンの中庭」という意味。16世紀後半、ここにライオンや豹など猛獣が囲われて、周りに見学するための建物があったことに由来する。北側から眺めるプラハ城が美しい。グラーシュ395Kč。

🚋トラム22、23番プラシュスキー・フラドPražsky hradすぐ
🏠U Prašného mostu 6/51 ☎606-096-861 ⏰11:00～23:00 休なし 💰400Kč～

ウ・トゥジ・プシュトゥロスー
U Tři Pštrosů MAP●p.255-G

3羽の駝鳥の看板が目印

16世紀に流行していた駝鳥の羽の商人の家

　カレル橋のたもとにあるプチホテルの1階にある。建物自体が有名で、外壁に3羽の駝鳥が描かれている。18世紀初頭にプラハで初のカフェがここに誕生して有名になった。前菜169Kč～、メイン料理299Kč～。

🚇MのA線マロストランスカーMalostranská徒歩7分
🏠Dražického náměstí 12 ☎25728-8888 ⏰11:00～23:00 休なし
💰600Kč～ 英

ピヴォヴァルスキー・ドゥーム
Pivovarský dům MAP●p.251-K

オリジナルビールでチェコ料理を楽しもう

　自家製ビールが8種類。まろやかな味でおいしい。ローストポークのクネドリーキ添え195Kč、ロースト鴨325Kč、ビール30Kč～。少々不便な場所にあるが、来た甲斐ありと納得する店である。

🚇MのA線ナームニェスティー・ミールNáměstí Míru徒歩5分 🏠Ječná/Lípová 15 ☎296 216 666 ⏰11:00～23:00 休なし 💰250Kč～ 英

アンディェル
Restaurant Anděl MAP●p.250-J

大通りに面した駅前のレストラン

　アンディェルとは天使のことで、広い中庭に天使の像がある。このあたりはスミホフ地区の中心。プラハの人々がビールを飲みながら、楽しく過ごしている日常がよくわかる。生のピルスナーが美味しい。ビールは42～52Kč。

🚇MのC線アンディェルAnděl駅前 🏠Nádražní 114
☎257-323-234 ⏰11:00～12:00（水～土曜～24:00）休なし 💰350Kč～

レプレ
Repre Restaurant MAP●p.253-H

観光客相手ではない庶民的な店

　地元の人がよく利用している。伝統的チェコ料理があり、旧市街の中心部なのに良心的な価格。メインは175～220Kč。ムハ博物館の裏手に位置し、ナ・プシーコピェ通りから路地に入ったところにある。

🚇MのA線、C線ムーステクMůstek徒歩4分 🏠Nekázanka 4/857
☎222-211-451 ⏰11:00～22:00（土曜15:00～）休日曜・祝日 💰250Kč～

サーモンのソテー

レスタウラツェ・ウ・パラメントゥ
Restaurace u Parlamentu MAP●p.252-B

魚の一品もあるチェコ料理の店
　ユダヤ人街の近くにあるこぢんまりとした店。地元民の利用が多く、落ち着いた雰囲気。チェコ料理店ではあまり見かけない魚料理もある。グラーシュやローストポーク199Kč、サーモンのソテー255Kč、ビール小23Kč、大36Kč。

交MのA線スタロムニェストスカーStaroměstskáすぐ住Valentinská 8☎721-415747開10:00〜23:00(土・日曜11:00〜)休なし料200Kč〜　英

スタロムニェストスカー・レスタウラツェ
Staroměstská Restaurace MAP●p.253-G

旧市街広場に面した好立地のレストラン
　広場に面したテラス席があり、店内もコーナーごとにガーデン風やモダンな雰囲気など趣が異なる。若鴨のオーブン焼き198Kč、ローストビーフのクリームソース299Kčなどがある。

交MのA、B線ムーステクMůstek徒歩7分住Staroměstské náměstí 19☎224213015開9:00〜24:00(冬季11:00〜)休なし料350Kč〜　日・英

プルゼニュスカー・レスタウラツェ・ヴ・オベツニーム・ドムニェ
Plzeňská Restaurace v Obecním domě
MAP●p.253-H

アールヌーヴォーに囲まれてチェコ料理を
　市民会館の地下にあり、アールヌーヴォー様式の室内を見るだけでも価値がある。料理は本格的チェコ料理で、ビールは有名なピルスナー・ウァクヴェル。メイン料理は320Kč〜。

交MのB線ナームニェスティー・レプブリキNáměstí Republiky住Náměstí Republiky 5☎22200-2784開11:30〜23:00休なし料350Kč〜

フ・コルコヴニェ
V Kolkovně MAP●p.253-C

気軽に入れるチェコ料理の店
　プラハに何軒かあるピルスナー・ウァクヴェルを飲ませる店の一つで、手頃な料金で伝統的なチェコ料理が味わえる。アールデコ様式の建物の中にあり、雰囲気がある。グラーシュ178Kč、ローストポーク285Kč。ビール47Kč〜、ワイン98Kč〜。

交MのA線スタロムニエスツカーStaroměstská徒歩5分住V kolkovne 8☎224-819-701開11:00〜24:00休なし料250Kč〜　英

ウ・ズラテー・コンヴィツェ
U Zlaté Konvice MAP●p.253-G

オリジナルの
野菜ピザ

旧市街広場に面した地下レストラン
　旧市街庁舎仕掛け時計の、向かい側ビル地階にある。細長いカーヴのような店だが、脇に広い部屋もある。ローストダック429Kč、ビールは0.5ℓが95Kč、1ℓが175Kč。便利な場所にあり、庶民的な雰囲気で気軽に入れる。

交MのA、B線ムーステクMůstek徒歩4分住Staroměstské náměstí 26☎22422-5293開11:00〜24:00休なし料300Kč〜　日・英

プラハ 297 レストラン

チェコ 赤い獅子亭
Červený Lev MAP●p.254-F

プチ・ホテルをかねた老舗

ネルドヴァ通りのプラハ城への入り口近く。15世紀の建物で、壁に赤いライオンの浮き彫りがある。プチ・ホテルだが、レストランがあり、安くておいしい。グリル・ポーク290Kč、南ボヘミアングラーシュ290Kč。地下にワインレストランがある。

トラム12、20、22番マロストランスケー・ナームニェスティーMalostranske Náměstí 徒歩7分 Nerudova 41 604-980-417 10:00〜22:00 なし 300Kč〜 英

チェコ ハヴェルスカー・コルナ
Havelská Koruna MAP●p.253-G

チェコ語表示のみのセルフの店

入り口で注文用の紙を受け取りトレーを持って進む。食べたいものを指差すと器に入れてくれる。その都度、注文したものが紙に記される。支払いは食べ終わってから出口で精算。立ち食いカウンターもあるが、奥にはゆったりしたテーブルも。グラーシュ106Kč。

MのA、B線ムーステクMůstek徒歩3分 Havelská 21/23 224239331 10:00〜20:00 なし 100Kč〜

チェコ ウ・ピンカスー
U Pinkasů MAP●p.253-G

地元民が通うレストラン＆居酒屋

1843年創業。創業者ヤクプ・ピンカスは当時プルゼニュで開発されたビール、ピルスナーをいち早くプラハで出した。以来、ビールも料理もプラハの人々に愛され続けている。グラーシュ199Kč。

MのA、B線ムーステクMůstek徒歩2分 Jungmannovo náměstí 16 221111152 10:00〜23:00 なし 200Kč〜 英

各国料理

イタリア コゴ
Kogo MAP●p.253-H

モダンな店内で味わう本格派の味

建物内部にあるため入り口がわかりにくいが、パサージュを抜けると中庭に面して店がある。カジュアルな雰囲気だが本格的イタリア料理の店で味は抜群。パスタ245Kč〜、リゾット315Kč〜。

MのB線ナームニェスティー・レプブリキNáměstí Republiky徒歩3分 Na Příkopě 22 221451259 11:00〜23:00 なし 300Kč〜 英

イタリア タベルナ・トスカーナ
Taverna Toscana MAP●p.252-F

リストランテで気軽に食べる

旧市街広場に近い。パスタ240Kč〜やピザ179Kč〜のみでも充分だが、チキンステーキなどメニューは豊富。ワインはイタリアワインの種類が多く、グラスワインで116Kč〜。

MのA、B線ムーステクMůstek徒歩4分 Malé naměstí 11 22423-1220 11:30〜24:00 なし 240Kč〜 英

桂
Katsura MAP●p.248-B

落ち着いた和の世界が広がる
　ホテル・ディプロマットの地下にある。ランチタイムの定食が好評で、生姜焼きなどメインの他に味噌汁、小鉢、漬物が付いて280Kč～、親子丼など丼ものは250Kč～。夜は天婦羅セット500Kč～など。

交MのA線デイヴィッカーDejvická徒歩2分住Evropská15
☎296-559-298営11:30～14:00、18:00～23:00(日曜17:30～22:00)
休火曜、12月24～26日料昼250Kč～、夜500Kč～　日

雅
Miyabi MAP●p.253-K

地元でも人気の和食処
　プラハで15年続く店。和のテイストを取り入れた店内には座敷もあり、落ち着いた雰囲気。焼魚、天ぷら、刺身が入った松花堂弁当や季節の弁当のほか、寿司もある。オリジナルのマグロの黒ビール漬け握りは、ヨーロッパの寿司コンクールで受賞した逸品。

交トラム3、9、14、24番ボディチコヴァーVodičkova徒歩5分住Navrátilova10☎296-233-102営11:30～23:00休日曜料500Kč～

マシハナ
Restaurant Mash Hana MAP●p.250-B

アットホームな雰囲気で和食を楽しむ
　近くに各国大使館が集まっていることから、各国の日本食愛好家がやってくる。カウンター席もあり、奥には広い部屋もある。にぎり鮨620Kč～、海老天婦羅280Kčなど。15時までのランチタイムには巻き寿司280Kč、麺類250Kč、日替わり弁当280Kč。

主だった日本料理はメニューにある

交MのA線フラチャンスカーHradčanská徒歩2分住Badeniho 3☎22432-4034営11:30～15:00、17:30～22:30(土曜11:30～22:30)休日・月曜、祝日料ランチ300Kč～、ディナー500Kč～　日

亜州明珠
Pearly Asie MAP●p.253-C

在日本人もよくやって来る中国料理店
　パリ通りから一本入った裏通りにある。小さな店だが、種類は豊富で値段も手頃。日本人好みの一品もあり、焼きそば55Kč、海老チャーハン119Kč、麻婆豆腐199Kčなど。

交MのA線 スタロムニェストスカーStaroměstská徒歩7分住Elišky Krásnohorské 11☎606-264-250営10:30～23:00休なし料150Kč～　英

エル・セントロ
El Centro MAP●p.255-G

本格的なスペインの味
　細い路地の途中にあり、観光客よりも地元客やプラハ在住スペイン人が多い。本格的スペイン料理が食べられるが、メニューにはタパス149Kč～、メイン料理229Kč～などがある。

交トラム12、20、22マロストランスケー・ナームニェスティーMalostranské Náměstí徒歩3分住Maltézské Náměstí 9
☎25753-3343営11:30～23:00休なし料200Kč～　英

ジョッキを片手に憩いの時を過ごす
ビアホールで乾杯！ Pivnice

チェコ料理にはもちろんビール。プラハには11世紀末にビール醸造所が誕生し、その歴史と伝統は社会主義時代でも受け継がれてきた。チェコでは安くて美味しいさまざまなビールが飲める。

観光客で盛り上がるウ・フレクー

チェコ人とビールは切り離せない

　チェコのビールはプルゼニュ（ピルゼン）産のピルスナーで世界的に知られている。

　ボヘミアのプルゼニュでは、独特の軟水が湧く上に中世から最良のホップがとれたところ。そのためプルゼニュ産のビールは味が良いと評判となり、ヨーロッパ中でチェコのビールが飲まれるようになった。

　また南ボヘミアのブジェヨヴィツェ（ドイツ語でブドヴァイス）では、中世からブドヴァイザーというビールが造られていた。19世紀になってドイツ人がこのビールをアメリカで生産し始め、バドワイザーと名付けたことはよく知られている。

　現在、チェコ国内ではおよそ470種類のビール銘柄がある。小さな醸造所で造られているものもあり、そんなビールも試してみたい。

ビールの種類とアルコール度

　プラハ市内には伝統的なビアホールがたくさんあり、自家製ビールを飲むことができる。チェコのビールの銘柄として有名なのはピルスナー・ウァクヴェル、ガンブリヌス、スタロプラメン、ヴェルコポポヴィッキィーなど。なお、ビールのラベルに表記されている10%、12%などの数値はビールが発酵する前の麦汁の糖分濃度を表すバリング度というもので、アルコール度数ではない。バリング度10%でアルコール度は4〜4.5%。黒ビールはアルコール度が高い。

最も有名なピルスナー・ウァクヴェル

次々に注がれるビール。泡のバランスも手慣れたものだ

どんな料理があるか／注文の仕方

本格的なビアホールでは、ビールだけを飲むのが基本なので、料理はおつまみ程度のものしかないところがほとんど。しかし、観光客が訪れるような有名な店では、郷土料理などの食事ができるビアレストランが多い。食事はメニューを見て注文するが、追加用ビールを運んで回っている店ではその場でオーダーする。夜はアコーディオンなどの生演奏があり、テーブルへ来て演奏してくれるところもある。曲をリクエストした場合は、チップを渡そう。

自家醸造している店では、できたてのビールが味わえる

グリルやグラーシュなどの料理もある
黒パンもおいしい

グイッとひとこと
チェコ人のビールの飲み方

堅実な性格の民族だからなのか、チェコ人のビールの飲み方はとっても静か。まるでコーヒーでも飲みながら語りあっているような雰囲気なので、「アルコール抜きのビール？」と思ってしまうほど。もちろんつまみも注文せず、一杯のビールを手にしながら仲間と顔を突き合わせて過ごすのだ。ドイツ人が歌えや踊れの大騒ぎとなるのとは、とっても対照的。

手前はチェコ人、奥はドイツ人の団体

プラハの名物ビアホール

常連客が集まるティグラ
ウ・カリハにて。シュヴェイクを捕まえようとチャンスを狙っている警官ブレトシュナイダー

プラハならではのレストランはやはりビアホール。町中にはレストランを兼ねた伝統的なビアホールがたくさんあり、自家製ビールを飲ませる店も多い。なかでもチェコの作家ハシェクが通ったホスティネツ・ウ・カリハ（P.302参照）や黒ビールで知られるウ・フレクー（P.302参照）などが有名。常連客、しかも男性のたまり場となっているのはウ・ズラテーホ・ティグラ U Zlatého Tygra（MAP●p.252-F 住Husova 17 ☎22222-1111 開15:00〜23:00 休なし）。入り口にある虎（ティグラ）の浮き彫りが目印で、薄暗い店内に煙草の煙と男たちの議論が蔓延している。

ハシェクと兵士シュヴェイク

ヤロスラフ・ハシェクはカフカと並ぶチェコの作家で、カフカがドイツ人社会で生きようとしたのに対し、ハシェクは根っからのチェコ人で通した。放浪生活を送りながらユーモア小説を書き、風刺に満ちた作品を残している。小説中の兵士シュヴェイクはチェコ民族抵抗の代表者といわれている。

壁に『兵士シュヴェイクの冒険』の落書きがあるウ・カリハ

プラハ ビアホールで乾杯！

ビアホール

ウ・フレクー
U Fleků MAP●p.252-J

プラハで最も有名なビアホール
　新市街にあり、交通が不便にもかかわらず常に地元客や観光客でにぎわう1499年創業のビアホール。醸造所の規模は小さいが、ウ・フレクーならではのアルコール度の高い黒ビールがおいしい。細長いテーブルが並ぶ薄暗いホールは、古いプラハのビアホールという雰囲気がある。

🚋トラム6、9、18、22番ナーロドニー・トゥシーダNárodní třída徒歩10分
🏠Křemencova 11 ☎224-934-019-20 ⏰10:00〜23:00 休なし

中庭で飲むのも気持ちいい

ホスティネツ・ウ・カリハ
Hostinc U Kalicha MAP●p.251-L

小説の舞台にもなった店
　チェコで有名な小説家ハシェクが通い詰めた古いビアホールで、彼の作品『兵士シュヴェイクの冒険』の舞台となった。現在はビアホールというよりむしろレストラン。小説は知らないが店は有名ということで、外国人観光客が多い。シュヴェイクグッズも販売（p.301参照）。

さまざまなイラストが楽しい

🚇MのC線I・P・パブロヴァI.P.Pavlova徒歩5分 🏠Na bojišti 12-14
☎224-912-557 ⏰11:00〜22:30 休なし　日

ノヴォムニェストスキー・ピヴォヴァル
Novoměstský Pivovar MAP●p.253-K

自家製ビールを味わう
　地下鉄ムーステク駅に近く、トラムの停留所は目の前。入るとすぐ大きな蒸留釜が目に入る。自家製ビールを飲ませる店で、伝統的ボヘミア料理が食べられる。店内は迷路のようでおもしろい。

🚇MのA、B線ムーステクMůstek徒歩3分 🏠Vodičkova 20
☎22223-2448 ⏰10:00〜23:30（土曜11:30〜、日曜12:00〜22:00）休なし

造りたてのビールが味わえる

ウ・メドヴィークー
U Medvídků MAP●p.252-F

15世紀半ばから続くビアホールの老舗
　ホテルを兼ねたビアレストランで、自家製ビールを飲ませている。旧市街の中心部ではないため観光客は少なく、常に地元の人たちであふれている。レトロな瓶に入ったビールも売っているのでおみやげによい。

🚇MのB線ナーロドニー・トゥシーダNárodní/třída徒歩4分 🏠Na Perštýně 7.
☎224-211-916 ⏰11:30〜23:00 休なし

ウ・シュヴェイク
U šveiku MAP●p.255-K

地元の人たちが溜まる店
　店名はチェコで人気ある小説の主人公、兵士シュヴェイクに由来。店内の壁には兵士シュヴェイクの絵が描かれている。チェコ料理とビールの店で、黒ビールもある。

🚋トラム6、9、12、20、22番ウーイェストÚjezd徒歩1分
🏠Újezd 22 ☎25731-3244 ⏰11:00〜23:00 休なし　英

カフェ

旧市街広場周辺やパジージュスカー（パリ）通り、マラー・ストラナにカフェが集まっている。シーズン中はレストランが通り沿いにテラスを出し、カフェとなる店も多い。かつては、コーヒーといえばトルキッシュ・コーヒーを指したが、いまではドリップ式が主流。ケーキも美味しい。

カヴァールナ・オベツニー・ドゥーム
Kavárna Obecní Dům MAP●p.253-H

共和国広場の市民会館１階にあるカフェ

建物全体がアールヌーヴォー様式で、高い天井の空間に美しいインテリアが格調の高さを感じさせる。ピアノの生演奏が入り、ゆったりとくつろげる。夏場は路上のテーブルで道行く人を眺めながらコーヒーを飲むのもいい。ケーキ120Kč。

交MのB線ナームニェスティー・レプブリキNáměstí Republiky 佳Náměstí Republiky 5 ☎22200-2763 営7:30～23:00 休なし

カフェ・サヴォイ
Café Savoy MAP●p.252-I

ウィーン風コーヒーが飲めるカフェ

創業1893年の伝統的なカフェ。近年修復された天井が美しい。プラハにしては珍しいウィーン風の店で、コーヒーの種類もウィーンと同じ。ケーキや食事メニューなどもある。コーヒーは68Kč～、朝食198Kč。

交トラム6、9、12、20、22番ウーイェストUjezd下車2分 佳Vítězná 5 ☎731-136-144 営8:00～22:30（土・日曜、祭日9:00～）休なし

ロプコヴィッツ宮殿カフェ
Lobkowicz Palace Café MAP●p.255-C

プラハ城の中の宮殿カフェ

プラハ城東門脇のロプコヴィッツ宮殿の１階にある。南に面したカフェはマラー・ストラナが見下ろせる絶景の場所。夏場はテラス席が気持ちよい。プラハ城巡りに疲れたらここで一休み。デザート125Kč～。

交MのA線マロストランスカーMalostranská徒歩5分 佳Jiřská 3 ☎233-356-978 営10:00～18:00 休なし

カヴァールナ・スラヴィア
Kavárna Slavia MAP●p.252-J

ヒラリー・クリントンもやってきた

20世紀初頭、ここにはプラハ在住の詩人や画家たちが集い、議論を交わした。社会主義時代に消えてしまったカフェの中で、唯一よみがえった伝統のカフェである。17～23時にはピアノ演奏がある。

交トラム6、9、17、18、22ナーロドニー・ディヴァドロNárodní divadlo 佳Smetanovo nábřeží 1012/2 ☎224-218-493 営8:00～24:00（土・日曜9:00～）休なし 英

カフェ・ルーヴル
Café Louvre MAP●p.252-J

よみがえった老舗カフェ

建物の２階にある。1902年創業という歴史を誇り、カフカなどチェコの有名人はもとより、アインシュタインなど外国の有名人も訪れている。モダンな室内になったが、レトロな雰囲気の部屋もある。ランチもある。

交MのB線ナーロドニー・トゥシーダNárodní/třída徒歩3分 佳Národní 22 ☎224-930-949 営8:00～23:30（土・日曜9:00～）休なし

ナイトスポット

ワインハウスやバー、クラブなどがある。バーはホテルの中のバーが安心だが、パジージュスカー（パリ）通りのバーも気軽で欧米人を中心に人気が高い。また、カジノもあるが、むやみに入らずに、ホテルなどで紹介されたところに入った方が無難。

ウ・ココウラ
U Cocoura　MAP●p.255-G

気軽な雰囲気の居酒屋

ネルドヴァ通りの入り口にある居酒屋。こぢんまりとした店だが、若者たちが昼間から気軽に飲みに来る。ビールやワインなどの値段も手頃。グラーシュなど食事メニューも豊富だ。

交MのA線マロストランスカーMalostranská徒歩7分、またはトラム12、22番マロストランスケー・ナームニェスティーMalostranské náměstí徒歩2分 住Nerudova 2 ☎25753-0107 開12:00～23:00 休なし

ウ・チーサジュー
U Císařů　MAP●p.254-B

ワインを飲むのにおすすめ

プラハ城からロレッタに向かう途中にあるワインケラー。レストランは落ち着いた部屋で、チェコ料理が食べられる。地下のワインケラーは石積みの洞窟のような雰囲気で、ワインの種類も豊富。

交トラム22、25番ポホジェレツPohořelec徒歩5分 住Loretánská175/5 ☎220518484 開10:00～24:00 休なし

ウ・プリンツェ
U Prince　MAP●p.252-F

スタンダードなジャズを聴きながら

昼間は観光客でにぎわう普通のレストランだが、スタッフも感じよく、安心して遅くまで楽しめる。ワイン、カクテル159Kč～、ビール89Kč。食事メニューも豊富。

地下にバーがある

交MのA、B線ムーステクMůstek徒歩5分 住Staroměstske náměstí 29 ☎22421-3807 開10:00～翌1:00 休なし 英

マロストランスカー・ピヴニツェ
Malostranská pivnice　MAP●p.255-H

にぎやかな雰囲気が外からも感じられる

兵士シュヴェイク（p301参照）の壁画がたくさん見られる。ホールやいくつかの小部屋があり、中庭も入れると265席もある大きなレストラン。伝統のチェコ料理が主流で、ピルスナー・ビールが美味しい。

交MのA線マロストランスカーMalostranská徒歩4分 住Cihelná 3 ☎257-530-032 開11:00～24:00（金・土曜～翌1:00）休なし

カヴァールナ・ルツェルナ
Kavárna Lucerna　MAP●p.253-K

昼間はカフェとして、夜はバーとして

ヴァーツラフ広場からヴォディチコヴァ通りを入ると左にルツェルナ館がある。店はホールの2階で、入り口はホールを入った左手に階段がある。地元の常連客が多く、ここに座るとプラハ通になった気分。グラスワイン39Kč～、コーヒー34Kč～。

交MのA、B線ムーステクMůstek徒歩2分 住Vodičkova 36 ☎224-215-495 開10:00～24:00 休なし

ホテル

一度は泊まってみたいプラハならではの豪華プチ・ホテル。小規模な古い館に泊まってプラハらしさを味わいたい。近年はデザイン系ホテルも増えている。

プラハのホテル事情

プラハには近年、ウィーンのような高級豪華ホテルが誕生している。市内には戦災を免れた美しい館が多く残り、それらが高級ホテルになっている。貴族の館を改築した100室にも満たないホテルが多いが、フォーシーズンズのように4つの館をつなげた中型ホテルもある。

市民の家を改築したプチホテルにも特徴がある。いずれも料金は高めで朝食別料金のところもあるがサービスは良い。

数年前から規模もサービスも中級のデザイン系ホテルが増えた。新しい傾向として、スタッフを若者にそろえて笑顔で対応する活気あふれるブティックホテルが現れている。

最高級ホテル

ザ・グランド・マーク・プラハ 〔旧市街〕

The Grand Mark Prague　MAP●p.253-H

広くて美しい中庭が自慢の古い館

ヒベルンスカー通りに面してホテルが並んでいる中で、一際目立つ。入り口には常時2人のドアマンが立ち、高級感を与えている。レセプションは狭いが隣に広くて立派なロビーがある。客室はデザイン系で、すべての家具がどっしりしている。何といっても素晴らしい中庭があるのでここで休憩したい。

MのB線ナームニェスティー・レプブリキNáměstí Repbliky徒歩3分　Hybernská 12
226-226-111　€340～　75室

ブッダ・バー・ホテル・プラハ 〔旧市街〕

buddha-bar hotel Prague　MAP●p.253-D

東洋趣味のオーナーによって誕生

2009年にオープンしたホテルで、ヨーロッパ人に人気がある。日本と中国とインドがごちゃ混ぜになったようなインテリア。黒が基調のブティックホテルで、廊下は真っ暗。1階のレストランは洗練された料理だが、少々高め。

客室はオリエンタルな雰囲気

MのB線ナームニェスティー・レプブリキNáměstí Repbliky徒歩4分　Jakbuská 8
221-776-300　€288～　38室

アルキミスト・ノスティツオヴァ・パラツェ 〔マラー・ストラナ〕

Alchymist Nosticova Palce　MAP●p.255-K

隠れ家のような館に泊まる

こんな所にこんな豪華なホテルがあったのか、と驚く。外観は普通の建物だがレストランと客室は贅沢な造り。ジュニアスイート3室はキッチン付きなので長期滞在によい。

トラム12、20、22ヘリホヴァHellichova徒歩1分　Nosticova 1
257312-513　€180～　10室

マンダリン・オリエンタル・プラハ　　マラー・ストラナ
Mandarin Oriental Prague　MAP●p.255-G

修道院だった建物を生かした面白さ

14世紀に創建されたドミニコ会修道院の建物をホテルに改築したため、ユニークな造り。地下から遺跡が発見されたので、ホテル内に発掘品を展示。広い客室、重厚で立派な家具は満足度が高い。

交 トラム12、20、22番ヘリホヴァHellichova徒歩2分 住 Nebovidská 459/1 ☎23308-8888
料 €320〜　99室

フォーシーズンズ・ホテル・プラハ　　旧市街
Four Seasons Hotel Prague　MAP●p.252-F

豪華な客室とスタッフの笑顔が思い出に

ヴルタヴァ河畔、プラハ城を対岸の丘に眺める最高の場所にある。ルネサンス、バロック、ネオ・クラシックで建てられた4軒の古い館を繋げているため、それぞれ外観が異なる。

交 MのA線スタロムニェストスカーStaroměstská徒歩2分 住 Veleslavínova 2a
☎22142-7000 料 €380〜　162室

アールデコ・インペリアル　　旧市街
Art Deco Imperial Hotel　MAP●p.253-D

ロビーやエレベーターの装飾も素晴らしい

20世紀初頭の輝きを今も伝える

1914年に完成したアールデコ様式の美しい建物。客室のカテゴリーはデラックス以上で、いずれもアールデコ調の家具が使われている。

交 MのB線ナームニェスティー・レプブリキNáměstí Repbliky徒歩3分
住 Na Porici 15 ☎246-011-600 料 €250〜　126室

その他のホテル

高級ホテル

K+Kホテル・ツェントラル　旧市街
K+K Hotel Central　MAP●p.253-H

20世紀初頭の建物を2004年に改築。修復された建設当時と同じエレベーターを使っている。

交 MのB線ナームニェスティー・レプブリキNáměstí Repbliky徒歩2分 住 Hybernská 10
☎2250-22-000 料 €100〜　127室

ル・パレー・アート・ホテル・プラハ　新市街
Le Palais Art Hotel Prague　MAP●p.251-L

19世紀半ばに建てられた貴族の館を改築したホテルで、優雅な気分に浸れる。

交 MのB線I・P・パブロヴァI. P. Pavlova徒歩5分
住 U Zvonařky 1 ☎23463-4111
料 €140〜　72室

パジーシュ　旧市街
Hotel Paříž　MAP●p.253-H

20世紀初頭の建物。外観は洗練されたアールヌーヴォーとネオ・ゴシックとが混ざる。

交 MのB線ナームニェスティー・レプブリキNáměstí Repbliky徒歩2分 住 U Obecniho domu 1
☎222-195-195 料 €220〜　86室

アリア　マラー・ストラナ
Aria Hotel Prague　MAP●p.255-G

音楽好きのオーナーが宿泊客にも音楽を楽しんでもらおうと部屋には音響設備を設置。

交 トラム12、20、22番マロストランスケー・ナームニェスティーMalostranské náměstí徒歩3分 住 Tržiště 368/9
☎225-334-111 料 €196〜　51室

アールヌーボー・パレス　新市街
Art Nouveau Palace Hotel Prague　MAP●p.253-G

20世紀初頭のアールヌーヴォー様式の建物。1階にディナーのみのレストランがある。

交 MのA、B線ムーステクMůstek徒歩4分
住 Panská 12 ☎22409-3111
料 €110〜　124室

インターコンチネンタル・プラハ　旧市街
Inter-Continental Prague　MAP●p.253-C

社会主義時代に建てられ、当時は最高級豪華ホテルだった。客室は高級感あり。

交 MのA線スタロムニェストスカーStaroměstská徒歩8分 住 Pařížská 30 ☎29663-1111
料 €250〜　372室

高級・中級ホテル

ヒルトン・プラハ　[新市街]
Hilton Prague Hotel　MAP●p.251-D
　プラハ一の大型ホテルだが、内部は大胆な吹き抜け、ガラスの天井からは太陽の光が注ぐ。
🚇MのB、C線フローレンツFlorenc徒歩5分
🏠Pobřežní 1☎22484-1111
💰€136～　788室

グランディウム・プラハ（旧ヤスミン）　[新市街]
Grandium Prague　MAP●p.253-L
　客室はシンプルで品がよく、ロビーやレストランはスタイリッシュなインテリア。
🚇MのA、C線ムゼウムMuzeum徒歩5分
🏠Politickych veznu 913/12☎23410-0100
💰€100～　292室

アンデルス・ホテル・プラハ　[スミーホフ]
Vienna House Andel's hotel Prague　MAP●p.250-J
　シンプルで機能的な客室は感じよい。中心部から離れているが、地下鉄駅の目の前にある。
🚇MのB線、トラム4、6、7、9、10、12、14、16、20番アンジェルAnděl徒歩1分 🏠Stroupežnického 21☎29688-9688💰€95～　239室

ホフマイスター　[マラー・ストラナ]
Hotel Hoffmeister　MAP●p.255-D
　こぢんまりと落ち着き、常宿にしている人が多い。レストラン（p.295参照）も有名。
🚇MのA線マロストランスカーMalostranská徒歩3分
🏠Pod Bruskou 7☎25101-7111
💰€140～　38室

イコン　[新市街]
The ICON　MAP●p.253-K
　普通の古い建物だが、内部はアート系に改装され、客室すべてに湯沸かし器が置かれている。
🚇MのA線B線ムーステクMůstek徒歩5分
🏠V Jámě 6☎221634100
💰€100～　31室

マメゾン・リヴァーサイド　[スミーホフ]
Mamaison Riverside Hotel　MAP●p.250-J
　20世紀初頭に建てられた、アールヌーヴォーの館をホテルに改築。
🚇MのB線アンジェルAnděl徒歩8分
🏠Janáckovo nábřeží☎234705155
💰€109～　45室

グランドホテル・ボヘミア　[旧市街]
Grand Hotel Bohemia　MAP●p.253-G
　古い建物を改築したこぢんまりしたホテルで、従業員のサービスもよく居心地がいい。
🚇MのB線 ナームニェスティー・レプブリキNáměstí Republiky徒歩1分🏠Královdvorská 4☎234608111
💰€115～　78室

ノア　[新市街]
Hotel Noir　MAP●p.251-L
　古い館の内部を改装したモダンなホテルで、黒が基調色。客室はスタンダードでも広い。
🚇MのC線イー・ペー・パヴロヴァI.P.Pavlova徒歩4分☎Legerova 35☎224104111📠224-104444
💰€70～　30室

アンバサダー・ズラター・フサ　[新市街]
Ambassador Zlatá Husa　MAP●p.253-G
　古い館をいくつか繋ぎ合わせた複雑な廊下が楽しい。内部は近代的で、豪華。
🚇MのA、B線ムーステクMůstek徒歩1分
🏠Václavské náměstí 5-7☎22419-3111
💰€105～　162室

センチュリー・オールドタウン・プラハ　[新市街]
Hotel Century Oldtown Prague　MAP●p.253-H
　火薬塔に近くにあるカフカが勤めていた保険会社があった建物。客室は垢抜けてモダン。
🚇MのB線ナームニェスティー・レプブリキNáměstí Republiky徒歩3分
🏠Na Poříčí 7☎22180-0800💰€120～　174室

プチ・ホテル

ゴールデン・ヴェル　[マラー・ストラナ]
Golden Well Hotel Prague　MAP●p.255-C
　プラハ城の真下にある「黄金の井戸」という名前のホテル。全室ジャクジーバス付き。
🚇MのA線マロストランスカーMalostranská徒歩5分🏠U Zlate studne 4☎257-011-213
💰€235～　19室

ヴィンテージ・デザイン・ホテル・サクス　[マラー・ストラナ]
Vintage Design Hotel Sax　MAP●p.254-F
　ファサードも室内も真っ白で美しく清潔な感じの小さなホテル。
🚇トラム12、20、22番マロストランスケー・ナームニェスティーMalostranské náměstí徒歩12分🏠Jánský vršek 328/3☎25753-1268💰€80～　22室

ウ・クラーレ・カルラ　[フラチャニ]
Hotel U Krále Karla　MAP●p.254-F
　ネルドヴァ通りを上り切った高台にあり、17世紀前半に建てられたゴシック様式の立派な館。
🚇トラム12、20、22番マロストランスケー・ナームニェスティーMalostranské náměstí徒歩12分🏠Úvoz 4☎257-531-211💰€90～　19室

ウ・クシージェ　[マラー・ストラナ]
Hotel U Kříže　MAP●p.255-K
　快適な客室は、スイートがツインとあまり変わらぬ料金でおすすめ。
🚇トラム6、9、12、20、22番ウーイエストÚjezdBÚjezd 20
☎25731-2523💰€60～　22室

古城めぐり

ドイツのマンハイムから一路東へ延びる古城街道は、バイロイトを過ぎてからチェコに入る。ニュルンベルクで終わっていた古城街道は、東欧の壁がなくなってからボヘミアの温泉三角地帯を抜けてプラハに至り、全長約1000kmに及ぶ大街道となった。チェコ側の古城街道のハイライトがプラハの手前にあるカルルシュテイン城。プラハ近郊には、トロヤ城やコノピシュチェ城などもあり、城をめぐるツアー（p.259参照）も出ている。

バロック様式の貴族の居城跡
トロヤ城
Trojský zámek　MAP●p.248-B、p.309

プラハ市の北にある典型的なバロック様式の城。17世紀末に建てられたシュテルンベルク家の夏の離宮で、白壁に赤茶の装飾を施した建物と幾何学模様の花壇が特徴のフランス式庭園が美しい。城内はプラハ市美術館として公開され、ボヘミアングラスのコレクションや大広間の絵画、天井画などが見ものとなっている。

> 交MのC線ナードラジー・ホレショヴィツェNádraží HolešoviceよりバS112番ズーロギツカー・ザフラダZoologická zahrada
> ☎283-851-614 開10:00〜18:00（金曜13:00〜）
> 休月曜、1〜3月 料120Kč

名城として名高いゴシック様式のカルルシュテイン城

チェコの数ある城の中でも特に名城
カルルシュテイン城
Hrad Karlštejn　MAP●p.309

プラハの西南約30kmの山の中に、堅固な要塞の造りでありながら、中世のロマンを漂わせた城がある。1348年にボヘミア王であり、同時に神聖ローマ帝国の皇帝であったカール四世によって建設が始まり、1357年に完成した城で、当時としては異例の速さで造られた。その後、16世紀後半にルネサンス様式に改築され、屋根の色が赤に変わった。赤い屋根の城が描かれた古い絵画はこの頃のもので、19世紀末に元のゴシック様式に戻され、屋根も当初と同じグレーになっている。

なぜこのような山の中に堅固な城を建てたのか。それはこの城が、神聖ローマ帝国の宝物や装身具、ボヘミア王の王位を象徴する品々、聖遺物、重要書類などを保管するための隠し場所だったからである。

城は複雑な構造で、皇帝の館だった本館よりも礼拝堂のある2つの塔の方が立派である。南側斜面にそって皇帝の館、城伯（皇帝が留守の間に城を守る代官）の館、そして城の生命線だった深さ90mの井戸の小屋が

華麗な天井画の「皇帝の間」

オーストリア大公夫妻の過ごした城
コノピシュチェ城
Zámek Konopiště　MAP●p.309

プラハの南約30kmのベネショフという町にある。最初の城は13世紀末に建てられた要塞だったが、18世紀末にほぼ現在の姿となる。城の最後の城主はサライェヴォで暗殺されたオー

城内はフェルディナント大公のコレクションがいっぱい

ストリア皇位継承者フランツ・フェルディナント大公。1887年に彼が城を購入してからネオゴシック様式に改修。急に華やかになり、政治家や王侯貴族がしばしば訪れた。大公妃のゾフィーとともに、夫妻はここで過ごすことが多かった。城内には夫妻が使っていた部屋や応接間、食堂、書斎、そして大の狩り好きだった大公が射止めた動物の剥製がずらりと並ぶ廊下がある。大公は51年の生涯に約30万頭の動物を射止めたといわれている。

ヨーロッパ第3の規模を誇る武器コレクションも充実。その他に珍しいものでは、トルコのスルタンから贈られたハーレム施設（小部屋）があり、興味深い。

☎317-721-366 圏9:00～17:00（5～9月～16:00）
休月曜、11～3月 圏ガイドツアーのみ。
コース1・2：140Kč（英語210Kč）
コース3：210Kč（英語310Kč）

プラハからの交通
鉄道：プラハ中央駅より約1時間ベネショフ・ウ・プラヒBenešov U Prahy駅から徒歩約30分。

ある。皇帝の館には中世の家具などが展示されているが、いかにも中世の城らしく簡素。聖母マリア礼拝堂内には、幼子イエスを抱くマリア像の祭壇や、カール四世を描いた貴重な14世紀の壁画が残っている。

　城最大の見どころは聖十字架礼拝堂。高さ37m、壁の厚さは6mにも及ぶ堅固な塔である。最上階にある礼拝堂は贅を尽くしたもの。正面にマリアとキリストの祭壇画が置かれている。壁は半貴石とゴールドで覆われ、その上部には14世紀の名宗教画家による127枚の板絵がはめられている。黄金に輝く半球天井には無数の星が散らばり、周囲に取り付けられた黄金の燭台は365本。まさに眩いばかりの礼拝堂である。

☎311-681-617 圏ガイドツアーのみ。9:30～17:30（7・8月9:00～18:00、9月～17:30、10月9:30～16:30、11月～12月中旬10:00～15:00）、1・2・11・12月10:00～15:00）※昼休みあり 休7・8月を除く月曜、1月7～31日、12月23～25日、2月の平日 圏ベーシックツアー320Kč、エクスキューティブツアー750Kč ※開場時間や休みは毎年変更するので要確認

プラハからの交通
鉄道：プラハ中央駅より40分ほどのカルルシュテインKarlštejn駅下車。城はさらに319mの高台にあり、駅から徒歩で約40分。車の場合でも下の駐車場から、急な上り坂を20分ほど歩く。

ボヘミアの温泉三角地帯

ドイツとの国境に近い西ボヘミア地方は、古くから温泉保養地として名を知られ、ヨーロッパ中の王侯貴族や政治家、作曲家、詩人、芸術家たちが長期滞在、あるいは繰り返しやって来た。カルロヴィ・ヴァリ、マリアーンスケー・ラーズニェ、フランチシュコヴィ・ラーズニェの3つの町は、西ボヘミアの山岳地帯に開けた美しい温泉療養地で、ちょうど三角形を描くように点在していることから、"ボヘミアの温泉三角地帯"と呼ばれている。

マリアーンスケー・ラーズニェのコロナーダ

カルロヴィ・ヴァリへの交通

鉄道：プラハから直通列車でカルロヴィ・ヴァリ駅žel.st.Karlovy Varyまで約3時間20分。駅はオージェ川を渡った北側にある。
カルロヴィ・ヴァリ・ドルニー駅Karlovy Vary dolní nádražíがオージェ川の南にあるが、マリアーンスケー・ラーズニェからのローカル線のみ発着する。
バス：プラハからほぼ1時間に1〜2便運行され、所要約2時間15分。

カルロヴィ・ヴァリの観光案内所

住Lázeňská 14 ☎355-321-176 開8:00〜18:00(土・日曜、冬季9:00〜17:00) 休なし

マリアーンスケー・ラーズニェへの交通

鉄道：プラハから急行で約3時間。1日7本ほど運行されている。プルゼニュからは本数も多く、約1時間。
バス：プルゼニュ経由ヘプ行きで3時間〜3時間30分。

マリアーンスケー・ラーズニェの観光案内所

住Hlavní 47 Dům Chopin ☎354-622-474 開9:00〜18:00 (11〜2月〜17:00、日曜10:00〜15:00) 休なし

フランチシュコヴィ・ラーズニェへの交通

鉄道：プラハからヘプCheb行きの急行で約3時間10分、各駅停車で約4時間の終点で乗り換え約10分。ヘプからは1日約7本。
バス：プラハのフローレンツ・バスターミナルから約3時間30分。1日約10本。

フランチシュコヴィ・ラーズニェの観光案内所

住Americka 2 ☎354543162 開8:00〜18:00(土・日曜は〜14:00) 休なし

カルロヴィ・ヴァリ
Karlovy Vary　MAP●p.6-B

14世紀半ば、カレル四世はボヘミアの森に狩りに来て鹿を追いかけ、傷ついた鹿が源泉に入って傷を癒していたことから、温泉を発見したという伝説がある。カルロヴィ・ヴァリとは「カレルの源泉」という意味で、ドイツ語ではカールスバートと呼ばれている。18世紀には保養地としてヨーロッパ中に知られ、王侯貴族や政治家、著名人たちが訪れるようになった。ドヴォルザークやカフカはもちろんのこと、ショパン、ワーグナー、リスト、ブラームス、ゲーテ、シラーなどのほか、マリア・テレジアやプロイセンのフリードリッヒ一世の名も挙げられる。

鉄道駅は高台にあり、町は丘を降りた谷にある。美しい町並みはテプラー川沿いに集中している。ドヴォルザーク公園の南側にカルロヴィ・ヴァリで最も大きなコロナーダ、ムリーンスカーコロナーダ(開24時間)がある。町の中心はヴジーデルニーVřídelní広場。ここにはウジーデルニー・コロナーダ(開9:00〜17:00、土・日曜10:00〜)やトルジニー・コロナーダ(開24時間)がある。源泉はコロナーダやパビリオン内にあるので、雨の日でも温泉水を楽しみながら散策できる。広場からグランド・ホテルまでのテプラー川両岸、広場からドヴォルザーク公園までのテプラー川沿いが観光スポットになっている。ホテルやレストラン、カフェなどの施設も集まっている。

ネオ・ルネサンスの装飾が美しいトルジニー・コロナーダ

高台から眺めるカルロヴィ・ヴァリの町

清楚な町並みのフランチシュコヴィ・ラーズニェ

マリアーンスケー・ラーズニェ
Mariánské Lázně　MAP●p.6-A

　美しさではカルロヴィ・ヴァリにひけをとらない温泉地。小説や映画の舞台ともなった町で、ドイツ語でマリーエンバートと呼んだ方がなじみ深いだろう。

　19世紀末に建てられたネオ・バロック様式のラーゼニュスカ・コロナーダは、温泉3都市で最も美しい柱廊である。外に噴水があり、時間になると音楽が流れて水が高く吹き上がる。この「歌う噴水」は音楽に合わせて水の噴き出し方が変わる。

　療養地となったのは19世紀のこと。多くの著名人がやって来たのはいうまでもなく、中でもショパンとゲーテは好んで何度もこの町に滞在した。コロナーダの近くにノヴェー・ラーズニェという浴場があり、19世紀末のネオ・バロックの外観もたいへん美しいが、内部の装飾も並外れて美しい。「王のキャビン」と呼ばれる個室は、英国のエドワード七世がお気に入りで専用に使っていた。

　かつて温泉湯治客のために建てられた装飾的な美しい建物は、現在ほとんどが高級ホテルになっている。

フランチシュコヴィ・ラーズニェ
Františkovy Lázně　MAP●p.6-A

　温泉三角地帯の中で最もドイツに近く、ドイツ人保養客が多い。ドイツ語では"フランツの温泉"という意味のフランツェスバートと呼ばれている。ハプスブルク家の支配下にあった19世紀初頭、オーストリア皇帝フランツ一世にちなんで、この名が付いた。他の2つの温泉地に比べて規模が小さく、観光客も少なくて静かな保養地だ。

　カルロヴィ・ヴァリやマリアーンスケー・ラーズニェが、それぞれに装飾された建物で美しい町並みを造りだしているのに対し、ここは町全体が黄色の壁に白い窓枠で統一されている。この黄色は太陽の色とか。整然とした町並みは、清潔な美しさを醸し出している。

　療養施設のパビリオンやコロナーダも黄色の壁に白い柱で統一。白い列柱で丸く囲まれたパビリオンの上部に1793という数字があるが、これは町が温泉療養を始めた年だ。

　周辺には硫黄や鉄分を豊富に含んだ沼がいくつかあるため、泥風呂療法も盛んに行われている。

マリアーンスケー・ラーズニェ・コロナーダ

ノヴェー・ラーズニェ内のキャビン

チェコの温泉は浸からずに飲むのが主流

チェコの温泉事情

飲む温泉とコロナーダ

　ブダペストの温泉が浸かることが中心であるのに対し、チェコの温泉は飲むことが中心。各温泉地には浸かる風呂もあるが、誰でも温泉の恩恵を受けられるように、温泉水を飲みながら美しいコロナーダを歩くのがチェコ風。ボヘミアの温泉地には吸い口の付いた陶器のカップが売られている。ラーゼンスキー・ポハーレックと呼ばれるこの独特のカップは、大きさも値段もさまざま。種類が多くおみやげに最適。

陶器のカップは多種類ある

プラハからのエクスカーション

クトナー・ホラ　Kutná Hora　MAP●p.6-B

プラハから東へ約60kmに位置する中世の町。13〜14世紀には銀山により発展し、15世紀にはプラハに次ぐ都市となり、一時ボヘミア王が滞在した歴史もある。現在は鉱山都市としては廃れてしまったが、戦争による破壊がほとんどなかったため、聖バルバラ教会をはじめとする歴史的建造物が残り、ユネスコの世界文化遺産に選定されている。

町のしくみ

坂が多いが小さな町なので、充分歩いて回れる。町の中心はパラツケーホ広場Palackého náměstí。ここに観光案内所があり、情報が手に入る。広場から聖バルバラ教会へは、王国造幣局も置かれていたヴラシュスキー宮廷Vlašský dvůr、聖ヤコブ教会Chrám sv. Jakubaを経てから行くとよい。

プラハからの交通

鉄道：プラハ中央駅より約1時間クトナー・ホラ駅Kutná Hora hl.n.でローカル線に乗り換え、約8分のクトナー・ホラ・ムニェスト駅Kutná Hora město下車。バス：プラハのフローレンツ・バス・ターミナルから約1時間30分。

観光案内所
住Palachého nám.377
☎(327) 512-378
開9:00〜18:00（10〜3月〜17:00）

フラーデク銀鉱博物館
Muzeum Hrádek
MAP●p.312

銀鉱の採掘跡の見学もできる

後期ゴシック様式の建物にクトナー・ホラを発展させた銀の採掘の様子や歴史を展示。見学は英語のツアーもあり、要予約（2人から）。ツアー（所要1時間30分）には銀鉱跡の見学も含まれている。

交クトナー・ホラ・ムニェスト駅Kutná Hora městoより徒歩15分 開9:00〜18:00（4・10月〜17:00、7・8月10:00〜、11月10:00〜16:00）
休月曜、12〜3月 料70Kč（ツアー140Kč）

後期ゴシック建築の聖バルバラ教会

見どころ

聖バルバラ教会
Chrám sv. Barbory
MAP●p.312

聖バルバラは坑夫の守護聖人

飛梁で囲まれた特異な外観が目を引く大聖堂は、鉱山労働者ための教会である。1388年にプラハの聖ヴィート教会を手がけたペーター・パーラーによって建設が始まり、16世紀に完成した。内部には坑夫の守護聖人である聖バルバラが奉られ、南の側廊には貨幣鋳造の過程を描いた貴重な壁画が残っている。主祭壇は「最後の晩餐」と聖バルバラの木彫レリーフ、背面後部には4,000本以上のパイプオルガンがある。天井で交差するリブは美しい模様を作りだしている。

交クトナー・ホラ・ムニェスト駅Kutná Hora městoより徒歩20分
開9:00〜18:00（11〜3月10:00〜16:00）
休なし 料85Kč

プラハからのエクスカーション
リトミシュル　Litomyšl　MAP●p.7-C

童話の世界から抜け出たような美しい小さな町。スメタナはここで生を受けた。高台には世界遺産に登録された城があり、毎年6月に開かれるスメタナ・フェスティバルの会場になっている。

かわいい家並みのスメタナ広場

町のしくみ

12世紀にプレモントレ修道院が建設され、その麓のロウチナー川沿いに人々が住み始めた。13世紀半ばにボヘミア王オタカル二世から都市権を与えられ、町となった。旧市街はロウチナー川に沿って広がり、南北に細長く延びるスメタナ広場が町の中心。東側の高台にはリトミシュル城がそびえ、南側にはスメタナが生まれた家がある。

プラハからの交通

バス：プラハのフロレンツのバスターミナルより約3時間。直通もあるが、途中、フラデツ・クラロヴェで乗り換える場合もある。リトミシュルのバス停は、旧市街の南端にある。

観光案内所　Smetanovo náměstí 72 ☎(461)612-161 開8:30〜18:00（土・日曜9:00〜14:00、10〜3月〜17:00、10〜3月の土曜9:00〜12:00）休10〜3月の日曜

Jiraskova 93 開10:00〜17:00（4・5・10月〜15:00、6月〜16:00、7・8月〜18:00）休月曜、11〜3月　英語、ドイツ語のガイドツアー240Kč

見どころ

スメタナ広場
Smetanovo Náměstí

スメタナの銅像が立つ

南北に細長く、延々500m近くに及ぶ中心広場。真ん中に15世紀に建てられた旧市庁舎があり、ここから南側が上広場、北側が下広場と呼ばれていた。1990年に両方を合わせて一つになり、スメタナ広場に変えられた。両側にはアーケードが付いたルネサンス様式のかわいらしい館がぎっしり並んでいる。

広場に立つスメタナ像

リトミシュル城
Zámek Litomyšl

1999年、世界遺産に登録された美しい城

16世紀にリトミシュルの領主となったボヘミア貴族ヴラチスラフ・ペルンシュティンは、イタリアから2人の建築家を呼び寄せ、15年の歳月をかけてルネサンス様式の城を建設した。中庭は各階にアーチ型回廊が巡り、外壁には約8000種のスグラフィット模様が施されている。城の内部には18世紀に造られた貴重なバロック劇場と舞台装置がそのまま保存されている。

外壁のスグラフィット模様はすべて異なる

スメタナの生家
Rodný byt Bedřicha Smetany

チェコの大作曲家が生まれた部屋

スメタナの父は城のビール醸造所の親方で、城の南側にある館に住んでいた。スメタナが生まれたこの家は記念館となって公開されている。両親の寝室だった部屋があり、そこがスメタナ誕生の間。ベビーベッドや木馬が置かれて当時の様子が再現されている。

Jiraskova 133 ☎461-615287 開9:00〜12:00、13:00〜17:00 休月曜、4・10月の月〜金曜、11〜3月　料40Kč

スメタナ誕生の間

スメタナ劇場
Smetanův Dům

コメンスケーホ広場Komenského náměstíに建つネオ・ルネサンス様式の館は、スメタナに因んで20世紀初頭に建設された劇場。毎年6月後半に開かれる「スメタナ・リトミシュル国際オペラ・フェスティバル」では、リトミシュル城中庭に設けられる臨時会場とともにメイン会場となっている。

Komenského nám. 402 ☎461-613-239

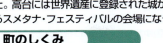

レドニツェとヴァルティツェ
Lednice & Valtice
MAP●p.7-G

夏の離宮だったレドニツェ城

オーストリアとの国境に近い南モラヴィアのレドニツェからヴァルティツェにかけての文化的景観は、世界遺産に登録されている。ここは15世紀頃からリヒテンシュタイン侯爵の領地で、ヨーロッパの小国リヒテンシュタイン公国ゆかりの地といわれている。

町のしくみ

鉄道駅のあるヴァルティツェにリヒテンシュタイン侯爵の居城だった館がある。8km北方のレドニツェには侯爵の夏の離宮が建つ。2つの城の間には自然を生かした庭園があり、ギリシャ風やイスラム風の小規模な建造物も見られる。

ブルノからの交通

ヴァルティツェへは鉄道またはバスでブルノからBřeclav乗り換えで約1時間30分。

観光案内所 住Náměstí Svobody 4, 691 42, Valtice ☎519-352-978 開9:00～12:30、13:00～17:00(10～3月7:00～11:30、12:00～15:30) 休10～3月の土・日曜

見どころ

ヴァルティツェ城
Státní Zámek Valtice

城の地下でワインが買える

駅から城に向かって右手に町の中心、自由広場Svobody Námがある。長方形の大きな広場にはペスト記念柱が立ち、中ほどに真っ白な市庁舎が、その向かいに立派なマリア昇天教会がそびえている。教会の並びにリヒテンシュタイン家の紋章が彫り込まれたアーチ門があり、そこをくぐると城に出る。

最初の城は12世紀に建てられ、14世紀にリヒテンシュタイン家が所有する。17世紀初頭に侯爵の称号を得たカール一世がここを居城に定めた。それ以来、増改築が繰り返されて今日の立派な城となる。城内はガイドツアーで見学できる。シャンデリアが輝く数々の広間や天使が舞うバロックの礼拝堂が美しい。城の地下には大きな酒蔵があり、良質なモラヴィアワインが低価格で購入できる。試飲も可能だ。

住Zámek 1, Valtice
☎519-352-978 開9:00～12:00、12:30～18:00(5・9月は～17:00、4・10月～16:00)
休月曜、4～10月の平日、11～3月
料100Kč(シニア80Kč) などコースにより異なる

上:ヴァルティツェ城地下の酒蔵 下:自由広場に建つ市庁舎、左はペスト記念柱

レドニツェ城
Zámek Lednice

本城よりも立派かと思われる離宮

レドニツェ城はヴァルティツェ城よりも前に建てられ、リヒテンシュタイン家の居城だった。カール一世がヴァルティツェを居城と決めてから、ここは夏の離宮となる。2つの城の間には馬車専用道路として真っすぐな道が建設された。1805年から城主となったヨハン・ヨーゼフ一世は、2つの城の間に狩りの小屋としていくつかの小規模な建物を建てた。それらは現在も保存されている。

書斎の芸術的な螺旋階段は上階の部屋へ通じている

城内はツアー見学が可能で、公的な部分のツアー1とプライベート部分のツアー2とに分かれている。離宮といえども立派な城で、内部はむしろヴァルティツェ城より華やかで垢抜けている。書斎に据えられた螺旋階段はウィーンで造らせたもので、1本の樫の木からできている大変貴重なもの。城の庭園も美しく、少し歩いて行くとイスラム寺院のミナレットを真似た塔などが見られる。

住Zámek 1, Lednice ☎519-340-986 開9:00～12:00、13:00～17:00(4・9・10月は～16:00、2・3・11・12月10:00～16:00) 休月曜、10～4月の平日、1月 料ツアー1 130Kč(シニア90Kč)、ツアー2 150Kč(シニア100Kč)、ツアー1+2 250Kč

クロムニェジーシュ
Kroměříž
MAP●p.7-G

町の中心フェルケー広場

バロック様式のかわいらしい家並みがある町で、大司教の城とその背後に広がる広大な庭園、そして旧市街の外に造られたバロック庭園が1998年に世界遺産へ登録されている。

町のしくみ

町の中心は市庁舎のあるフェルケー広場Velké námésíí。大司教の城は広場の北端にあり、城の裏手には広大な庭園が広がっている。楕円を描くような旧市街の東外側にフラワー庭園がある。

ブルノからの交通
鉄道ではブルノからkojein乗り換えで約1時間30分、バスでブルノから約1時間15分。

観光案内所 住Velké nám 50/45 ☎573-331-473 開9:00～18:00（土・日曜は～17:00、10～4月の土曜～14:00）休10～4月の日曜

見どころ

大司教の城と庭園
Arcibiskupský Zámek a Zahrady

権力者だったオロモウツ司教

フェルケー広場の北角に大司教の城の塔が見える。最初の城は12世紀にオロモウツの司教により建設された。17世紀後半、オロモウツ司教でリヒテンシュタイン・カステルコルン家のカールは城の大改築を行う。彼は美術品を買い集め、優れた音楽家を招いて楽団を結成し、この町をモラヴィアにおけるバロック音楽の拠点とした。

城内はガイドツアーで見学できる。絵画館はプラハの国立美術館に次いで重要とされ、館内にはドイツ、イタリア、オランダの巨匠たちの絵を展示。1848年、革命によりウィーンで帝国会議が開けなかったためここで会議が開かれた。その部屋は「会議の間」と呼ばれている。城の北側にはカール司教の時代に造られた広大な庭園が広がっている。動物園もあり、城の近くでは孔雀が解き放たれている。

住Snémovní Námésti 1 ☎573-520-011
開城:9:00～17:00（7・8月～18:00、4・10月～16:00）庭園:6:30～19:00（11～3月は17:00～16:00）
休城:月曜、4・10月の平日、11～3月　庭園:無休
料城180Kč（シニア150Kč）、庭園は無料

庭園の列柱廊には右端に上に登る階段があり、全体を見渡せる

フラワー庭園
Květná Zahrada

花が作りだす幾何学模様

旧市街の西端よりさらに500mほど西へGen. Svobody通りを行くと、フラワー庭園の入り口がある。17世紀に造園されたが、今日の姿になったのは19世紀半ばのこと。約300×500mという長方形のバロック庭園で、低木と花によって幾何学模様が作りだされている。庭園の北端には244mの列柱廊が設けられ、ギリシャ神話の神々46の胸像が飾られている。列柱廊の上から見渡す庭園はこの上なく美しい。庭園の中央にある八角形のパビリオンは17世紀に建てられた。天井のフレスコ画と彫刻は修復されて以前の美しさを取り戻している。幾何学模様庭園のほかにも迷路庭園や噴水がいくつかあり、入り口近くには温室もある。

住Ulice Generála Svobody ☎573-338-860
開7:00～19:00（11～3月は～16:00）休なし　料70Kč

全体はイギリス庭園だが、館の近くには小さな幾何学模様の庭園や噴水池がある

城を中心とした世界遺産の街並み

チェスキー・クルムロフ
Český Krumlov
MAP●p.6-F

　ヴルタヴァ川が何度も蛇行を繰り返しながら流れているところにチェスキー・クルムロフの町がある。クルムロフとは、ドイツ語でいうねじれた形の川辺の草地の意味で、15世紀に「チェコの」を意味するチェスキーが加えられて、町の名前になった。13世紀ごろから町が形成され、14世紀からのロジェンベルク家Rožemberk、18世紀に入ってからのシュヴァルツェンベルク家Schwarzenbergなど、南ボヘミアの領主の影響を受けつつ、貴重な建物や美術品を残してきた。ことに中世、ルネサンスの町並みは完璧な状態で残っている。1992年にはユネスコの世界遺産に登録された。

プラハからの交通
鉄道：プラハからチェスキー・ブジェヨヴィツェ経由で約3時間30分。
バス：チェスキー・ブジェヨヴィツェ経由で約3時間。毎日11～13便あり、チェスキー・ブジェヨヴィツェからは1時間に1～4本の割合で出ている。所要約45分。

壁の装飾も美しいチェスキー・クルムロフ城

観光案内所
Infocentrum Český Krumlov
（市庁舎内）
MAP●p.317-A
住Náměstí Svornosti 2
☎380-704-622
開9:00～19:00（4・5・9・10月～18:00、11～3月～17:00、6～8月以外の土・日曜は昼休みあり）休なし
Unios Tourist Servise
MAP●p.317-B
住Zámek 57 ☎380-725-110
開10:00～18:00
（6・9・11～3月は～19:00、7・8月は9:00～20:00）休なし

町の魅力と歩き方
　チェスキー・クルムロフ駅から歩いてくると、谷間にヴルタヴァ川に囲まれたような旧市街が見えてくる。旧市街は蛇行する川によって守られた二つの部分から成り立っている。駅から旧市街のブジェヨヴィツカー門Budějovická bránaまでは徒歩20分ほど、バスターミナルからホルニー橋Horní mostまでは10分ほどの距離。北側の高台にチェスキー・クルムロフ城が建ち、川で取り巻かれたような南側が旧市街の中心。ここに市庁舎のあるスヴォルノスティ広場がある。広場を中心に石畳の小路が延びている。

スヴォルノスティ広場

見どころ
　ルネサンス様式を中心にゴシックからバロックまでの町並みが美しく、町全体が見どころとなる。とくに城の塔から眺めるヴルタヴァ川と町のたたずまい、ホテル・ルージェ付近からのチェスキー・クルムロフ城の眺めは見逃せない。石畳の道をそぞろ歩くだけでも楽しい。

チェスキー・クルムロフ城
Zámek Český Krumlov　MAP●p.317-A

さまざまな建築様式からなる複合体建築の城館
　プラハ城に次ぐ、チェコで二番目に大きな城である。外壁はスグラフィット技法で彩色された色鮮やかなもので、13世紀前半に領主クルムロフによって最初の城が建てられた。14世紀にボヘミアの大貴族ロジェンベルク家の所有になると、城は西へ西へと建て増しされ、陸橋を造って隣の丘のてまで延びていった。最終的に5つの中庭から成る大宮殿となり、さらにその西側には広大な庭園が広がっている。室内はゴシック、ルネサンス、バロック、ロココの各様式で装飾され、城の長い歴史が伝わってくる。18世紀にシュヴァルツェンベルク家の所有になってから室内装飾が一段と華麗になった。
　城内は、英語のガイド付きツアーで回る。コースは城の礼

城の塔からの眺めは飽きることがない

橋の脇にたたずむキリスト像と塔

拝堂やバロックサロン、仮面舞踏会の間などをめぐるルート1とシュヴァルツェンベルク家の肖像画ギャラリーやインテリア、美術品をめぐるルート2があり、それぞれ所要約1時間。様式、趣の違う部屋の数々が興味深い。

●城の塔
　Hrádek věží

第2の中庭の角に、13世紀前半に建てられた円筒状の建物。質素なゴシック様式からルネサンス様式に変わり、16世紀にはスグラフィット壁画装飾（p.281参照）に覆われ、美しさを増している。

360度ぐるりと見渡せる、塔上からの眺めがなんといっても素晴らしい。眼下にヴルタヴァ川とオレンジの屋根の家並みが広がり、見事だ。

チェスキー・クルムロフ城
交ブジェヨヴィツカー門Budějovická bránaより徒歩5分 開9:00～16:00（6～8月～17:00）休月曜、11～3月 料ルート1：150Kč（外国語250Kč）、ルート2：130Kč（外国語240Kč）、塔50Kč、バロック劇場250Kč（外国語300Kč）

チェスキー・クルムロフ

317

ホテル・ルージュ前の展望地からのチェスキー・クルムロフ城

企画展も行われる

地域博物館
Okresní Vlastivědné Muzeum　MAP●p.317-B

南ボヘミアの民俗、歴史を知る
チェスキー・クルムロフを中心に南ボヘミアの歴史、民俗、文化に関する展示を行っている。家具や工芸品もあり、展示物の内容、質ともに充実。見応えのある博物館だ。

交ブジェヨヴィツカー門Budějovická bránaより徒歩15分
住Horní 152　380-704-011
開9:00〜12:00、12:30〜17:00　休月曜　料50Kč

エゴン・シーレ文化センター
Egon Schiele Art Centrum　MAP●p.317-A

20世紀初頭の芸術家の作品が集まる
シュイロカー通りŠirokáのビール醸造所だった建物の中にあり、エゴン・シーレをはじめクリムトやピカソなど、19世紀末から20世紀に活躍した芸術家の作品を展示。エゴン・シーレに関しては、写真や手紙、デスマスクなども置かれている。ミュージアムショップと喫茶店もある。シーレは母親が生まれたこの町にしばしば滞在し、作品を残した。

交ブジェヨヴィツカー門Budějovická bránaより徒歩10分　住Široká70-71　開10:00〜18:00　休なし　料140Kč

レストラン&ホテル

エッゲンベルク
Restaurace Eggenberg　MAP●p.317-B

ビールがおすすめ

地ビールが飲めるビアホール
チェスキー・クルムロフの地ビール、エッゲンベルクの直営レストラン。隣の醸造所で造られた苦みのあるビールがおいしい。グラーシュ175Kčなどの肉料理や鯉や鱒などの川魚が食べられる。

交ブジェヨヴィツカー門Budějovická bránaより徒歩5分
住Latrán 27　380-711-917
開11:00〜22:00（金・土曜は〜23:00）　休なし　料150Kč〜　英

パルカーン
Restaurace Parkán　MAP●p.317-A

川を眺めつつテラスで食べる
ラゼブニッキィ橋際にあるペンション内のボヘミア料理店。ヴルタヴァ川に面し、対岸にはチェスキー・クルムロフ城も眺められる。鯉のグリルやパルカーン風ポークチョップなど。

交ブジェヨヴィツカー門Budějovická bránaより徒歩7分　住Parkán 102　380-712707　開11:00〜23:00　料200Kč〜　英

ルージェ
Hotel Růže　MAP●p.317-B

各部屋は中世風インテリア
もともとイエズス会の学校だった建物を利用したホテル。スタッフはすべて中世のコスチュームを付けている。

交ブジェヨヴィツカー門Budějovická bránaより徒歩10分
住Horní 154　380-772100
料€120〜　70室

トラベルインフォメーション
日本編

出発日検討カレンダー……… p.320
自分だけの旅をつくる……… p.322
旅の情報収集……………… p.323
旅の必需品の入手法………… p.324
通貨と両替………………… p.325
空港に行く………………… p.326
ブルーガイドトラベルコンシェルジュ…… p.332

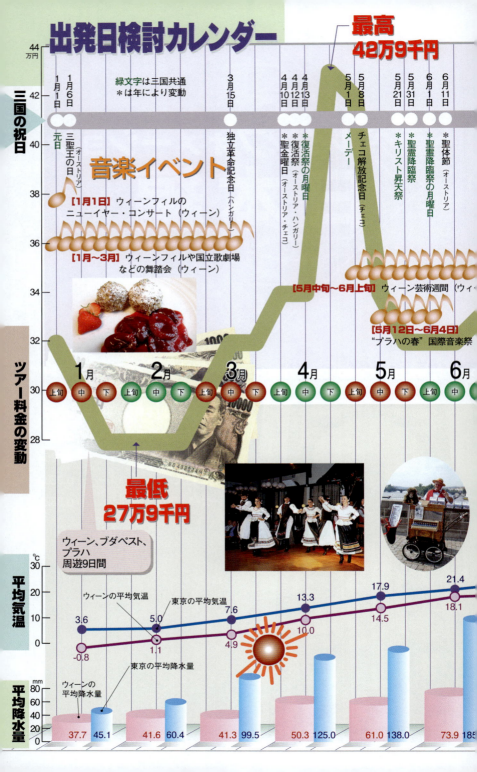

＊日付は2020年の例。
祝日・イベント開催日は年により変動する。
ツアー料金はそれぞれの時期の平均値を算出したもの。

トラベルインフォメーション［日本編］

321

出発日検討カレンダー

7月6日	ヤン・フスを偲ぶ日（チェコ）
8月15日	聖母被昇天祭（オーストリア）
8月20日	建国記念日（ハンガリー）
9月28日	国体記念日（聖ヴァーツラフの日）（チェコ）
10月23日	万聖節
10月26日	共和国宣言の日（ハンガリー）
10月28日	チェコスロヴァキア独立記念日（チェコ）
11月1日	建国記念日（オーストリア・ハンガリー）
11月17日	自由と民主主義のための闘争の日（チェコ）
12月8日	聖母受胎の日（オーストリア）
12月24日	クリスマス・イブ（チェコ）
12月25日	クリスマス（ハンガリー・チェコは26日も）
12月26日	ボクシングデー（ハンガリー）／聖シュテファンの日（オーストリア・チェコ）

【7月末～8月末】 ザルツブルク音楽祭

【9月中旬～10月上旬】 プラハの秋国際音楽祭（プラハ）

【10月中旬～11月上旬】 秋の祭典（ブダペスト）

【12月31日】 オペラ座舞踏会（ブダペスト）

7月			8月			9月			10月			11月			12月		
	中	下	上旬	中	下	上旬	中	下	上旬	中	下	上旬	中	下	上旬	中	下

ワイン新酒

【9月上旬～中旬】 国際ワイン祭り（ブダペスト）

【10月下旬～12月上旬】 ジビエ

	24.8	25.6	22.3	16.5	11.2	6.8
	19.7	19.0	15.3	9.9	4.9	1.1
	62.1　126.1	59.2　147.5	44.8　179.8	41.1　164.1	50.5　89.1	44.5　45.7

オーストリア・ハンガリー・チェコ
自分だけの旅をつくる

鉄道パス
レイルヨーロッパ
URL www.raileurope-japan.
com/

ユーロライン・バスパス
URL www.eurolines-pass.com/

■ 三国をめぐる

　歴史、文化、芸術の一部を共有するこの三国は、ウィーンを中心にアクセスも発達。ウィーン、ブダペスト、プラハの都市間はもちろん世界遺産の町、温泉など、旅の目的に合わせての移動が可能。ブダペスト〜プラハ間は距離があることから、飛行機の利用がおすすめだが、そのほかは、車窓からの風景を楽しみながら、自分ならではの旅を計画してみたい。鉄道、バスとも期間中乗り放題で利用できるリーズナブルなパスもある。

三国間の移動に便利な鉄道パスとバスパス

◆鉄道パス　Railpass

　有効な国の鉄道に乗り放題のパスは使い方によっては非常にお得。ヨーロッパ鉄道用のユーレイルパスは種類が豊富で、24カ国で有効なパスから1カ国で有効なパス、何カ国か組み合わせたパスまであり、通用日連続タイプと有効期間内に日数分の使う日を選べるフレキシータイプがある。最近は圧倒的にフレキシータイプが人気。

　オーストリア、ハンガリー、チェコを鉄道でまわるにはこれら3カ国を含みヨーロッパ28カ国をめぐることができるユーレイルグローバルパスがある。プラハ・ウイーン・ブダペストなど3都市を周遊するには、スロヴァキアも加わったヨーロピアンイーストパスやセントラルヨーロッパトライアングルパスがおすすめ。

　これらのパスはレイルヨーロッパでのオンラインや国内の旅行会社で購入する。最初に利用する列車に乗る前に、パスのヴァリデーション（使用開始手続き）を忘れずに。

●ユーレイルグローバルパス
ヨーロッパ31カ国を鉄道でめぐれる周遊券。1等と2等があり、15日間から3カ月間の有効期間中は乗降自由。料金などはp.336を参照。

●ヨーロピアンイーストパス
オーストリア、ハンガリー、チェコの3国周遊に便利な、スロヴァキアも加わったフレキシータイプの東欧4カ国用。有効期間1カ月の間に選んだ日数分が乗り放題になる。

	1等	2等
5日分	€266	€183
6日分	€292	€207
7日分	€318	€231
8日分	€344	€255
9日分	€370	€279
10日分	€396	€303

●セントラルヨーロッパトライアングルパス
ウィーン、ザルツブルク、ブダペスト、プラハをめぐる2ルートのうち一つを選択する。「ウィーン〜プラハ〜ブダペスト〜ウィーン」または「ウィーン〜プラハ〜ザルツブルク〜ウィーン」を選ぶ、フレキシブルなパス。パスは使用開始から1カ月有効で、席は2等のみで15,200円。

※鉄道パス使用時には必ずヴァリデーションを！
　パスの使用開始日までに窓口で手続きが必要。使用開始日、使用終了日、パスポート番号などを記入する。忘れた場合、車内では手続きできず、罰金を払うことになるので注意。

◆ユーロライン　Eurolines
　ヨーロッパ19カ国、39都市を結ぶバス路線。15日または30日間の乗り放題のパスと都市間ごとの区間乗車券がある。ウィーン〜ブダペスト間は毎日1便、約3時間45分、ウィーン〜プラハ間は毎日1便、所要約5時間、プラハ〜ブダペスト間は週1〜3便、所要約8時間45分。料金はハイシーズン、ミッドシーズン、ローシーズンの3種類。

購入先
日本＝ユーロライン・バスパスは日本の一部の旅行会社で扱っているところもあるが、その年によってまちまち。オンラインで購入するのが確実。購入申し込みは利用日の7日前までで、クレジットカード払いになる。払い戻しはできないので、注意して購入しよう。

シーズン	15日間	30日間
High (6/19〜8/30、12/4〜1/3)	€375（€315）	€445（€405）
Mid (4/1〜6/18、8/31〜11/8)	€265（€225）	€350（€295）
Low (1/4〜5/31、11/9〜12/3)	€225（€195）	€340（€265）

（ ）内はユース料金　※2019年

プランを充実させる
旅の情報収集

■ 政府観光局を利用する

●オーストリア政府観光局
ホームページのみで案内を行っている。オーストリアの基本情報から観光、アクティビティ、宿泊、グルメ、コンサート情報などを網羅。トラベルマガジンや地図も載っている。

●駐日ハンガリー観光室（旧ハンガリー政府観光局）
〒108-0073　東京都港区三田2-17-14　NS三田ビル1階
☎03-5730-7120（内線240）※問い合わせは月～木曜13:30～16:00まで　Fax 03-5730-7124
開 月～木曜10:00～12:30、13:30～16:30、金曜10:00～13:00
休 土・日曜、ハンガリー・日本両国の祝祭日
　公式サイトでは、ハンガリーへの旅のガイドや交通案内、最新情報などを紹介している。

●チェコ政府観光局ーチェコツーリズム
〒150-0012　東京都渋谷区広尾2-16-14　チェコ共和国大使館内
☎03-6427-3093　Fax 03-6427-3973
開 11:00～16:00　休 土・日曜、祝日、チェコの祝日
　チェコ政府観光局は通常オープンにしておらず、資料の受け取りを希望する場合は、事前に来館日時を電話連絡のこと。公式サイトでは旅行情報やニュース＆イベントなどを紹介。

■ 専門旅行会社などで情報入手

　エリア限定の専門旅行会社のほうが、大手旅行会社よりも細かい情報を持っている場合がある。コンサートのチケット入手、宿泊予約などに困った時は、専門旅行会社を頼るのも一つの手。オーダーメイドの個人旅行のプランニングも可能。

●コムツアーズ
　オーストリアと中欧の旅の専門の旅行会社。オペラやコンサートを組み込んだツアー、ウェディング、一般家庭訪問も可能。オーストリア、チェコ、ハンガリーなどのチャーター観光プランも組んでもらえる。

●パーパスジャパン
　オーストリア、チェコ、ハンガリーなどの中欧旅行に強い旅行会社で、予算に応じた個人旅行のプランニングをしてもらえる。

■ インターネットを利用する

ウィーン市観光局	URL www.wien.info/ja
ザルツブルク市観光局	URL www.salzburg.info/ja
インスブルック市観光局	URL www.innsbruck.info
在日オーストリア大使館	URL www.bmeia.gv.at/ja/oeb-tokio
駐日ハンガリー大使館	URL tokio.mfa.gov.hu/jpn
在日チェコ共和国大使館	URL www.mzv.cz/tokyo/ja
外務省海外安全ホームページ	URL www.anzen.mofa.go.jp

オーストリア政府観光局
URL www.austria.info/jp

駐日ハンガリー観光室
URL www.hungary.tabi.jp
●資料郵送サービス
　左記住所宛てに切手を同封して申し込む。日本語のパンフレットのみ郵送可能で、205円分の切手を送付する。返信用封筒は不要。

チェコ政府観光局
URL www.czechtourism.com
●資料郵送サービス
　日本語のパンフレットは、返信先を明記の上、380円分の切手を同封して左記住所宛に郵送する。

専門旅行会社など
●コムツアーズ
京都府京都市下京区中堂寺粟田町93　京都リサーチパーク4号館　5階S-02
☎075-925-7888
Fax 075-925-7884
URL www.komtours.com
●パーパスジャパン
☎東京03-5775-1919
☎大阪06-6456-5892
URL www.purposejapan.com/

旅の必需品の入手法

パスポート
※新規申請に必要な書類などパスポートについての詳細は
URL www.mofa.go.jp/mofaj/toko/passport/pass_2.html

パスポートの残存有効期間
オーストリア　出国時3カ月以上残っているもの
ハンガリー　入国時3カ月以上
チェコ　入国時6カ月以上

国外運転免許証
オーストリア、ハンガリー、チェコの場合、運転には国外運転免許証が必要。日本の免許証を提示する必要もあるので、必ず併せて持っていこう。

国外運転免許証は、日本の運転免許証を持っていれば誰でも取得できる。現住所のある各都道府県の運転免許試験場、公安委員会の国外運転免許窓口で、通常だと1時間程度で交付される。

国外運転免許証の有効期間は1年間。日本の運転免許証の残存有効期間が1年未満になっている場合は、日本の運転免許証の期限前更新をする必要がある。
府中運転免許試験場
☎042-362-3591

国際学生証ISIC
国際的に通用する学生身分証明書。高等教育機関のフルタイムの正規学生、短大・大学・大学院生・専門学校本科生・高等専門学生4・5年生に発行されるもの。旅行時の交通機関、観光、宿泊などで割引や特典が得られる。美術館や博物館などの中にはこのカードを提示すると割引になるところもある。詳細は大学生協事業センター
☎03-5307-1155へ。
URL www.isic.jp

■パスポート（旅券）Passport
日本国が発行する国際的な身分証明書がパスポート。これがなければ外国への入国ができず、日本を出国することもできない。外国での日本人の身分を日本国政府が保証してくれる公文書なので、海外滞在中は、常時携帯が原則。年齢に関係なく1人に1冊必要となる。一般の人に発給される一般旅券には、5年用（紺色）と10年用（赤色）の2種類がある。ただし、20歳未満は5年用しか申請できない。

●新規申請
一般旅券発給申請書と必要書類（戸籍謄本など）をそろえて、住民登録している都道府県の旅券課で申請する。発行手数料は5年用が1万1,000円（12歳未満は6,000円）、10年用は1万6,000円。申請終了時に交付日を記した受領証が渡されるので、大切に保管すること。取得までは、通常休日をのぞいて1週間程度を要するが、時期や場所によっては2週間ほどかかる場合もある。

●切り替え申請
残存有効期間が1年未満になって更新したい場合は、新規申請時に必要な書類と有効旅券を持ち、旅券課へ申請する。氏名・本籍に変更がない場合、戸籍抄（謄）本は省くことができる。手続き、手数料は新規申請と同じ。受領までは6～8日間。

> **2021年よりETIAS（欧州渡航情報認証制度）**
> 日本からオーストリア、ハンガリー、チェコにビザを取得せずに訪問するために、2021年1月よりETIAS（エティアス）の取得が必要となる。　　　　（2019年6月現在）
> URL etias-euvisa.com/

■ビザ（査証）Visa
訪問先国の在外公館によって発行される入国滞在許可証。オーストリアは観光の目的の場合、日本国籍所有者は6カ月以内はビザなしで滞在できる。それ以外の場合は、在留許可申請が必要となり、オーストリア共和国大使館へ申請する。なお、シェンゲン協定国に滞在できる期間は「滞在日数の合計」で90日なので、注意。日本とオーストリアの間では例外規定があり、6カ月間中の滞在数も、ほかのシェンゲン協定国で滞在した場合は、合計の滞在日数は90日までとなる。

ハンガリーとチェコの場合、観光や商用が目的で6カ月間で90日以内の滞在であれば、ビザは必要ない。91日以上滞在する場合は、観光、商用など、目的に応じたビザが必要。手続きは目的によって異なり、所定の書類をそろえてハンガリー大使館領事部、チェコ大使館領事部にそれぞれ申請する。

通貨と両替

お金は何を持っていくか

日本の銀行ではハンガリーフォリントとチェココルナは両替できない。したがって、オーストリアのみ旅行する人は、現金はユーロ€か日本円で、何カ国か周遊する場合は、現金は日本円で用意し、各国で現地通貨に両替することになる。ハンガリーやチェコの地方でもたいてい日本円で両替できるが、念のためにユーロも用意しておくと安心だ。

なお、ハンガリーのブダペストやチェコのプラハの観光地では、現地のフォリントやコルナでなく、ユーロを使えるところも多い。

クレジットカード

身分証明にもなるクレジットカードは、海外旅行には欠かせない必需品。ヨーロッパでは、VISA、Masterの利用範囲が広く、次いでAMEX、Diners、JCBが利用できる。ただし、小規模な店では扱っていない場合も多い。盗難・紛失した場合の連絡先とカード番号を必ず控えていくこと。

トラベルマネーカード

●プリペイドカード

国際キャッシュカードとトラベラーズチェックの機能をあわせもち、銀行口座を開設することなく、現地の空港や街中のATMで引き出せるキャッシュカード。海外で必要なお金を日本で旅行前に預け入れるプリペイドタイプの海外専用キャッシュカードだ。ショッピング時にはデビットカードとしても利用できる。キャッシュパスポート（トラベレックス）、Visa Travel Money "Gonna"（ジャックス）、NEO MONEY（クレディ・セゾン）などがある。

●国際キャッシュカード

海外でも使える国際キャッシュカード。新生銀行のキャッシュカードは国際キャッシュカードとしても利用できる。「VISA」または「PLUS」と提携するCD・ATMで現地通貨で引き出せる。日本の銀行口座から日本で利用するのと同じように現金を引き出すことができる。利用日の為替レートの現地通貨で手数料とともに日本の口座から引き落とされる。

●VISAデビットカード

「VISA」や「PLUS」の提携のCDもしくはATMで、日本の普通口座から現地通貨を引き出せるほか、VISA加盟店ではデビットカードとして使えるので、口座残高の範囲内でキャッシュレスでショッピングも可能。使用すると即時に引き落とされる。三菱UFJ銀行、ジャパンネット銀行、楽天銀行などで取り扱っている。発行手数料無料。

旅の予算

中級のホテルやレストランを利用した場合、宿泊10,000円、食事4,000円、入場料や市内の交通費など3,000円として1人1日1万7,000円が目安。そのほか、長距離移動のための費用、みやげ代を加えて、持っていく金額を割り出そう。

現地通貨の再両替

現地通貨が残った場合、それぞれの国を出国する前に再両替しておく必要がある。しかし、何度も両替をすると手数料がかかる。現地通貨に両替した分はすべて使い切るようにしたい。

なお、成田国際空港のGPA外貨両替専門店では、ハンガリーフォリント、チェココルナの両替（紙幣のみ）ができる。

プリペイドカード
キャッシュパスポート
URL www.jpcashpassport.jp
Visa Travel Money Gonna
URL gonna-jaccs.jp/travel/card_lineup/visa_travel money/index.html/
NEO MONEY
URL www.neomoney.jp

国際キャッシュカード
新生銀行総合口座パワーフレックス
URL www.shinseibank.com/atm/riyou_kaigai.html

VISAデビットカード
VISA JAPAN
URL www.visa-news.jp/debit/application.html

外務省の「海外安全アプリ」

App StoreやGoogle playで無料でダウンロードできる。スマートフォンのGPS機能を利用して、今いる旅先や周辺国・地域の安全情報が入手できる。

トラベルインフォメーション［日本編］

旅の必需品の入手法／通貨と両替

＊2019年現在ハンガリーとチェコはEUに加盟しているが、通貨はフォリント、コルナを使用

空港に行く　成田国際空港

成田国際空港インフォメーション
☎0476-34-8000
URL http://www.narita-airport.jp/

日本最大の国際空港で、東京都心から60kmの千葉県成田市にある。第1～3の3つのターミナルからなり、鉄道もバスも下車駅が異なる。東京寄りが第2ターミナルの空港第2ビル駅、終点が第1ターミナルの成田空港駅。両ターミナル間は無料連絡バスが日中約7分おきに運行している。

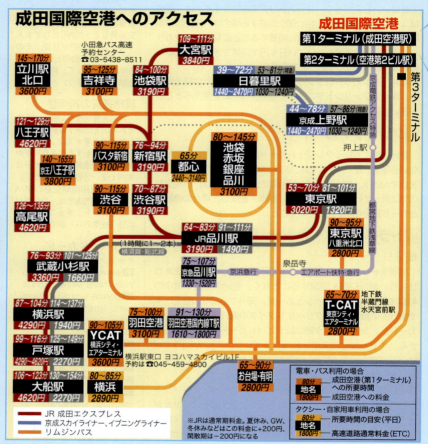

成田エクスプレス
時間に正確、大きな荷物も安心！

　東京、神奈川、埼玉の主要駅と成田空港を結ぶJRの特急で、荷物を置くスペースも完備。1日27本。八王子や大宮からは少なくとも1日2本のみ。夏期には横須賀、鎌倉からの臨時便も運行。全車指定席で座席指定特急券が必要だが、乗車日と乗車区間のみ指定の「座席未指定特急券」もある。料金は指定特急券と同額。

横須賀線・総武線でも

　特急にくらべ時間はかかるが、JRの普通列車でも成田空港に行ける。横須賀線・総武線直通運転の快速エアポート成田は、日中ほぼ1時間に1～2本の運行。特急券は不要で、乗車券のみで利用できる。ただし車両は普通の通勤用なので、大きな荷物があると不便。
JR東日本お問い合わせセンター ☎050-2016-1600

 空港への交通機関の所要時間、料金は2019年3月上旬現在です。

Airport Guide

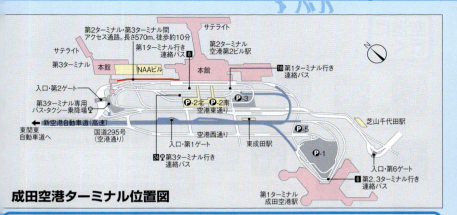

成田空港ターミナル位置図

第1ターミナルのエアライン

南ウィング
全日空
- アシアナ航空
- ヴァージン・オーストラリア
- ウズベキスタン国営航空
- エア・カナダ
- エアソウル
- エアージャパン
- エアプサン
- エジプト航空
- エチオピア航空
- エバー航空
- 山東航空
- シンガポール航空
- 深圳航空
- スイスインターナショナル エアラインズ
- スカンジナビア航空
- ターキッシュ エアラインズ
- タイ国際航空
- 中国国際航空
- ニュージーランド航空
- MIATモンゴル航空
- 南アフリカ航空
- ユナイテッド航空
- ルフトハンザドイツ航空
- LOTポーランド航空

オーストリア航空

北ウィング
エールフランス
- アエロフロート・ロシア航空
- アエロメヒコ航空
- 厦門空港
- エアカラン
- エティハド航空

アリタリア－イタリア航空
- オーロラ航空
- ガルーダ・インドネシア航空
- KLMオランダ航空
- 四川航空
- ジンエアー

- 大韓航空
- タイライオンエアー
- 中国南方航空
- デルタ航空

- ベトナム航空
- 香港航空
- ロイヤルブルネイ航空

第2ターミナルのエアライン
日本航空
- アメリカン航空
- イースター
- イベリア航空
- エア インディア
- エア タヒチ ヌイ
- S7航空
- エミレーツ航空
- 海南航空
- カタール航空
- キャセイパシフィック航空
- スクート
- スリランカ航空
- セブパシフィック航空
- タイ・エアアジアX
- タイガーエア台湾
- チャイナエアライン
- 中国東方航空
- ティーウェイ航空
- ニューギニア航空
- ノックスクート
- ハワイアン航空
- バンコク・エアウェイズ
- パキスタン航空

ブリティッシュ・エアウェイズ
- ファイアーフライ
- フィジーエアウェイズ
- フィリピン航空
- フィンランド航空
- ベトジェットエア
- 香港エクスプレス
- マカオ航空
- マレーシア航空
- マンダリン航空
- ラタム航空（TAM）
- ラタム航空（LAN）

第3ターミナルのエアライン
- ジェットスター航空
- ジェットスター・ジャパン
- Spring Japan
- チェジュ航空
- バニラエア

スカイライナー
世界標準のアクセスタイムを実現

成田スカイアクセス線経由のスカイライナーは、日暮里と成田空港駅（第1ターミナル）間を最速38分で結ぶ。料金は2470円。18時以降は京成本線経由のイブニングライナーが1440円と安くて便利。特急料金不要のアクセス特急は青砥から所要約45〜50分、1120円。上野からだと京成本線経由の特急が1時間2〜3本運行、1030円。
京成電鉄上野案内所 ....☎03-3831-0131

京急線、都営地下鉄からでも
京浜急行、都営浅草線からも直通のエアポート快速特急とエアポート急行などが成田スカイアクセス線及び京成本線経由で毎日17〜18本運行。20分近く時間短縮となり便利。
京急ご案内センター ....☎03-5789-8686

リムジンバス
乗り換えなしでラクチン

JRや京成電鉄の駅に出るのが面倒なら、自宅近くからリムジンバスや高速バスが出ていないか要チェック。都心や都下の主要ポイントを運行する東京空港交通（リムジンバス）のほかに、京王バス、小田急バス、神奈川中央バス、京成バスなどが関東や静岡などの主要都市から数多く運行している。
リムジンバス予約・案内センター ...☎03-3665-7220
................www.limousinebus.co.jp/
京王高速バス予約センター（聖蹟桜ヶ丘、多摩センター、調布など）........☎03-5376-2222
小田急バス予約センター（たまプラーザ、新百合ヶ丘など）............☎03-5438-8511
神奈中高速バス予約センター（茅ヶ崎、相模大野、町田など）............☎0463-21-1212

 東京駅八重洲口、銀座、大崎から成田空港まで900〜2000円（深夜早朝便）の格安バスが運行されている。詳細は東京シャトル HYPERLINK www.keiseibus.co.jp、THEアクセス成田accessnarita.jp、成田シャトルtravel.willer.co.jpへ。

成田国際空港

空港に行く 東京国際空港（羽田空港）

東京国際空港ターミナルインフォメーション
☎03-6428-0888
URL www.haneda-airport.jp/inter/

羽田空港へのアクセス

●電車

京浜急行と東京モノレールを利用。京浜急行の場合は品川からエアポート快特・急行で11〜23分、410円。横浜駅から16〜31分、450円。新橋から都営浅草線直通のエアポート快特・急行で22〜34分、530円。

モノレールの場合、山手線浜松町駅から13〜21分、490円。日中は3〜5分間隔で運行。

京急ご案内センター ……………☎03-5789-8686
東京モノレールお客さまセンター ……☎03-3374-4303

●空港バス

都内各方面、神奈川・埼玉県など各地からリムジンバスが運行している。新宿・渋谷・横浜などでは深夜・早朝便を割増料金で運行。

リムジンバス予約・案内センター…☎03-3665-7220
京急高速バス座席センター ………☎03-3743-7220

東京国際空港位置図

クルマ

首都高速湾岸線湾岸環八出口から国際線ターミナルまで約5分。国際線ターミナルの南側に国際線駐車場(24時間2100円。以後24時間ごとに2100円、72時間超えた場合は1日の上限1500円)がある。ハイシーズンは満車の場合が多いので予約がベター。予約料1400円。

国際線駐車場 ………………………☎03-6428-0121

 ※2020年3月末より「国際線ターミナル」の名称が「第3ターミナル」に、「空港第1ビル」「空港第2ビル」が「空港第1ターミナル」「空港第2ターミナル」に変更される。東京モノレール、京急電鉄の駅名も変更になる。

Airport Guide

空港に行く 関西国際空港

関西国際空港総合案内所
☎072-455-2500
URL www.kansai-airport.or.jp/

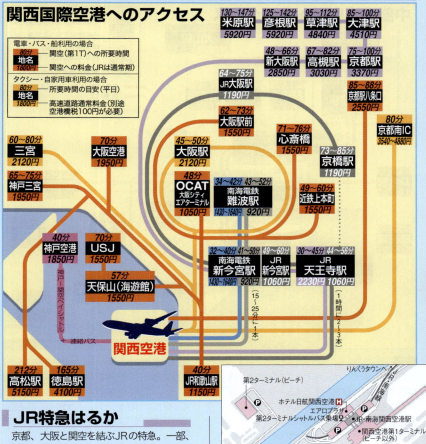

JR特急はるか

京都、大阪と関空を結ぶJRの特急。一部、米原、草津始発の列車もあるが、ほとんどは京都駅が始発。日中ほぼ30分に1本の間隔で運行。急いでいなければ京橋または天王寺始発の関空快速もおすすめ。所要時間は特急より＋15分くらいだが、普通料金で利用できる。
JR西日本お客様センター……☎0570-002-486

南海電鉄ラピートα・β

難波から新今宮、天下茶屋、泉佐野、りんくうタウン停車で関空に行くのがラピートα、平日早朝4本運行。ラピートβは堺、岸和田にも停車し、合わせて31本運行。
南海テレホンセンター………☎06-6643-1005

空港バス

関西から一部四国まで路線が充実しており、上図以外にも、JR・阪神尼崎駅、京阪守口市駅、JR・近鉄奈良駅発などがある。2週間有効の往復乗車券が割引率がよくておすすめ。予約が必要な便もあるので、要問い合わせ。
関西空港交通リムジンバスセンター…☎072-461-1374
www.kate.co.jp/

京都・神戸・芦屋エリアから関空まで乗合タクシーが走っている。料金は京都から1人4200円、神戸・芦屋2500〜4200円など。予約は、MKスカイゲイトシャトル（京都☎075-778-5489／神戸・芦屋☎078-302-0489）、ヤサカ関空シャトル（京都☎075-803-4800）へ。

空港に行く 中部国際空港（セントレア）

セントレアテレホンセンター
☎056-938-1195
URL www.centrair.jp/

鉄道
　名古屋、岐阜、犬山などと中部国際空港間は名鉄を利用。快速特急（ミュースカイ）を使えば名古屋からだと最速で28分で空港に。料金は指定席料金360円込みの1230円。
名鉄お客さまセンター…………☎052-582-5151
www.meitetsu.co.jp/

空港バス
　名古屋市内や近郊、愛知県各所、四日市、桑名、浜松、掛川ICなどから高速バスが運行している。乗り換えしなくてすむのが便利だ。

名鉄お客さまセンター…………☎052-582-5151
三重交通四日市営業所…………☎059-323-0808
　　　　　桑名営業所…………☎059-422-0595
知多乗合お客様センター………☎0569-21-5234
遠州鉄道空港バス係……………☎053-451-1595

船
　三重県の津から高速艇が中部国際空港まで運航。通常ダイヤで1日13便。定期整備のため減便ダイヤあり。料金2470円。
津エアポートライン……☎059-213-4111（津）

空港に行く 福岡空港
福岡空港国際線案内……………☎092-621-0303
www.fuk-ab.co.jp/

空港に行く 仙台空港
仙台空港総合案内所……………☎022-382-0080
www.sendai-airport.co.jp/

空港に行く 新千歳空港
新千歳空港総合案内……………☎012-323-0111
www.new-chitose-airport.jp/ja/

Airport Guide

空港利用の裏ワザ

荷物は空港宅配サービスで

スーツケースなど重い荷物を空港まで運ぶのは大変。宅配便を利用すればそんな苦労も無縁。帰りも空港から自宅に荷物を送ることができる。航空会社と提携したサービスを使えば、マイレージが付くなどのメリットも。2日前までに荷物を出し、空港の配送会社カウンターで受け取る。

●ヤマト運輸空港宅急便（国内17空港）
0120-01-9625
☎050-3786-3333（IP電話から）
www.kuronekoyamato.co.jp
（ネット申し込み可）
（料金例）関東から成田空港へ。160サイズ（3辺合計160cm以内、重さ25kgまで）2678円。復路も空港カウンターから発送可能。

●主要空港宅配便連絡先
JAL ABC（成田・羽田・関空・中部）
0120-919-120　☎03-3545-1131（携帯から）
www.jalabc.com/airport/（ネット予約可）
ANA手ぶら・空港宅配サービス（成田・羽田・関空）
☎0570-029-333
www.ana.co.jp/int/ground/baggage.html

Webチェックインで時間を有効活用

パソコンやスマホからチェックインができるサービスがWebチェックイン。eチケットがあれば誰でも可能。出発の72時間前からでき、座席指定も可能。搭乗券を印刷するかモバイル搭乗券をスマホで受け取れば完了。その代表例がANAの「オンラインチェックイン」や日本航空の「QuiC」。当日預ける手荷物がなければそのまま保安検査場へ。ある場合は手荷物専用カウンターで預けてから。空港には搭乗60分前までに着けばいいので楽だ。詳細は各航空会社のHPで。

手ぶらサービスで荷物を現地空港まで

日本航空と全日空は、成田・羽田・関空・中部（中部は日本航空のみ）発の国際線（グアムやハワイを含む米国路線、米国経由便、共同運航便を除く）の利用者に対して、自宅で宅配便に預けたスーツケースを渡航先の空港で受けとれる手荷物チェックイン代行サービスを行なっている。前述のWebチェックインと併用すれば、空港での手続きがなく楽。料金は、日本航空が従来の空港宅配便と同額、全日空がプラス324円。

申し込みは日本航空はwww.jalabc.com/checkin/または0120-919-120。全日空はwww.ana.co.jp/int/ground/baggage.html。

定番みやげは予約宅配で

旅先で限られた時間を、みやげ探しに費やしたくない。そんな場合に活用したいのが、海外旅行みやげの予約宅配システム。成田にある海外おみやげ予約受付（第1北4F）では、チョコレートやお酒など、世界各国の定番のおみやげを豊富に揃えており、全国一律972円で指定の日に配達してくれる。出発前に商品カタログを自宅に取り寄せて（0120-988-275）申し込むか、空港の受付で注文しておけば、身軽に海外旅行が楽しめる。羽田、関空、中部にも同様のサービスがある。

成田空港までマイカーで行くなら

成田空港までのアクセスに車を使う場合、問題になるのが駐車場。空港周辺の民間駐車場をネット予約すれば、空港までの送迎付きで4日間3000円、7日間で5000円くらい。高速代を加味しても、複数なら成田エクスプレス利用よりは安くなるが、時間がかかる。

成田空港の駐車場を利用すると利便性は高まるが、民間より料金は高くなる。第1ターミナルならP1かP5駐車場、第2・第3ターミナル利用ならP2かP3駐車場が近くて便利。このうち予約ができるのはP2とP5のみ。料金はP1、P2駐車場の場合、5日駐車で1万300円。それ以降は1日につき520円加算となる。GWや夏休みは混むので、予約は早めに。

成田空港駐車場ガイド（民間）
www.narita-park.jp/
成田国際空港駐車場案内
www.narita-airport.jp/jp/access/

空港に行く

中部国際空港　他／空港利用の裏ワザ

旅行ガイドブックのノウハウで、旅のプランを作成！

ブルーガイド トラベルコンシェルジュ

旅行書の編集部から、あなたの旅にアドバイス！

ちょっと近場へ、日本の各地へ、はるばる世界へ。
トラベルコンシェルジュおすすめのプランで、
気ままに、自由に、安心な旅へ―。

ココが嬉しい！　サービスいろいろ

◎旅行情報を扱うプロが旅をサポート！
◎総合出版社が多彩なテーマの旅に対応！
◎旅に役立つ「この一冊」をセレクト！

徒歩と電車で日本を旅する「てくてく歩き」、詳細な地図でエリアを歩ける「おさんぽマップ」、海外自由旅行のツール「わがまま歩き」など、旅行ガイドブック各シリーズを手掛けるブルーガイド編集部。そのコンテンツやノウハウを活用した旅の相談窓口が、ブルーガイド トラベルコンシェルジュです。

約400名のブルーガイド トラベルコンシェルジュが、旅行者の希望に合わせた旅のプランを提案。その土地に詳しく、多彩なジャンルに精通したコンシェルジュならではの、実用的かつ深い情報を提供します。旅行ガイドブックと一緒に、ぜひご活用ください。

■ブルーガイド トラベルコンシェルジュへの相談方法
1．下のお問い合わせ先から、メールでご相談下さい。
2．ご相談内容に合ったコンシェルジュが親切・丁寧にお返事します。
3．コンシェルジュと一緒に自分だけの旅行プランを作っていきます。お申し込み後に旅行を手配いたします。

■ブルーガイド トラベルコンシェルジュとは？
　それぞれが得意分野を持つ旅の専門家で、お客様の旅のニーズに柔軟に対応して専用プランを作成、一歩深い旅をご用意いたします。

ブルーガイド トラベルコンシェルジュのお問い合わせ先

Mail: blueguide@webtravel.jp
https://www.webtravel.jp/blueguide/

トラベルインフォメーション
現地編

オーストリア実用ガイド……p.334
ハンガリー実用ガイド………p.340
チェコ実用ガイド……………p.344
帰国ガイド……………………p.348
旅の安全と健康………………p.350
トラブル例と対策……………p.352
三国を知るために……………p.354
ハプスブルク家系図…………p.356
オーストリアの歴史…………p.358
ハンガリーの歴史……………p.360
チェコの歴史…………………p.362
さくいん………………………p.364

オーストリア実用ガイド

ウィーン西駅のÖBBの列車（左）とDBドイツ鉄道の列車（右）

オーストリア国鉄
Austria National Railway
URL www.oebb.at/

オーストリア国鉄のロゴマーク

オーストリアの列車
- RJ：レイルジェットRailjet
  国際高速列車
- EC：ユーロシティEuro City
- IC：インターシティInter-City
  国内長距離特急列車
- D：シュネルツークSchnellzug
  急行
- EN：ユーロナイトEuronight
  夜行特急列車
- R：レギオナールツーク
  Regionalzug　各駅停車

ウィーン中央駅
国際列車のほとんどが発着するハブステーションとして機能している。

国内交通

空路

オーストリア国内の移動は空路より鉄道の方が便利だが、ウィーンから直接地方都市に行く場合など、場合によっては時間が短縮されて、利用価値の高いこともある。国内空港はグラーツ、クラーゲンフルト、リンツ、ザルツブルク、インスブルックにある。

◆**主要航空路線**

国内路線はオーストリア航空と同系列のチロリアン航空がカバーしている。

ウィーン	リンツ	所要40分	毎日3〜4便
ウィーン	ザルツブルク	所要50分	毎日3〜4便
ウィーン	グラーツ	所要35分	毎日3〜5便
ウィーン	クラーゲンフルト	所要40分	毎日3〜5便
ウィーン	インスブルック	所要60分	毎日5〜6便
リンツ	グラーツ	所要35分	土・日曜を除く毎日1便
ザルツブルク	リンツ	所要25分	土曜を除く毎日1〜2便

鉄道

国内移動に便利なのは鉄道。オーストリア国鉄ÖBBは国内に約5,800kmの鉄道網を敷いている。一部私鉄もあるがほとんどが国鉄。システムもわかりやすく、旅行者にも利用しやすい。

◆**オーストリアの主な路線**

ウィーン〜リンツ〜ザルツブルク〜インスブルック〜ブレゲンツをつなぐ、オーストリア横断路線が一番の幹線。ヨーロッパ諸国からの国際列車も頻繁に通る路線だ。その他、ウィーン〜クラーゲンフルト〜フィラッハ（途中Bruck an der Murでグラーツ行きの路線を分ける）、クラーゲンフルト〜フィラッハ〜ザルツブルク（途中Spital-Millstätterseeでリエンツへの路線を分ける）の路線が便数も多く利用しやすい。

オーストリア国鉄のカラーは赤！

発車のベルは鳴らず、列車は音もなく発車する。列車の編成にも要注意、途中で切り離して違う方向へ向かうなんてこともしばしば。

■駅の電動掲示板

コンパートメントは6人

ホーム番号／出発／列車の種類／経由地／運行状況を示す（現在は遅延）

出発時刻／列車名「ヨハン・シュトラウス号」／行き先（ケルン）

◆駅の掲示板やボードの時刻表がわかりやすい

駅には出発・到着を表示する掲示板があるほか、その駅に発着する全列車を掲載したボード型の時刻表が、ホールのわかりやすいところに掲示されている。出発Abfahrtは紙の地色が黄色、到着Ankunftは白地の紙に印刷されている。これはオーストリア国内どこへ行っても必ず同じなのでわかりやすい。複雑な乗り継ぎや路線を調べるのでなければ、これで充分わかる。

◆乗車券

1等と2等がある。100km以内は1日有効で、101km以上は6日間有効（往復の場合は1カ月）。201km以上の乗車券は途中何度でも下車することができる。ただし降りた駅で車掌に途中下車のサインFahrtunterbrechung-Vermerkをしてもらうこと。国内を走る通常の特急、急行、快速などには特別料金はなく、普通料金で乗れる。

乗車券を買う時間がなくて列車に飛び乗ったときは、車内で車掌から買うことができるが、手数料が必要。ただし、近距離は車掌がいないので注意。

◆時刻表を手に入れよう

列車について詳しく知りたい人は、行き先別の時刻表を手に入れよう。主要駅の案内所に置いてあり、行き先別に1枚の紙に印刷されたものだ。無料なので必要なところをもらっておくと便利だ。

◆ダイヤ改正は年2回

夏ダイヤは5月最終日曜から9月最終土曜まで、それ以外を冬ダイヤで運行。オフシーズンには本数が激減してしまう地域もあるので要注意。

■予約券の読み方　例はオーストリア国鉄発行の国外行ききっぷ

出発時刻／出発地（ウイーン西駅）／予約／目的地（ブダペスト駅）／到着月日／等級（2級）
出発月日　　　　　　　　　　　　　　　　　　　　　　　　　　　　　　　到着時刻

列車番号

禁煙／車両の種類（サロン車）／車両番号／13番／座席／予約手数料
　　　　　　　　　　　　　　　　　　　　　　廊下側

きっぷ売り場／Auslandは国外、Inlandは国内

◆長距離の場合は予約をしよう

近年、列車は込むことが多く、特に学校が休みの期間や週末、祝日などは込み合う。2等車で3時間以上移動する場合は予約した方がよい。予約の際にコンパートメント車両かサロン車両かなど、希望を聞かれる。2等の場合は書かれている車両番号（日本でいう号車）に乗る。予約は有料で、€6。座席の予約は路線により6カ月、3カ月、2カ月前から出発直前まで受け付けている。

◆高速列車レイルジェット

ビジネスクラス以外は座席予約の必要はとくにない。鉄道パスでは2等パスでエコノミークラス、1等パスでファーストクラスが利用できる。快適な車両に乗れる。

トラベルインフォメーション［現地編］

335

オーストリア実用ガイド

ÖBBのバスが到着した
ウィーン・ミッテ駅

レンタカー

荷物と時間の心配をせず、自由に旅行したい人におすすめ。シーズン中はできれば日本から予約をしていきたい。予約なしで現地入りした場合は空港や駅、ホテルのレンタカー会社の窓口で借りることができる。

エイビス：0120-31-1911
URL www.avis-japan.com/
ハーツ：0120-48-9882
URL www.hertz.com
バジェット：0570-054-317
URL www.budgetrentacar.co.jp/

ポストバスで

オーストリア国内を走るÖBB営業の中・長距離バスはポストバスPost Busと呼ばれ、国内に網の目のように路線を広げている。オーストリア全土で約1,000路線、3,000コースがある。鉄道が通れない山の中や谷の奥の村まで入り込み、人々の大切な足となっている。

◆乗車券

運賃はオーストリア国鉄の2等運賃とほぼ同額。大きなターミナル駅を除き、たいていは運転手に行き先を告げて買う（ワンマンバス）。またポストバス時代の名残で、多くのバス停は郵便局前なので、乗車券や時刻表は郵便局で買うこともできる。ユーレイルオーストリアパスなどのパス類は使用できない。

オーストリア鉄道旅行に便利 パスのいろいろ

鉄道を利用してオーストリア国内を旅行しようという人におすすめなのが、各種鉄道パスや割引チケット。訪問国の数、移動する日数など必要に応じたパスを選ぼう。年齢や利用形態による割引プランもある。パスの便利なところは、予約を必要としない列車ならいつでも好きなときに乗れる、窓口できっぷを購入する手間が省ける点などだ。

◆ユーレイルオーストリアパス Eurail Austria Pass

有効期間1ヵ月のうち決められた通用日数（3～8日）の間、オーストリア国鉄が乗り放題になるもの。チケットには使用日数分の枠があり、乗車する日をあらかじめ自分で記入しておく。記入を忘れると無賃乗車扱いになるので注意。

通用日数	1等	2等
3日分	€195	€146
4日分	€230	€173
5日分	€262	€197
6日分	€291	€218
8日分	€344	€258

（2019年度の料金）

◆ユーレイルグローバルパス Eurail Globalpass

ヨーロッパ31ヵ国共通の鉄道周遊券。1等と2等があり、有効期間中は乗り降り自由で、特急や急行の料金も必要ない。一部バスやフェリーなどにも適応。予約が必要な列車の座席指定料金や寝台料金などは含まれていない。26歳未満はユーレイルグローバルパスユースがある。

	1等	2等		1等	2等
15日間	€590	€443	2ヵ月間	€975	€731
22日間	€690	€518	3ヵ月間	€1202	€902
1ヵ月間	€893	€670		（2019年度の料金）	

通用国：オーストリア、ハンガリー、チェコ、イギリス、フランス、イタリア、ベルギー、ギリシャ、ドイツ、ノルウェー、オランダ、スウェーデン、デンマーク、ポルトガル、アイルランド、スイス、ルクセンブルク、スペイン、フィンランド、ルーマニア、リトアニア、マケドニア、スロヴェニア、クロアチア、ブルガリア、ボスニア＆ヘルツェゴビナ、モンテネグロ、ポーランド、セルビア、トルコ、スロヴァキア。

◆ヨーロピアンイーストパス

オーストリア、ハンガリー、チェコの3国周遊に便利な、スロヴァキアも加わったフレキシータイプの東欧4ヵ国パス。有効期間1ヵ月の間に選んだ日数分が乗り放題になる。

	1等	2等
5日分	€266	€183
6日分	€292	€207
7日分	€318	€231
8日分	€344	€255
9日分	€370	€279
10日分	€396	€303

レイルヨーロッパ購入先　URL www.raileurope-japan.com/

すべてのパスは乗車前にヴァリデーションを忘れずに！

パスの開始日までに窓口で①使用開始日、②使用終了日、③パスポート番号などを記する。これをヴァリデーションValidationとよび、車内ではできない。もしこれを忘れて乗車した場合は、罰金を払って車内でヴァリデートしてもらうことになる。事前に日本で行うこともできるが、かなりの手数料が必要。

現地での両替が可能なので、持っていく現金は日本円でOK。

€500

€200

€100

€50

€20

€10

€5

€2

€1

50セント

20セント

10セント

5セント

2セント

1セント

通貨と両替

◆通貨の単位と種類

2002年1月1日より、オーストリアを含む欧州連合（EU）加盟国では単一通貨ユーロが流通している。そのため、オーストリアの通貨はユーロ（€）。€1は100ユーロセント。紙幣は€5、10、20、50、100、200、500の7種類、コインは1、2、5、10、20、50ユーロセントと€1、2の8種類がある。オーストリアのユーロコインは、€1がモーツァルト、20ユーロセントがベルヴェデーレ宮殿がモチーフ。2019年7月現在€1＝122円。

◆両替

両替は銀行、両替所、郵便局、ホテルなどでできる。ほとんどのところで日本円での両替が可能。両替の際に、パスポートの提示を求められることもある。また、市中の主要銀行や空港、主要駅には24時間利用できる自動両替機があり、多くの機械が日本円からの両替もできるので、便利だ。レートは銀行や両替所によって異なるほか、高い手数料（両替金額によって異なる場合もある）を取るところもある。

◆クレジットカード

オーストリアでは地方の小さな町以外、たいていのホテル、レストラン、ショップ、国鉄主要駅、劇場などでクレジットカードが利用できる。特にVISA、AMEX、Masterの通用率が高く、Diners、JCBがそれに次いでいる。

郵便

◆ハガキ・封書

日本へのエアメール料金はハガキ、封書とも€1.8（20gまで。75gまでは普通€2.55、航空便€2.75）。切手は郵便局Post/Postamt、タバコ屋Tabak、キオスクで買える。「JAPAN」と「AIR MAILまたはPRIORITY」（航空便）と明記し、ホルンマークの付いた黄色いポストへ。4～5日で着く。

◆小包

船便による小包は日本まで約2ヵ月かかる。船便と航空便を組み合わせたSAL便なら船便より早く、航空便より料金も割安。いずれも郵便局の小包窓口で手続きを行う。

◆ファックス

ホテルのフロントもしくはビジネスセンターから送ってもらえる。郵便局からは、送料のみで手数料はかからない。

クレジットカードでのキャッシング

クレジットカードは、提携している銀行やATM機でのキャッシングも可能。キャッシングの場合、各クレジットカードのマークが付いている銀行、現地のサービスオフィス、ATM機で行うが、利用限度額、利用時間などについては、日本で各カード会社や銀行に問い合わせておくといい。

郵便局の営業時間

都市によってかなり違うが、おおむね8:00～12:00、14:00～18:00（土曜は特定の局に限り午前のみ営業）。大都市の中央郵便局や主要駅の郵便局は7:00～22:00（土・日曜、祝日9:00～）で年中無休。

郵便局はホルンマーク

郵便局を示すマークはホルンマーク。郵便ポストも黄色のホルンマークが付いている。

ウィーンの観光は、観光馬車のフィアカーに乗ってめぐるのも一興

日本からオーストリアへ電話をかける

・マイライン・マイラインプラスの国際区分を登録している場合
010＋43（オーストリアの国番号）＋市外局番（0を取る）＋相手の番号

・マイライン・マイラインプラスの国際区分を登録していない場合か、携帯電話、PHS及び公衆電話から
電話会社識別番号（001など）＋010＋43＋市外局番（0を取る）＋相手の番号

主な都市の市外局番
ウィーン　01、ザルツブルク 0662、インスブルック 0512、グラーツ 0316、リンツ 0732

近隣国番号
ハンガリー　36、チェコ 420、ドイツ 49、スイス 41、イタリア 39、フランス 33、スロヴァキア 421

カード式電話の使い方

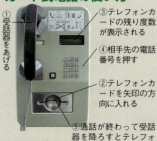

①受話器をあげる
②テレフォンカードを矢印の方向に入れる
③テレフォンカードの残り度数が表示される
④相手先の電話番号を押す
⑤通話が終わって受話器を降ろすとテレフォンカードが出てくる

日本語オペレーターを呼び出す
KDDIジャパンダイレクト
☎0800-250-216

日本語音声ガイダンス通話のアクセス番号
KDDIスーパージャパンダイレクト
☎0800-200-216

電話

◆ホテルから
ホテルの部屋からは、まず外線番号を押してからダイヤルする。ホテルからの電話は通話料のほかに手数料がかかるので、国際電話をかける際は手数料を確認してからにしたい。

◆公衆電話の種類
公衆電話は最低€0.3からで、€0.1、0.2、0.5、1、2硬貨かテレフォンカードTelefonkarteでかける。硬貨の場合はおつりは戻らない。テレフォンカードは料金先払いのプリフィックスがあり、郵便局、タバコ屋Tabak、キオスクで購入できる。公衆電話にはコイン専用機、テレフォンカード専用機、少数ではあるがクレジットカードが使用できるものもある。

◆公衆電話のかけ方
基本的には日本と同じ。受話器を取り、テレフォンカードまたはコインを投入（プリフィックスはカード番号をプッシュ）してダイヤルする。
市内通話：相手先の番号をダイヤルする。
市外通話：市外へかける場合は「0」で始まる市外局番＋相手先番号の順にダイヤルする。

◆日本へかける
●ダイヤル直通電話
　公衆電話からも簡単に国際電話をかけることができる。国際電話識別番号「00」を押して発信音の後、日本の国番号「81」、0を除いた市外局番、相手の電話番号の順にダイヤルする。
例／東京03-1234-5678に電話する場合

00-81-3-1234-5678

国際電話識別番号　日本の国番号　0を取った市外局番　相手の電話番号

●オペレーター通話
　日本人のオペレーターを通して日本の番号につないでもらう方法。日本人オペレーターが出たら、支払方法をクレジットカードによる引き落としかコレクトコールのどちらにするかを伝える。コレクトコールの場合、相手の了承が必要。

●日本語音声ガイダンスによるダイヤル直通通話
　日本語の音声ガイダンスにしたがって通話する方法で、クレジットカードまたはそれぞれの電話会社専用のプリペイドカードのみで料金を支払う。コレクトコールはできるが、公衆電話からの利用はできない。

　アクセス番号＋クレジットカード番号＋暗証番号＋市外局番＋相手の番号

現地生活情報

時差

日本より8時間遅れ。つまり「日本時間マイナス8時間」がオーストリアの現地時間。ただし、サマータイム期間中（3月最終日曜～10月最終日曜）は、日本との時差が7時間になる。

電源と電圧

電圧は220V、周波数50Hz。電気プラグは丸型ピンが2本出ているC型タイプが一般的。日本の電気製品を使用する場合は、変圧器とアダプターが必要となる。海外旅行用のドライヤーやシェーバーには変圧器が内蔵されプラグも付いている。

チップ

レストランやカフェなどは料金の5～10%が目安。端数を切り上げて渡せばよい。サービス料が含まれている場合でも最低€1くらいはテーブルに残しておこう。タクシーは料金の5%ほど。劇場のクロークへは€0.5前後、案内係へは€1ほどを渡す。ホテルではルームサービスやベルボーイに€1、ルームメイドには基本的には不要だが、特別の用事を頼んだ場合などは€1～2ほど渡す。ピローマネーを置くなら€1ほどでよい。

トイレ

トイレは「Toilette」と表示され、女性用は「Damen（またはFrauen）」、男性用は「Herren（またはMänner）」。主要駅や地下鉄駅には必ずあるが、それらを含め公衆トイレやホテル、カフェのトイレでは有料かまたは係員にチップ（€0.3～0.5）を渡すシステムになっているところが多い。ウィーンの街中には、入り口や内部装飾に世紀末様式がほどこされている芸術的香りの高いトイレもあり、楽しい。

旅行シーズンと服装

平均気温は北海道とほぼ同じで冬の寒さは厳しい。11～3月に訪れる場合は帽子、手袋、厚手の靴下など、しっかりした防寒着が必要だ。夏は30度を超える日もあるが、湿度が低いので比較的過ごしやすい。真夏でも朝晩は涼しいので、薄手のジャケットなどを用意していくとよいだろう。気候的に旅行に最適なシーズンは4～10月。ただし、7、8月はヴァカンスをとる店もあり、オペラやコンサートなどの定期公演は休演となるので注意したい。オペラやコンサートのシーズンは、9～6月になる。

ウィーンのグラーベンにある地下トイレ

ビジネス・アワー

●銀行　月～金曜8:00～12:30、13:30～15:00（木曜～17:30）。土・日曜、祝日は休み。
●一般商店　月～土曜9:00～18:00。基本的に日曜・祝日は休み。

オーストリア電話帳

警察☎133　救急車☎144
消防☎122
日本大使館（ウィーン）
MAP●p.32-B
🏠Hessgasse 6☎(01)531920
開月～金曜9:00～12:00、13:30～16:30休土・日曜、日本とオーストリアの祝日
ウィーン市観光案内所
MAP●p.35-G
🏠Albertinaplatz☎(01)24555開9:00～19:00休なし
ウィーン国際空港観光案内所
空港到着ロビー☎(01)7007-32828開6:00～23:00休なし
アイゼンシュタット観光案内所
🏠Hauptstrasse 21
☎(02682)67390
グラーツ観光案内所
🏠Herrengasse 16
☎(0316)80750
リンツ観光案内所
🏠Hauptplatz 1
☎(0732)7070-2009
ザルツブルク観光案内所
🏠Mozartplatz 5☎(0662)889-87-330
インスブルック観光案内所
🏠Burggraben 3
☎(0512)53560

水

オーストリアの水道水は、飲用に使用できる。しかし石灰質が強いので、ミネラルウォーター（500㎖で€0.42～）を購入したほうが無難。ただしガス（炭酸）入りのものが多い。ガスなしはMineralwasser ohne Gasという。

国内列車の発着が多い西駅

ハンガリー実用ガイド

ユーレイル ハンガリーパス
通用日：3、4、5、6、8日間（有効期間1ヵ月）
例：3日間／1等€123、2等€92

列車の種類
ICインターシティInter City：都市間特急列車
Gyorsジョルシュ：急行列車
Személyセメーイ：普通列車

インフォメーション
MÁVチケット・オフィス
住József Attila u. 6 営9:00～18:00 休日曜 ☎(1)512-7918（24時間国内線案内）
東駅・西駅・南駅国内インフォメーション☎(1)444-4499

時刻表
駅のボード型時刻表で調べるかインフォメーションやホテルで教えてもらう。
URL elvira.mav-start.hu

長距離バスターミナル
アールパード・ヒードÁrpád hídバスターミナル（MAP●p.179-G）：エステルゴム方面へのバスが出る（M3号線アールパード・ヒードÁrpád hid下車）。このほかネープリゲト（p.173参照）、スタディオンStadionバスターミナル（MAP●p.179-L）：ハンガリー東部方面へ、ウーイペシュト・ヴァローシュカプUjpest-Varoskapuバスターミナル（MAP●p.179-D）：センテンドレ、ヴィシェグラード経由エステルゴム方面などがある。

主なレンタカー会社
ブダペストで利用できるレンタカーはエイビスAvis、バジェットBudget、ハーツHertzなどがある。空港にも窓口があるが、日本で手配しておいた方が確実。p.336欄外を参照。

国内交通
ハンガリー国内の交通は鉄道とバスが中心。空路はない。

鉄道

ハンガリーの鉄道は、GySEVが運営するGyőr～Sopron間などを除き、MÁV-Startハンガリー鉄道が運営。ブダペストを中心に放射状に幹線が延びており、ブダペストから主要都市へはIC特急で2～3時間の範囲にある。ブダペストを起点としない地方間の移動は不便で、ブダペストへ戻って改めて出直したほうが早いことが多い。なお、IC乗車の際は座席指定が必要。

◆**ブダペストから他都市への所要時間**（直通IC基本）
エステルゴムEsztergom　約1時間45分／西駅
ショプロンSopron　2時間30分／東駅、南駅
バラトンフュレドBalatonfüred　2時間30分／南駅
ケチケメートKecskemét　1時間30分／西駅
ペーチPécs　3時間／南駅
デブレツェンDebrecen　3時間／西駅

バス

鉄道では行きにくい場所に、魅力ある町や観光スポットがあることが多い。そんなときはブダペストから、あるいは近くの駅からバスを利用することになる。鉄道ほど便利ではなく、本数も少ないので利用しにくい。ブダペスト近郊でおすすめは、ネープシュタディオン・バスターミナルからカロチャへの路線（所要2時間30分ほど）やウーイペシュト・ヴァローシュカプ・バスターミナルからドナウベント方面の路線。

バラトンフュレドを走る

レンタカー

バラトン湖周辺やハンガリー大平原を訪れようという人には、レンタカーの旅もおすすめ。見渡す限り水平の世界に快適な高速道路が延びている。ただしスピード違反には要注意。制限速度は高速道路で130km、主要幹線道路で100km、一般道で90km。小型車から大型車の車種で、エイビスの場合25歳以上で1日€95～150（保険料などは含まれない）。

空港には多くの会社のカウンターが集まっている

EUに加盟したが、通貨はフォリントを使用。ホテルなどではユーロも使える。

通貨と両替

通貨の単位と種類

ハンガリーの通貨はフォリント（Ft）。紙幣は500、1,000、2,000、5,000、10,000、20,000Ftの6種類、コインは5、10、20、50、100、200Ftの6種類。2019年7月現在10Ft＝4円。

両替

日本円からフォリントへの両替は銀行、駅や市中の両替所、ホテルなどでできる。一般的にレートは両替所より銀行の方がいいといわれるが、それぞれレートが異なり、場所によっては高い手数料を取るところもあるので、事前に確認しよう。両替時にパスポートの提示を求められることもある。余ったフォリントは出国時には空港などで他の通貨へ再両替しておこう。市内主要銀行には自動両替機が備え付けられており、営業時間外でも利用できる。

クレジットカード

ブダペスト市内の多くのホテル、レストランでクレジットカードが使える。ただし小さなレストラン、みやげ物店などではカードを取り扱っていないところもある。

クレジットカードはたいていのレストランで使えるが、露店などでは扱っていない

郵便

◆ハガキ・封書

日本までのエアメール料金はハガキと20gまでの封書が270Ft、50g以上の封書が415Ft。日本までエアメールlégipostaで4〜7日、船便sima postaで2週間〜1カ月前後かかる。

◆小包・国際宅配便

小包kiscsomag、書籍könyvともに郵便局で受け付けてくれるが、言葉が通じないと、手続きが困難。航空便の場合、追加料金がかかる。ハンガリーに日本の宅配便会社はないが、ホテルのフロントで現地の宅配便の手続きをしてくれるところもある。

◆ファックス

通話料のほかに手数料が取られることもあるが、ホテルのフロントに頼むのが確実。主要郵便局でも受け付けている。

ブダペストの市内観光に便利な「ホップオン・ホップオフ」バス

ブダペストの王宮の丘をめぐる城バス（16、16A、116）のバス停

クレジットカードでのキャッシング

クレジットカードは、銀行やATM機でのキャッシングも可能なので便利だ。キャッシングは各クレジットカードのマークが付いている銀行、現地のサービスオフィス、ATM機で行うのだが、利用限度額、利用時間などについては日本で各カード会社や銀行に問い合わせておくといい。

市内の主な郵便局

マムート郵便局　MAP●p.182-A
住Lövőház u.1-5（マムート内）
営8:00〜20:00、土・日曜9:00〜14:00 休なし
東駅郵便局　MAP●p.181-H
住Baross tér 11/c 営7:00〜21:00、土曜8:00〜14:00 休日曜
西駅郵便局　MAP●p.183-D
住Teréz krt.51 営7:00〜20:00、日曜8:00〜18:00 休日曜

主な都市の市外局番
ブダペスト　1
センテンドレ　26
エステルゴム　33

近隣国番号
オーストリア　43
チェコ　420
ドイツ　49
スイス　41
イタリア　39
フランス　33
スロヴァキア　421
ポーランド　48
ルーマニア　40

日本語オペレーターを呼び出す
KDDIジャパンダイレクト
☎06-800-08111

日本語音声ガイダンス通話のアクセス番号
KDDIスーパージャパンダイレクト
☎06-800-08112

日本からハンガリーへ電話をかける
電話会社識別番号（001など）＋010＋36（ハンガリーの国番号）＋市外局番＋相手の電話番号
※マイライン・マイラインプラスの国際区分（KDDIなど）を登録済みの場合は、010＋国番号＋市外局番＋相手の電話番号（電話会社識別番号は不要）

公衆電話のほとんどがカード式

電話

◆ホテルから
　ホテルの部屋からかける場合、まず外線番号を押してから番号をダイヤルする。外線番号はホテルによって異なるので、部屋に備え付けの電話案内を確認すること。ホテルからの電話は一般料金より割高なので、公衆電話を利用するようにしたい。

◆公衆電話
　公衆電話は町中や郵便局にあり、10、20、50、100Ft硬貨かテレフォンカードTelefonkártyaでかけることができる。最近の公衆電話のほとんどがカード式となっており、テレフォンカード専用というものも多い。テレフォンカードは郵便局、地下鉄駅、キオスクなどで購入できる。

◆公衆電話のかけ方
　日本と同様に受話器をはずし、コインまたはテレフォンカードを入れてダイヤルする。
　市内通話：ブダペスト市内の通話は7桁の番号にかけるだけ。
　市外通話：市外へかける場合は、地方番号「06」を押し、プルルルルという発信音の後「市外局番＋相手の番号」をダイヤルする。例：センテンドレの123-4567なら06-26-123-4567となる。

◆日本へかける
●ダイヤル直通電話
　公衆電話からも簡単に国際電話をかけることができる。国際識別番号「00」を押して発信音の後、日本の国番号「81」、0を除いた市外局番、相手の電話番号の順にダイヤルする。

例／東京03-1234-5678に電話する場合

00-81-3-1234-5678

国際電話　日本の　　0を取った　　　相手の電話番号
識別番号　国番号　　市外局番

●オペレーター通話
　日本人オペレーターを通して日本の番号につないでもらう方法。日本人オペレーターが出たら、支払方法をクレジットカードによる引き落としかコレクトコールのどちらにするかを伝える。コレクトコールの場合、相手の了承が必要となる。

●日本語の音声ガイダンスによるダイヤル直通通話
　日本語の音声ガイダンスにしたがって通話する方法で、クレジットカードまたは電話会社専用のプリペイドカードでの支払いになる。公衆電話から利用する場合、テレフォンカードは必要だが度数は減らない。

　アクセス番号＋クレジットカード番号＋暗証番号＋市外局番＋相手の番号

ドナウ川クルーズでは
夜景も楽しめる

現地生活情報

時差

　日本より8時間遅れ。つまり「日本時間マイナス8時間」がハンガリーの現地時間になる。ただし、サマータイム期間中（3月最終日曜～10月最終日曜）は、日本との時差が7時間になる。

電源と電圧

　電圧は220V、周波数50Hz。電気プラグは丸型ピンが2本出ているC型タイプが一般的。複合電圧対応のデジカメの充電器やPC、シェーバーなどはC型プラグがあれば利用できる。それ以外の日本の電気製品を使用する場合はそのままでは使えず、変圧器とアダプターが必要となる。

チップ

　レストランは料金の10％が目安。ただし料金にすでにチップが含まれている場合もあるので、勘定書を確認すること。タクシーは料金の10％ほどで、荷物などを運んでもらった場合は少し上乗せする。ホテルのメイド、ベルボーイなどに用事を頼んだ場合は100～200Ftほどを渡すといい。ホテルに連泊する場合には、1泊につき100Ftほどが、ピローマネーの目安となる。

トイレ

　トイレはmosdóと表示され、女性用はnők（またはnői）、男性用はférfi。公衆トイレは地下鉄の主要駅や広場、公園にありほとんどが有料（50Ft～）。レストラン、ホテルのトイレではチップ（100Ft）を置くようになっているところもある。

旅行シーズンと服装

　冬の寒さは厳しく、春と秋は短い。夏の陽気は6月から9月までで、7～8月は気温が35度を越えることもあるが、湿気がないので不快な暑さではない。夏は日が長く、夜9時ごろまで外が明るい。
　旅行者の服装は、真夏でもカーディガンやジャケットは必要。その日によって気温の差が激しく、雷雨があったり、夕方から夜には冷えることもある。
　なお、オペラやコンサートの多くは、7～8月は休演する。

温泉に浸かってのんびり過ごす

3つ穴のコンセントでも2本ピンのプラグが使用できる

日本の電気製品を使用するには、C型プラグが必要だ

水

　ハンガリーの水道水は飲んでも問題ない。通常ミネラルウォーターはガス（炭酸）入りSzódavíz。スーパーやレストランではガスなしvízもある。

ビジネス・アワー

●銀行　月～木曜8:00～15:00（金曜～13:00）。土・日曜、祝日は休み。
●郵便局　月～金曜8:00～18:00（土曜～13:00）。一部をのぞき日曜、祝日は休み。
●一般商店　9:00～18:00。日曜、祝日は休み。レストランやみやげ物店などは無休が多い。

インフォメーションの利用

　ブダペスト観光局の案内所が空港到着ターミナルやヴァーツィ通り界隈のほかにデアーク広場近く、リスト・フェレンツ広場などにある。Tourinformと表示されている案内所ではハンガリー国内のさまざまな情報が手に入る。

ハンガリー電話帳

警察☎107　救急車☎104
消防☎105
日本大使館　MAP●p.178-F
住Zalai út 7☎(1)398-3100 営月～金曜9:00～12:30、14:00～17:00
ツーリスト・インフォメーション（デアーク・フェレンツ広場）MAP●p.183-L
住Suto utca 2 営8:00～20:00（10～5月～18:00、土曜～16:00）

トラベルインフォメーション［現地編］
ハンガリー実用ガイド

343

チェコ実用ガイド

チェコの空の玄関口、ヴァーツラフ・ハヴェル・プラハ国際空港

プラハの主な駅
プラハ中央(本)駅(p.243参照)
ホレショヴィツェ駅(p.243参照)
マサリク駅
Praha Masarykovo nádraží
MAP●p.253-H
スミーホフ駅 Praha Smíchov
MAP●p.248-J

便利な鉄道パス
●ユーレイルチェコパス
　チェコ国鉄に有効のパス。
通用日：3、4、5、6、8日間
(有効期間1ヵ月)
例：3日間／1等€78、2等€59

プラハのバスターミナル
フローレンツ・バスターミナル
(p.244参照)
ホレショヴィツェ・バスターミナル
autobus. stanoviště Praha-Holešovice　MAP●p.249-C
MのC線ホレショヴィツェ駅
Nádraží Holešovice
スミーホフ・バスターミナル
autobus. stanoviště zel. st. Smíchovské nádraží　MAP●p.248J　MのB線スミーホフ駅Smíchovské nádraží
ロスティリ・バスターミナル
autobus. stanoviště Roztyly
MAP●p.248-上　MのC線 ロスティリ駅Roztyly

レンタカーの利用
　シーズン中は日本から予約した方が無難。国外運転免許証とパスポート、クレジットカードが必要。
ハーツ ☎0120-489-882
URL www.hertz.com
エイビス ☎0120-31-1911
URL www.avis-japan.com

国内交通

　チェコはそれほど大きな国ではないので、国内の移動は1日あればどこへでも行ける。交通手段は鉄道とバスが中心となる。

空路

　国内の路線はチェコ航空のプラハ～オストラヴァOstrava間の1路線のみ。オストラヴァ間は1日2便、所要1時間でプラハと結んでいる。

鉄道

　プラハを中心に鉄道網が発達し、チェコ国鉄ČD (České Dráhy)がチェコ全土を走っている。主要幹線のプルゼニュPlzeňやブルノとの間は1時間に1～2本ほどの割合で運行されているが、そのほかの都市間の本数は少なくなる。時刻を確認して利用するようにしたい。頻繁に利用するなら、チェコ国鉄全線に通用するユーレイルチェコパスが便利だ。列車の車両はコンパートメントタイプ。

◆列車の時刻の調べ方

　駅構内に時刻表があるが、チェコ語のみの表示なので、鉄道インフォメーションや旅行会社のチェドックに問い合わせるのが便利。乗車日の目的地までのタイムテーブルをプリントアウトしてくれるので、わかりやすい。また、時刻表が書店やキオスクで販売されている。なお、電光掲示板には発着時間と行き先が表示されているが、何番線に入ってくるかは15分前に出る。

◆乗車券の購入

　駅のきっぷ売場で購入するが、プラハ中央駅など大きな駅では、当日券と予約券、国内線、国際線の窓口がわかれている場合もある。多少の手数料がかかるが、チェドックでも購入できる。列車の時刻を調べてもらってその場で買えるので楽だ。英語が通じる。

バス

　バス路線も国内を網羅している。路線によっては便数も多く、列車より早い場合もある。クトナー・ホラなどの観光地へ向かうバスは大型車両を利用しているので、比較的快適だ。

◆発着時刻の調べ方と乗車券の購入

　発着時刻はバスターミナルでわかるが、チェドックで調べてもらう方が早い。プラハでは、長距離バスはフローレンツ・バスターミナル発着がほとんどだが、行き先によってはバスターミナルが異なる。乗車券は、バスターミナルやチェドックで購入できるほか、バスに乗って運転手から購入することもできる場合もある。小さなバスターミナルでは、運転手からの購入のみ。

344

チェコはEUに加盟しているが、通貨はチェコ コルナを使用している。

通貨と両替

通貨の単位と種類

チェコの通貨はチェココルナ（Kč）。紙幣は5,000、2,000、1,000、500、200、100、50の7種類、コインは50、20、10、5、2、1Kčの6種類がある。2019年7月現在1Kč≒5円。

両替

プラハ市内の銀行ならどこでも日本円をコルナと交換できる。ほかに両替所、郵便局、ホテルなどで両替が可能。レートは銀行や両替所によって異なり、高い手数料を取るところもあるので、換金の前にレートと手数料の両方を確認する必要がある。手数料は、おおよそ銀行で1.5～5％、ホテルで6～8％、両替所で0～10％。なお、チェココルナは、日本では再両替するのが難しいので、使う分のみを両替するようにしたい。また、観光客相手のショップやレストランではユーロが使えるところもある。

クレジットカード

クレジットカードは、中級以上のホテル、観光地の店、レストランで使用できる。両替手数料がないぶん、現金で支払うより割がいい。身分証明としても利用でき、現金を持ち歩くリスクも少なくて済む。提携している銀行やATM機でのキャッシングも可能。(p.325参照)。

アンティークなど値の張る品はカード払いが便利

郵便

◆ハガキ・封書

日本までのエアメール料金はハガキ、封書ともに50ｇまで25Kč。だいたい1週間ほどで届く。切手は、郵便局のほか、たばこ屋などで買える。郵便局はホルンのマークが目印。郵便ポストはオレンジで、主要な通りや鉄道駅、地下鉄駅の入り口などにある。

◆小包

海外に送れる小包は航空便で最大30kgまで。中身が書籍の場合も最大30kgまで受け付けてくれる。なお、書籍は書籍のみで、衣類、その他のものと混在させることはできない。郵送用の箱は郵便局で売っている。

両替所での両替は要注意

プラハ市内では、いたるところに両替所があるが、レートが悪くないからといっていざ両替すると、手数料が10％以上ということもある。また、良いレートの対象は何万Kč以上で、それ以外はレートが悪いといった落とし穴を設けているところもある。なお、レート、手数料ともに良心的でも、最後に「地図欲しいですか？」と聞かれ、頷くと高い地図代金が含まれていることがある。地図はホテルやツーリスト・インフォメーションで無料入手できるので、決して両替所ではもらわないこと。

バウムクーヘンのようなチェコの伝統菓子 トゥルデルニーク Trdelnikを扱う店など、露店や小さな店では現金が必要になる

チェコの旅ではビアホールも訪れたい

郵便局の営業時間

月～金曜8:00～18:00、土曜8:00～12:00。日曜、祝日休み。

中央郵便局
Hlavní pošta
MAP●p.253-L
住 Jindřišská 14
℡22113-1111
開2:00～24:00 休なし

トラベルインフォメーション［現地編］ チェコ実用ガイド

市外局番はない

チェコ国内の市外局番は廃止されているため、国内どの地域からも9桁の番号すべてをダイヤルする必要がある。

近隣国番号

オーストリア	43
ハンガリー	36
ドイツ	49
スイス	41
イタリア	39
フランス	33
スロヴァキア	42
ポーランド	48
ルーマニア	40

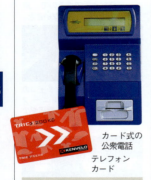

カード式の公衆電話
テレフォンカード

プリペイドカード式のテレフォンカード

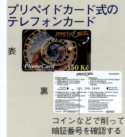

表

裏

コインなどで削って暗証番号を確認する

日本語オペレーターを呼び出す

KDDIジャパンダイレクト
☎800-001-181

日本語音声ガイダンス通話のアクセス番号

KDDIスーパージャパンダイレクト
☎800-001-128

電話

◆ホテルから

ホテルの部屋からかける場合、まずホテル指定の外線番号を押してからダイヤルする。料金は通話料のほかに手数料がかかるため割高になる。手数料はホテルによって異なるので、国際電話などかける際は、手数料を確認してから利用したい。ロビー脇などにカードが使える公衆電話ボックスがあるホテルが多いので、これを利用するのが最も経済的。

◆公衆電話とかけ方

公衆電話は硬貨のみ対応とテレフォンカードの対応の2種類がある。テレフォンカードはキオスクや両替所、TabákまたはTrafikaとよばれる売店で、プリペイドカード式のものは郵便局やチェドックで購入できる。

公衆電話にはコイン専用機とテレフォンカード専用機があるが、町中ではテレフォンカード専用機が増えている。かけ方は、基本的には日本と同じ。受話器を取り、テレフォンカードまたはコインを投入して番号を押せばよい。コイン専用機の場合、おつりは戻らない。

なお、チェコ国内での通話は、市外局番が廃止されたため、市内通話、市外通話ともに相手先の番号のみをダイヤルすればよい。

◆日本へかける

●ダイヤル直通電話

公衆電話からも簡単に国際電話をかけることができる。国際電話識別番号「00」をダイヤルし発信音の後、日本の国番号「81」、0を除いた市外局番、相手の電話番号の順にダイヤルする。

例／プラハから東京03-1234-5678に電話する場合

00-81-3-1234-5678

国際電話識別番号　日本の国番号　0を取った市外局番　相手の電話番号

●オペレーター通話

日本人のオペレーターを通して日本の番号につないでもらう方法。料金の支払方法は、クレジットカードによる引き落としとコレクトコールがある。コレクトコールの場合、相手方が了承しないとつながらない。

●日本語音声ガイダンスによるダイヤル直通通話

日本語の音声ガイダンスにしたがって通話する方法で、料金はクレジットカードまたはそれぞれの電話会社専用のプリペイドカードのみでの支払いとなる。

　アクセス番号＋クレジットカード番号＋暗証番号＋市外局番＋相手の番号

町中のホットドッグスタンドやキオスクは22:00頃まで、中心部のスーパーは20:00～21:00まで開いている。

現地生活情報

時差

日本より8時間遅れ。つまり「日本時間マイナス8時間」がプラハの現地時間になる。ただし、3月最終日曜から10月最終日曜までのサマータイム期間中は、日本との時差は7時間になる。

電源と電圧

電圧は日本より大きい220Vで、周波数は50Hz。電気プラグは先の丸い丸型ピンが2本出ているC型タイプが一般的だ。日本の電気製品を使用するときには、同型のプラグと変圧器が必要になる。ドライヤーやシェーバーなどは、電池式のものか、海外旅行用に変圧器を内蔵したものを利用した方が便利。

チップ

レストランやカフェでは料金の5～10％、ホテルのベルボーイには荷物1個につき40Kč、劇場のクロークへは10Kčほどが目安。ホテルに連泊する場合には、枕の上に20Kčほど置くといい。チップは心づけなので、サービスが悪い場合には少な目に、頼み事をした場合は多めに渡せばよい。カードで支払う場合には、伝票にサインをする際に、チップの欄に適当な額を書き込む。

トイレ

鉄道駅や地下鉄駅、観光ポイントにトイレはあるが、ほとんどが有料。1回5～20Kčなので、つねに小銭は用意しておいた方がいいだろう。レストランの中のトイレでも料金制のところがある。トイレの表示は、女性用がŽまたはženy、damy、男性用がM、muži、pani、男女の人型マークなど。

水

プラハの水道水は飲めないことはないが、生活用水や料理に使用され、飲用にはミネラルウォーターが利用されている。ミネラルウォーターはキオスクやスーパー、小さな売店で購入できるが、多くは炭酸水でガス入り。ガス抜きはスティルといい、「ノー・ガス」といっても通じる。ガス入りでは、マットニMattoniがレストランを中心に、多く利用されている。

旅行シーズンと服装

大陸性気候で四季がはっきりしている。夏は気温が30℃近くにまでなるが、湿気が少なく過ごしやすい。冬は氷点下の日もあり、寒さは厳しい。観光シーズンは5～10月で、4～5月の春と9～10月の秋には、日中は暑くても夜冷えることがある。

水はガス入り、ガスなしともに500mℓ13Kč～。ガス入りのマットニMattoni。高級炭酸水だけあって、おいしい

ビジネス・アワー

●銀行　9:00～17:00。土・日曜、祝日休み。
●一般商店　月～金曜10:00～18:00、土曜～12:00。日曜、祝日休み。レストランは、毎日11:00～23:00の営業で、年中無休のところが多い。

チェコ電話帳

警察 ☎158　救急車 ☎155
消防 ☎150
日本大使館
MAP●p.255-G
住Maltézské Nám. 6 ☎25753-3546 開月～金曜9:00～12:30、13:30～16:30
プラハ観光案内所（PIS）
☎212444（インフォメーション）
旧市街広場市庁舎案内所
MAP●p.253-G
Staroměstské náměsti 1
☎12444 開9:00～19:00 休日曜
リティーシュスカ通り観光案内所
MAP●p.253-G
住Rytířská 12
開9:00～19:00
ヴァーツラフ広場
MAP●p.253-K
住Štěpánská通りの角
開10:00～18:00
ヴァーツラフ・ハヴェル・プラハ国際空港
MAP●p.248-A
ターミナル2到着ホール
開8:00～20:00
プラハ中央駅観光案内所
MAP●p.253-L
開9:00～19:00（土曜～15:00）
休日曜

ウィーンのエアポートリムジン

航空会社の問い合わせ先
オーストリア航空
URL www.austrian.com
全日空
URL www.ana.co.jp
ルフトハンザ航空
URL www.lufthansa.com

受託手荷物の制限
　航空会社、路線、チケットの種類により制限に違いがあるが、ヨーロッパ線エコノミークラスの場合、個数は2個、合計の重量20kg以内が目安だ。超過分は超過料金を請求される。

機内持ち込み荷物
　機内に持ち込む荷物にペットボトルやお酒などの液体物、マッチ、ライターは持ち込むことができないので注意。おみやげ用のお酒などは受託手荷物に預けること。

液体物の機内持込み制限
　機内への液体物の持込みには要注意。化粧品や目薬など、ジェルやエアゾールを含む液体物を機内に持込むときには、100mℓ以下の容器に入れ、さらに容量1ℓ（約20cm×20cm）以内の透明の密封式ビニール袋に入れなくてはならない。帰国時にも、ビニール袋などの準備を忘れずに。

グローバルブルー
URL www.globalblue.com（英語）

帰国ガイド

■ 帰国の準備
●荷造り
　受託手荷物と機内持ち込み手荷物に分けてパッキングする。カメラやパソコン、バッテリー充電器などの精密機器、ガラス、陶磁器などのこわれ物は手荷物に、ハサミや爪切りなどどんなに些細なものでも刃物類は受託手荷物に入れる。とくにバッテリー充電器は、小さなものでも必ず手荷物に入れる。受託手荷物に入れてしまうと再検査を受けたり、検査の途中ではじかれて日本に送られなくなる場合もある。また、免税品は手続きの際に提示する必要があるので、必ず手荷物に入れておくこと。
　空港へは出発時刻の2時間前までには到着を。

■ 空港にて
●タックスリファンド
　海外で観光客が買物をした場合、申告をすれば付加価値税（VAT）の一部が還付される。還付を受けるためには、一定の条件と手続きが必要になる。

免税手続きの方法
①**支払い時に付加価値税払い戻しに必要な書類をもらう**
　免税店（TAX FREEの看板やシールのある店舗）で買物をしたら、支払いの際に「タックス・フリー・ショッピング・チェック・プリーズ」といってパスポートを提示する。すると、店員が免税書類に必要事項を記入して渡してくれる。記入内容に誤りがないか確認をしてから署名しよう。

②**出国税関で確認スタンプをもらう**
　出国する際、空港で税関へ出向き、パスポート、購入した商品、免税書類、店発行のオリジナルレシートを提示し、確認スタンプをもらう。商品は未使用であることが条件。

③**還付金を受け取る**
　方法は3つ。ただし、国によって多少違いがある。
・現地空港にあるキャッシュ・リファンドカウンターで現地通貨で払い戻しを受ける（オーストリアは日本円でも可能）。
・店でもらった専用の封筒に入れてポストに投函し、クレジットカード口座に送金してもらうか銀行小切手を郵送してもらう。
・成田空港や関西空港にあるキャッシュ・リファンドカウンター（グローバルブルーなど）で日本円で払い戻してもらう。

オーストリアの場合
　レシート1枚あたりの合計が€75.01を超えた場合。店舗によっては免税書類に「VAT OFF」と記入されているものがある。これは税金分がすでに引かれているということなので、上記の免税手続きをしないと、後日税金分の請求がきてしまうので注意。

空港へは時間に余裕をもって行くこと。余った現地通貨は空港使用料分をのぞいて換金するか、空港の免税店での買物にあてるとよい。

EU圏で買物をした分の税関手続きは、EU圏を出る最後の国で手続きをする。

ハンガリーの場合

1店舗で54,001Ft以上の買物をした場合。左記の書類に加えて、外貨からハンガリー通貨に両替したことを証明する換金明細書か、商品購入のクレジットカード明細票を添付する必要がある。美術品や骨董品などは免税適用外。また、日本の空港でのキャッシュ・リファンドは受けられない。

チェコの場合

最免税店で同日に2,001Kčを超えた場合。払い戻しは左記3つの方法のいずれでも受けられる。購入月より3カ月以内にEUの最終出国地税関の確認印を受領し、店発行のレシートも添付して購入日より6カ月以内に払い戻し手続きを受けよう。

●チェックイン（搭乗手続き）

通常、出発の2時間前から受け付けが始まる。1時間を切ると予約が取り消されることがあるので早めに空港に着きたい。

航空会社のチェックインカウンターに行き、eチケット控、パスポートを提示してボーディングパス（搭乗券）を受け取る。席の希望があれば、あらかじめ申し出ておく。受託手荷物を渡し、クレームタグ（荷物預かり証）を受け取ることも忘れずに。

●出国審査

パスポート、ボーディングパスを係官に提示する。現地通貨が余っている場合は、出国審査以前に日本円に換えておこう。フライト時間の30分前までには搭乗ゲート前に行く。

機内で

搭乗すると税関申告書（1人1通、家族で1通必要）が配布される。免税範囲を超えていて税関申告の必要がある人は1通、別送品がある人は2通をもらい、必要事項を記入しておく。

日本入国の流れ

検疫のカウンター
↓ 旅行中に病気になった人は申し出る。

入国審査カウンター
↓ パスポートを提示する。
係官が入国スタンプを捺して返してくれる。

受託手荷物受け取り
↓ 搭乗便が表示されたターンテーブルで荷物を受け取る。

税関検査
免税範囲を超えていない人は緑の表示のカウンターへ行き、パスポートを提示する。免税範囲を超えている人、別送品がある人は赤の表示のカウンターへ行き、パスポートと税関申告書を提出する。税金は税関検査場内の銀行で納付する。

空港渡しの免税品

空港渡しの免税品は出国審査のあとに受け取るので、引換証を忘れないように。

3カ国周遊の場合

プラハ、ウィーンとまわってブダペストから日本へ帰国する場合、それぞれの国を出国する際に税関で確認スタンプを押してもらう必要がある。他の国で買物したものを、ブダペストの空港で一括して申告することはできないので注意したい。

バスで移動の場合

国境にある税関でバスを降り、購入商品、免税書類、パスポートなどを提示し、税関の承認印を受ける。

列車で移動の場合

国境駅では税関職員が列車に乗り込んでくるので、税関チェック時に申し出て、承認印を受ける。このときにタバコやみやげ物の持ち出し検査のため、バッグを開けられることもある。

日本の免税範囲

- 酒類3本（1本760mℓ程度）
- 紙巻たばこ200本、葉巻たばこ50本または250g。（日本製たばこは別枠で200本まで免税）
- 香水2オンス（約56mℓ）
- その他　1品目ごとに合計1万円以下のものは全量免税。それ以外のものは合計20万円を超える場合、超えた分に関して課税。ただし、1個で20万円を超える場合は全額課税される。

日本への持ち込み規制品

●ワシントン条約で規制されているもの

絶滅が危惧されている野生動植物約3万5,000種。珍しいオウムなどの鳥類、ほ乳類、は虫類、植物ではサボテンやラン。また、これらの動植物を利用した製品、バッグ、靴、コート、アクセサリーなども輸入禁止。

旅の安全と健康

日本大使館
ウィーン　MAP●p.32-B
Japanische Botschaft
⌂Hessgasse 6
☎(01) 531920

ブダペスト　MAP●p.178-F
Japán Nagykövetség
⌂Zalai út 7
☎(1) 398-3100（領事窓口受付時間は月～金曜の9:00～12:30、14:00～16:30）

プラハ　MAP●p.255-G
Japonské Velyslanectví
⌂Maltézské náměstí 6
☎25753-3546

パスポート紛失手続の手順
```
現地警察署に出向く
     ↓
紛失・盗難証明書の発行
     ↓
   日本大使館へ
     ↓
一般旅券紛失（被害）届提出
     ↓
 帰国のための渡航書発給
```
※在外大使館でパスポートの新規発給を受けることもできるが、戸籍抄（謄）本が必要になる。

トラブルに遭ったときの会話（英語）
・助けて！
Help me!
・警察（救急車）を呼んでください。
Please call the police (an ambulance).
・医者を紹介してください。
I would like to see a doctor.
・日本語を話せる人はいませんか？
Is there anybody here who can speak Japanese?
・お金を盗まれました。
My money has been stolen.

■ 事故のない旅を

　旅先では解放感のあまり、ついつい気がゆるんでしまう。オーストリア、ブダペスト、プラハは、どちらかといえば治安は良い方だが、どこの国へ行っても旅行者というのは狙われやすい。必要以上の現金を持ち歩かない、貴重品は肌身離さず持つ、夜のひとり歩きはしない、スキを見せないなど、ちょっとした心がけが自分の身を守ることになる。楽しいはずの旅が、トラブルで台無しにならないように、常に気を引き締めよう。

■ パスポートをなくしたら

　まず現地の所轄警察署に出向き、紛失・盗難証明書を発行してもらう。それを持って日本大使館または領事館へ行き、一般旅券紛失届（被害届）を提出し、パスポートを失効させ、「帰国のための渡航書」を発給してもらう。「帰国のための渡航書」はあくまでも帰国のためのものなので、これを持って次の目的地へ行くことはできない。たとえ旅程が残っていて、次の国への周遊途中だとしても、紛失した国で手続きをし、その国から日本へ直行で帰国することになる。旅程に余裕があり、パスポートの新規発給をしたい場合は戸籍抄（謄）本が必要。

　「帰国のための渡航書」発給の手続には以下の書類が必要だ（有料）。これらがすべてそろっていると、手続きはスムーズに進むので、写真やパスポート番号のメモなどは、出発前に日本で準備をして、旅先に持って行きたい。

・申請書1通（大使館領事部の窓口にある）
・旅券用写真2枚
・パスポート紛失・盗難証明書（現地の警察で発行してもらう）
・身元が確認できるもの（運転免許証、戸籍証明書など）
・パスポート番号、発行年月日、発行地（パスポートの写真のページのコピーをとっておくとよい）

街歩きには常に荷物に注意を払いたい

思いがけない事故や病気はなるべく避けたいが、いざそうなってしまったときには、あわてないことが肝心。カードの控えや日本の保険証のコピーは必ずとっておこう。海外旅行傷害保険への加入も忘れずに。

■クレジットカードをなくしたら

　クレジットカード会社のサービスデスクに電話をし、カードの使用停止手続きをとる。カード番号や有効期限がわかっていれば手続きがスムーズに進むので、あらかじめカードのコピーをとっておこう。カード会社によるが、再発行は翌日〜2日後。旅行中、必要がなければ、日本の自宅に新しいカードを送ってもらうこともできる。

　紛失に気付いてから届けを出すまでの時間が長いほど、その間に不正使用をされる可能性が高くなる。とにかく、気付いたらすぐにサービスデスクに連絡すること。そのためにも訪問都市での連絡先を、出発前に日本で必ず調べておくことだ。

■現金をなくしたら

　現金をなくした場合は、まず100％戻ってくることはないと思った方がよいが、とりあえず地元の警察に届け出ること。次に、なくした現金以外の所持金で旅行を続けられるかどうかを考えよう。財布と一緒にクレジットカードなど、すべて取られたとなったら事は重大。常に万一のことを考えて、所持金は分散させて持っておくことだ。所持金では足りないとなれば、日本から送金してもらわなければならない。銀行留めで送金してもらい、受け取りに行くときはパスポートを忘れずに。受け取りまでには通常2〜3日かかる。

■病気やケガをしたら

　ツアー参加者は添乗員に連絡する。ホテル内ならフロントに頼んで医者か救急車を呼んでもらう。路上など町中での場合は、まわりの人に頼んで救急車を呼んでもらうか、タクシーで病院やホテルへ運んでもらうようにしたい。海外旅行傷害保険に入っている場合は、現地や隣国の保険会社のアシスタンスサービスに電話をすれば、日本語を話すオペレーターが適切な処置をしてくれる。なお、病院で支払った治療費は帰国後に保険会社に請求することになるので、診断書、領収書を忘れずにもらっておくこと。

パスポート携行の義務

　オーストリアでは、ホテルや自宅から離れる場合（約1時間以上の距離が目安）には、身分を明らかにするものを携帯する義務がある。旅行者の場合はパスポートの携帯が義務づけられている。携帯していなかった場合は、身柄の拘束もしくは罰金を支払わなくてはならない。なお、その場で罰金の支払いを要求された場合は、偽警官の可能性もあるので、身分証明の提示を求め、領収書を受け取るようにしたい。

クレジットカード会社
●三井住友VISA
URL www.smbc-card.com
●AMEX
URL www.americanexpress.com/japan
●JCB
URL www.jcb.co.jp

外務省の「海外安全アプリ」
→p.325参照

地下鉄などの移動時には要注意

緊急時連絡先
欧州連合共通緊急通報 ☎112
●オーストリア
救急車 ☎144
警察署 ☎133
消防署 ☎122
緊急医療サービス（土・日曜、祝日、夜間のみ）Ärztefunkdienst ☎141
●ブダペスト
救急車 ☎104
警察署 ☎107
消防署 ☎105
総合病院（英語可）
⌂ Fiume út 17　☎ (1) 2997700
●プラハ
医療救急サービス ☎155
チェコ共和国警察 ☎158
市警察 ☎156
消防署 ☎150
モトール病院
⌂ Vuraln 84
☎ 224433681（外国人対応窓口）

トラベルインフォメーション［現地編］

旅の安全と健康

トラブル例と対策

観光客が遭いやすいトラブルというと、スリ、置引が真っ先にあげられる。比較的治安がよいとされるオーストリア、ブダペスト、プラハでも、これらの被害は数多く報告されているので要注意だ。対策としては、バッグはいつも見える位置に置き、リュック型のバッグを背負ったり、レストランなどで椅子の背に掛けたりしない。ホテルの朝食会場でも要注意。財布は目立たない色のものが望ましく、人前でむやみに出したりしないこと。また、危険なエリアを認知し、そういった場所にはなるべく行かないようにする。夜、あるいは人通りの少ない場所でのひとり歩きも厳禁。とくに女性のひとり歩きはもってのほかだ。

以下にあげるのは、各国で被害が報告されている犯罪の一例だ。手口を知っておくと、被害に遭わないための防御もしやすくなる。

■オーストリア

●空港、駅、ホテル、レストランなどでの置引

最近多いのは、空港での置引。バッグを喫茶店で空いたイスの上に置いていたところ、目を離したスキになくなっていたなどだ。ほかにシュテファン大聖堂周辺の歩行者専用道路、市場、ホイリゲ（ウィーン風居酒屋）でも被害が報告されている。

●地下鉄の無料公衆トイレは要注意

女性が公衆トイレを利用しようとしたところ、中に男が潜んでいたという話も聞く。とくに、夜の地下鉄駅の無料公衆トイレは危険。絶対に近付かないことだ。

●悪質なタクシー運転手

メーターの付いていないタクシー、いわゆる白タクには乗らないこと。乗車したらすぐにメーターを倒したかどうか確認し、なにか怪しいと思ったら、運転手のライセンスをメモする、タクシーを降りた後であればナンバーを書き留めるなどして、警察へ届けよう。

●私服警官によるパスポート確認

偽警官による被害は多いが、本物の私服警官がパスポート確認を行うケースも報告されている。その際は身分証明証の提示を求めたり、所属部署の確認をしたりするなどの注意が必要だ。

■ブダペスト

●集団スリにご用心

最も多いのが地下鉄での被害だ。入り口付近の人物に狙いをつけると、数人で取り囲んで車内が込んでいるふうを装い、ポケットやバッグの中の財布を盗ってすぐに電車を降りてしまう。自分のまわりだけやけに込

外務省領事局・領事サービスセンター
海外の治安情報に関する情報を無料提供している。
☎ (03) 3580-3311（内線2902）
外務省海外安全ホームページ
URL www.anzen.mofa.go.jp
海外安全アプリ→p.325参照

ウィーンの危険エリア

ウィーンで危険な場所は、ドラッグ常習者の溜まり場となっているカールスプラッツ駅周辺。西駅周辺も危ないエリアといわれている。西駅と中央駅の間にあるギュルテル（環状道路）、夜のプラター周辺にも近付かないこと。また、最終電車は非常に込み、スリなどに遭いやすい。

ブダペストの危険エリア

スリの被害が最も多いのが、マーチャーシュ教会付近の観光名所。漁夫の砦、王宮などだ。また、地下鉄の駅や車内、東駅・西駅などの主な鉄道駅での被害も多く報告されている。

観光地など人が集まるところでは、スリや荷物に注意

危険とされる場所には近づかないことはもちろん、気の緩みには注意したい。とくに友達同士での旅行の場合は、気が大きくなりがちだ。どこに危険が潜んでいるのかわからないので、ハメをはずさないようにしよう。

んでいると思ったら要注意。バッグはしっかりと抱えて持ち、入り口付近に立ち止まらずに車両の中程まで入るようにしよう。また、エスカレーターも危ない場所のひとつ。こちらも集団で狙うのだが、とった財布を次々とバケツリレーのように渡していき、盗られたことに気が付いても追いかけることができなくしてしまう。

●偽警官にだまされるな

警官を装って現金を盗むという詐欺被害が数多く報告されている。最初に両替商を装った犯人のひとりが近づいてくる。ハンガリーで禁止されている路上での両替を要求してくるのだが、その後すぐに偽警官が現れて、路上両替を疑う振りをしてパスポートや財布の提示を要求し、高額紙幣を抜き取ったり、小額紙幣に差し替えたりするという手口だ。偽警官が現れるまでの筋書きは両替商だけではなく、次々と新しい手口が報告されている。本物の警官が財布を見せろなどと言ってくることは絶対にないので、決して財布を出してはいけない。言葉がわからないふりをしつつ、さっさとその場を離れよう。「警察に出向くので、大使館と連絡を取りたい」と言うのもひとつの手だ。

●自動車泥棒や車上盗難に注意

レンタカーを使う場合は車の盗難にも気を付けたい。ブダペストでは1日に数十台もの盗難がある。路上駐車は厳禁。また、車の異常を知らせるふりをして近づいてくる泥棒にも注意。

■プラハ

●路上での恐喝

人通りの少ない狭い道で数人が道をふさぎ、後ろから別の仲間が近寄ってきて財布を取り上げる。助けを呼ぼうにも、大勢に取り囲まれてどうにもできないことになる。人通りのない場所に近付かないことが最善の防備策だ。

●地下鉄のホームで

電車を待っていると、車両が滑り込んでくるタイミングを計って、スリのグループが被害者を取り囲む。扉が開くと、仲間同士で乗る、乗らないの言い争いをし始め、そのトラブルに被害者を巻き込んでスリを働くというもの。まわりをよく見て、怪しい人物が近付いてきたら、すかさず逃げるようにしよう。

●国際列車での置引

寝ている間に荷物を盗まれたり、出発間際に貴重品を抜き取られ、犯人は列車を降りてしまうといったパターンが多い。

●プラハでも偽警官に注意

ブダペストで多発している偽警官は、プラハでも報告されている。プラハでは路上での両替は違法ではないにもかかわらず、なにも知らないだろうと観光客を狙ってブダペストと同じような手口で近づいてくる。

記念撮影のときには、スリや置引の的になりやすい

ブダペストで爆弾事件

ハンガリー国内では地元の犯罪組織に加え、ロシアやウクライナ、中国の犯罪組織も活動。ブダペスト市では過去に爆弾事件が発生している。事件の発生は主に深夜。観光客でにぎわうショッピング街でも起きているので注意したい。

その他の被害

クレジットカードを盗まれた被害者が、カード使用停止手続きをするまでのわずかな時間に限度額ぎりぎりまで使われてしまうという被害報告が多い。

プラハの危険エリア

カレル橋近辺を中心に、プラハ城などの観光名所、繁華街など人の多く集まる場所、なかでも観光客の多いシーズンが危ない。観光客のパスポートを狙った犯罪も多い。また、中央駅周辺も治安がよくない。ヴァーツラフ広場周辺は夜、女性ひとりで決して歩かないようにしたい。

プラハ、その他の被害

最初から合い鍵が作られている駅のコインロッカーがあり、そこに荷物を預けたら最後、中の荷物を盗まれてしまうという犯罪が報告されている。また、地下鉄の長いエスカレーターでの恐喝事件も発生している。旅行者を狙ったものではないが、過去に爆弾事件も発生している。

353

トラベルインフォメーション[現地編]　トラブル例と対策

三国を知るために

◆ 三国に重なる歴史は、ハプスブルク家支配の歴史

　オーストリアとハンガリー、チェコの三国は、人種も言語も異なるが共通の文化を持ち、歴史的にも深い結びつきがある。これら三国はハプスブルク帝国の領土をなした地域であるため、時代によっては共通の国王や皇帝が存在するなど、重なる部分がある。チェコのボヘミアは神聖ローマ帝国に属し、カール四世（カレル一世）の時代は、プラハが帝国の首都のように繁栄した。

　ハンガリーは近世からオーストリアに支配され、19世紀後半にはオーストリア＝ハンガリー二重帝国が発足する。チェコもハンガリーも常にドイツ・オーストリアの影響を受けていた。

＊

　ハンガリーとチェコは、それぞれオーストリアとは異なる民族であり、異なる言語を持っている。チェコはスラブ系の、ハンガリーはアジア系の民族で、オーストリアはゲルマン系の民族である。これら三つの民族の国家形成は10〜12世紀。三国ともキリスト教国であり、西ヨーロッパ世界に属した。

　15世紀末に即位した、ハプスブルク家のマクシミリアン一世は、戦わずして領土を広げる「婚姻政策」を打ち出した。自らフランス公女と結婚し、息子をスペイン王女と結婚させた。また孫のフェルディナントをハンガリー・ボヘミア王であるヤゲロ家のアンナと結婚させ、孫のマリアをヤゲロ家のラヨシュ（ルドヴィーク）二世のもとに嫁がせた。ラヨシュ二世が跡継ぎを残さず戦死したため、フェルディナントが王位を継承し、ハプスブルク家はボヘミアとハンガリーも手に入れた。

　その後、ボヘミアとハンガリーはハプスブルク家の支配下に置かれ、ボヘミアでは反カトリック勢力とハプスブルク軍との戦いが、ハンガリーではハプスブルク家からの自由独立戦争が起こるがいずれも敗北に終わる。

　19世紀末のオーストリア＝ハンガリー二重帝国にはボヘミアも組み込まれており、ハプスブルクの旗の元にオーストリア、ボヘミア、

19世紀末のオーストリア＝ハンガリー二重帝国

中欧とは

ヨーロッパの地図を広げてみると、モスクワとマドリードの中間に位置するのがポーランド、チェコ、スロヴァキア、ハンガリー、スロヴェニア、クロアチアなどの国々である。これらの国は第二次世界大戦後、社会主義国となって西ヨーロッパ諸国（西欧）から遮断され、東ヨーロッパ（東欧）と呼ばれていた。

1989年のベルリンの壁崩壊後、東西の壁がなくなると同時に、政治的な意味での「西ヨーロッパ」「東ヨーロッパ」という呼び方も消えた。かつては社会主義国を意味していた「東欧」という名称は現在、主にロシアや黒海に接する、地理的に東に位置するヨーロッパ諸国に使われている。そしてかつての西ヨーロッパ諸国と国境を接する国々は、地理的にヨーロッパの中央に位置することから「中欧」と呼ばれている。

ハンガリーの三国が同じ君主をもった。

20世紀の三国は、第一次世界大戦で"ハプスブルク帝国"が解体したことにより、ハンガリーとボヘミアはオーストリアの支配から解かれ、独立する。チェコ人の土地であるボヘミアは、それまでハンガリー領土だったスロヴァキアと共同国家を設立し、チェコスロヴァキア共和国となる。

第二次世界大戦後、ハンガリーとチェコスロヴァキアは社会主義国となった。1989年の「ベルリンの壁崩壊」により両国は社会主義と決別し、ハンガリーは共和国となり、1993年にチェコとスロヴァキアは別れてそれぞれ共和国となった。

◆ 反発し続けたハンガリー、共存していったボヘミア

16世紀前半、若きハンガリー国王は跡継ぎを残さずに戦死し、ハプスブルク家の義兄に王位が移った。その後ハンガリーは3分割され、主な部分を150年間トルコに支配される。1699年にハプスブルクはトルコ軍を追い出すが、ハンガリーにとってハプスブルク家の支配はトルコ時代よりも辛いものだった。そのため18〜19世紀半ばには解放を求める運動や戦争が絶えず、ハンガリーの城塞はハプスブルク軍によってことごとく破壊された。

ボヘミアではカール四世の二人の息子に跡継ぎが生まれず、王位は既に15世紀半ば、娘婿のハプスブルク家に移っていた。17世紀前半に起こった三十年戦争で、反カトリック教徒と反ハプスブルク派が国を追われ、プラハから去っていった。代わってやって来たのはオーストリア貴族である。彼らはイタリアから職人を呼び寄せてプラハ城下に瀟洒な館を建てた。このときガラス職人の技術が伝わり、ボヘミアの良質なガラスを原料にしたボヘミアングラスが工芸品となって根付いた。ボヘミアにはハプスブルクに忠実なチェコ人貴族たちが残ったので、ハンガリーのような衝突はおこらなかった。よって城が破壊されることもなく、今日もチェコには古い城がたくさん残っている。

◆ 民族意識の目覚め

ハンガリーは1867年にオーストリアと和協し、オーストリア＝ハンガリー二重帝国が発足。オーストリア皇妃エリザベートはハンガリーをこよなく愛したため国民から歓迎され、二重帝国に対する反発はほとんどなかった。その後独自の文化を探る動きが起こり、バルトークやコダーイによってハンガリー古来の音楽である民謡収集と研究が進められた。

生地ネラホゼヴェスのドヴォルザーク像

18世紀のボヘミアではドイツ語教育が中心となり、後のカフカのようにドイツ語で小説を書くなど、ドイツ語が優勢だった。ドイツ演劇やオペラがもてはやされ、チェコ語は禁止された。しかし19世紀後半になると民族意識が芽生えてくる。スメタナはチェコ語によるオペラを上演、ドヴォルザークもスラブ的な曲を作り、チェコ語のオペラや演劇が上演できる国民劇場も建設された。

中央ボヘミアのチェスキー・シュテンベルク城

ハプスブルク家系図

> ハプスブルクが婚姻によって領土を広げていったこと、歴代の王が神聖ローマ帝国の皇帝を兼ねていたこと、そしてハンガリーとボヘミアがオーストリアに組み込まれていった過程がわかる。
> ・数字は在位年代。赤、青字はハプスブルク家の継承者、番号はこの表内での王位継承の順番、赤字は本誌に登場
> ・＝は婚姻関係

① **ルドルフ一世**
オーストリア公1276〜82　神聖ローマ帝国皇帝1273〜91

② アルブレヒト一世
オーストリア公1282〜1308　神聖ローマ帝国皇帝1298〜1308

③ フリードリヒ一世
オーストリア公1308〜30
神聖ローマ帝国皇帝1314〜30（フリードリヒ三世）

④ アルブレヒト二世
オーストリア公1330〜58

⑤ ルドルフ四世
オーストリア公1358〜65

⑥ アルブレヒト三世
オーストリア公1365〜95

レオポルト三世（レオポルト系）

エルンスト

⑦ アルブレヒト四世
オーストリア公1395〜1404

⑧ **アルブレヒト五世**
オーストリア公1404〜39
神聖ローマ帝国皇帝1438〜39
（ハンガリー王・ボヘミア王1437〜39）
（皇帝アルブレヒト二世）

⑨ フリードリヒ五世
オーストリア公1440〜93
神聖ローマ帝国皇帝1452〜93
（皇帝フリードリヒ三世）

皇帝フリードリヒ三世

マリア
（ブルグント公家）

⑩ マクシミリアン一世
オーストリア大公1493〜1519
神聖ローマ帝国皇帝1508〜19

フェルディナンド　＝　イザベラ
アラゴン王　　　　　カスティリア女王

フアナ　＝　フィリップ
スペイン王女　　カスティリア王
（オーストリア系とスペイン系に分かれる）

ヤゲロ家（ハンガリー系）

マリア　　　ラヨシュ二世
　　　　　　（ボヘミア王ルドヴィーク一世）

（スペイン系）
⑪ カール五世
オーストリア大公1519〜56
神聖ローマ帝国皇帝1530〜56
スペイン王（カルロス一世）1516〜56

（オーストリア系）
⑫ **フェルディナント一世**　＝　アンナ
オーストリア大公1556〜64
神聖ローマ帝国皇帝1556〜64
ハンガリー王・ボヘミア王1526〜64

注：ハンガリー・ボヘミア王（1516〜26）のラヨシュ二世に跡継ぎなく戦死したため、ハプスブルク家に王位が移る

フェリペ二世
（スペイン王）

⑬ マクシミリアン二世
オーストリア大公・ハンガリー王・ボヘミア王1564〜1576
神聖ローマ帝国皇帝1564〜76

カール二世

神聖ローマ帝国皇帝の帝冠

⑭ **ルドルフ二世**
オーストリア大公・神聖ローマ帝国皇帝1576〜1612
ハンガリー王1576〜1608
ボヘミア王1576〜1611

⑮ マティアス
オーストリア大公・神聖ローマ帝国皇帝1612〜19
ハンガリー王1608〜19
ボヘミア王1611〜19

⑯ フェルディナント二世
オーストリア大公・神聖ローマ帝国皇帝1619〜37
ハンガリー王1618〜37
ボヘミア王1617〜37

ハプスブルク家系図

⑰**フェルディナント三世**
オーストリア大公・神聖ローマ帝国皇帝・
ハンガリー王・ボヘミア王1637〜57

⑱**レオポルト一世**
オーストリア大公・ハンガリー王・ボヘミア王1657〜1705
神聖ローマ帝国皇帝1658〜1705

ハプスブルク家の王冠

⑲**ヨーゼフ一世**
オーストリア大公・神聖ローマ帝国皇帝・
ハンガリー王・ボヘミア王1705〜11

⑳**カール六世**
オーストリア大公・神聖ローマ帝国皇帝・
ハンガリー王・ボヘミア王1711〜40

マリア＝アマリア ＝＝ カール七世
バイエルン大公・神聖ローマ帝国皇帝1742〜45

注：神聖ローマ帝国の皇帝には夫のフランツ一世が即位

フランツ一世（フランツ＝シュテファン）＝＝ ㉑**マリア＝テレジア**
神聖ローマ帝国皇帝1745〜65
ロートリンゲン公1729〜35
トスカーナ大公1737〜65

オーストリア大公1740〜80
ハンガリー王・ボヘミア王1740〜80

マリア・テレジア

㉒**ヨーゼフ二世**
オーストリア大公・ハンガリー王・ボヘミア王1780〜90
神聖ローマ帝国皇帝1765〜90

㉓**レオポルト二世**
オーストリア大公・ハンガリー王・ボヘミア王・神聖ローマ帝国皇帝1790〜92

マリー・アントワネット ＝＝ ルイ十六世（フランス王）

注：フランツ二世は1804年にオーストリア皇帝として即位し、フランツ一世と名を改め、1806年に自ら神聖ローマ帝国の皇帝を辞して帝国を消滅させた。

㉔**フランツ二世**
オーストリア大公1792〜1804
神聖ローマ帝国皇帝1792〜1806
オーストリア皇帝フランツ一世1804〜35
ハンガリー王・ボヘミア王1792〜1835

フェルディナント三世（トスカーナ大公）

マリー＝ルイーズ ＝＝ ナポレオン一世

㉕**フェルディナント一世**
オーストリア皇帝1835〜48
ハンガリー王・ボヘミア王
フェルディナント五世1835〜48

フランツ・カール ＝＝ ゾフィー

エリザベート ＝＝ ㉖**フランツ＝ヨーゼフ一世**
オーストリア皇帝・ハンガリー王・ボヘミア王1848〜1916

フェルディナント・マクシミリアン
メキシコ皇帝1864〜67

カール＝ルートヴィヒ

ルドルフ

ゾフィー・ホテク ＝＝ フランツ・フェルディナント

オットー＝フランツ＝ヨーゼフ

ツィタ（ブルボン・パルマ家）＝＝ ㉗**カール一世**
オーストリア皇帝・ハンガリー王・ボヘミア王1916〜18

オーストリアの歴史

■軍事拠点だった東の国

　オーストリアはゲルマン系のフランク王国の時代に、東南の軍事拠点として設けられた植民地オストマルクから発展した国である。962年、ザクセン朝ドイツ王のオットー一世が神聖ローマ帝国の皇帝として戴冠した。その息子オットー二世は、オストマルクの辺境伯にバーベンベルク家のレオポルト一世を置いた。ラテン語名のアウストリアは、ドイツ語のエースタライヒで「東の国」という意味である。

■バーベンベルク家の活躍

　バーベンベルク家はその後さらに領地を東に広げ、1135年にウィーンを首都とした。しかし1236年に君主となったフリードリヒ二世は無思慮で好戦的な人柄であったため失政が多く、ハンガリーとの戦いに破れ、1246年バーベンベルク家は断絶。1251年にボヘミア王ヴァーツラフ一世の息子オタカル二世がオーストリア公に選ばれた。オタカルはボヘミア王も受け継ぎ、さらにオーストリアの南にも進出してアドリア海に至る広大な領地を築いた。

■ハプスブルク家の台頭

　一方、神聖ローマ帝国でも事実上の統治者がいない「大空位時代」が1254年から続いていたが、1273年、ようやく皇帝が選出された。このときドイツの諸侯たちは有能な国王の出現を望まず、また重心が東に傾くことを恐れて、候補者中、最も無名で弱小だったスイスの小領主、ハプスブルク家のルドルフ伯を選んだ。しかし実際には賢明で有能な政治家であったルドルフ一世は、オタカルを倒し、息子たちにオーストリアとシュタイヤーマルクを分与した。

　14世紀になるとウィーンは発展し、大きな都となる。一方、神聖ローマ帝国の皇帝だったルクセンブルク家のジギスムントが1437年に亡くなり、彼には息子がいなかったため、ルクセンブルク家の男系が断絶した。しかしジギスムントの娘がハプスブルク家に嫁いでいたため、オーストリア大公である夫のアルブレヒト五世（皇帝としては二世）が1438年に神聖ローマ帝国の皇帝となる。以後ハプスブルク家は、わずかな時期を除いて帝位を独占する。

■戦わずして領土を広げる

　15世紀末に即位したマクシミリアン一世は婚姻によって領地を相続した最初の君主。以後、婚姻による領土拡大の道が開け、これがハプスブルク家の家訓となる。マクシミリアン一世はフランスの公女と結婚してフランスの一部とオランダを相続し、息子フィリップをスペインの王女と結婚させ、二人の間に後のカール五世が誕生する。カール五世は神聖ローマ帝国皇帝とスペイン王を兼ね、イタリアやアメリカのスペイン領を支配、またハプスブルク家の世襲領地を相続し、ヨーロッパ最強の君主となった。

　17世紀になると、30年戦争やペスト、オスマン・トルコの襲撃にも見舞われるなど苦難の時代が続いた。1687年にはハプスブルク家男子の神聖ローマ帝国皇帝世襲が認められる。

■神聖ローマ帝国解体へ

　1740年にオーストリア大公の位に就いたマリア・テレジアは（神聖ローマ帝国皇帝の座は夫のフランツ・シュテファンが受け継ぐ）、西ヨーロッパ諸国に比べて立ち後れた中欧の改革に乗り出す。16人の子供を産み育てながら外国とのさまざまな戦争に立ち向かい、国内では多くの改革を行って国家制度を近代化した。1780年までの在位40年間、半分は戦争に明け暮れたが家族を大切にし幸せな家庭を築いていた。マリア・テレジアの長男ヨーゼフ二世は啓蒙君主と呼ばれ、母親の政策を受け継ぎながら改革を進めた。

　18世紀末のフランス革命とそれに続くナポレオン戦争により、神聖ローマ帝国が解体、ハプスブルク家のオーストリア領はオーストリア帝国となり、神聖ローマ帝国の皇帝フランツ二世は、そのままオーストリア皇帝、フランツ一世となった。

■革命からオーストリア＝ハンガリー二重帝国の時代へ

　ナポレオン戦争処理のために各国から代表が集まって1814〜15年にウィーンで会議が開かれた。開催国オーストリアの外相メッテルニヒが議長を務め、「会議は踊る、されど進まず」と言われながらも巧みに戦後処理を行う。以後30年間は歴史上「ウィーン体制」と呼ばれ、メッテルニヒの時代だった。

　1848年、パリで起こった2月革命はオーストリアにも飛び火し、メッテルニヒが失脚、インスブルックへ逃亡した皇帝フェルディナント一世に代わって、フランツ・ヨーゼフ一世が即位した。しかしオーストリアは1866年にプロイセン戦争で大敗する。ドイツの枠から外れたことでオーストリアは弱体化し、ハンガリーとの二重君主国を打ち出した。ハンガリーをおさえつけるだけでは真の立憲君主国になれないと判断したからである。1867年、ここにオーストリア＝ハンガリー二重帝国が発足する。

■20世紀の二つの大戦

　19世紀後半のウィーンは、フランツ・ヨーゼフ皇

19世紀末のウィーン

帝のもとで近代都市に生まれ変わった。城壁が取り除かれて幅の広い環状道路のリングが造られ、その両側には次々と荘厳華麗な建物が建設された。しかしハンガリーとの二重帝国は、オーストリア領内の他民族の反感を買うものだった。この民族問題が、やがて第一次世界大戦の引き金となったサライェヴォ事件（フランツ・フェルディナント皇太子夫妻暗殺）へと発展する。

大戦中にフランツ・ヨーゼフ皇帝は86歳の生涯を閉じた（1916年）。1918年に大戦は終結し、オーストリアは領土を失い、ハプスブルク家最後の皇帝カール一世は国外へ退去。帝国解体の末、1919年オーストリア共和国となる。

1929年の大恐慌で不況と社会不安が蔓延し、やがてナチスがオーストリアにも台頭してくる。1938年にナチス・ドイツがオーストリアに侵攻し、併合。

1939年に勃発した第二次世界大戦は、ナチス・ドイツの降伏によって1945年に終わった。オーストリアは敗戦によってドイツから切り離され、カール・レンナーを大統領とする新生オーストリアが誕生するが、米英仏ソ4カ国の管理下に置かれた。

■EUへの加盟

オーストリアは、1955年にいかなる軍事同盟にも加盟しないという永世中立を宣言する。このため1979年ウィーンに国連都市が建設され、東欧からの難民受け入れも積極的に行った。1989年にハンガリーとオーストリア国境の門を開いたことで、多くの東ドイツ国民がオーストリア経由で西ドイツへ渡っている（p.361参照）。1995年にはEUに加盟し、2002年に統一通貨ユーロを導入した。

マリア・テレジアとハンガリー貴族

1740年に亡くなったカール六世には息子がなく、長女マリア・テレジアがオーストリア大公となって領地を相続した。王位継承を認めない諸外国により王位継承戦争が起こされ、オーストリア軍だけでは対抗できないとみたマリア・テレジアは1741年、ハンガリーのポジョニ（現ブラチスラヴァ）の国会に赤ん坊のヨーゼフ二世を抱いて現れ、ハンガリー貴族に苦境を訴えた。貴族たちは感激し、「我らの命と血を捧げん！」と支援を約束する。かくしてマリア・テレジアとハプスブルク家は勇猛なハンガリーの騎兵隊によって守られた。

マリア・テレジアはこの恩義を忘れず、ハンガリーに対しては特別に緩やかな政策をとった。

ルドルフ一世　Rudolf I（1218〜91）ハプスブルク家の始祖。もともとスイス北部の一豪族だったハプスブルク家は、ルドルフが神聖ローマ帝国の皇帝に選ばれるとオーストリアに進出。1276年、ウィーンに迫ってオーストリアを落とす。

レオポルト一世　Leopold I（1640〜1705）17世紀後半のウィーン受難時代を切り抜けた国王。オスマン・トルコの襲撃を撃退させ、ペストの終焉を記念してグラーベンにペスト記念柱を建てる。また名建築家フィッシャー・フォン・エアラッハを召し抱えてウィーンをバロックの美しい町にした。

オイゲン公　Eugen（1663〜1736）プリンツ・オイゲンの通称で知られている。フランスのサヴォイ公の息子としてパリに生まれたが、オーストリアに亡命。皇帝軍の総司令官となってトルコ軍を打ち負かす。ベルヴェデーレ宮殿は彼の館。(p.76参照)

マリー・アントワネット　Marie Antoinette（1755〜93）マリア・テレジアの末娘。プロイセンに打ち勝つには長年の宿敵だったブルボン家との縁結びが必要で、彼女は15歳でルイ十六世に嫁いだ。そしてフランス革命で断頭台の露と消える。

メッテルニヒ　Klemens Wenzel Metternich（1773〜1859）オーストリア外相。ナポレオン戦争後のウィーン会議（1814〜15）の議長を務め、名声をヨーロッパに馳せる。1821年宰相に就任、内政・外交に権力をふるい、メッテルニヒ体制を確立。1848年の3月革命で体制は崩壊し、ロンドンへ亡命する。

ラディツキー　Joseph Wenzel Radetzky（1766〜1858）ボヘミアに生まれるが、オーストリア軍に入り、対トルコ戦争で活躍。ナポレオン戦争では彼の率いる軍隊がイタリアで勝利。ヨハン・シュトラウスは「ラディツキー行進曲」を作曲した。

フランツ・ヨーゼフ一世　Franz Joseph I（1830〜1916）オーストリア皇帝。18歳で即位し、68年間皇帝の座に就いた。ウィーンの市壁を撤去して環状道路を造り、都市大改造を行った。私生活では一人息子のルドルフが情死を遂げ、弟のメキシコ皇帝マクシミリアン公は革命軍により処刑され、王位継承者に定めた甥のフランツ・フェルディナントや妻のエリザベートが暗殺されるなど、孤独な生涯であった。

エリザベート　Elisabeth（1837〜98）バイエル公マクシミリアンの次女としてミュンヘンに生まれる。1854年にオーストリア皇帝フランツ・ヨーゼフと結婚。その美貌はヨーロッパ中に鳴り響く。ハンガリー贔屓として知られ、好んでブダペストに滞在して政治・外交に貢献する。ジュネーヴでアナーキストに暗殺された。（左頁写真）

ハンガリーの歴史

■ハンガリーの建国

　現在のハンガリーの地にマジャル民族がたどり着いたのは9世紀の終わりである。もともとアジア系の遊牧民だったマジャル人は、ウラル山脈の辺りに住んでいたが、8世紀頃から徐々に西へ移動し始める。当時7つあったマジャル部族は、部族長にアールパードを選び、896年に現在のハンガリーであるカルパチア盆地にたどり着いた。馬術に長けていたマジャル人たちは、その後も西ヨーロッパへ遠征していったが、955年に現ドイツのアウクスブルク近郊のレヒフェルトでザクセン朝のオットー一世に惨敗、以降定住生活を始める。

　アールパードの曾孫である大首長ゲーザは、キリスト教に改宗しなければハンガリーの未来はないと判断した。そこで息子のヴァイクに洗礼を受けさせてイシュトヴァーンと称し、ローマ教皇から王冠を授かって初代国王として1000年に戴冠した。ここにキリスト教国としての新たなハンガリー王国が誕生する（ハンガリーでは、アールパードがハンガリーの地にたどり着いた896年を建国年として1896年に大々的な1000年記念祭を祝っているが、西暦2000年も建国1000年としている）。

■ハンガリー王家の時代

　1241年にモンゴル軍が襲来し、ハンガリーは荒廃する。ベーラ四世はエステルゴムからブダに都を移し、ブダの丘に王宮を建設した。

　アールパード家が1301年に断絶すると、ハンガリー国王にナポリ出身のカーロイ・ロベルトが就き、安定した政治を行った。その息子ラヨシュ一世も安定のうちに領土を拡大した。15世紀後半のマーチャーシュ王のもとで領土は広がり、ルネサンス文化が開花してハンガリーは黄金時代を迎え、繁栄を極める。マーチャーシュが亡くなるとボヘミアのウワディスワフ王がハンガリー王ウラスロー二世として即位、ボヘミアとハンガリーは同君連合で結ばれた。

　ウワディスワフの息子ルドヴィークはボヘミア王として、またハンガリー王ラヨシュ二世となって即位したが、1526年のオスマン・トルコ軍との戦いで、モハーチ（ハンガリー南部）にて惨敗し命を落とす。若きルドヴィークには後継ぎがなかったため、義理の兄にあたるハプスブルク家のフェルディナントに王位継承権が移り、以後ハプスブルク家のボヘミアとハンガリー支配が続く。

　1541年に再び襲来したオスマン・トルコ軍がそのままハンガリー中部・南部に居座ったため、ハンガリーはこのトルコ占領地と北部・西部のハプスブルク支配のハンガリー王国、後にトランシルヴァニア公国となる東部のオスマン帝国保護領の3つに分割されてしまった。

■オーストリアからの解放独立運動へ

　この3分割は、1699年にオーストリアがトルコ軍を追い出して全ハンガリーを支配するまで続いた。18世紀から19世紀半ばにかけてのハンガリーでは、オーストリアからの解放運動が高まっていく。18世紀初頭にラーコーツィ・フェレンツ二世によるオーストリアからの解放戦争が起こる。この戦いは失敗に終わったものの、これによってハンガリー貴族の諸特権が保証された。

　19世紀に入ると近代化が進み、セーチェニ伯爵父子による社会改革が行われた。同時に民族運動が高まり、それはコシュート・ラヨシュによるオーストリアからの独立運動へと発展していった。1848年、ハンガリー初の独立内閣が発足したが半年しか続かなかった。1849年、コシュート率いる革命軍がオーストリア皇帝軍に破れ、ハンガリーは再びオーストリアの支配下に置かれた。

■オーストリア＝ハンガリー二重帝国

　一方オーストリアは1866年にプロイセン戦争に大敗、ドイツの枠から外れたことからハンガリーとの二重君主国制を打ち出し、1867年、オーストリア＝ハンガリー二重帝国が発足。二重帝国の外相はハンガリー人のアンドラーシ・ジュラが務めた。二重帝国時代にハンガリーは目覚ましく発展、ブダとペストとオーブダが統合してブダペストとなり、ウィーンと競うように華麗な公共建築物を建てていった。

■独立の夢もつかの間、ソ連の支配下へ

　1918年の第一次世界大戦終結によりオーストリア＝ハンガリー二重帝国は解体、ヴェルサイユ体制のもとハンガリーは独立。モハーチの戦いでラヨシュ二世が亡くなった1526年以来、400年近い年月を経てようやく念願の独立を果たした。しかし1921年のトリアノン条約で国土の3分の2を失い、300万人以上のハンガリー人が失われた領土に取り残されてしまった。

　広大な領土を失ったことや自らが抱える民族問題などから、ナチス・ドイツがハンガリーに接近するきっかけを与える。第二次世界大戦ではドイツ側に立って戦い、ブダペストがソ連軍とナチス・ドイツの戦場となった。勝利したソ連軍は、終戦後もそのままハンガリーに留まり、ハンガリーはソ連監視下のもと、社会主義国となる。

■戦後から現代まで

　ソ連の占領下で強制的に共産化されたことに対するハンガリー民衆の怒りは、1956年に爆発した。ブダペストで起こった暴動はソ連軍の武力介入によっ

て鎮圧された。これが「ハンガリー革命」である。多くの犠牲者を出したが、この事件の反省から政府は新路線を打ち出す。言論の統制や出版の検閲が緩和され、西側諸国の人々も比較的自由に入国できるようになった。また経済政策の手直しが行われ、徐々に市場経済を取り入れていった。1980年代半ばになると、ソ連のペレストロイカの影響もあって民主主義運動が高揚していく。

1989年にハンガリー人の国外旅行が自由になったため"鉄のカーテン"は意味が無くなり、オーストリア国境との鉄条網が撤去された。これによって多くの東ドイツ国民がハンガリー経由で西側に脱出し、ベルリンの壁が崩壊する契機となった。ハンガリーは西側諸国に帰属することを決意し、1989年10月にハンガリー共和国が誕生。いち早く自由経済を導入したハンガリーは、東欧諸国の中で最も経済の安定した国であり、2004年にEUに加盟した。

ベルリンの壁を押し倒したヨーロッパ・ピクニック計画

1989年5月、ハンガリー政府は全長350kmに及ぶオーストリア国境との鉄条網を撤去した。この知らせを聞いた東ドイツ国民が大勢ハンガリーにやって来たが、政府は合法的に出国させることができず、彼らはそのままハンガリーに留まっていた。

ヨーロッパ・ピクニックのビラ

ハンガリーでは市民や知識人たちによる民主フォーラムが結成され、このメンバーたちが東ドイツ国民を西側に逃がすための集会を計画する。東西の人々が未来のヨーロッパについて語り合うという、「ヨーロッパ・ピクニック」と題されたこの集会は、8月19日、オーストリア国境の検問所があるフェルテーラーコシュで開かれた。

ブダペスト周辺に留まっていた東ドイツ国民たちは、この知らせを聞いてフェルテーラーコシュにやって来た。国境警備隊には、政治改革相、内務省から、集会の間の一定時間検問所を開放すること、警備兵には武器を持たせてはならない、という内容の通達が出ていた。こうして開かれた検問所から約1,000人の東ドイツ国民がオーストリアに脱出し、集会の目的は達成された。これ以降、ハンガリー経由で西側に脱出する東ドイツ国民が膨れ上がり、1989年11月9日、ついにベルリンの壁が崩壊した。

Who's Who

イシュトヴァーン István（970?～1038）初代ハンガリー国王。マジャル民族の大首長ゲーザの息子ヴァイクで、キリスト教の洗礼を受けてイシュトヴァーンと名を改め、1000年にキリスト教国のハンガリーを建国。キリスト教の布教に務めたことから死後は聖人に列せられる。

マーチャーシュ Mátyás（1440～90）コルヴィヌスという名でも知られている。ベオグラードの対トルコ戦で奇跡の勝利を得たフニャディ・ヤーノシュの息子。ハンガリーにルネサンス文化を開花させ、ブダの王宮をヨーロッパの人文主義文化の中心とした。彼の集めた500冊以上の豪華本を含む「コルヴィナ文庫」は有名。

ラーコーツィ・フェレンツ二世 Rákóczi Ferenc II（1676～1735）トランシルヴァニア公であり、ハプスブルクからの自由独立を目指して戦った。1703年に農民も加えた大規模な反ハプスブルク運動を起こす。敗北後も諸外国へ逃げて亡命国の援助を求めたが、成功しなかった。

セーチェニ・イシュトヴァーン Széchenyi István（1791～1860）由緒ある伯爵家に生まれ、父と共にハンガリーの近代化に力を注いだ。くさり橋や科学アカデミーの建設、ドナウやティサの河川工事など、私財を投じて多くの公共事業を行った。1830年代のハンガリー改革運動への道を切り開き、この運動はコシュートらによって発展する。彼はハプスブルクと和協することによりハンガリーの発展があるとしたが、急進派はこれを受け入れず、セーチェニは精神病を患い、後に自殺する。

セーチェニ・イシュトヴァーン

コシュート・ラヨシュ Kossuth Lajos（1802～94）19世紀ハンガリーの民族独立闘争で最も重要な人物。小貴族出身の法律家で、1830年代からメディアによる反政府活動を行う。1848年発足のバッチャーニー内閣の蔵相、次いで議長となり、49年に臨時国家元首となってハプスブルクからの独立を求め、皇帝軍と戦う。独立戦争敗北後はトルコやアメリカ、イギリス、イタリアに亡命し、亡命先からもハンガリーの独立を願って絶えず活動した。ハンガリーの英雄である。

アンドラーシ・ジュラ Andrássy Gyula（1823～90）ハンガリー大貴族出身の政治家。二重帝国の実現に力を尽くし、首相兼国防相を経て二重帝国共通外相となる。ブダペスト中心部のアンドラーシ通りは彼に由来している（p.202参照）。

ナジ・イムレ Nagy Imre（1896～1958）ハンガリーの政治家（p.197参照）。

チェコの歴史

■チェコのはじまり

ボヘミアやモラヴィアにスラブ人が定着したのは6世紀頃。6世紀後半にプラハ周辺に集落を築いたスラブ人たちは、7世紀に入って丘の上に城塞を建設した。ボヘミアでは9世紀頃からゲルマン系フランク王国の影響を受け、プラハに拠点をもつプシェミスル家のボジヴォイは、9世紀後半にキリスト教の洗礼を受けた。

ボジヴォイの孫であるヴァーツラフ一世は、921年王位に就き、ザクセン（ドイツ）の聖人である聖ヴィートを奉る聖ヴィート教会を建設した。ヴァーツラフ一世は弟のボレスラフ一世によって暗殺されたが、10世紀末にはボヘミアの守護聖人として敬われるようになった。11世紀初めにボヘミアの君主が神聖ローマ帝国の封臣になったことでボヘミアは神聖ローマ帝国の一部となり、ドイツ的な発展を遂げていく。

■カレル一世とプラハの黄金期

14世紀初頭、ボヘミアのプシェミスル家が断絶したため、ヴァーツラフ二世の娘婿であるルクセンブルク家のヨハンに王位が移り、その息子カール四世が1346年にボヘミア王カレル一世となった（後にカール四世として神聖ローマ帝国皇帝として戴冠）。これでボヘミア王は帝国の七選定侯の筆頭に立ったことになる。プラハのヴルタヴァ川に石橋が架けられたり、中欧最初の大学となるカレル大学が設立された（1348年）のもこの頃である。また修道院や教会がいくつも建設されて町は整備され、人口も増加してプラハは中欧最大の都市になった。

カレル一世（カール四世）

カレル一世は「金印勅書」（神聖ローマの基本法で、国王選挙のあり方を法文化したもの）を作成し、皇帝を選ぶ権利のある七人の選定侯を成文化したことで知られている。1378年カレル一世が亡くなると息子ヴェンツェルがヴァーツラフ四世となってボヘミア王となり、神聖ローマ帝国の皇帝にも選出された。カレル一世のもう一人の息子ジギスムントはハンガリー王のラヨシュー世の娘と結婚していたため、既にハンガリー王に即位していたが、ヴァーツラフ四世が跡継ぎを残さず亡くなったため、ボヘミア王の位もまわってきた。しかしジギスムントには男子が生まれず、ここでルクセンブルク家の男系が断絶する。

ジギスムントの娘はハプスブルク家のアルブレヒト五世と結婚しており、このためオーストリア大公であるアルブレヒトが1437年にボヘミア王とハンガリー王を受け継いだ。こうしてハプスブルク家がボヘミアとハンガリーに進出してくる。

アルブレヒトに跡継ぎはなく、ボヘミアとハンガリーはそれぞれ自国の王を選ぶ。ところが1526年のモハーチの戦いによってボヘミアとハンガリー王のルドヴィークが跡継ぎを残さずに戦死し、王位が再びオーストリア大公に移った。これ以降は世襲的にハプスブルク家がボヘミア王を引き継いでいく。

■宗教改革とフス戦争

15世紀になると宗教改革の気運が高まり、1415年、コンスタンツ公会議で異端とされたヤン・フスが焚刑に処された。このことでボヘミアの民族運動が爆発、やがてフス戦争（1419年〜）へと広がっていく（ボヘミアの宗教改革運動はチェコの民族主義と結びついており、ドイツ系が多い聖職者と市民の間にはもともと溝があった。非カトリック的な新説が伝えられるようになるとたちまちフスのような信奉者を生み出したが、王はこれを異端とした）。

■ハプスブルク家との対決

1617年、オーストリアのカトリック化を積極的に進めていたハプスブルク家のフェルディナント二世がボヘミア王として即位すると（1618年ハンガリー王、翌年、神聖ローマ皇帝として即位）、プロテスタントが主流を占めるチェコの貴族が反発。こうしたボヘミア貴族の反乱は30年戦争への引き金となっていった。

1620年、カトリック教徒の皇帝軍とボヘミア議会・新教徒連合軍がビーラー・ホラ（プラハ近郊）で戦った。皇帝軍の圧倒的勝利により、新教徒貴族たちは亡命あるいは処刑され、残った新教徒貴族も土地を没収されて力を失う。これ以降、ハプスブルクの宗教弾圧政策によりボヘミア貴族たちは自治を奪われて衰退した。ハプスブルク家に忠実な貴族だけが生き延びて、ボヘミアは次第にオーストリア化していった。

18世紀、ボヘミアはハンガリーと共にハプスブルク家オーストリアの全体主義体制の中に組み入れられる。マリア・テレジアは学校でのチェコ語使用を禁じ、ドイツ語を奨励する。そのため人々は大衆のものである人形劇によってチェコ語を保護した。

19世紀に入るとプラハでチェコ民族の権利が求められ、チェコ語をドイツ語と同格に扱うことが認められた。1867年に発足したオーストリア＝ハンガリー二重帝国はチェコの反感をかうものであったが、自由主義政治による経済政策のお陰で二重帝国時代にプラハの人口は倍に増加し、ビール醸造所のあるプルゼニュ、機械生産のブルノ、ガラス生産の北ボヘミアなどの諸都市も発展して近代化が進んだ。

第一次世界大戦でオーストリア＝ハンガリー二重

帝国は解体し、チェコはそれまでハンガリーの領土だったスロヴァキアと共同国家を設立する。1526年以来、ハプスブルク家の統治下にあったチェコは独立したのである。

■プラハの春からビロード革命へ

第二次世界大戦中ナチスドイツに占領されたチェコスロヴァキアは、戦争末期にソ連軍によって解放された。大戦後はソ連監視下の元、社会主義国チェコスロヴァキア人民共和国（1960年にチェコスロヴァキア社会主義共和国）となる。

1968年、春の訪れとともに検閲の廃止や言論の自由などが認められ、急速に改革が進んだ。この政治改革は「プラハの春」とよばれ、世界の関心を集めるところとなった。もはや外交的な圧力だけではおさえることができないと判断したワルシャワ機構は8月20日深夜、武力介入に踏み切り、ソ連軍は戦車をプラハへ送り込んだ。ヴァーツラフ広場での市民との激しい衝突の末に「プラハの春」は終焉を迎えた。

しかし「プラハの春」で頭をもたげた自由への思いは消えることなく、1989年の「ビロード革命」へと引き継がれていった（ビロードのようになめらかに改革が進んだのでこう呼ばれる）。

市場経済への移行、欧州統合への参加を求めたチェコスロヴァキアで共産党は政治指導権を失い、1989年11月に起こった「ベルリンの壁崩壊」の影響を受け、12月に民主フォーラムの指導者だったハヴェルが大統領に選出された。

1992年にチェコとスロヴァキアは連邦を解体し、1993年にチェコ共和国とスロヴァキア共和国が主権独立国家として誕生。2004年にEUに加盟した。

窓外放出事件とビーラー・ホラの戦い

17世紀初頭のボヘミアでは、カトリックのハプスブルク家君主と非カトリック系の主導者たちが対立していた。1618年、追いつめられた非カトリックの一派が3人の王顧問官をプラハ城の窓から放り出す事件を起こす。3名は城の堀を埋めていた枯葉のおかげで命を取り留めたが、これが発端で30年戦争（1618～48年）となる。1620年、カトリック皇帝軍はボヘミアの非カトリック連合軍とプラハ近郊の丘ビーラー・ホラで戦った（白山の戦い）が、わずか2時間足らずで皇帝軍が圧勝した。

翌年、反乱の首謀者27名がプラハの旧市街広場で処刑された。この事件を境にチェコでは民族性が失われ、ハプスブルク家に忠実なチェコ貴族が優勢となり、ウィーン化していった。この点が、貴族層がハプスブルク家と執拗に戦ったハンガリーとの違いである。

Who's Who

聖ヴァーツラフ Václav I（903頃～935） プシェミスル家統治者ボジヴォイの妻ルドミラの孫で、921年にボヘミア公になる。ボヘミア公国とドイツの良好な関係を築き、ボヘミアをキリスト教化することに力を注いだ。弟のボレスラフに暗殺されるが、後にボヘミアの守護聖人として奉られる。

カレル一世 Karl I（1316～1378） ボヘミア王の血を引くルクセンブルク家のカールは、プシェミスル家断絶のためボヘミア王カレル一世として即位。1347年に神聖ローマ帝国の皇帝に選出されたことでプラハが帝国の首都となり、ボヘミアは中世の最盛期を迎える。皇帝カール四世として知られている。

ヤン・ネポムツキー Jan Nepomucký（1345頃～1393） ボヘミアの聖人。南ボヘミアのネポムクに生まれ、宮廷の司祭となる。ヴァーツラフ四世のソフィア王妃の聴罪師だったが、王妃の懺悔内容を王に話すのを拒否したため、王の命によってヴルタヴァ川に投げ込まれて殉教した、と伝えられている。

ヤン・フス Pomnik Jana Husa（1370頃～1415） 宗教改革者。カレル大学教授から総長となる。イギリス人ウィクリフの影響を受けて教会と教皇を批判したため異端者とみなされ、ドイツのコンスタンツで焚刑となった。チェコ語で説教し、聖書をチェコ語に訳すなど、民族化を行った。

ルドルフ二世 Rudolf II（1552～1612） ハプスブルク家出身の神聖ローマ帝国皇帝で、1575年にチェコ王となりプラハに宮廷を構える。魔術や錬金術に熱中した風変わりな王として知られ、多くの伝説を残す。政治力はなかったが芸術と科学を愛し、天文学者ケプラーを保護して多くの美術を収集した。

ヤン・アモス・コメンスキー Jan Amos Komenský（1592～1670） ラテン語名コメニウスComeniusでヨーロッパに知られる神学者、教育学者。30年戦争で亡命し、晩年はオランダに住んだ。1658年に世界最初の木版画入り教科書『世界絵図』を出したことで知られる。

フランツ・カフカ Franz Kafka（1883～1924） プラハで活躍した作家。ドイツ系ユダヤ人としてプラハに生まれる。当時のインテリ階級がそうであったようにカフカもドイツ語教育を受け、ドイツ語で小説を書いた。1916年作の『変身』はよく知られている。

アルフォンス・ムハ Alfons Mucha（1860～1939） ミュシャの名で知られるムハは、パリで描いたポスター画が成功して一躍有名になる。彼は柔らかい曲線と淡い色彩を駆使して女性の官能美を余すところなく描き出した。50歳を過ぎてからプラハに戻り、市民会館の壁画や聖ヴィート教会のガラス絵、大連作『スラヴ叙事詩』を制作。晩年は祖国のために多くの作品を捧げ、国民から愛された。

さくいん

都市・地名

ア
アイゼンシュタット（オーストリア） ……………136
アグテレック・カルスト（ハンガリー） ……………15
インスブルック（オーストリア） ………………162
ウィーン（オーストリア） …25
ヴァッハウ渓谷（オーストリア） ………………134
ヴァルティツェ（チェコ）…314
ヴィシェグラード（ハンガリー） ………………234
エゲル（ハンガリー） …236
エステルゴム（ハンガリー） ………………………235
オロモウツ（チェコ） …13

カ
カルロヴィ・ヴァリ（チェコ） ………………………310
クトナー・ホラ（チェコ）…312
グラーツ（オーストリア）…138
クロムニェジーシュ（チェコ） ………………………315

サ
ザルツブルク（オーストリア） ………………144
ザルツカマーグート（オーストリア） …………154
ザンクト・ヴォルフガング（オーストリア） ………154
ザンクト・ギルケン（オーストリア） …………154
ゼレナー・ホラ（チェコ） ……………………………13
センテンドレ（ハンガリー） ………………………233

タ
チェスキー・クルムロフ（チェコ） ………………316
テルチ（チェコ） ………12
トカイ（ハンガリー） …237
トシェビーチ（チェコ）…13
ドナウベンド（ハンガリー）

…………………………233

ハ
バート・イシュル（オーストリア） ………………155
ハルシュタット（オーストリア） ………………156
パンノンハルマ（ハンガリー） ………………………15
フェルテー湖（ハンガリー）

…………………………15
ブダペスト ……………169
プラハ ………………239
フランチシュコヴィ・ラーズニェ（チェコ） ………311
ブルノ（チェコ） ………13
ペーチ（ハンガリー） …238
ホッロークー（ハンガリー）

…………………………237
ホラショヴィツェ（チェコ）

…………………………12

マ
マリアーンスケー・ラーズニェ（チェコ）…………311
モントゼー（オーストリア）

…………………………154

ラ
リトミシュル（チェコ）…313
リンツ（オーストリア）…142
レドニツェ（チェコ）…314

オーストリア

ウィーンと周辺

見どころ

ア
アウグスティーナー教会…60
アックシュタイン（ヴァッハウ渓谷） ………………134
アム・ホーフ ……………61
アルベルティーナ ………60
アンカー時計 ……………51
ヴァッハウ渓谷 ………134
ヴィレンドルフ（ヴァッハウ渓谷） ………………134

ウィーン ………………25
ウィーン国立歌劇場 …63
ウィーン博物館カールスプラッツ ………………64
ウィーンの森 ……………82
ヴォティーフ教会 ………69
美しいランタン通り ……51
エフェソス博物館 ………59
エンゲル薬局 ……………61
王宮 ………………………53
王宮家具保管館 …………76
王宮庭園 …………………65
王宮宝物館 ………………58
王宮礼拝堂 ………………60
応用美術館MAK ………62
オペラ座 …………………63

カ
楽友協会ホール …………63
カール教会 ………………64
カールスプラッツ駅舎 …63
カーレンベルク …………84
カプツィーナー納骨堂 …48
カルケ・ヴィレッジ ……78
旧王宮 ……………………54
宮廷銀器コレクション …58
グラーベン ………………50
クリムト・ヴィラ ………76
クレムス（ヴァッハウ渓谷）

…………………………135
クンストカンマー ………66
クンストハウス・ウィーン…78
ケルントナー通り ………48
皇帝の住居 ………………54
古楽器博物館 ……………59
国立図書館 ………………60
国連都市 …………………79
国会議事堂 ………………68
コールマルクト …………52

サ
シェーンビューエル城（ヴァッハウ渓谷） ……134
シェーンブルン宮殿 …72
シシィ博物館 ……………54
自然史博物館 ……………68
市庁舎 ……………………69
市民庭園 …………………68

シューベルトの生家 ……81
シュテファン大聖堂 ……49
シュテファン広場の北側…51
シュピッツ（ヴァッハウ渓谷） ……………………135
市立公園 ………………62
新王宮 …………………59
スペイン馬術学校 ………59
世界博物館 ……………59
ゼツェスィオーン ………64
造形美術アカデミー絵画室
…………………………65

タ
中央墓地 ………………79
中世武器博物館 …………59
デュルンシュタイン（ヴァッハウ渓谷） …………135
ドナウ運河 ……………51

ナ
ノイアー・マルクト ……48

ハ
ハイドンの家 …………80
ハイリゲンクロイツ ……85
ハイリゲンシュタット ……82
バジリスケンハウス ……51
パスクヴァラティハウス…61
バーデン ………………84
美術史博物館 …………66
プラター ………………78
ブルク劇場 ……………69
プルンクザール …………60
フロイト記念館 …………69
フンデルトヴァッサーハウス …………………………78
ベートーヴェンハウス・バーデン …………………85
ベートーヴェン博物館 …82
ベートーヴェンの並木道 84
ベルヴェデーレ宮殿 ……76
ホーアー・マルクト ……50
ボーグナーガッセ ………61
ホーフブルク …………53

マ
マイヤーリンク …………85
マルクス墓地 …………79
ミヒャエル広場 …………52
ミヒャエル門 …………53

ムゼウムス・クヴァルティーア………………………68
メルク修道院（ヴァッハウ渓谷）………………134
モーツァルトの住居 ……50

ヤ
郵便貯金局 ……………62
ヨハン・シュトラウスの住居……………………… 81

近郊の都市と見どころ

ア
アイゼンシュタット …136
エステルハーズィ宮殿（アイゼンシュタット）……136
エッゲンベルク城（グラーツ）………………………141
王宮（グラーツ）………140
オーストリア・ユダヤ博物館（アイゼンシュタット）…137

カ
クンストハウス（グラーツ）………………………139
グラーツ ………………138
グロッケンシュピール広場（グラーツ）………………139
現代美術館（グラーツ）…139

サ
州庁舎（グラーツ）……139
城山（グラーツ）………140
シュロスベルク（グラーツ）…140
ゼンメリング鉄道 ………14

タ
中央広場（グラーツ）…139
中央広場（リンツ）…142
時計塔（グラーツ）……140

ナ・ハ
二重螺旋階段（階段塔）…140
ノイジードラー湖 ………14
ハイドンハウス（アイゼンシュタット） …………137
ハイドンの霊廟（アイゼンシュタット） …………137
武器博物館（グラーツ）…139
ベルク教会（アイゼンシュタット）………………137

ラ
ラント通り周辺（リンツ）…………………………142
リンツ …………………142
霊廟（グラーツ）………140

ザルツブルクと周辺

見どころ

ア・カ
馬の水飲み場 …………150
旧市街 …………………148
ゲトライデガッセ ………150

サ
ザルツカマーグート ……154
ザルツブルク …………144
ザルツブルク博物館 ……149
ザルツブルク・クリスマス博物館 ………………149
ザンクト・ヴォルフガング…………………………154
ザンクト・ギルゲン ……154
祝祭劇場 ………………150
新市街 …………………152
聖ペーター教会 ………149

タ
大聖堂 …………………149
ドーム・クヴァルティーア…148

ナ・ハ
ノンベルク尼僧院 ……151
バート・イシュル ……155
ハルシュタット ………156
ヘットヴェア・バスタイ…153
ヘルブルン宮殿 ………153
ホーエンザルツブルク城塞…………………………151

マ
ミラベル宮殿・庭園 …152
モーツァルテウム ……153
モーツァルトの住居 …152
モーツァルトの生家 …150
モーツァルト広場 ……148
モントゼー ……………154

ラ
レオポルツクローン城…153
レジデンツ ……………148

レファレンス

365

さくいん

インスブルックと周辺

見どころ

ア
アンブラス城 ············· 165
イグルス ················· 166
インスブルック ········· 162
王宮 ····················· 165
黄金の小屋根 ············· 164

カ
凱旋門 ··················· 164
宮廷教会 ················· 165

サ
市の塔 ··················· 164
スワロフスキー・クリスタ
ルワールド ··············· 166
聖アンナ記念柱 ··········· 164
ゼーグルーベ展望台 ······· 166

タ・ナ
チロル民俗博物館 ········ 165
ノルトケッテ ············· 166

ハ・マ
パッチャーコーフェル··· 166
ベルクイーゼル展望台··· 166
ヘルブリングハウス ···· 164
マクシミリアン博物館··· 164
マリア・テレジア通り··· 164

ブダペストとその他の都市

見どころ

ア
アクインクム博物館 ··· 194
アンドラーシ通り ······ 202
ヴァーツィ通り ········ 197
ヴァルガ・イムレの博物館
····················· 194
ヴィシェグラード ······ 234
英雄広場 ················ 203
エゲル ·················· 236
エステルゴム ··········· 235
エルジェーベト橋 ······ 197
王宮 ····················· 189
王宮跡（ヴィシェグラード）
····················· 234

王宮の丘 ················· 188
王宮博物館（エステルゴム）
····················· 235
オーブダ ················· 194
音楽史博物館 ············· 189
温泉 ·············· 193、206

カ
旧市街（エゲル）········· 236
旧郵便貯金局 ············· 199
ギュル・ババの霊廟 ··· 194
恐怖の館 ················· 203
漁夫の砦 ················· 191
くさり橋 ················· 197
ゲッレールトの丘 ········· 192
ゲデレー城 ··············· 204
工芸美術館 ··············· 199
国立博物館 ··············· 199
コダーイ・ゾルターン
 記念博物館 ··········· 200
国会議事堂 ··············· 196

サ
三位一体広場 ··········· 190
シシィの銅像 ··········· 193
シナゴーグ ············· 198
市民公園 ··············· 203
シャラモン塔（ヴィシェグ
ラード）··············· 234
シュカンゼン野外博物館··· 234
自由橋 ················· 198
初期キリスト教墓地遺跡（ペー
チ）··················· 238
ジョルナイ博物館（ペーチ）
····················· 238
聖イシュトヴァーン大聖堂
····················· 201
聖ゲッレールト像 ········ 192
西洋美術館 ············· 203
センテンドレ ··········· 233

タ
大聖堂（エステルゴム）··· 235
大聖堂（ペーチ）········· 238
地質学博物館 ··········· 199
中央市場 ··············· 198
中央広場（センテンドレ）··· 234
ツィタデラ ············· 193
彫刻家ヴァルガ・イムレの
 博物館 ··············· 194

テロリストハウス ······ 203
銅像公園 ················· 193
トカイ ··················· 237
ドナウ川クルーズ ······ 191
ドナウベンド ··········· 233

ハ
バラトン湖 ··············· 235
バラの丘 ················· 194
バルトーク記念館 ······ 200
ハンガリー国立歌劇場··· 202
ハンガリー国立美術館··· 189
ハンガリー大平原 ······ 235
ブダペスト ············· 169
ブダペスト歴史博物館··· 189
美女の谷（エゲル）······ 236
ブダペスト・ラビリンス··· 191
ペーチ ················· 238
ホッロークー ··········· 237

マ
マーチャーシュ教会 ····· 190
マルギット島 ··········· 195
民俗学博物館 ··········· 197

ヤ・ラ
要塞跡（ヴィシェグラード）
····················· 234
リスト記念館 ··········· 200
ローマカトリック教区教会
（センテンドレ）········ 234

プラハとその他の都市

見どころ

ア
石の鐘の家 ············· 261
ヴァーツラフ広場 ······ 266
ヴァルティツェ ········ 314
ヴァルティツェ城（レドニツ
ェとヴァルティツェ）··· 314
ヴァルトシュテイン宮殿··· 279
ヴィシェフラド ········ 267
ヴェレトゥルジニー館··· 277
ウンゲルト ············· 262
エゴン・シーレ文化センター（チ
ェスキー・クルムロフ）··· 318
黄金の小路 ············· 275
オペラ座 ··············· 267

カ

カフカ博物館 …………279
火薬塔 ………………263
火薬塔（プラハ城）……276
カルルシュテイン城 …308
カルロヴィ・ヴァリ …310
カレル橋 ………………270
カンパ ………………278
玩具博物館 …………276
儀式の家 ……………265
旧王宮 ………………274
旧市街 ………………260
旧市街橋塔 …………271
旧市街広場 …………260
旧市街庁舎 …………261
旧新シナゴーグ ……264
旧ユダヤ人墓地 ……265
クトナー・ホラ ……312
クラウス・シナゴーグ…265
クレメンティヌム ……271
クロムニェジーシュ …315
黒いマドンナの家 …262
黒塔 …………………276
国民劇場 ……………267
国立歌劇場 …………267
国立博物館 …………266
国立美術館 …………261
コノピシュチェ城 ……309
ゴルツ・キンスキー宮殿
…………………260

サ

市民会館 ……………263
城壁庭園 ……………276
シュヴァルツェンベルク宮殿
…………………276
シュテルンベルク宮殿…276
新市街 ………………266

スタヴォフスケー劇場…263
スメタナ劇場（リトミシュ
ル） …………………313
スメタナの生家（リトミシ
ュル） ………………313
スメタナ博物館 ………271
スメタナ広場（リトミシュ
ル） …………………313
ストラホフ修道院 ……277
スペイン・シナゴーグ…264
聖イジー教会 …………274
聖ヴィート大聖堂 ……273
聖バルバラ教会（クトナー・
ホラ） ………………312
聖ミクラーシュ教会（右岸）
…………………260
聖ミクラーシュ教会（左岸）
…………………279

タ・ナ

大司教館 ……………276
大司教の城と庭園（クロム
ニェジーシュ）…………315
ダリボルカ塔 …………276
地域博物館（チェスキー・
クルムロフ） …………318
チェスキー・クルムロフ…316
チェスキー・クルムロフ城（チ
ェスキー・クルムロフ）…316
ティーン聖母教会 ……262
ドヴォルザーク記念館…269
トロヤ城 ……………308
ネルドヴァ通り ………280

ハ

ハヴェル市場 …………283
白塔 …………………276
ピンカス・シナゴーグ…265
フラチャニ広場 ………276

フラーデク銀鉱博物館（ク
トナー・ホラ）…………312
プラハ ………………239
プラハ国立歌劇場 ……267
プラハ城 ……………272
プラハ城歴史物語 ……274
フラワー庭園（クロムニェ
ジーシュ） …………315
フランチシュコヴィ・ラー
ズニェ ………………311
フランツ・カフカ博物館
…………………279
ペトシーン公園 ………280
ベルヴェデーレ ………276

マ

マイゼル・シナゴーグ…265
マサリク河岸通り ……267
マラー・ストラナ ……278
マラー・ストラナ橋塔…271
マリアーンスケー・ラーズ
ニェ …………………311
ムゼウム・カンパ ……280
ムハ博物館 …………267

ヤ・ラ

ヤン・フスの群像 ……260
ユダヤ人地区 …………264
ユダヤ人地区集会所 …265
ラシーン河岸通り ……267
リトミシュル …………313
リトミシュル城（リトミシ
ュル） ………………313
レドニツェ …………314
レドニツェ城（レドニチェ
とヴァルティツェ）……314
ロブコヴィッツ宮殿 …276
ロレッタ（教会）………276

Staff

Producers	沖島博美 Hiromi OKISHIMA 柳嶋覚子 Kakuko YANAGISHIMA	Desktop Publishing Editorial Cooperation	㈱千秋社 Sensyu-sya ㈱千秋社 Sensyu-sya 舟橋新作 Shinsaku FUNAHASHI 林 弥太郎 Yataro HAYASHI Michael NENDICK 川崎英子 Hideko KAWASAKI
Editor	皆方久美子 Kumiko MINAKATA		
Writers	沖島博美 Hiromi OKISHIMA ＊ 沖島 景 Kei OKISHIMA 若林 純 Jun WAKABAYASHI 　ウィーン・コラム(舞踏会／アウガルテン) 神戸和希 Kazuki KANBE 　帰国ガイド／旅の安全 松浦孝成 Takanori MATSUURA 　プラハの春とチェコの音楽家たち	Special Thanks to	オーストリア政府観光局 ウィーン市観光局 ザルツブルク市観光局 ザルツブルク州観光局 インスブルック観光局 チロル州観光局 ジャパン・チロル・コーディネーション 駐日ハンガリー観光室 チェコ政府観光局ーチェコツーリズム ＊ BUDAY Anna Verena Hable
Photographers	若林 純 Jun WAKABAYASHI 　オーストリア／チェコ 近藤弘忠 Hirotada KONDO 　ハンガリー		麻利子フーバー Mariko HUBER 北野良子 Yoshiko KITANO 島津俊子 Toshiko SHIMAZU 安東和民 Kazutami ANDO
Designers	原 みどり Midori HARA オムデザイン OMU 道信勝彦 Katsuhiko MICHINOBU 岡本倫幸 Tomoyuki OKAMOTO		小林晴子 Haruko KOBAYASHI 夏目真理 Mari NATSUME (写真協力) オーストリア政府観光局
Illustrator	沖島 景 Kei OKISHIMA		㈱セルヴィブラス
Cover Designer	鳥居満智栄 Machie TORII		栗原 景 Kageri KURIHARA
Map Production	㈱千秋社 Sensyu-sya ㈱オゾン Ozone 　グラフィック・マップ(ウィーン・カフェ・マップ、ブダペスト、プラハ)		小林裕幸 Hiroyuki KOBAYASHI
Map Design	㈱チューブグラフィックス TUBE 木村博之 Hiroyuki KIMURA		

わがまま歩き…㉖「ウィーン オーストリア ブダペスト プラハ」　ブルーガイド
2019年8月30日　第9版第1刷発行

編　　集………ブルーガイド編集部
発行者………岩野裕一
ＤＴＰ………㈱千秋社
印刷・製本………大日本印刷㈱

発行所………株式会社実業之日本社　www.j-n.co.jp
〒107-0062　東京都港区南青山5-4-30　CoSTUME NATIONAL Aoyama Complex 2F
電話【編集・広告】☎03-6809-0452　【販売】☎03-6809-0495

●本書の一部あるいは全部を無断で複写・複製(コピー、スキャン、デジタル化等)・転載することは、法律で定められた場合を除き、禁じられています。また、購入者以外の第三者による本書のいかなる電子複製も一切認められておりません。
●落丁・乱丁(ページ順序の間違いや抜け落ち)の場合は、ご面倒でも購入された書店名を明記して、小社販売部あてにお送りください。送料小社負担でお取り替えいたします。ただし、古書店等で購入したものについてはお取り替えできません。
●定価はカバーに表示してあります。　●実業之日本社のプライバシー・ポリシー(個人情報の取扱い)は、上記サイトをご覧ください。

©Jitsugyo no Nihon Sha, Ltd. 2019　ISBN978-4-408-06045-3 (第一BG)　Printed in Japan